셀프트래블
미국 서부

상상출판

셀프트래블
미국 서부

개정 1쇄 | 2022년 6월 9일
개정 4쇄 | 2023년 5월 31일

글과 사진 | 조은정

발행인 | 유철상
편집 | 홍은선, 정유진, 김정민
디자인 | 노세희, 주인지
마케팅 | 조종삼, 김소희
콘텐츠 | 강한나

펴낸 곳 | 상상출판
주소 | 서울특별시 성동구 뚝섬로17가길 48, 성수에이원센터 1205호(성수동 2가)
구입·내용 문의 | **전화** 02-963-9891(편집), 070-7727-6853(마케팅)
팩스 02-963-9892 **이메일** sangsang9892@gmail.com
등록 | 2009년 9월 22일(제305-2010-02호)
찍은 곳 | 다라니
종이 | ㈜월드페이퍼

※ 가격은 뒤표지에 있습니다.

ISBN 979-11-6782-004-4 (14980)
ISBN 979-11-86517-10-9 (SET)

© 2022 조은정

※ 이 책은 상상출판이 저작권자와의 계약에 따라 발행한 것이므로
  본사의 서면 허락 없이는 어떠한 형태나 수단으로도 이용하지 못합니다.
※ 잘못된 책은 구입하신 곳에서 바꿔 드립니다.

www.esangsang.co.kr

셀프트래블

미국 서부
Western USA

조은정 지음

상상출판

Prologue

일곱 빛깔 무지개, 그 이상의 찬란함
미국 서부를 만나다

대부분의 여행자들은 유럽을 가장 좋아한다. 나 역시 유럽을 좋아해서 매년 방문하지만 어디를 가도 비슷하다는 느낌을 지울 수가 없다. 하지만 미국은 다르다. 내가 어느 도시를 선택하느냐에 따라 여행의 테마는 수십 가지가 만들어진다. 와인, 레포츠, 휴양, 쇼핑, 미식, 드라이브, 예술 등의 모든 테마가 가능한데 특히 미국 서부는 지구상의 아름다운 풍경을 모두 모아 놓은 것처럼 다채로운 대자연을 품고 있어 지루할 틈이 없다. 화려한 라스베이거스와 로스앤젤레스의 거리를 걷다가 다음 날에는 요세미티 국립공원이나 그랜드 캐니언의 대자연 속 웅장함을 느낄 수 있고, 대부분의 도시가 바다를 끼고 있으면서 강렬한 태양이 함께 해주기 때문에 어디서든 신선한 과일과 해산물, 육류 등을 맛보는 식도락 여행 또한 가능한 곳, 단언컨대 이런 완벽한 여행은 미국 서부에서만 가능하다.

이 행복한 여행을 늘 체험할 수 있어 그간의 내 삶이 감사했고, 이 좋은 걸 나 혼자만 즐기는 게 아쉬워 더 많은 분들에게 알려 주고자 책을 쓰게 되었다. 건강한 몸으로 먼 곳까지 씩씩하게 다녀올 수 있는 체력과 지치지 않는 열정을 물려주신 나의 부모님과 가족에게 가장 먼저 이 책을 바친다. 오랜 시간 한결같이 나를 신뢰하고 지지해주는 고마운 독자들과 늘 내 곁에서 위로와 응원을 보내주는 많은 친구들이 없었다면 이 책은 세상에 나오지 못했을 거라 확신한다.

TV에서 어느 여배우가 했던 말이 기억난다. 어쩜 그렇게 항상 날씬하냐고 물으니, 통장에 돈이 입금되면 다이어트를 해야겠다는 강력한 의지가 살아난다고! 그 말에 어찌나 공감이 되던지. 책을 계약 후 작업을 시작하면서 몸과 마음이 오랜

시간 따로 노는 바람에 많이 버거웠다. 처음 책을 집필하던 시절과는 너무나 달라진 나의 체력을 보며 슬퍼하기도 했고, 슬럼프에 빠져 책 쓰는 걸 그만둘까 하는 약한 마음 또한 여러 번 먹었었다. 하지만 세상에 끝나지 않는 건 없는 법. 마음을 다잡고 잠자는 시간을 줄여가며 컴퓨터 앞에서 씨름을 한 끝에《미국 서부 셀프트래블》이 세상에 나오게 되었다.

책이 무사히 출간될 수 있도록 언제나 따뜻하고 유쾌하게 응원해주신 상상출판 유철상 대표님과 작업하느라 고생해주신 상상출판 유관자분들께 깊은 감사를 드린다.

조은정

c★ntents

Photo Album • 4

Prologue • 10

일러두기 • 16

미국 전도 • 18

All about Western USA • 20

Try Western USA • 22
- 루트 66 탐험 코스 • 22
- 베스트 코스 • 23
- 대자연 코스 • 24
- 미술관 & 박물관 코스 • 25
- 미식 코스 • 26
- 쇼핑 코스 • 27

Mission in Western USA • 28
- 미국 서부 대표 경험 • 30
- 미국 서부 대표 음식 • 31
- 미국 서부 대표 대자연 • 32
- 미국 서부 대표 건축 • 34
- 미국 서부 대표 박물관 • 35
- 미국 서부 대표 힐링 여행지 • 36
- 미국 서부 대표 인스타그램 핫플레이스 • 38
- 미국 서부 대표 데이트 명소 • 40
- 미국 서부 대표 슈퍼마켓 • 42
- 미국 서부 대표 할인 몰 • 44
- 미국 서부 대표 쇼핑 아이템 • 46
- 미국 서부 대표 테마파크 • 48
- 미국 서부 대표 영화 & 드라마 촬영지 • 50

Enjoy Western USA · 52

Los Angeles
로스앤젤레스 · 54
- ★ LA 메트로 노선도 · 60
- ★ LA 개념도 · 62
- ★ 다운타운 지도 · 64

다운타운 Downtown · 66
Special Page 영화 〈라라 랜드〉 속 그곳, 로스앤젤레스 · 78
- ★ 할리우드 지도 · 92

할리우드 & 로스앤젤레스 북부 Hollywood & Northern LA · 93
- ★ 웨스트 할리우드 지도 · 102
- ★ 베벌리 힐스 지도 · 102

웨스트 할리우드 & 베벌리 힐스 West Hollywood & Beverly Hills · 103
비치 Beach · 119
- ★ 샌타모니카 비치 지도 · 121

로스앤젤레스의 숙소 LA Accommodations · 128
Around Los Angeles 솔뱅 · 131
- ★ 솔뱅 지도 · 131

Around Los Angeles 샌타바버라 · 132
- ★ 샌타바버라 지도 · 132

Around Los Angeles 패서디나 · 138
Around Los Angeles 팜 스프링스 · 141
Special Page 유니버설 스튜디오 · 145
Special Page 디즈니랜드 리조트 · 148
Special Page 식스 플래그 매직 마운틴 · 152
Special Page 너츠 베리 팜 · 154

San Diego
샌디에이고 · 156
- ★ 트롤리 노선도 · 161
- ★ 샌디에이고 개념도 · 163
- ★ 다운타운 지도 · 164

다운타운 Downtown · 165
다운타운 외곽 Out of Downtown · 177
샌디에이고의 숙소 San Diego Accommodations · 183
Around San Diego 시 월드 샌디에이고 · 185
Around San Diego 레고랜드 · 187
Around San Diego 칼즈배드 · 188
Around San Diego 티후아나 · 189

Las Vegas
라스베이거스 · 190
- ★ Deuce/SDX 노선도 · 196
- ★ 라스베이거스 개념도 · 198
- ★ 스트립 북부 지도 · 199
- ★ 스트립 남부 지도 · 199

스트립 The Strip · 200
Special Page 라스베이거스 액티비티 · 218

다운타운 Downtown • 235
Special Page 라스베이거스의 쇼 관람하기 • 237
Special Page 카지노, 이렇게 즐겨보자! • 239
Around Las Vegas 레드 록 캐니언 • 241
Around Las Vegas 후버 댐 • 242
Around Las Vegas 밸리 오브 파이어 주립공원 • 243

San Francisco

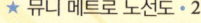

샌프란시스코 • 244
★ 뮤니 메트로 노선도 • 250
★ 케이블카 노선도 • 250
★ 샌프란시스코 개념도 • 252
★ 다운타운 & 소마 지도 • 254
다운타운 Downtown • 255
소마 SOMA • 263
★ 파이낸셜 디스트릭트 지도 • 268
파이낸셜 디스트릭트 Financial District • 269
미션 디스트릭트 & 카스트로 Mission District & Castro • 283
Special Page 사부작사부작 걷기 좋은 거리 • 286
샌프란시스코 웨스트 San Francisco West • 292
마리나 디스트릭트 Marina District • 299
샌프란시스코의 숙소 San Francisco Accommodations • 300
Around San Francisco 소살리토 • 304
Around San Francisco 뮤어 우즈 국립공원 • 305
Around San Francisco 스탠퍼드 대학교 • 306
Around San Francisco UC 버클리 대학교 • 307
Around San Francisco 나파 밸리 • 310
★ 나파 밸리 지도 • 311
Around San Francisco 타호 호수 • 315
Around San Francisco 요세미티 국립공원 • 318
★ 요세미티 국립공원 지도 • 319

Seattle

시애틀 • 324
★ 시애틀 개념도 • 331
★ 스페이스 니들 부근 지도 • 332
★ 파이크 플레이스 마켓 부근 지도 • 332
다운타운 Downtown • 333
유니버시티 디스트릭트 University District • 349
웨스트 시애틀 West Seattle • 351
시애틀의 숙소 Seattle Accommodations • 352
Around Seattle 레이니어 산 국립공원 • 355
Around Seattle 올림픽 국립공원 • 357
Around Seattle 보잉사 투어 • 358
Around Seattle 독일마을 • 359

Portland

포틀랜드 • 360
★ 트라이메트 노선도 • 366
★ 다운타운 지도 • 368
다운타운 Downtown • 369

포틀랜드의 숙소 Portland Accommodations • 385
Around Portland 후드 산 • 387
Around Portland 캐넌 비치 • 388
Around Portland 오리건 와이너리/윌래밋 밸리 와이너리 • 389

Special Course • 390

Pacific Coast Highway
캘리포니아 1번 도로 • 392
★ 캘리포니아 1번 도로 지도 • 393
몬터레이 Monterey • 394
카멜 Camel • 396
빅 서 Big Sur • 397

Grand Circle
그랜드 서클 • 398
★ 그랜드 서클 지도 • 399
그랜드 캐니언 국립공원 Grand Canyon National Park • 400
★ 그랜드 캐니언 국립공원 지도 • 401
브라이스 캐니언 국립공원 Bryce Canyon National Park • 407
★ 브라이스 캐니언 국립공원 지도 • 407
자이언 국립공원 Zion National Park • 410
앤털로프 캐니언 Antelope Canyon • 413
호슈 벤드 Horseshoe Bend • 415
모뉴먼트 밸리 Monument Valley • 416
캐니언랜즈 국립공원 Canyonlands National Park • 418
아치스 국립공원 Arches National Park • 419

Canada Vancouver
캐나다 밴쿠버 • 420
밴쿠버의 숙소 Vancouver Accommodations • 430

Step to Western USA • 432

- 미국 서부 일반 정보 • 434
- 주식과도 같은 항공권 구입 • 437
- 미국 서부 숙소, 그것을 알려주마! • 438
- 한국에서 가지고 가면 도움 될 것들 • 439
- 달라도 너무 다른 미국의 단위와 화폐 • 441
- 미국 비자와 입국 심사 및 시내 이동 • 442
- 대중교통, 렌터카, 시티 바이크, 우버 • 444
- 시티 패스 효율적으로 활용하기 • 445
- 한국으로 사가기 좋은 선물 아이템 • 446
- 음식 주문하고 팁 주는 방법 • 448
- 미국 서부 여행 관련 질문 모음 • 449
- 영어 도우미 • 450
- 코로나19 안전 여행 가이드 • 452

Index • 454

Self Travel Western USA

일러두기

1 주요 지역 소개
『미국 서부 셀프트래블』은 로스앤젤레스, 샌디에이고, 라스베이거스, 샌프란시스코, 시애틀, 포틀랜드 및 각각의 근교 도시를 다루고 있습니다. 지역별 주요 스팟은 관광명소, 식당, 쇼핑, 숙소 순으로 소개하고 있으니 참고 바랍니다.

2 알차디알찬 여행 핵심 정보
Mission in Western USA 미국 서부에서 놓치면 100% 후회할 볼거리, 음식, 쇼핑 아이템 등 재미난 정보를 테마별로 한눈에 보여줍니다. 필요한 것만 쏙쏙~ 골라보세요.
Enjoy Western USA 미국 서부의 지역별 주요 명소를 상세하게 소개합니다. 주소, 가는 법, 요금, 홈페이지 등 상세 정보는 물론, 유용한 Tip도 수록해 두었습니다.
Step to Western USA 미국 서부로 떠나기 전 꼭 필요한 여행 정보를 모았습니다. 미국 서부의 일반 정보, 비자와 입국 심사, 미국의 대중교통 및 시티패스 등을 실어 초보 여행자도 어렵지 않게 여행할 수 있습니다.

3 원어 표기
최대한 외래어 표기법을 기준으로 표기했으나 몇몇 지역명, 관광명소와 업소의 경우 현지에서 사용 중인 한국어 안내와 여행자들에게 익숙한 이름을 택했습니다.

❶ 주요 지역 소개
❷ 알차디알찬 여행 핵심 정보

④ 정보 업데이트

⑤ 구글 맵스 GPS 활용법

⑥ 지도 활용법

4 정보 업데이트

이 책에 실린 모든 정보는 2023년 1월까지 취재한 내용을 기준으로 하고 있습니다. 현지 사정에 따라 요금과 운영시간 등이 변동될 수 있으니 여행 전에 한 번 더 확인하시길 바랍니다. 잘못된 정보는 계속 업데이트하겠습니다.

5 구글 맵스 GPS 활용법

이 책에 수록된 지도에서 볼 수 없는 주요 명소는 구글 맵스의 GPS 좌표를 표시해 두었습니다. 스마트폰 앱 구글 맵스Google Maps 혹은 www.google.co.kr/maps로 접속해 검색창에 GPS 좌표를 입력하면 대략적인 위치를 체크할 수 있습니다. '길찾기' 버튼을 터치하면 현재 위치에서 목적지까지의 경로도 확인 가능합니다.

6 지도 활용법

미국은 거대한 나라이기 때문에 지도상 가까워 보일지라도 체감 거리는 다릅니다. 지도에서는 다음과 같은 부호를 사용하고 있으니 참고 바랍니다.

주요 아이콘

- ● 관광명소, 기타명소
- R 레스토랑, 카페 등 식사할 수 있는 곳
- S 백화점, 슈퍼마켓, 기념품점 등 쇼핑할 수 있는 곳
- H 호텔, 호스텔, 로지 등 숙소
- N 클럽, 바 등 나이트라이프를 즐길 수 있는 곳
- M 지하철역
- 기차역
- 트롤리역
- 공항
- 항구
- i 관광안내소
- 5 고속도로

All about Western USA

국토 면적 9,826,675㎢로 세계 3위, 인구수 3억 4천만 명으로 세계 3위, GDP 21억 달러인 세계 1위의 나라. 미국을 상징하는 첫 번째 정보들이다. 숫자만으로는 그리 와닿지 않을 수 있으나 국토 면적만 따져도 남한의 약 100배에 달할 정도이다. 미국은 크게 동부와 서부로 나뉘는데, 이번 책에서 다룰 서부의 경우 한국과는 17시간의 시차가 있으며, 동부와 서부 간에도 3시간(서머타임 실시 때는 2시간)이나 차이가 난다. 한국에서 미국 서부를 갈 때 비행기로 10시간 이상이 소요되니 실로 어마어마한 규모가 아닐 수 없다.

다른 나라에 비해 휴가가 짧은 우리나라 사람들이 미국 여행을 간다면 한 번에 모든 곳을 보기는 어렵다. 도시 안에서 볼 것도 많은 데다가 주변 근교와 다른 도시까지 이동하면 시간이 많이 걸리기 때문이다. 그러니 미국 서부를 여행한다면 한 번에 다 보겠다는 욕심은 버리고 한 도시씩 정복해보자. 그렇게 한 번씩 방문할 때마다 미국의 여러 면을 보게 될 것이고, 미국 여행에 대한 생각과 느낌도 매번 업그레이드될 것이다.

이 책에서 소개할 미국 서부의 주요 도시는 아래와 같다.

❶ 로스앤젤레스 Los Angeles

줄여서 LA라고 부르며 '천사의 도시'라는 별칭이 있는 미국 서부 여행의 관문이다. 우리나라 국적기가 하루에 두 차례나 운항할 정도로 친근한 도시이자, 한국인 교포 또한 많이 거주한다. 영화나 음악, 드라마 등에 관심이 있다면 미국 내에서는 물론 전 세계 유행을 선도하는 LA로의 여행은 필수다.

❷ 샌디에이고 San Diego

미국인들이 은퇴 후 가장 살고 싶어 하는 평화의 도시. 일 년 내내 온화한 날씨 덕분에 어딜 가도 한적하고 여유로우며 바삐 흘러가는 시간을 잠시 잊을 수 있는 곳이기도 하다. 국경을 맞대고 있는 멕시코의 문화적인 영향을 가장 많이 받아 상당히 이국적이다.

❸ 라스베이거스 Las Vegas

24시간을 즐기기에도 모자란 사막 위의 신기루 도시 라스베이거스! 이곳에 카지노만 있다고 생각한다면 큰 오산이다. 다이닝과 쇼핑, 휴양, 쇼, 그랜드 서클 등 다양한 테마 여행이 가능하기 때문. 가도 가도 질리지 않는, 마법과도 같은 도시의 매력에 빠져보자.

❹ 샌프란시스코 San Francisco

어느 유명한 관광지를 꼭 가지 않더라도 거리의 분위기 자체만으로 로맨틱함이 뚝뚝 묻어나는 곳이다. 바다를 끼고 있어 언제나 많은 바람이 불지만 맛있는 해산물 요리를 즐길 수 있기도 하다. 구불구불한 언덕으로 이어지는 아름다운 골목길, 케이블카라고 불리는 트램의 낭만이 이 도시를 가득 메운다.

❺ 시애틀 Seattle

흐린 하늘에 비가 자주 오지만 그로 인해 커피가 발달하게 된 또 다른 매력이 존재한다. 보잉, 스타벅스, 마이크로소프트 등 세계적인 기업의 본사가 있는 곳이라 자칫 딱딱할 것 같은 느낌도 있으나 조금만 근교로 나가면 아름다운 대자연이 끝없이 펼쳐지는, 숨겨진 보석과도 같은 도시다.

❻ 포틀랜드 Portland

현재 미국에서 가장 뜨거운 인기를 얻고 있는 도시로, 빈티지한 매력이 흘러넘친다. 스텀프타운 커피 로스터스와 에이스 호텔, 《킨포크》 매거진의 본고장이며, 지금도 그 문화가 파생되어 개성 넘치는 예술가들이 하나둘 모여들고 있다. 가장 트렌디한 변화와 발전이 기대되는 도시이기도 하다.

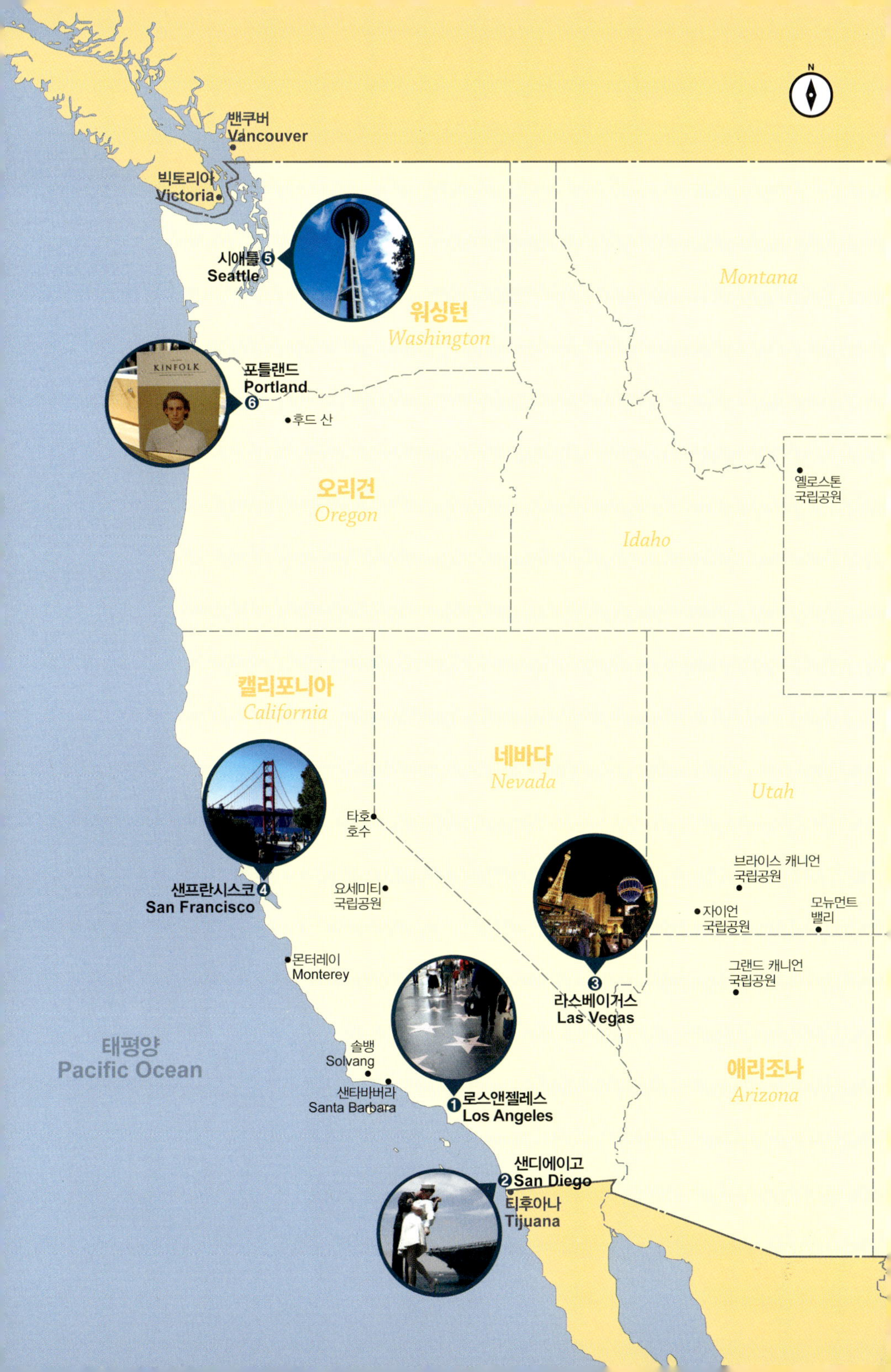

밴쿠버
Vancouver

빅토리아
Victoria

시애틀 ❺
Seattle

워싱턴
Washington

Montana

포틀랜드
Portland ❻

• 후드 산

오리건
Oregon

Idaho

옐로스톤
국립공원

캘리포니아
California

네바다
Nevada

Utah

• 타호
호수

• 요세미티
국립공원

브라이스 캐니언
국립공원

샌프란시스코 ❹
San Francisco

• 자이언
국립공원

모뉴먼트
밸리

• 몬터레이
Monterey

라스베이거스 ❸
Las Vegas

• 그랜드 캐니언
국립공원

태평양
Pacific Ocean

• 솔뱅
Solvang

• 샌타바버라
Santa Barbara

❶ 로스앤젤레스
Los Angeles

애리조나
Arizona

❷ 샌디에이고
San Diego

• 티후아나
Tijuana

Try Western USA

미국 서부 일정 짜기

일정을 짜는 데 있어서 가장 중요한 건 내가 여행하려는 목적이다. 내 가슴이 시키는 여행이 무엇인지를 먼저 파악해두는 것이 좋다. 남이 가니까, 어디서 들어 봤다는 이유로 귀한 시간을 내고 비싼 돈을 들여 여행하는 건 그다지 바람직하지 않다. 내가 요즘 무엇에 관심이 있고 무엇을 좋아하는지 파악한 다음, 내 상황에서 허용 가능한 일정과 비용에 맞춰 계획을 짜는 것이 중요하다.

1 루트 66 탐험 코스

미국의 흘러간 옛것에 관심이 있다면 한 번쯤 그 이름을 들어보았을 것이다. '루트 66'은 과거 미국 일리노이 주(州)의 시카고 미술관 앞에서 시작되는 3,945km의 국도를 뜻하며 미주리, 캔자스, 오클라호마, 텍사스, 뉴멕시코, 애리조나, 캘리포니아 주에 걸쳐 LA 샌타모니카 비치로 연결된다. 1926년 건설된 미국 최초의 대륙 횡단 고속도로였고 그 당시 미국 동부와 서부를 연결하는 유일한 길이었기에 미국인들은 루트 66 횡단을 크나큰 꿈으로 여겼었다.

그 후 경제가 발전하고 주와 주를 연결하는 고속도로가 늘어나면서 나라에서 이 길을 없애려 하자 현지인들의 강력한 반발에 힘입어 2003년 '역사 도로Historic Route'라는 이름으로 재건되었다. 지금은 그 흔적이 많이 없어지긴 했지만 간혹 거리를 지나다 보면 루트 66의 간판을 보게 될 것이다. 미국의 내면을 제대로 보고 싶다면 이 횡단 여행을 통해 미국의 대표 내륙 도시와 그랜드 캐니언, 아메리카 원주민의 문화까지 한 번에 체험해보자. 여행 정보지 《론리플래닛》이 선정한 베스트 드라이브 코스이기도 하고, 존 스타인벡의 소설 《분노의 포도》에도 자세히 소개되어 있다.

2 베스트 코스

도시와 산, 바다와 와이너리를 모두 들를 수 있는 여정으로, 미국 서부의 대표적인 도시 및 관광지를 거의 모두 방문하는 코스이다.

1~3일 차 | 샌프란시스코 시내 관광

바람과 언덕의 도시 샌프란시스코를 걸으며 이곳만의 특색을 느껴보도록 하자.
케이블카를 타고 이동하면서 금문교는 걸어서 건너고, 피어 39에서 항구의 풍경을 마음껏 즐긴 후 해산물 요리를 먹어보자.
유니언 스퀘어에서 쇼핑을 즐기며 행복한 여정을 마무리!

4일 차 | 요세미티 국립공원

미국의 대자연을 가장 확실히 느낄 수 있는 여정이다. 코끝으로 전해지는 진한 나무 향기, 끝이 보이지 않는 거대한 나무숲과 바위의 조화는 그 어느 도시에서도 느껴보지 못한 커다란 감동으로 다가올 것이다.

5일 차 | 나파 밸리 와이너리

미국 최고의 와인 생산지에서 미국 와인의 진가를 느껴보자. 기차를 타고 달리면서 와인을 즐길 수도 있고 특별히 마음에 드는 콘셉트의 와이너리를 방문해 시음할 수도 있다.

6~7일 차 | 캘리포니아 1번 도로 드라이브 (몬터레이, 카멜, 빅 서)

미국인들이 죽기 전 한 번쯤은 꼭 달리고 싶어 하는 인기 도로인 이곳! 차창 밖 풍경이 너무 아름다워 달리는 내내 감동이 전해져올 것이다.

8~9일차 | LA 및 근교 관광

미국 엔터테인먼트 산업의 대표 도시 LA에서는 스타들의 발자취를 따라 할리우드 거리를 걷거나 유니버설 스튜디오를 즐길 수 있고, 시간적인 여유가 있다면 LA 주변 비치나 샌타바버라에서 한적하게 휴식을 취해보자.

3 대자연 코스

거대한 협곡과 강, 호수 등이 만들어내는 미국의 대자연을 체험할 수 있는 코스로, 렌터카를 며칠간 운전할 수 있는 강인한 체력이 필수 조건이다.

1~3일 차 | 라스베이거스 관광
카지노 외에도 호텔 안의 다양한 부대시설과 맛있는 음식, 그리고 쇼핑까지 즐길 수 있어 하루 24시간이 부족할 정도! 벨라지오 호텔의 분수 쇼와 파리스 호텔의 전망대, 베네시안 호텔의 실내 곤돌라는 절대 빼놓지 말아야 할 방문 코스!

4일 차 | 그랜드 캐니언 국립공원
지구의 대자연이 얼마나 위대한지 알 수 있는 특별한 코스로, 라스베이거스에서 이동 시간만 5시간 정도 소요되니 새벽에 출발해 방문할 것을 권한다. 주요 인기 포인트 몇 곳만 봐도 하루가 후딱 지나간다.

5일 차 | 호스슈 벤드 & 앤털로프 캐니언
아침에 먼저 호스슈 벤드를 들른 후 점심식사를 하고 앤털로프 캐니언으로 이동하자. 이동 시간은 30분 이하로 상당히 가까운 편. 오후에 앤털로프 캐니언에서 원주민 가이드 투어에 참여해 알찬 하루를 마무리!

6일 차 | 브라이스 캐니언 국립공원
브라이스 캐니언은 전망대 위에서 내려다보는 것과 전망대 아래에서 올려다보는 풍경이 확연하게 다르므로 시간을 내어 두 곳에서 모두 보도록 하자.

7일 차 | 자이언 국립공원
난이도에 따라 하이킹 코스를 정할 수 있다는 장점이 있다. 시간과 체력이 된다면 엔젤스 랜딩 트레일 혹은 위핑 록을, 시간이 안 된다면 공원 초입의 파러스 트레일 코스를 추천한다.

8일 차 |
라스베이거스 도착

4 미술관 & 박물관 코스

미술관이나 박물관을 좋아하는 마니아라면 주목! 일단 LA로 들어가서 게티 센터와 게티 빌라를 둘러본 후 샌디에이고로 넘어가자. 스페인풍의 발보아 공원만 제대로 구경해도 이국적이면서 독특한 미술관과 박물관을 모두 체험할 수 있다.

1~3일 차 | LA 관광
(게티 센터 & 게티 빌라, 더 브로드 관람)
세 곳 중 가장 오랜 시간이 걸리는 곳은 게티 센터이니 무조건 아침 일찍 게티 센터로 향할 것! 보유한 작품도 좋지만 건물과 정원 또한 아름다워 이곳에서 점심식사까지 마친 후 게티 빌라와 더 브로드로 이동하면 좋다.

4~6일 차 | 샌디에이고 관광
(발보아 공원 내 미술관과 박물관 관람)
발보아 공원에서는 샌디에이고 미술관과 식물원을 즐긴 후 공원 내 피크닉 장소에서의 점심식사를 권한다. 유럽풍 분위기가 물씬 풍겨 마치 스페인에 있는 듯한 착각이 들 것이다. 오후에는 샌디에이고 동물원으로 향하자! 하얀색 털로 뒤덮인 거대한 북극곰을 만날 수 있다.

7일 차 |
LA로 컴백 후 귀국

5 미식 코스

바다를 끼고 있어 식재료가 좋기로 유명한 시애틀을 방문하자. 한국과는 직항이 있어 방문 또한 편리하다. 버스나 국내선으로 갈아타고 포틀랜드에 들러 미국 내 최고로 손꼽히는 와인과 맥주, 커피 등을 즐긴 후 샌프란시스코의 미슐랭 맛집까지 탐험하는 코스다.

1~3일 차 | 시애틀 관광(푸드 투어 참여 등)

바다를 끼고 있는 평화로운 도시 시애틀에서는 푸드 투어에 참여해 다양한 먹거리 체험을 한 번에 해결할 수도 있고, 자유롭게 다니고 싶다면 파이크 플레이스 마켓을 샅샅이 훑으면 된다. 스타벅스 1호점에서 커피를 마시고, 사과가 든 고소한 러시아식 파이 '피로시키'를 맛볼 수도 있다. 치즈를 좋아한다면 비처스 홈메이드 치즈를, 짭짤하면서도 크리미한 맛이 일품인 수프가 먹고 싶다면 파이크 플레이스 차우더를, 해산물을 좋아한다면 망치로 직접 깨부수어 먹는 재미가 있는 더 크랩 팟을 추천한다.

4~6일 차 | 포틀랜드 관광(오리건 와이너리/월래밋 밸리 와이너리 방문 포함)

포틀랜드 다운타운에서 스텀프타운의 커피를 마신 후 여정을 출발! 파이오니어 코트하우스 스퀘어와 파월 북스에 들러 포틀랜드의 감성을 느껴본 후 근교로 이동하여 와이너리를 방문해보자. 저렴한 가격에 퀄리티 좋은 와인의 산지들이다.

7~9일 차 | 샌프란시스코 관광 (미슐랭 레스토랑 등 방문)

창밖으로 베이 브리지가 보여 더욱 인기인 미슐랭 레스토랑 블러바드에서의 식사를 가장 먼저 추천한다. 그 주변에 위치한 페리 빌딩의 고츠 로드사이드에서 인기 수제 버거를 맛볼 수도 있고, 프리마베라에서는 멕시칸 음식을 즐길 수도 있다. 호그 아일랜드 오이스터는 해피 아워에 맞춰 가면 굴 1개를 $1에 맛보는 행운 또한 거머쥘 수 있다. 사이트글라스나 블루 보틀 커피에서의 마무리 커피 한 잔 또한 필수!

6 쇼핑 코스

포틀랜드는 도시 전체가 면세 구역이므로 그 어느 곳보다 쇼핑하기에 최적의 장소다. 한국에서 시애틀까지 직항을 타고 간 다음 시애틀 근교의 아웃렛 쇼핑을 즐긴 후 포틀랜드로 이동해 쇼핑을 즐겨보자.

Tip | 포틀랜드가 속한 오리건 주는 면세 구역이라 무엇을 사도 세금이 붙지 않는다.

1일 차 | 시애틀 관광(아웃렛)
시애틀 프리미엄 아웃렛에서 저렴한 쇼핑을 즐겨보자. 시내에서 멀지 않아 이동 또한 쉬운 편이다.

2~5일 차 | 포틀랜드 시내 쇼핑
포틀랜드에서는 주 자체가 면세 지역이므로 굳이 근교의 아웃렛까지 나갈 필요가 없다. 시내의 숍 중 특히 추천하고픈 곳은 T.J.MAXX, 노드스트롬 랙, 로스 드레스 포 레스이다. 이월 상품을 저렴하게 판매하는 곳인 데다가 미국 내 다른 곳에서 늘 붙는 세금도 없으니 무엇을 사도 이득이다!

6~7일 차 |
시애틀 컴백 후 귀국

01

-

Mission in Western USA

미국 서부에서 꼭 해봐야 할 모든 것

Mission in Western USA

미국 서부 대표 경험

1. 렌터카 여행 Rent a Car

광활한 대자연과 화려한 불야성의 도시… 이러한 두 가지 분위기를 오가며 여행할 수 있는 기회는 흔치 않지만, 미국 서부에서라면 가능하다. 다만 가능하면 렌터카를 이용하여 여행을 하는 것이 좋다. 좀 더 자유롭고 편안하게 여기저기를 오가는 여정을 만들 수 있기 때문이다.

렌터카는 생각보다 비싸진 않지만 샌프란시스코나 LA 같은 대도시의 경우 주차비가 비싼 것이 흠이다. 그러니 여정 내 모든 일정을 렌터카로 여행하는 것이 아니라, 도시를 돌아다니는 것은 대중교통으로, 그 외 근교 도시나 아웃렛 등을 방문할 땐 렌터카를 이용하여 좀 더 효율적인 여정을 짜는 것이 좋다.

광활한 도로를 몇 시간씩 운전해 달리다 보면 일직선으로 이어지는 길을 속도 한 번 바꾸지 않고 달리는 진기한 경험을 하게 된다. 다만 제한 속도나 관련 법규 등은 반드시 지켜야 한다. 그렇지 않으면 귀신처럼 어디선가 숨어 있던 미국 경찰을 만나는 특별한(?) 경험을 하게 될 수도!

2. 카지노 게임 Casino

미국 서부를 여행한다면 전 세계인이 사랑해 마지않는 카지노란 무엇인가를 배우는 시간도 만들어 보길 바란다. 뭐든 내가 직접 해봐야 좋은 것과 나쁜 것, 나에게 맞는 것과 그렇지 않은 것을 가리게 되는 법. 아는 것과 모르는 것은 천지 차이니까!

Mission in Western USA

미국 서부 대표 음식

1. 해산물 요리 Seafood

태평양 연안을 끼고 있고, 일 년 내내 따뜻한 햇살이 내리쬐는 곳이니 최고의 해산물과 맛 좋은 과일 및 곡물이 가득하다는 것은 가보지 않아도 충분히 상상할 수 있을 터. 그중에서도 반드시 추천하는 첫 번째 음식은 바로 해산물 요리다. 던지니스 크랩Dungeness Crab은 한 마리당 1kg 정도 나가는 큰 게로, 미국 서부 워싱턴 주의 던지니스라는 작은 마을의 이름에서 유래되었다. 워낙 게살이 실해 바로 쪄서 아무런 조리도 하지 않은 채 먹어도 맛있는 게로 알려져 있다. 그 외에도 거리에서 쉽게 볼 수 있는 클램 차우더Clam Chowder 수프 또한 맛보기 좋다. 짭짤한 수프에 함께 판매하는 빵이나 크래커를 찍어 먹으면 차가웠던 손발이 따뜻해진다. 조개를 가득 넣고 끓여 바다의 향이 잔뜩 묻어나는 음식이기도 하다.

2. 멕시칸 요리 Mexican Food

멕시코와 지리적으로 가까운 곳에 위치한 덕분에 미국 서부는 미국 내에서도 가격 대비 훌륭한 멕시칸 요리를 맛볼 수 있다. 우리나라 사람 입맛에도 잘 맞고 양도 많아 언제 어디서 먹어도 실패가 적은 편이다. 고기와 생선 등 원하는 재료로 메뉴 선택이 가능하고 식사 혹은 간식으로도 먹기 좋은 메뉴들이 많아 남녀노소 누구나 좋아한다.

3. 버거 Burger

미국 음식을 이야기할 때 빼놓을 수 없는 햄버거! 미국 서부에도 여러 버거 브랜드가 있는데 최근에는 미국 동부의 대표 인기 브랜드인 셰이크 섁이나 파이브 가이즈 버거가 입점해 동·서부 버거 경쟁이 더욱 치열해졌다. 그러나 미국 서부를 대표하는 버거는 누가 뭐래도 인 앤 아웃 버거다. 미국 서부 여기저기서 쉽게 매장을 발견할 수 있고 가격도 저렴해 부담이 없는 데다가 냉동식품이 아닌 신선한 재료로 만드는 버거 패티와 감자튀김은 인 앤 아웃이 최고다.

Mission in Western USA

미국 서부 대표 대자연

1 옐로스톤 국립공원 Yellowstone National Park

와이오밍 주, 몬태나 주, 아이다호 주에 걸쳐 있는 옐로스톤 국립공원은 미국인들이 꼽는 최고의 국립공원으로 굳건히 그 자리를 지키고 있다. 지구 간헐천의 3분의 2에 해당하는 300개의 간헐천이 있으며 걷는 길 중간중간 노랑과 초록 혹은 에메랄드빛 물이 하늘로 치솟아 물기둥을 이루는 기이한 풍경을 볼 수 있다. 옐로스톤이라는 이름은 미네랄이 풍부한 온천수가 바위의 표면을 노랗게 물들여 유래되었다. 1872년 미국 최초의 국립공원으로 지정되었고, 1978년 유네스코 자연유산으로 지정되었다.

2 레이니어 산 국립공원 Mount Rainier National Park

시애틀에서 가장 아름다운 대자연은 레이니어 산을 꼽을 수 있다. 시애틀 남부의 캐스케이드에서 가장 높은 산맥으로 4,392m 높이다. 산봉우리에 만년설이 내린 휴화산이며 시애틀 시내에서 차로 이동 시 3시간 정도 소요된다. 레이니어 산을 방문하기 가장 좋은 때는 6~9월로, 야생화가 가득히 피고 뾰족한 나무들의 푸름이 더해져 환상의 풍경을 자아낸다. 더군다나 한밤중에는 별도 많으니 낮과 밤 모두 아름다운 산이다.

3 타호 호수 Lake Tahoe

샌프란시스코에서 차로 4시간 정도 달리면 만날 수 있으며, 작가 마크 트웨인이 미국에서 가장 아름답고 평화로운 호수라고 극찬했던 곳이다. 타호 호수는 캘리포니아 주와 네바다 주의 경계에 위치해 있는 거대한 호수인데, 최대 수심은 501m로 육안으로 20m 속까지 볼 수 있다. 바다처럼 파도가 칠 만큼 웅장한 규모와 그 어떤 비치의 색보다 아름다운 에메랄드 물빛은 마치 그 누구도 발견하지 못했던 숨겨진 무인도를 여행하는 기분이 들 정도로 아름답다.

4 그랜드 캐니언 국립공원 Grand Canyon National Park

죽기 전 꼭 가봐야 할 곳에 반드시 그 이름을 올리는 그랜드 캐니언 국립공원은 20억 년 전의 지구를 상상해 볼 수 있는 곳이다. 거주하는 동식물과 조류 및 파충류 등만 해도 2천여 종이 넘으며, 거대한 협곡 아래로 여전히 인디언 원주민들이 거주하고 있다. 총 길이 447km는 서울에서 부산까지의 거리와 맞먹으며, 콜로라도 강과 주변의 고원이 수억 년간 지구의 변동에 의해 융기와 침식작용을 거듭해 지금의 협곡이 만들어진 것이다. 그 풍경이 장관을 이루어 연간 500만 명 이상이 다녀가는 미국 서부의 대표적인 국립공원이다.

5 앤털로프 캐니언 Antelope Canyon

전 세계 사진 작품 중 가장 비싸게 팔리는 사진 촬영 배경지로 널리 알려진 이곳은 사암과 빛, 색의 조화가 환상적으로 아름다워 많은 이들의 방문이 끊이질 않는다. 이 독특한 협곡은 좁은 균열의 틈을 타고 굽이굽이 8km가 이어진다. 빛이 동굴로 들어오는 시간과 각도에 따라 노란빛에서 붉은빛, 보랏빛 등 다양한 색깔의 지층을 육안으로 확인할 수 있는 신비로운 곳이다.

6 호스슈 벤드 Horseshoe Bend

가장 스릴 넘치면서도 끔찍하리만큼 무섭지만 그만큼 멋진 풍경을 자랑하는 절벽이다. 애리조나 주의 페이지라는 작은 도시에 위치하고 있으며, '호스슈 벤드'라는 이름은 거대한 말발굽이란 뜻이다. 300m 높이의 절벽에서 내려다보이는 바위와 강의 물줄기가 놀라운데, 촬영하는 포인트에 따라 사진의 느낌이 전혀 다르게 나타나며 햇살의 강도에도 또 달라져 신비로운 풍경을 자아낸다.

Mission in Western USA

미국 서부 대표 건축

1 발보아 공원 Balboa Park

샌디에이고의 발보아 공원은 미국 서부를 대표하는 최고의 건축물들이 모여 있다. 1868년에 오픈한 공원 내에는 17개의 박물관과 19개의 테마 정원, 영화관, 공연장, 놀이터 등이 있어 거대한 테마파크라고 생각하면 된다. 스페인의 알카사르 성을 따라 만들었다는 알카사르 가든은 타일과 야자수의 조화가 아름답고, 초대형 파이프 오르간이 있는 야외 공연 무대인 스프레켈스 오르간 파빌리온에서는 매주 일요일마다 파이프 오르간 연주가 이뤄진다.

2 게티 센터 The Getty Center

LA를 대표하는 미술관 중 하나인 게티 센터는 LA 시내 전경이 내려다보이는 브렌트우드 언덕에 위치하며, 입구까지는 트램을 타고 올라갈 수 있다. 건물과 건물 사이에는 아름다운 정원과 카페, 벤치 외에도 다양한 조각품들이 설치되어 있다. 중앙에 위치한 정원은 500종 이상의 식물과 계절별로 다양하게 피는 꽃, 선인장들이 가득 메우고 있어 매우 아름답다.

3 숍 앳 크리스털 The Shops at Crystals

라스베이거스의 스트립 한복판에 웅장하게 자리하고 있는 이곳은 아리아 호텔로 들어가기 전, 스트립 메인 거리에 위치한 뾰족한 모양의 건축물이다. 낮과 밤 다른 분위기를 풍기며 상당히 세련된 자태를 자랑하고 있는데 멋스러운 건축 디자인 덕분에 라스베이거스의 상징으로 자리 잡았다.

4 스페이스 니들 Space Needle

스페이스 니들은 시애틀을 대표하는 사진이나 엽서에 언제나 등장하는 곳이다. 늘씬하고도 기다란 몸통이 마치 바늘처럼 생겨 이름에도 '니들'이란 단어가 들어가 있다. 멀리서 보면 타워 꼭대기에 둥그런 우주선이 달려 있는 듯하다. 높이 184m로 강진에도 견딜 수 있게끔 특수 설계가 되어 있다.

Mission in Western USA

미국 서부 대표 박물관

1. 포틀랜드 미술관
Portland Art Museum

15세기부터 현대까지 45,000점 이상의 작품을 구비하고 있는. 명실공히 포틀랜드 최고의 미술관이다. 모네의 〈수련〉 이외에도 르누아르, 피카소 등의 작품들과 다양한 사진 작품, 일 년 내내 진행되는 특별 전시로 인해 언제 방문해도 지루할 틈이 없다.

2. 샌디에이고 미술관
The San Diego Museum of Art

고갱, 샤갈, 렘브란트, 마네, 피카소, 모네 등 유명 작가들의 작품을 관람할 수 있어 발보아 공원 내 가장 많은 이들이 방문하는 곳 중 하나다. 미술관에서 연결된 야외 공원에는 조각가 헨리 무어의 작품이 있으며 16세기 스페인풍으로 지어진 입구 또한 독특하고도 멋스럽다.

3. 샌프란시스코 현대미술관
San Francisco Museum of Modern Art

'SFMOMA'라고 불리는데, 미국 내 최대 규모를 자랑하는 거대한 현대미술관이다. 기존의 건물과 새롭게 증축된 10층짜리 건물이 인상적이며, 조각과 사진, 건축 등 여러 분야의 작품들이 전시되어 있다. 앙리 마티스, 피카소, 파울 클레, 앤디 워홀 등 유명 작가들의 작품 또한 감상할 수 있다.

4. 게티 센터
The Getty Center

LA에서 가장 사랑받는 명소 중 하나인 게티 센터는 아름다운 건축물 자체로도 인기가 많지만 내부의 전시와 기념품 숍의 물건들 또한 훌륭해 오랜 시간 볼거리가 많은 곳이다. 노스 파빌리온에는 1600년 이전의 미술품, 사우스 파빌리온에는 1600~1800년대 미술품, 웨스트 파빌리온에는 1800년대 이후의 작품이 전시되어 있다. 고흐의 〈아이리스〉가 가장 유명하며, 한국어 안내 팸플릿이나 오디오 투어를 통해 추가 설명을 들을 수 있다.

Mission in Western USA

미국 서부 대표 힐링 여행지

여행 중에도 휴식이 절실히 필요한 순간이 찾아온다. 매일 빡세게(?) 무언가를 보고 즐기고 누리고 먹어봐야 한다는 강박관념이 절로 자리를 잡을 때, 일정을 어느 정도 포기하고 마음을 내려놓으면 그제야 그동안 보지 못하고 지나쳤던 많은 것들이 내 안에 보이기 시작한다. 길가의 이름 모를 들꽃, 발길 닿는 대로 우연히 걸어 들어갔다가 만난 카페에서 달콤한 커피 한 잔의 여유, 지나가던 현지인들과 나누는 대화를 통해 느껴보는 유쾌한 웃음.

여행이 늘 무언가를 반드시 끝내야만 하는 것은 아니다. 여행지로 가는 길에서 읽은 책이 가슴에 내내 남을 수도, 밖을 나가지 않고 호텔 방에 머물며 생각을 정리하는 시간도 그 어느 여행에서보다 소중할 수 있다. 그런 의미에서 손꼽아본 베스트 힐링 여행지에서 마음을 다스려보자. 무엇 하나 놓치지 싶지 않을 만큼 빼어난 절경과 평화를 내게 선사해줄 곳들이다.

1. 포인트 듐 Point Dume (로스앤젤레스)

캘리포니아의 주립공원으로, 고급 주택들이 늘어선 바다가 유명한 말리부 비치의 절벽 위에서 보는 풍경이 압권이다. 외국인들에게는 많이 알려져 있지 않지만 현지인들에게는 언제나 인기 있는 휴식 혹은 웨딩 촬영 장소로 많은 이들이 즐겨 찾는다. 또한 종종 할리우드 스타들이 방문한다는 소문이 있기도. 영화 <아이언맨>에서 토니 스타크의 집이 있던 위치 또한 이곳에 자리하고 있으니 영화 마니아라면 방문해볼 것. 이곳은 입장료도 없어 더할 나위 없이 좋지만 단 하나의 단점이라면 주차가 10대 정도만 가능하다는 점. 경찰이 수시로 순찰하니 불법주차는 시도도 하지 말자. 언덕을 걷다 보면 억새와 모래가 가득해 마치 사막에서 바닷가 절벽을 향해 걷는 느낌이라 상당히 독특하다. 아찔함이 느껴질 만큼 높은 절벽 위에서 내려다보이는 쭉 뻗은 태평양 바다의 풍경과 바람은 충분히 매력적이다.

2. 마린 헤드랜즈 Marin Headlands (샌프란시스코)

샌프란시스코의 전망을 한눈에 보고 싶다면 무조건 추천하고픈 곳. 눈앞으로 펼쳐지는 바다와 금문교, 그리고 바다와 소살리토의 풍경은 마치 그림엽서처럼 아름답다. 자전거를 잘 탄다면 하이킹으로도 추천하는 코스. 속이 답답하거나 우울할 땐 무조건 이곳으로 여행을 떠나보자. 기분이 정화되고 힐링되는 걸 경험할 수 있을 것이다.

3 레이니어 산 국립공원
Mount Rainier National Park
(시애틀)

저 멀리 산꼭대기에는 거대한 만년설을 품고 있으면서도 산 아래는 아름다운 강과 나무, 폭포, 숲, 그리고 야생화가 뒤덮인 곳. 태곳적 자연의 신비와 계절에 맞춰 다른 색을 보여주는 산의 모습은 언제 방문해도 그림처럼 아름답다. 시간이 된다면 당일치기 여행이 아닌 숙박을 하면서 밤하늘에 가득한 별까지 꼭 보고 돌아오는 여행을 만들어보기를. 진정한 힐링을 이곳에서 할 수 있다는 사실에 감사하게 될 것이다.

4 타호 호수
Lake Tahoe (샌프란시스코)

저자가 지금껏 여행하면서 본 가장 맑고 아름답고 황홀했던 호수라고 하면 믿을 수 있겠는가. 호수를 처음 본 순간을 지금도 생생히 기억한다. 저 멀리 깊은 호수의 속이 한눈에 훤히 들여다보일 정도로 맑고 깨끗한 물에 너무나 놀랐기 때문이다. 샌프란시스코에서 차를 렌트해 호수가 보이는 호텔에서 숙박을 하고 나무향을 맡으며 휴식을 취했던 그 시간이야말로 지금도 내 인생의 가장 호사스러운 힐링의 순간이었음을 밝힌다.

5 빅 서
Big Sur (샌프란시스코)

미국의 유명한 해안도로인 퍼시픽 코스트 하이웨이를 달리다 보면 들를 수 있는 작은 마을 빅 서를 처음 갔던 건 해가 질 무렵이었다. 높은 지대다 보니 바다가 한눈에 내려다보이는 절벽에 서 있었는데 온통 하늘이 핑크와 보라색으로 물이 드는 것이 아닌가. 길을 잃어 문을 연 매장에 들어가 현지인에게 말을 걸고 나오던 찰나, 내 눈앞의 바다와 하늘에 펼쳐지던 그 아름다운 빛깔은 자연이 내게 준 최대의 힐링 순간이었다.

6 뮤어 우즈 국립기념물
Muir Woods National Monument
(샌프란시스코)

끝이 보이지 않는 키 큰 나무와 태곳적 자태를 그대로 간직하고 있는 듯한 이슬 잔뜩 머금은 이끼들의 향연은 요세미티 못지않게 아름답다. 이곳에 들어서는 순간부터 폐 속 깊은 곳까지 피톤치드가 마구 느껴지는 듯한 그 느낌, 그것은 뮤어 우즈만이 우리에게 줄 수 있는 최고의 선물이다. 가만히 숨만 쉬고 있어도 절로 기분이 좋아지는 향긋한 나무 냄새와 함께 하는 힐링, 꼭 직접 체험해보길!

Mission in Western USA

미국 서부 대표 인스타그램 핫플레이스

1 멜로즈 애비뉴의 폴 스미스 핑크 벽 (로스앤젤레스)

로스앤젤레스에 관한 인스타그램 사진 중 지난 몇 년간 부동의 1위를 차지하고 있는 곳이라 해도 과언이 아닌 곳. LA에서도 잘나가는 거리인 멜로즈 애비뉴에서 가장 최고점을 찍는 곳은 바로 폴 스미스 매장 건물이다. 온통 핑크색으로 칠해져 있어 어느 누가 서서 사진 촬영을 해도 모델처럼 찍히는 마술과도 같은 곳. 사진 촬영하려면 대기 줄이 길지만 그럼에도 불구하고 방문할 가치는 이미 충분한 셈.

2 가스등이 매력적인 가스램프 쿼터 (샌디에이고)

이곳은 밤이 더 아름답다. 이름처럼 가스로 불을 켜던 시절의 전구들이 그대로 지금도 도시를 밝히고 있기 때문이다. 운치 있는 오렌지빛 동그란 등이 거리를 가득 메우고 있고, 건물은 이웃해 있는 멕시코의 영향을 많이 받은 덕분에 온통 파스텔 톤의 컬러로 칠해져 있어 더욱 매력적이다.

3 아트 디스트릭트의 다양한 벽화 (로스앤젤레스)

과거 누구도 가지 말라고 말리던 우범지대였던 곳이 지금은 LA에서 가장 뜨겁고 트렌디한 지역으로 탈바꿈했다. 특히 거리를 가득 메운 수준급의 그라피티는 전 세계의 유명 화가들을 불러 모으고 있고 그 사이사이로 얼스 카페, 파이 홀 등의 맛집과 스텀프타운이나 블루 보틀 등의 인기 카페, Alchemy Works, Poketo 등의 편집 숍 등을 구경하며 촬영하는 재미가 꽤나 쏠쏠하다. 사진만 보면 이곳이 LA라는 걸 그 누구도 믿지 못할 만큼.

4 스트립 거리의 화려한 네온사인 (라스베이거스)

24시간도 모자라 언제라도 영원히 잠들 것 같지 않은 도시, 라스베이거스의 중심가 거리를 스트립이라 부른다. 여러 차선들이 오가는 대로변을 기준으로 미국 전역의 유명 호텔과 로컬 숍, 맛집 등이 즐비하다. 화려하고도 거대한 네온사인은 낮과 밤 각기 다른 모습으로 언제든 관광객을 맞이해주니 시시각각 변하는 초호화판 네온사인들을 열심히 카메라에 담아보자. 지극히 미국스러운 사진을 갖게 될 것이다.

5 LA 카운티 미술관 (로스앤젤레스)

LA 카운티 미술관을 대표하는 유명한 포인트가 2가지 있다. 첫 번째는 미술관 입구에 놓여 있는 거대한 돌. 하지만 오늘의 포인트는 이곳이 아니라 입구의 거대한 조명들! '어반 라이트'라는 작품의 이 설치미술은 1930년대 캘리포니아 거리의 가로등 220개를 모아 만들었다. 낮보다 밤이 훨씬 아름다워 언제 가도 웨딩 혹은 각종 기념 촬영을 하는 현지인으로 늘 붐빈다. 이곳에서의 인물 촬영은 마치 내가 영화 속 주인공이 된 것 같은 기분이 들어 한껏 들뜬다. 그 기분 자체로도 꽤나 즐겁다.

6 유니온 스퀘어의 하트 작품 (샌프란시스코)

샌프란시스코의 최고의 중심가인 유니언 스퀘어는 이곳으로 여행을 간 사람이라면 누구라도 하루에 한 번 이상은 들르게 될 곳이다. 이 광장의 입구 4곳에는 각각 다른 색의 하트 모양 조각이 세워져 있는데 상당히 아름답다. 자세히 들여다보면 모두 샌프란시스코의 풍경이 그려져 있어 눈여겨볼 만하다.

Mission in Western USA

미국 서부 대표 데이트 명소

여행 중이라고 데이트를 할 일이 안 생기라는 법은 없다. 다만 자주 안 생겨 아쉽고 슬플 뿐. 여행지에서 예상치 못한 심쿵 유발자를 만난다거나 연인과 함께 여행을 떠났다면 여행지에서라도 조금은 로맨틱하고도 아름다운 곳으로 발걸음을 향해보고 싶을 것이다. 그래서 추천하는 각 도시별 데이트 베스트 장소!

1 에어리얼 트램을 타고 즐기는 도시 풍경
(포틀랜드)

포틀랜드에는 케이블카를 타고 도시를 오르락내리락 할 수 있는 곳이 있다. 그것도 저렴한 비용과 함께 말이다. 녹음 짙은 아름다운 포틀랜드의 풍경을 케이블카를 타면서 즐길 수 있는 좋은 기회. 좋아하는 사람과 함께 즐긴다면 더욱 행복해질 것이다.

2 헤이스 밸리에서 로컬 숍 산책하기
(샌프란시스코)

유명 대기업의 브랜드 매장이 아닌 현지의 로컬 브랜드 숍으로만 가득한 거리! 그것만으로도 충분히 매력적이지만 가슴 설레는 사람과 같이 걷는다면 그 시간은 더욱 소중하게 느껴질 것이다. 세련되고도 감각적인 숍이 많아 쇼핑하기 좋고 주말이면 플리마켓과 각종 거리 공연이 넘쳐나니 언제 가도 기분 좋은 곳.

3 애벗 키니 거리에서 셀프 화보사진 촬영하기
(로스앤젤레스)

강렬한 태양과 야자수, 유니크한 로컬 숍이 대로변에 늘어서 있어 어디를 방문해도 즐겁다. 다양한 그라피티와 자유분방한 거리의 느낌은 사진 촬영으로 안성맞춤.

4 스페이스 니들에서 시애틀 내려다보기
(시애틀)

시애틀의 상징인 스페이스 니들이 최근 업그레이드됐다는 사실! 통유리로 된 전망대와 바닥은 더욱 스릴이 넘치고, 타워 내에는 와인 한 잔 즐길 수 있는 공간 또한 마련되어 있어 데이트하기엔 완벽한 코스.

5 몽 아미 가비 노천 카페에서 영화 속 주인공 되어보기
(라스베이거스)

전형적인 미국 스타일의 도시이지만 딱 한 곳. 파리스 호텔 1층에 위치한 몽 아미 가비 만큼은 파리를 그대로 옮겨놓은 것 같은 유럽 감성이 뿜뿜 넘친다. 실내 자리는 별 볼 일 없지만 야외라면 기분이 달라진다. 오가는 사람들을 구경하며 마치 유러피안이 된 것 같은 기분을 느낄 수 있을 테니까. 단, 인기가 많아 야외 좌석은 오래 기다려야 한다.

6 루프톱 풍경 즐기며 치즈케이크 팩토리 음식 먹기
(샌프란시스코)

미국 전역 어디에서나 늘 만날 수 있는 친근한 브랜드 치즈케이크 팩토리! 굳이 샌프란시스코의 지점을 추천한 까닭은 메이시스 백화점 8층에 자리하고 있는 이곳이 야외라 유니언 스퀘어 광장과 도시의 풍경이 한눈에 들어오기 때문이다. 자리를 차지하기 위한 전쟁이 치열하지만 그만큼 가치가 있는 곳. 꼭 한 번쯤은 야경과 함께 식사를 즐겨보기를! 치즈케이크 팩토리를 더욱 사랑하게 될 것이다.

Mission in Western USA

미국 서부 대표 슈퍼마켓

미국 여행 중 대형 슈퍼마켓을 들를 수 있다는 건 크나큰 행운이다. 생필품의 물가가 상당히 저렴한 편이라 살 것이 너무 많아 행복한 고민을 하게 되는 곳이니까. 어찌 보면 럭셔리 명품을 사는 것보다 훨씬 쏠쏠한 여행의 재미를 느낄 수 있기도 하다. 지금 미국 서부에서 가장 인기 있는 슈퍼마켓들을 소개할 테니 여행 중 거쳐 가는 코스가 있다면 반드시 들러보자. 미국 여행의 큰 즐거움을 얻게 될 것이다.

1 트레이더 조 Trader Joe's

1958년 캘리포니아에서 조 콜럼비가 창업한 트레이더 조는 미국 전역에 500여 개의 매장을 가지고 있다. 취급 품목은 대략 4천 개 정도로 다른 대형마트에 비해 많지는 않지만 80%가 자체 브랜드라 타 경쟁사 대비 가격적인 면에서 상당한 우위를 차지한다. 오랜 시간 많은 신뢰를 쌓은 덕에 트레이더 조의 브랜드라면 믿고 사는 현지인들이 많은 편이며, 가장 추천하고픈 건 와인이다. 가격 대비 최고의 품질을 고를 수 있다.

2 홀 푸드 마켓 Whole Foods Market

텍사스에서 처음 문을 연 홀 푸드 마켓은 미국의 친환경 유기농 제품을 판매하는 대표적인 마트 브랜드이다. 일반 서민이 구입하기엔 비싼 가격들의 제품이 많긴 하지만 고르는 재미와 사는 재미 또한 쏠쏠하다. 특히 직접 만들어 파는 치즈와 베이커리 섹션이 훌륭하며, 목욕 용품과 화장품류 또한 유기농 제품만 판매해 인기가 많다.

3 타깃 Target

미네소타 주 미니애폴리스에서 시작된 대형마트로, 현재는 미국 전역에 매장이 있다. 식료품도 저렴하지만 침실과 주방용품, 의류 등이 강세다. 생활용품을 저렴하게 살 수 있어 알찬 쇼핑이 가능하다.

4 세이프웨이 Safeway

1915년 목사에 의해 설립된 독특한 이력의 마트로, 식료품을 낮은 마진으로 배급하고자 시작되었다. 현재는 미국과 캐나다에 1,800여 개의 매장이 있는데 캘리포니아와 네바다 주에만 400여 개의 매장이 있을 만큼 특히 서부에서 쉽게 볼 수 있다. 본사 또한 캘리포니아에 자리하고 있으며 현재는 영국과 호주까지 진출했다. 고기와 와인, 원두커피 등이 품질 대비 매우 저렴하다.

그랜드 서클 투어를 한다면 반드시 거치게 되는 작은 도시인 페이지^{Page}에 자리한 세이프웨이에 꼭 방문해보자. 와인과 갖가지 식재료를 저렴한 가격에 구입할 수 있다.

5 랩프스 Ralphs

1873년 캘리포니아 주의 LA에서 시작해 지금껏 미국 서부를 대표하는 대형 슈퍼마켓으로 자리 잡았다. 다양한 생필품을 저렴한 가격에 제공하는데, 늦은 밤까지 운영하는 매장이 많아 현지인과 여행객 모두에게 인기이다. 특히 추천하고픈 매장은 샌디에이고의 다운타운 지점이다. 여행 중 반드시 오가게 되는 최고 중심가에 위치해 있어 강추!

6 코스트코 Costco

창고형 마트로 유명한 이곳은 시애틀에서 처음 시작되었다. 제품의 개수를 늘리기보다는 가격적인 메리트가 있으면서 인기 있는 제품만 대량으로 판매하는 원칙을 고수한다. 가전제품과 생활용품 등 일상에 필요한 모든 것을 구매할 수 있으며 유니버설 스튜디오 입장권도 저렴하게 판매한다. 자체 브랜드인 커클랜드^{Kirkland} 또한 인기가 많은데 좋은 품질의 제품을 저렴하게 판매하기 때문이다. 회원카드는 전 세계에서 통용되므로 한국에서 가입한 회원증을 들고 방문해 재미난 쇼핑 시간을 가져보는 것도 좋을 듯하다.

단, 한국과 마찬가지로 대형 사이즈의 물품만 판매하니 이를 한국까지 운반하는 데 문제가 없을지 확인 후 구매하도록 하자.

7 CVS 파머시 CVS Pharmacy

동부인 매사추세츠 주에서 처음 시작해 유명해진 미국의 약국 브랜드로 24시간 영업하여 우리나라 편의점 같은 역할을 하고 있다. 약 이외에도 다양한 생활용품과 먹을거리를 판매하니 대형마트에 갈 시간이 안 된다면 골목마다 있는 CVS에 들러 필요한 것을 구매하면 된다. 유사 브랜드로는 월그린^{Walgreens}, 듀안리드$^{Duane Reade}$, 라이트 에이드$^{Rite Aid}$ 등이 있다.

기입할 수 있는 미국 현지 주소와 전화번호가 있다면 멤버십 카드를 발급받자. 추가 할인 혜택, 1+1 혜택 등이 많아 상당히 요긴하다.

Mission in Western USA

미국 서부 대표 할인 몰

쇼핑을 부추기는 나라 미국! 미국을 다녀온 사람이라면 누구든 이 말에 공감하게 될 것이다. 굳이 시간과 돈을 들여 시내에서 떨어져 있는 아웃렛까지 가지 않아도 도심 한복판에 있는 여러 할인 몰에서 저렴하게 스마트한 쇼핑이 가능하다는 사실을! 때로는 종종 진열상태가 좋지 않기도 하지만, 조금만 눈을 크게 뜨고 인내심을 가진 후 이곳들만 잘 뒤져도 항공권값은 충분히 뽑을 수 있는 경지에 이를 것이다. 그러니 쇼핑할 체력과 돈만 준비하자.

여기서 소개하는 할인 몰들은 각각 특징이 있으니 자신의 취향과 여행 동선에 맞춰 몇 곳을 골라 방문하면 된다. 전부 들러서 물건을 먼저 봤다간 견물생심! 자칫 파산할 수도 있으니 지갑을 조심하자. :)

1 백화점 이월 상품 전문점

아웃렛 전용 상품 외에도 고급 백화점에서 팔다가 남은 이월 상품들을 판매한다. 100% 캐시미어 스웨터, 명품 브랜드의 가방 등을 저렴하게 구매할 수 있어 방문해볼 가치가 충분하다.

삭스 오프 피프스 Saks Off 5th

미국의 고급 백화점 중 하나인 삭스 피프스 애비뉴의 상설 할인매장으로 프라다나 펜디 같은 고가 명품에서부터 자딕 앤 볼테르, 토리버치 등의 제품도 많은 편. 샌프란시스코, 라스베이거스, 샌디에이고, 로스앤젤레스, 시애틀, 페탈루마 등에 지점이 있다.

블루밍데일즈 더 아웃렛 스토어 Bloomingdale's The Outlet Store

젊은 세대가 주로 많이 이용하는 백화점 브랜드이니만큼 예쁘게 디자인된 자체 라인의 제품들을 보유하고 있어 인기가 많다. 그 외에도 대중적인 중저가의 인기 브랜드들이 많은 편이다. 샌디에이고, 오렌지, 리버모어 등에 지점이 있다.

노드스트롬 랙 Nordstrom Rack

고급 유명 백화점 노드스트롬의 품질 좋은 이월 상품을 저렴하게 판매하는 곳으로 무얼 사도 후회가 없다. 우리나라 직장 여성들이 선호하는 띠어리Theory와 연예인들이 TV에 자주 입고 등장하는 빈스Vince 제품이 특히 많다. 그 외에도 마이클 코어스, 마크 제이콥스, 폴로, 케이트 스페이드, 나이키, 세포라 제품까지 저렴하게 구매할 수 있다. 샌프란시스코, 라스베이거스, 샌디에이고, 포틀랜드, 로스앤젤레스 등에 지점이 있다.

> **Tip 깨알 쇼핑 팁**
> 미국의 백화점에는 프라이스 체커 (바코드로 실시간 최종 할인가 체크 가능)가 설치되어 있어 매장 직원에게 일일이 물어보지 않아도 물건의 가격을 바로 알 수 있어 편리하다.

2 일반 이월 상품 전문점

옷과 가방, 주방용품, 집안의 생활용품은 물론 커피 원두와 과자까지 총망라한다. 모두 저렴하게 판매하니 찬찬히 둘러보고 득템하여 살림에 도움이 되는 쇼핑을 즐겨보자!

마샬 Marshalls

미국인들이 일상용품을 가장 저렴하게 구매하는 곳이다. 먹거리에서부터 주방용품과 생활용품까지 다양한 품목을 종류별로 대폭 할인한 가격에 판매하고 있어 실용적인 쇼핑이 가능하다. 라스베이거스, 샌프란시스코, 밀피타스 등에 지점이 있다.

타깃 Target

슈퍼마켓 겸 할인 몰이라 할 수 있다. 합리적인 가격의 다양한 식재료 용품은 물론 여러 생활용품을 갖추고 있어 현지인들이 자주 애용한다. 특히 스타벅스 원두를 항상 저렴하게 판매해 인기가 좋다. 샌디에이고, 샌프란시스코, 로스앤젤레스, 벨링햄 등에 지점이 있다.

티제이 맥스 T.J.MAXX

현지인들이 추천하는 할인매장으로 다양한 미국 브랜드를 접할 수 있다. 생활에 필요한 생필품은 거의 있다고 생각하면 되는데, 특히 추천하고 싶은 아이템은 액세서리, 속옷, 청바지, 여행용 캐리어, 운동복, 주방용품 등이다. 샌프란시스코, 라스베이거스, 샌디에이고, 포틀랜드, 로스앤젤레스, 산호세 등에 지점이 있다.

로스 드레스 포 레스 Ross Dress for Less

이월된 물건들을 저렴하게 판매하는 전문 할인 몰이다. 진열상태는 많이 별로이지만 의류와 신발에서부터 각종 생활용품까지 모든 제품을 최대 90%까지 할인해 판매한다. 찬찬히 골라보면 상상했던 것 이상으로 훨씬 저렴하게 쇼핑을 즐길 수 있을 것이다. 샌프란시스코, 라스베이거스, 샌디에이고, 포틀랜드, 로스앤젤레스, 샌프란시스코, 새크라멘토 등에 지점이 있다.

Mission in Western USA

미국 서부 대표 쇼핑 아이템

캐리어의 공간이 허락하는 한, 항공사에서 무게가 허락하는 한 최대한 쓸어 담아야 여행비의 본전을 뽑을 수 있는 미국에서의 쇼핑! 오픈 시간과 문 닫는 시간을 사전에 반드시 체크한 후 최대한 즐겨보자!

1 추천 미국 현지 브랜드

Anthropologie
1992년 펜실베이니아 주에서 탄생한 라이프스타일 편집매장으로 미국과 캐나다, 영국 등 세계 여러 나라에 200부 이상의 매장이 있다. 재활용품으로 매장의 디스플레이를 하는 것으로도 유명하며 가격은 비싼 편이나 예쁜 것이 많아 여심을 자극한다. Urban Outfitters의 자매 브랜드다.

Best Buy
미국 최대 가전제품 마트로 본사는 미네소타에 있다. 아마존과의 경쟁을 위해 최저가 보상제를 도입한 덕분에 오프라인 매장에서도 온라인과 같은 저렴한 가격으로 구입할 수 있어 늘 인기다.

Bath & Body Works
생활용품 전문점으로 보디 제품이 특히 인기가 많은데 특유의 좋은 향이 여심을 사로잡고 있기 때문이다.

Apple
신상품을 구입하려면 하염없이 긴 줄을 기다려야 하지만 한국에선 그 가격이 훨씬 비싸지기 때문에 기다릴 가치가 충분하다. 애플 마니아라면 꼭 방문하여 신제품을 구입해 올 것.

GNC
건강 보조 식품으로 한국에서 구입하는 것보다 훨씬 저렴하다. 1+1 행사가 자주 있으니 그 기회를 노려보자.

Lululemon
운동을 좋아하는 사람이라면 주목! 운동복계의 샤넬이라 불리는 이 브랜드는 몸매의 균형을 잡아주는 탄탄한 레깅스와 스타일리시한 스포츠 브라 등이 인기이다. 가격이 비싸다는 것이 유일한 단점!

Sur La Table
시애틀의 파이크 플레이스 마켓에서 처음 오픈한 이곳은 미국의 가장 대중적인 주방용품 전문점으로, 다른 나라에서 온 물건들도 많고 매번 특별 할인 제품들이 있어 득템할 기회가 많다.

Fred Segal
전 세계에서 유행이 가장 빠른 편집숍으로 알려져 있다. LA와 샌타모니카에 매장이 있는데 1층은 신제품, 2층은 명품 위주이다. 우리나라 연예인, 미국 연예인 누구 할 것 없이 자주 들르는 곳이니, 패션 피플이라면 방문해보자.

Nars
1994년 미국인 메이크업 아티스트 프랑소아 나스에 의해 탄생한 브랜드로, 자연스러우면서도 고급스러운 메이크업 톤 덕분에 인기가 많다. 아이섀도, 블로셔, 립스틱이 히트 상품.

J.Crew
고급스러운 원단을 사용해 마니아가 많은 브랜드로 무얼 사도 후회가 없다. 무난하게 두고두고 입을 수 있는 남녀의 옷들을 많이 갖추고 있다.

Ralph Lauren

미국을 대표하는 오래된 브랜드이지만 그만큼 많은 이들에게 사랑받는다. 심플하면서도 모던한 디자인이 많아 남녀노소 누구에게나 잘 어울린다. 액세서리 라인 또한 꽤 훌륭하니 눈여겨보자.

Tommy Hilfiger

캐주얼한 듯하면서도 고급스러워 질리지 않고 오래 두고 입을 수 있는 미국의 대표 인기 브랜드 중 하나. 한국과 가격 대비 현지가 훨씬 저렴하므로 발견했다 하면 일단 구매하는 걸로!

Tory Burch

미국에선 대중적인 중저가 캐주얼 브랜드이지만 한국에선 비싸게 구입할 수밖에 없으니 현지에서 사오기 좋은 아이템 중 하나다. 플랫 슈즈, 가방 등이 특히 인기.

Nike & Adidas

한국에서보다 좀 더 빠르게 다양한 모델들을 구할 수 있어 인기이다. 리미티드 에디션도 다양하게 갖추고 있으니 스포츠 브랜드 마니아라면 반드시 들러 득템할 것.

그 외 추천 브랜드

HUF, Obey, Michael Kors, Marc Jacobs, Kate Spade, Banana Republic, Brooks Brothers, Tom Ford, Victoria's Secret, Under Armour, Sketchers, Jordan, Converse, New Balance(스포츠), Glossie, Sephora, Wet n Wild Beauty(화장품) 등도 인기가 많다.

2 추천 백화점

Neiman Marcus

미국의 대표적인 명품 브랜드가 가득한 고급 백화점으로, 미국 내에만 40개가 넘는 지점이 있다. 내부 인테리어 또한 화려하고 고급스러워 이를 구경하는 재미도 쏠쏠하다.

Macy's

미국에서 가장 대중적인 백화점이며, 미국에만 900여 개의 지점이 있어 어느 도시를 가든 쉽게 찾을 수 있다. 매장 구석구석 숨겨져 있는 할인 특가나 특별 프로모션 등의 기회가 많으니 예상하는 것보다 훨씬 더 저렴하게 쇼핑할 수 있는 서민용 백화점이다.

Nordstrom

미국에서 가장 오래된 고급 백화점으로, 우수한 고객 서비스가 널리 알려져 있다.

Bloomingdale's

미국의 40개 도시에 골고루 퍼져있는 중저가 브랜드용 백화점이다. 매장이 상당히 넓고 쾌적해 여유로운 쇼핑이 가능하다.

3 아웃렛

시내 중심에 있는 경우는 별로 없지만 도시의 외곽에는 반드시 1개 이상 있다. 저렴한 가격에 좋은 물건을 판매하며, 크리스마스, 새해, 독립기념일, 블랙프라이데이 등에는 추가 세일이 진행되니 참고해서 방문하자.

Mission in Western USA

미국 서부 대표 테마파크

1. 디즈니랜드 리조트 Disneyland Resort

그렇다. 누군가는 테마파크를 너무나 사랑해 미국 서부로의 여행을 준비할 수도 있을 것이다. 테마파크를 사랑한다면 꼭 가봐야 할 미국 서부! 그중에서도 여행 스타일에 따라 가볼 만한 곳들이 나누어지는데, 어린이를 동반한 가족 여행이라면 단연 디즈니랜드를 추천한다. 하루 구경해서는 반도 못 볼 정도의 드넓은 공간에 꿈과 희망의 세계가 펼쳐진다. 환상의 모험들로 가득한 이 특별한 세계는 미국 서부에서 가장 먼저 달려가야 할 테마파크 중 하나다.

2. 유니버설 스튜디오 Universal Studio

할리우드 영화광이라면 유니버설 스튜디오를 빼놓지 말아야 한다. 우리가 알고 있는, 혹은 지금도 상영하고 있는 여러 미국 드라마와 영화 속 촬영 현장을 조금이라도 느껴보고 싶다면 이곳으로 향하자. 그 흔적들을 살펴보는 사이사이에 또 다른 재미를 느낄 수 있도록 여러 볼거리와 놀이기구가 마련되어 있어 유니버설 스튜디오에 머무는 내내 조금도 지루할 틈이 없을 것이다.

3 식스 플래그 매직 마운틴 Six Flags Magic Mountain

이제 우리나라의 놀이기구는 식상해서 더 이상 갈 곳이 없다고 슬퍼하는 사람이라면 식스 플래그 매직 마운틴으로 가야 한다. 보통 사람이라면 무섭다고 소리 지르고 도망갈 만한 무시무시한 롤러코스터가 모두 모여 있기 때문이다. 개장하자마자 이 무서운 놀이기구들을 향해 달려가는 이들의 뒷모습을 보는 것만으로도 일반 사람들은 적응이 안 될 정도로, 마니아층이 명확한 테마파크이다. 걷다가 지치면 케이블카를 타고 공원을 내려다보는 재미까지 느낄 수 있다.

4 시 월드 샌디에이고 SeaWorld San Diego

샌디에이고를 방문하는 이들에게 언제나 인기 1위를 차지하는 명소로, 세계 최대 규모의 해양 레저 시설인 미션 베이 공원 Mission Bay Park 내에 위치해 있다. 바다에 사는 다양한 동물들을 직접 보고 만질 수 있어 흥미로운데 어린이들에게 특히 인기이고, 가족 단위의 방문객들이 많은 편이다. 그러한 이유로 일 년 내내 수많은 방문객들이 끊이지 않는다. 미국 서부의 최고 명소 중 한 곳이다.

Mission in Western USA

미국 서부 대표 영화 & 드라마 촬영지

미국 영화나 드라마를 자주 본 사람이라면 알 것이다. 미국 서부의 여러 장소들이 자주 등장한다는 것을! 그러니 여행을 떠나기 전 미국 서부를 배경으로 하는 영화나 드라마를 미리 찾아보는 것은 어떨까? 실제로 그 장소를 직접 만나면 여행의 감동이 두 배가 될 것이다.

1 로스앤젤레스 Los Angeles

그리피스 천문대
〈라라 랜드〉〈이유 없는 반항〉

차이나타운
〈차이나타운〉

엔젤스 플라이트
〈라라 랜드〉

UCLA 대학교
〈금발이 너무해〉

남가주 대학교
〈금발이 너무해〉
〈포레스트 검프〉〈졸업〉

로데오 드라이브
〈귀여운 여인〉〈섹스 앤 더 시티〉

퀸 메리호
〈포세이돈 어드벤처〉

베벌리 윌셔 호텔
〈귀여운 여인〉

샌타모니카
〈아이언맨〉〈스팅〉
NBC 드라마 〈SOS 해상 구조대〉

샌타바버라
〈사이드웨이〉〈산타바바라〉

그레이스톤 공원 & 맨션
〈스파이더맨〉〈엑스맨〉
〈배트맨과 로빈〉〈에어 포스 원〉

그랜드 센트럴 마켓
〈라라 랜드〉

헌팅턴 비치
〈빅 웬즈데이〉

브래드버리 빌딩
〈블레이드 러너〉

밀레니엄 빌트모어 호텔
〈고스트버스터즈〉〈킹콩〉〈록키 3〉
〈오만과 편견〉〈트루 라이즈〉〈스팅〉
〈인디펜던스 데이〉〈오션스 일레븐〉

로스앤젤레스 자연사 박물관
〈스파이더맨〉

유니언 역
〈블레이드 러너〉
〈레인 맨〉〈스타 트렉〉

말리부 비치
〈아이언맨〉
SBS 드라마 〈상속자들〉

**할리우드 퍼스트
유나이티드 감리교회**
〈시스터 액트〉〈백 투 더 퓨처〉
〈댓 씽 유 두〉

캘리포니아 공과대학교
CBS 시트콤 〈빅뱅 이론〉

로스앤젤레스 배경
CBS 시트콤 〈모던 패밀리〉

2 샌프란시스코 San Francisco

트윈 픽스
〈혹성탈출 : 진화의 시작〉

팰리스 오브 파인 아트 시어터
〈더 록〉

금문교
〈혹성탈출 : 진화의 시작〉
〈엑스맨 : 퍼스트 클래스〉

트랜스아메리카 피라미드
〈스타 트렉〉

나파 밸리
〈구름 속의 산책〉

샌프란시스코 시청사
〈더 록〉 〈웨딩 플래너〉
〈섹스 앤 더 시티〉

알라모 스퀘어
〈미세스 다웃파이어〉

알카트라즈 섬
〈더 록〉

3 라스베이거스 Las Vegas

스트립
〈라스베이거스를 떠나며〉
〈라스트베가스〉

서커스 서커스
〈콘 에어〉 〈라스베이거스를 떠나며〉

그랜드 캐니언 국립공원
〈델마와 루이스〉

아리아 리조트 & 카지노
〈제이슨 본〉
〈나우 유 씨 미 : 마술사기단〉

프리몬트 스트리트
〈라스트베가스〉

플래닛 할리우드
〈라스베이거스에서만 생길 수 있는 일〉

리비에라 호텔
〈벅시〉 〈21〉 〈카지노〉

시저스 팰리스
〈라스베이거스에서만 생길 수 있는 일〉
〈레인 맨〉 〈행오버〉
〈오션스 일레븐〉 〈드림걸즈〉

벨라지오 라스베이거스
〈쇼걸〉 〈오션스 일레븐〉
〈라스트베가스〉

스트래토스피어 타워
〈라스트베가스〉

4 샌디에이고 San Diego

라 호야 비치
〈폭풍 속으로〉

코로나도 비치
〈뜨거운 것이 좋아〉

발보아 공원
SBS 드라마 〈상속자들〉

5 시애틀 Seattle

스페이스 니들
〈시애틀의 잠 못 이루는 밤〉

인 앳 더 마켓
〈시애틀의 잠 못 이루는 밤〉

킹스 인(Kings Inn)
〈만추〉

파이크 플레이스 마켓
〈만추〉

벨 타운
〈만추〉

킹 스트리트 역
〈만추〉

6 포틀랜드 Portland

포틀랜드 배경
IFC 시트콤 〈포틀랜디아〉

02

Enjoy Western USA

미국 서부를 즐기는 가장 완벽한 방법

Los Angeles 로스앤젤레스

로스앤젤레스
Los Angeles

뉴욕과 함께 미국을 대표하는 도시로 '천사의 도시'라는 별칭이 익숙한 곳이다. 워낙 넓은 도시이기에 복잡하고 볼 것 없다는 생각이 들 수 있지만 보면 볼수록 다양한 매력이 한도 끝도 없이 펼쳐진다. 그리고 지금도 그 매력이 지속적으로 개발되고 있어 더욱 기대가 된다. 미국을 대표하는 관문 도시이면서 국적기가 가장 많이 취항하는 도시, 또한 우리나라의 많은 이민자들이 터를 잡고 살아가고 있는 곳이기도 하다. 세계적으로 유명한 셀러브리티들도 거주하고 있어 운이 좋다면 할리우드 거리나 레스토랑에 머물다가 영화 속에서나 봤던 스타들을 직접 만날 수도 있다. 세계 최고의 쇼핑 도시로도 그 명성이 대단한데 유행의 흐름을 파악하기에 이보다 더 좋은 도시는 없을 것이다. 도시를 감싸고 있는 다양한 해변들 덕분에 수영에서부터 스노클링과 서핑까지 즐길 수 있는 곳, 그곳이 바로 로스앤젤레스이다.

Writer's Story

로스앤젤레스는 한두 번 여행해서는 쉽게 그 매력을 느끼기 어렵다. 여행자가 짧은 여행으로 둘러보기엔 너무나 거대한 도시이기 때문이다. 그러니 로스앤젤레스로 여행을 갈 땐 테마를 먼저 잡도록 하자. 바다를 돌며 쉴 것인지, 할리우드의 영화산업 위주로 코스를 짤 것인지, 미국에서 유행하는 최신 아이템으로 쇼핑을 잔뜩 할 것인지, 뮤지엄을 순례할 것인지, 다양한 나라별 맛집을 탐방할 것인지를! 각각의 테마에 맞춰 나만의 색이 입혀지는 여행을 100가지쯤은 만들 수 있다. 그것을 직접 느껴봐야 로스앤젤레스만의 숨겨진 진가를 찾게 될 것이다.

추천 애플리케이션
Free Offline Maps & Guides
California Travel Guide With Me

추천 웹 사이트
미국 여행 정보 www.gousa.or.kr
미국 여행 카페 cafe.naver.com/navajokim

연관검색어
#셀러브리티 #할리우드스타 #캘리포니아 #햇살
#좋은날씨 #영화 #비치 #쇼핑 #미국서부
#와이너리 #바다 #휴양지

오리엔테이션

시차
한국보다 17시간 느리고, 서머타임 적용 시에는 16시간 차이가 난다(서머타임 : 3월 둘째 주부터 11월 첫째 주까지).

기후
사막 기후의 영향을 크게 받는 도시라 매일 낮, 뜨거운 햇살로 불타오르고 저녁이면 꽤 선선해진다. 일 년 내내 거의 비가 내리지 않으나 그나마 겨울철에는 비가 조금 오는 편이다. 바닷물은 많이 차가운 편이라 수영을 할 땐 조심하는 것이 좋다.

	1월	2월	3월	4월	5월	6월	7월	8월	9월	10월	11월	12월
평균 기온(℃)	14	14	15	16	18	19	21	22	21	19	16	14
평균 강수량(mm)	750	800	700	250	200	20	10	20	100	150	300	450

한국에서 로스앤젤레스까지 가는 방법
인천국제공항에서 로스앤젤레스까지는 국적기와 싱가포르항공의 직항 이용이 가능한데 약 11시간 소요된다. 그 외 유나이티드항공이나 일본항공 등을 타고 도쿄나 샌프란시스코 등을 경유해 방문할 수도 있으나 소요시간은 최소 15시간 이상이다.

로스앤젤레스국제공항
1928년 개항한 로스앤젤레스국제공항Los Angeles International Airport은 도심에서 남서쪽으로 27km 떨어진 곳에 위치하고 있다. 톰 브래들리Tom Bradley 국제 터미널을 포함해 총 9개의 터미널과 15개의 화물 터미널을 운영 중인, 미국 내 최대 규모의 공항 중 하나이다. 공항코드는 LAX이다.
Address 1 World Way, Los Angeles
Tel 855-463-5252
Web www.lawa.org/welcomeLAX.aspx

공항에서 시내까지 가는 방법
공항에서 시내까지는 택시(정액제로 다운타운까지 $46.50+팁 $4+캐리어 1개당 $1의 팁)나 셔틀버스(금액은 내리는 위치에 따라 $20~25) 외에 플라이어웨이FlyAway라는 버스 또한 운행되고 있다. 24시간 운행한다는 장점이 있고 LA의 다운타운인 유니언 역과 할리우드, 산타모니카 비치까지 여행자들이 좋아하는 관광지들 위주로 운행되어 편리하다. 비용은 1인당 $9.75.

대중교통을 이용해서도 시내를 갈 수 있는데 메트로 버스Metro Bus의 경우 무료 공항 셔틀버스 C를 타고 종점에 내린 뒤 공항의 환승 센터LAX Transit Center에서 탑승하면 된다. 금액은 $1.75. 메트로 레일Metro Rail을 통해서도 시내까지 이동할 수 있는데 공항 셔틀버스 G를 타고 그린 라인의 Aviation/I-105역에서 내려 원하는 방향으로 갈아타면 된다. 금액 $2.50.

➕ 시내 교통

LA 시내가 넓기 때문에 모든 곳을 구석구석 다니기 위해선 메트로 시스템과 친해지는 것이 좋다. 메트로 시스템을 이용하기 위해선 탭^{TAP} 카드가 필요한데 한국의 충전식 교통카드와 같은 개념이다. 카드 가격 $1.

메트로 레일은 다운타운과 할리우드를 오갈 때 사용하기 편리하다. 8개의 노선(블루 · 퍼플 · 골드 · 그린 · 레드 · 오렌지 · 엑스포 · 실버)이 있고 이 중 오렌지와 실버 라인은 버스이니 헷갈리지 말 것. 다운타운에서 베벌리 힐스, 샌타모니카와 롱 비치 등까지 운행하며 1회 탑승 시 요금은 $1.75이다. 메트로 버스의 경우 일반 시내버스^{Local}와 빨간색 급행버스^{Rapid}로 나뉜다. 시내버스는 두 자리 수, 급행은 세 자리 수 번호라 알아보기 쉽다. 다운타운과 샌타모니카, 디즈니랜드까지 운행하는 노선이 있으며 요금은 $1.75. 메트로 레일과 메트로 버스를 무제한 이용할 수 있는 패스의 경우 1일권 $7, 7일권 $25, 30일권 $100이다. 대중교통 이용이 편리하진 않지만 이를 이용해 여행하기로 마음먹었다면 패스를 끊는 것이 훨씬 효율적이다.

대시^{Dash}의 경우 현지인의 출퇴근용 버스라고 생각하면 되는데 요금이 $0.50로 저렴한 편이다.

Web www.metro.net

Tip LA 다운타운 기준 주요 방문지 거리
- 샌디에이고 193km
- 디즈니랜드 및 너츠 베리 팜 42km
- 로스앤젤레스국제공항 27km
- 패서디나 15km
- 샌타모니카 24km
- 유니버설 스튜디오 14km
- 식스 플래그 매직 마운틴 60km
- 베니스 비치 26km
- 베벌리 힐스 16km
- 할리우드 10km

LA를 다양하게 여행하는 방법

1. LA가 처음이라면, 2층 버스로 시내 돌기

거대한 규모를 자랑하는 LA 여행이 처음이라면 첫날은 무조건 2층 버스를 타고 시내를 돌아보자. 여행자가 가장 먼저 가고 싶어 하는 할리우드 거리를 포함해 베벌리 힐스, 파머스 마켓, 베니스 비치, 다운타운, 샌타모니카 비치까지 모두 방문할 수 있다. 코스별로 빨강 · 노랑 · 녹색 · 보라 등으로 버스 색이 다르니 참고해서 타면 된다. 버스 안에서는 한국어를 포함해 총 9개의 언어로 여행지에 대한 설명이 나오고, 티켓 종류로는 24시간과 48시간 이용권이 있으니 자신에게 맞는 것을 고르면 된다. 온라인 사이트에서 구매하거나 길거리 혹은 버스 드라이버에게 직접 티켓을 구매할 수도 있다.

Web citysightseeinglosangeles.com
Cost **24시간** 성인 $39, 3~11세 $28 **48시간** 성인 $69, 3~11세 $49

2. 자전거로 다운타운 탐험하기

이미 시카고, 뉴욕 등에서 성공을 거둔 바 있는 도시 내 자전거 렌털/셰어 서비스가 2016년 7월 LA에도 오픈했다. 현재는 다운타운에 국한되어 있지만 점점 그 지역을 확장하고 있다. 자전거가 설치되어 있는 정류장의 키오스크 머신에 요금을 지불하고, 목적지 주변에 자전거를 반납하는 형태로 운영된다. 다운타운을 자전거로 자유롭게 이동하며 여행해보고 싶다면 강력 추천!

Web bikeshare.metro.net
Cost 30분 $1.75, 1일 $5, 1개월 $17 (탭 카드 결제 가능)

Western USA | Los Angeles

LA 메트로 노선도

메트로 레일역
환승역
메트로 버스역
건설 중

M 메트로 레일 Metro Rail
- 레드 라인 Red Line
- 퍼플 라인 Purple Line
- 블루 라인 Blue Line
- 엑스포 라인 Expo Line
- 그린 라인 Green Line
- 골드 라인 Gold Line
- K라인 K Line

메트로 버스 Metro Busway
- 오렌지 라인 Orange Line
- 실버 라인 Silver Line

기차 Regional Rail

암트랙 Amtrak
(www.amtrak.com)

메트로링크 Metrolink
(metrolinktrains.com)

공항 셔틀 Airport Shuttle

플라이어웨이
LAX FlyAway
(lawa.org/FlyAway)

무료 셔틀버스
LAX Free Shuttle
(lawa.org)

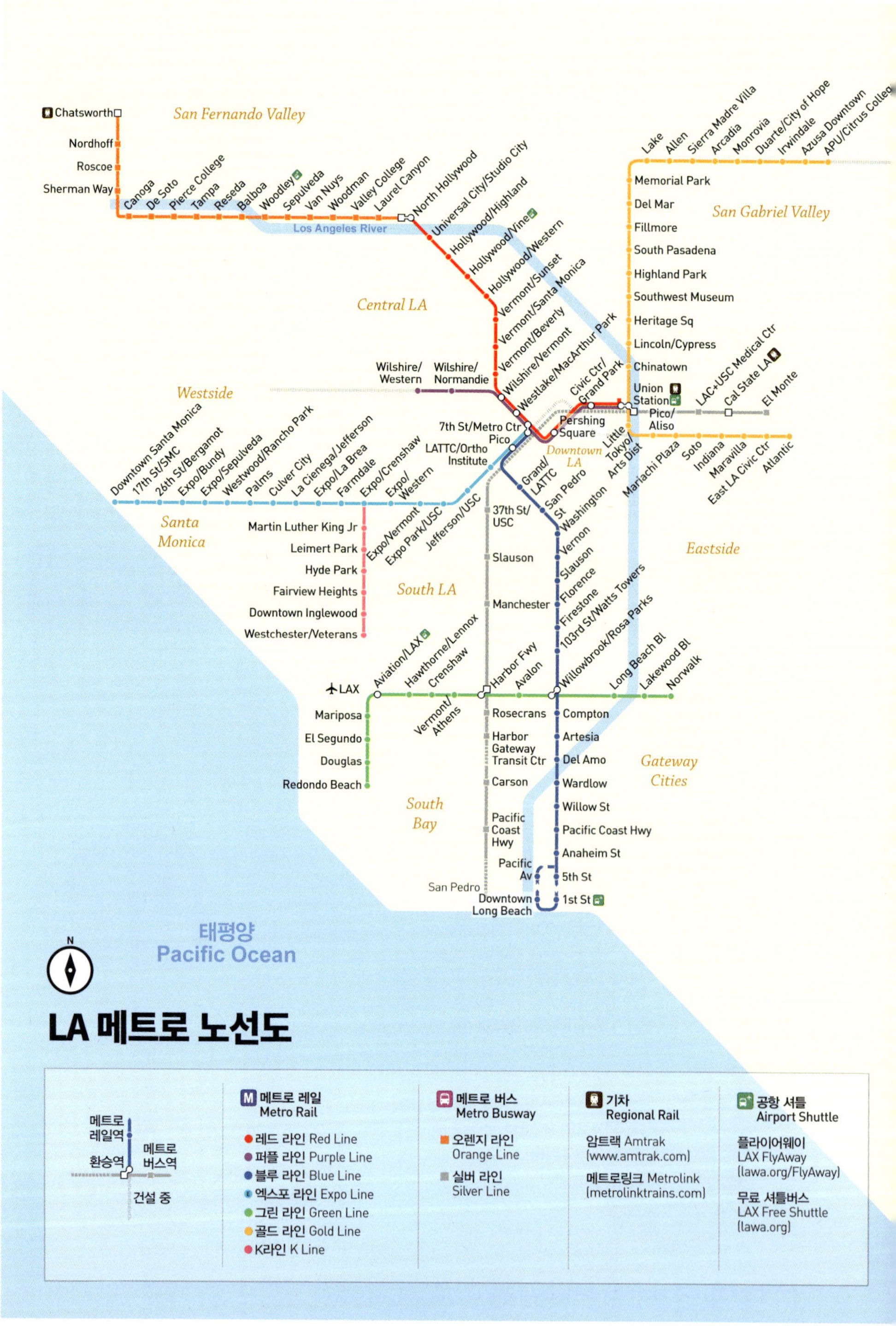

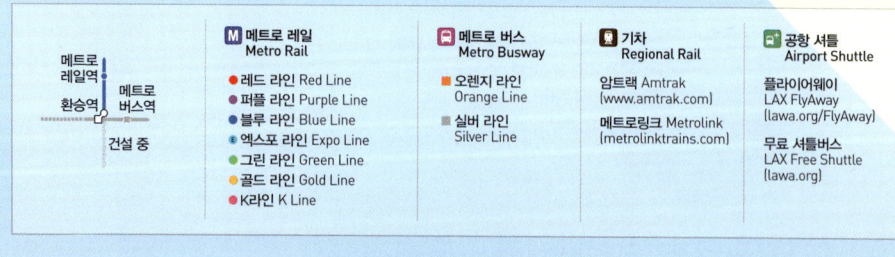

✚ 로스앤젤레스 4박 5일 추천 일정

크게 시내 중심과 근교를 나눠서 여행 일정을 짜는 것이 좋다. 자신에게 어울릴 테마를 먼저 찾은 다음 그 내용에 맞춰 일정을 짤 것을 권하는데 로스앤젤레스 시내 관광 외에도 근교로의 쇼핑과 골프, 휴양, 테마파크 방문 등이 가능하다.

1일 차
할리우드 거리 ➡ 워크 오브 페임 ➡ 인 앤 아웃 버거에서 점심식사 ➡ 베벌리 힐스 ➡ 할리우드 사인 ➡ 그리피스 천문대 ➡ 팜스 타이 레스토랑에서 저녁식사

2일 차
게티 센터 방문 및 카페에서 점심식사 ➡ 게티 빌라 ➡ 알프레드 커피에서 커피 한잔 ➡ 산타모니카 비치 ➡ 부바 검프 슈림프 또는 랍스터에서 저녁식사와 맥주 한잔

3일 차
아카데미 영화박물관 ➡ 더 브로드 관람 ➡ 미술관 내 레스토랑 오티움에서 점심식사 ➡ 월트 디즈니 콘서트홀 가이드 투어 ➡ 그랜드 센트럴 마켓 구경 & 저녁식사

4일 차
아트 디스트릭트 탐험(로컬 편집 숍과 블루 보틀 커피, 스텀프타운 커피 로스터스, 그라운드 워크 커피 등의 카페 방문) ➡ 얼스 카페에서 점심식사 ➡ 거리의 다양한 그라피티 구경 ➡ 에이스 호텔의 루프톱 바 업스테어에서 저녁식사 겸 와인 한잔 즐기기

5일 차
샌타바버라 ➡ 솔뱅 ➡ 와이너리 ➡ 카마리요 프리미엄 아웃렛

시간 여유가 있다면 유니버설 스튜디오나 팜 스프링스+데저트 힐스 프리미엄 아웃렛을 다녀오는 것을 추천한다. 한적한 곳을 원한다면 패서디나로 이동해 산책하듯 여행을 즐길 수 있고, UCLA나 남가주 대학교를 방문해 미국을 이끄는 지성의 힘을 느껴보는 것도 재미난 여정이 될 것이다.

LA 개념도

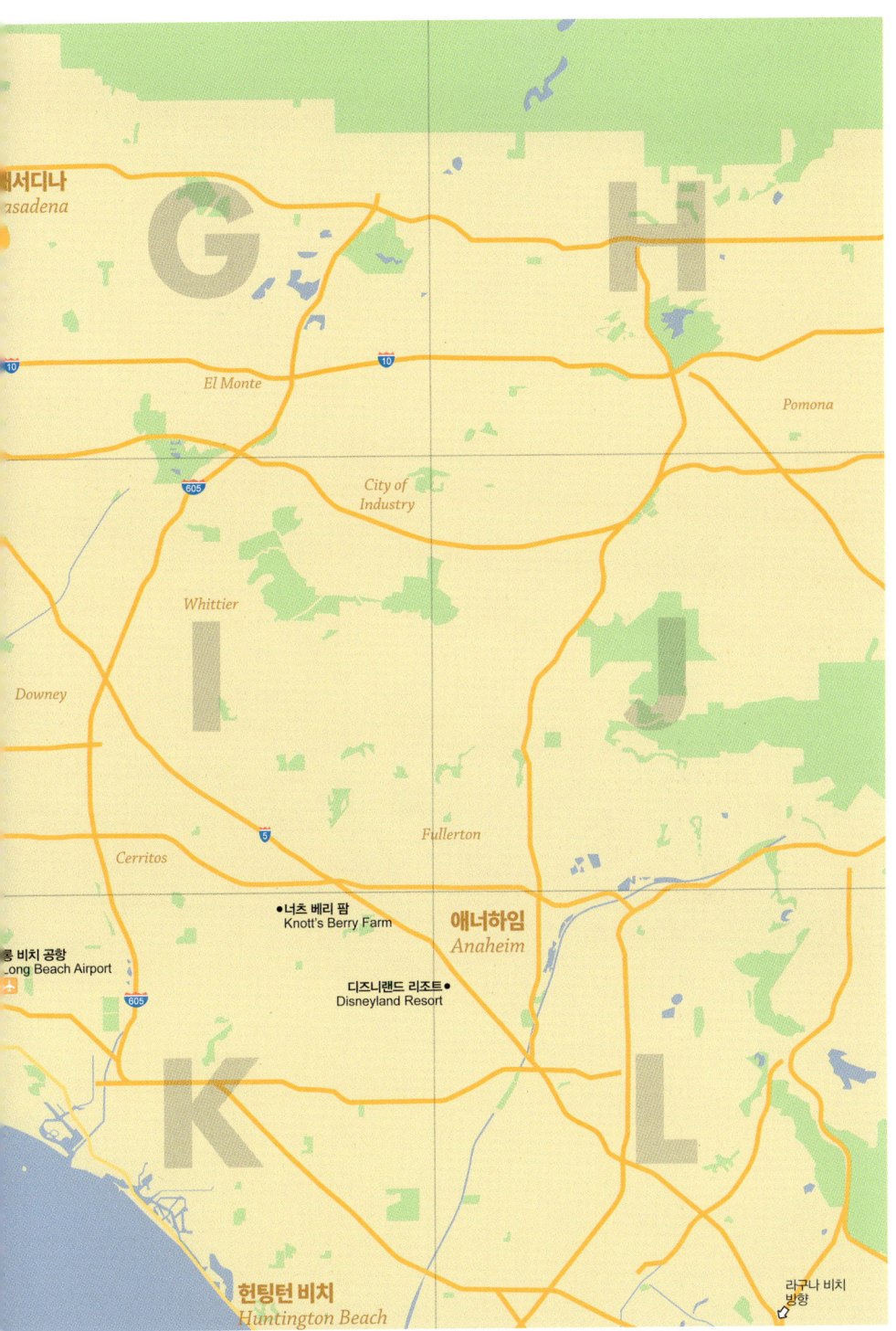

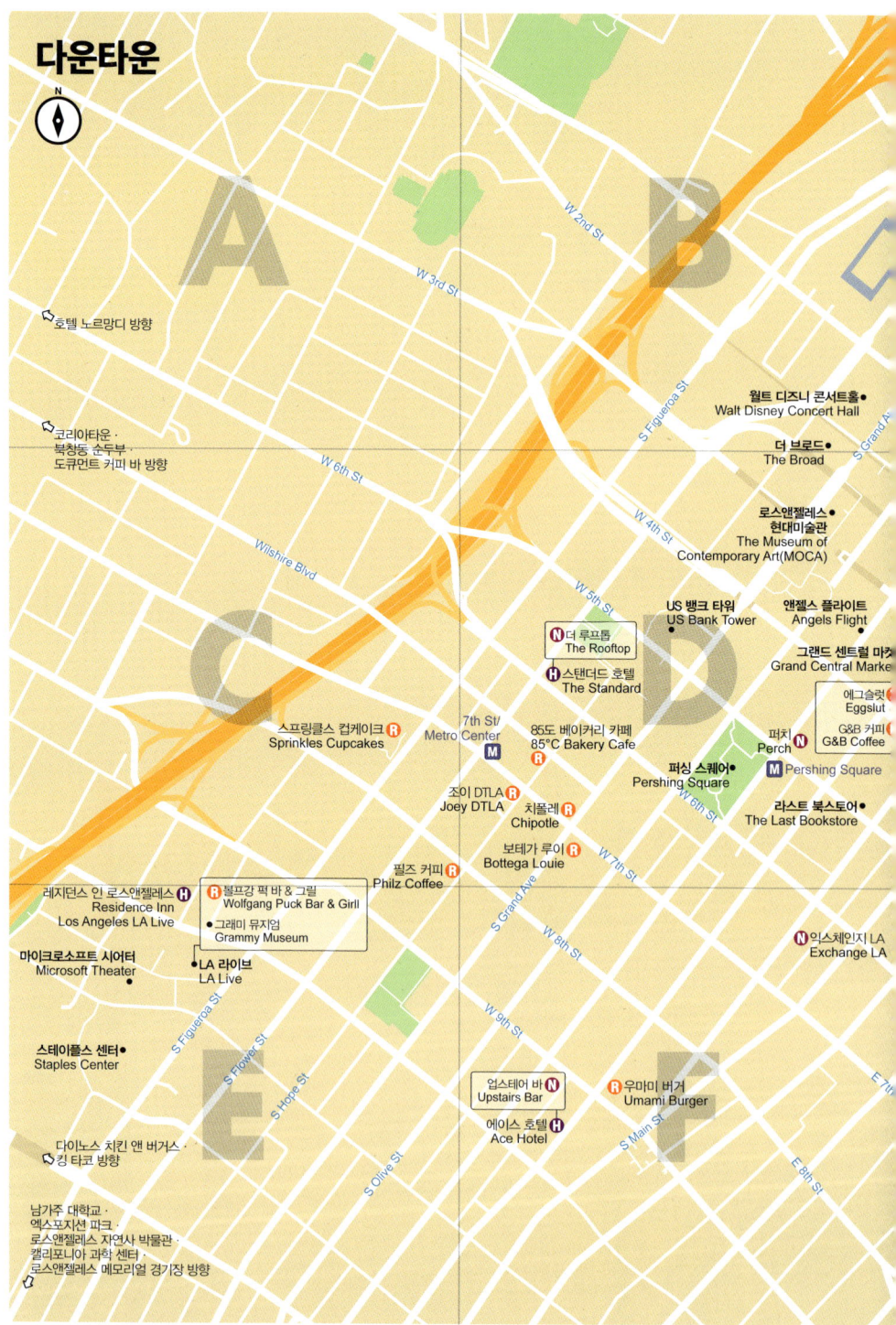

다운타운
Downtown

LA에서 현재 가장 많은 변화가 일어나고 있는 곳으로 LA의 빼놓을 수 없는 명소들이 모여 있는 중심가이다. 코리아타운과 차이나타운, 리틀 도쿄 외에도 시빅 센터와 아트 디스트릭트를 중심으로 펼쳐지는 새로운 트렌드를 느낄 수 있다.

Sightseeing ★☆☆

유니언 역 Union Station

1939년에 지어진 하얀색의 이국적인 건물이 상당히 눈에 띈다. 미국의 기차인 암트랙을 탑승하는 곳이자 버스와 지하철 등이 모두 관통하는 곳으로, 지중해풍 건물과 야자수들이 늘어선 풍경을 지나 내부로 들어가면 높은 천장과 고전적인 샹들리에가 여행자를 반긴다. 기차역이 아니라 교회나 성당과도 같은 중후한 느낌이다. 하루 여러 차례 라이브로 피아노 연주를 해주는 연주자가 있어 더욱 생동감이 넘친다. 종종 미국 드라마나 CF 촬영지로도 활용되는 곳.

Address 800 N Alameda St
Tel 213-683-6729
Access 메트로 레드 · 퍼플 · 골드 라인 Union역 하차
Map 65p. H

Sightseeing ★★☆

❷ 엘 푸에블로 역사 공원
El Pueblo de LA Historical Monument

유니언 역 바로 옆에 위치한 거대한 단지로 1781년 멕시코 이주민 44명이 정착하면서 LA의 역사가 시작되었다. 스페인풍의 다양한 건물들과 멕시코 느낌의 올베라 거리를 비롯해 교회, 성당, 소방서 등 27개의 여러 역사적인 공간들이 한데 모여 있어 모두 둘러보려면 시간이 꽤 많이 걸린다. 주말이면 플리 마켓이 열리고 언제 가도 다양한 거리 공연이 이어지니 한가롭게 산책하거나 과거 LA의 모습을 들여다보고 싶다면 추천한다. 자원봉사자들이 진행하는 무료 워킹 투어에 50분간 참여할 수 있으나 영어로 진행된다. 웹 사이트(lasangelitas.org)에서 예약이 가능하며, 매주 화~토요일 10:00, 11:00, 12:00에 시작된다.

Address 125 Paseo de La Plaza
Tel 213-628-1274
Web elpueblo.lacity.org
Access 메트로 레드 · 퍼플 · 골드 라인 Union역 하차
Map 65p. G

올베라 거리 Olvera St
LA에서 최초로 생긴 길이라고 알려진 이곳은 초입에서부터 멕시코 국기가 휘날리는, 멕시코의 색채가 강한 전통 시장이다. 과거 모습이 그대로 보존돼 있어 박물관을 걷는 듯한 기분이 든다. 멕시코 스타일의 옷과 모자, 가방 등 다양한 기념품 및 핸드메이드 제품들을 만날 수 있어 구경하는 재미가 있다. 거리 중간중간에 자리한 레스토랑과 술집에서 쉬어 가도 좋다.

아빌라 아도비 Avila Adobe
올베라 거리 중간쯤에 위치한 곳으로 1818년에 지어진 LA에서 가장 오래된 건물이다. 1810년 LA 시장이었던 프란시스코 호세 아빌라 Francisco José Avila에 의해 지어졌다. 그 당시 캘리포니아의 생활상을 그대로 보존하고 있으며 침실, 거실, 다이닝 룸과 작은 마당으로 꾸며져 있다. 입장료 무료.

피코 하우스 Pico House
1870년 미국 캘리포니아 지역을 대표하는 최고의 호텔이었으나 1927년 캘리포니아 정부에 건물을 기부하면서 현재는 갤러리로 사용 중이다. 총 3개 층의 화이트 톤 건물이 인상적인 이곳은 밤이 되면 조명이 켜져 더욱 아름답다.

플라자 성당 Plaza Catholic Church
1822년 완공된 LA에서 가장 오래된 가톨릭 교회이다. 스페인풍의 건물이 저 멀리에서도 시선을 잡아끄는데 1962년 LA와 캘리포니아의 역사 문화를 기리는 건물로 지정되기도 했다. 현재도 시민들이 미사를 보는 성당으로 운영하고 있다.

소방서 1호점 Firehouse No.1
1884년 문을 연 LA 최초의 소방서였지만 지금은 박물관으로 운영 중이다. 화재 및 재난에 관한 내용들이 주로 전시되어 있다.

플라자 Plaza
올베라 거리 바로 앞에 자리한 작은 광장으로 언제나 흥겨운 멕시코 사람들의 춤과 노래가 이어진다. 주변에는 다양한 거리 음식이 있어 요기도 하면서 거리 공연을 즐기기 좋다.

Sightseeing ★☆☆

차이나타운 Chinatown

미국에서 세 번째로 규모가 큰 차이나타운으로 언제 가도 맛볼 수 있는 중국식 레스토랑과 마트가 많아 입이 즐겁다. 또한 여행 기념품으로 구입할 만한 여러 가지 선물도 시내에 비해 훨씬 저렴하게 판매하고 있다. 여행 기념품을 저렴한 가격에 대량으로 구입하고 싶다면 방문하기를 추천한다. 매년 구정이면 'Luna Day'라는 이름으로 중국식 화려한 용춤 퍼레이드가 진행되어 많은 이들이 방문한다. 이곳에서 로만 폴란스키Roman Polanski 감독의 영화 〈차이나타운〉이 촬영되기도 했다.

Web	chinatownla.com
Access	메트로 골드 라인 Chinatown역 하차
Map	65p. G

Sightseeing ★☆☆

리틀 도쿄 Little Tokyo

미국 내 최대 규모의 재팬타운이라 할 수 있으며, 1880년대부터 1930년대 무렵 미국으로 이주한 일본인 이민자들에 의해 형성되었다. 초입에 자리하고 있는 일본계 미국인 박물관을 시작으로 주변에는 여러 일본 음식점과 기념품 숍, 호텔 등이 자리하고 있어 이 안에서는 이곳이 일본인지 미국인지 구별이 안 될 정도이다.

Tel	213-293-5822
Web	www.littletokyola.org
Access	메트로 골드 라인 Little Tokyo/Arts District역 혹은 메트로 버스 92번 Main/1st역 하차
Map	65p. I

Sightseeing ★☆☆

일본계 미국인 박물관
Japanese American National Museum

일본인들의 미국 이민사를 한눈에 볼 수 있는 박물관으로, 제2차 세계대전 후부터 본격적으로 진행된 일본인들의 미국 이주 이야기를 다양한 전시와 다큐멘터리 등으로 꾸며놓았다. 박물관 내부에서 가장 인기 있는 곳은 헬로 키티 전시관으로 헬로 키티의 초창기 모습부터 현재 모습까지 감상할 수 있어 마니아들에게 인기다.

Address	100 N Central Ave
Tel	213-625-0414
Web	www.janm.org
Open	화·수·금~일 11:00~17:00, 목 12:00~20:00
Close	월요일, 1월 1일, 독립기념일, 추수감사절, 크리스마스
Cost	성인 $16, 62세 이상 및 학생 $7, 5세 이하 무료
Access	메트로 골드 라인 Little Tokyo/Arts District역 하차
Map	65p. I

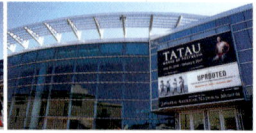

Sightseeing ★★★

다저스 스타디움 Dodger Stadium

미국에서 세 번째로 오래된 야구 경기장이자 56,000명이 입장 가능한, 유명 프로 야구팀 다저스의 홈구장이다. 우리나라의 야구선수 박찬호가 소속된 적 있었고, 2013년부터는 류현진이 활약하고 있어 한국 사람들에겐 특히나 남다른 구장이다. 야구 경기가 없는 날엔 매일 10:00, 11:30, 13:00 세 차례에 걸쳐 80분간 내부 투어가 진행된다. 실제 선수들이 경기하는 그라운드와 경기를 중계하는 중계석, 선수 대기실 등을 직접 볼 수 있어 야구 광팬들에게 인기다. 야구 경기 티켓은 인터넷 사이트(www.ticketmaster.com)에서 구매가 가능한데 좌석별, 경기 일자별 요금이 천차만별이다.

Address	1000 Vin Scully Ave
Tel	866-363-4377
Web	losangeles.dodgers.mlb.com
Cost	투어 성인 $25, 55세 이상 및 14세 이하 $20
	※ www.mlb.com/dodgers/ballpark/tours 참조
Access	메트로 버스 4번 Sunset/Elysian Park-Dodger Stadium역 하차
	※ 경기 당일 Union역에서 무료 셔틀버스 운행
Map	65p. G

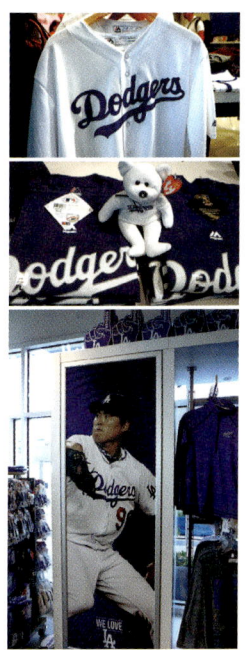

LA의 모든 이벤트를 알고 싶다면 주목!

매주 일요일에 발매되는 LA의 인기 주간지 《LA 위클리》를 주목하자. 이 중 CALENDAR 섹션을 보면 LA에서 진행되는 모든 이벤트가 소개되고 있어 여행자에게 꽤나 유용하다. 각종 콘서트, 영화, 스포츠 경기 관람 등 다양한 이벤트와 축제를 모두 정리해볼 수 있으니 LA를 현지인처럼 제대로 즐겨보고 싶다면 강력 추천 애플리케이션 또한 무료로 이용이 가능하다.

Web www.laweekly.com/calendar

Sightseeing ★★★

아트 디스트릭트 Arts District

최근 들어 가장 뜨고 있는 지역으로, 과거에는 공장 지대였으나 지금은 LA의 여러 예술가들을 불러 모으고 있는, 하루 종일 걸어도 지루하지 않은 거대한 산책로다. 골목마다 보이는 그라피티, 레스토랑, 카페, 펍, 빈티지 숍 등이 다양한 재미를 준다. 여러 뮤직비디오와 드라마에도 자주 등장하고 있어 운이 좋다면 방송 촬영 현장을 볼 수도 있다. 우리나라의 대표 예능 프로그램 〈무한도전〉 팀과 가수 지코가 이곳에서 '히트다 히트' 뮤직비디오를 촬영하기도 했다.

유기농 카페 겸 레스토랑인 얼스 카페Urth Caffé, 독일 생맥주와 소시지 안주가 유명한 부어스트퀴헤Wurstküche Restaurant, 〈무한도전〉 멤버가 방문하기도 했던 맛있는 파이집 파이 홀The Pie Hole 등에서 식사를 해결할 수 있고, 아트 갤러리 하우저 워스 & 심멜Hauser Wirth & Schimmel에 들러 독창적인 예술 작품을 감상해도 좋다. 징크 카페Zinc Cafe & Market, 블루 보틀 커피Blue Bottle Coffee, 스텀프타운 커피 로스터스Stumptown Coffee Roasters 등에서 맛있는 커피와 함께 달콤한 휴식 시간을 가져도 좋은데, 가장 추천하고픈 카페는 그라운드 워크 커피Groundwork Coffee Co이다. 시내 곳곳에서 만날 수 있지만 이곳 지점을 유독 추천하는 이유는 다른 지점과 달리 DJ의 디제잉을 즐길 수 있고, 여러 그림들도 전시돼 있어 작품 감상이 가능하기 때문이다.

'글로벌 엔젤 윙' 프로젝트의 일환으로 진행되고 있는 예술가 콜레트 밀러Colette Miller의 작품인 엔젤 윙 벽화는 유명한 기념 촬영 장소다. 아트 디스트릭트에서 놓치지 말아야 할 또 하나의 그라피티는 한복을 입은 흑인 여성의 옆모습과 '꽃이 피었습니다'라는 한글 문구로, 이 작품의 작가가 한국인 심찬양 씨란 사실이 자랑스럽다.

Tel	213-327-0979
Web	www.artsdistrictla.org
Access	메트로 골드 라인 Little Tokyo/Arts District역 하차

Map 65p. L

> **Tip** 아트 디스트릭트의 감각적인 편집 숍
> Alchemy Works, Poketo, Apolis : Common Gallery, Arts District Co-op, Matteo

Sightseeing ★★★

더 브로드 The Broad

2015년 9월 개관한 미술관으로, 미국의 부동산 개발 억만장자인 일라이 브로드Eli Broad 부부가 세웠다. 독특한 외관부터 시선을 사로잡는 이곳은 1층의 기프트 숍과 3층의 전시관으로 꾸며져 있으며 무료 관람이 가능하다. 1960년대 이후의 컨템퍼러리, 팝 아트 유명 작가들의 작품 2천여 점을 볼 수 있는데 가장 널리 알려진 앤디 워홀, 로이 리히텐슈타인, 제프 쿤스의 작품 외에도 신디 셔먼, 무라카미 다카시, 사이 톰블리, 데미언 허스트, 구사마 야요이, 바버라 크루거, 안드레아스 구르스키, 제프 월, 장 미셸 바스키아 등의 작품을 감상할 수 있다. 워낙 인기가 많아 온라인 예약은 몇 달 전부터 마감이 되고, 당일 입장은 기본적으로 1~2시간은 서서 기다려야 하니 든든히 속을 채우고 컨디션이 좋은 날 방문하도록 하자.

Address	221 S Grand Ave
Tel	213-232-6200
Web	www.thebroad.org
Open	화 · 수 11:00~17:00,
	목 · 금 11:00~20:00,
	토 · 일 10:00~17:00
Close	월요일, 추수감사절, 크리스마스
Cost	무료
Access	메트로 레드 · 퍼플 라인
	Civic Center/Grand Park역 하차
Map	64p. B

Sightseeing ★★☆

월트 디즈니 콘서트홀 Walt Disney Concert Hall

월트 디즈니의 부인이 남편을 기리기 위해 2003년 오픈한 이곳은 건축가 프랭크 게리의 독특한 설계가 눈길을 끈다. 멀리서부터 쉽게 눈에 띄는데 얼핏 보면 알루미늄 혹은 스테인리스를 마구 구겨서 던져 놓은 것 같은 모양이다. 로스앤젤레스 필하모닉Los Angeles Philharmonic과 로스앤젤레스 합창단Los Angeles Master Chorale의 메인 공연장으로 일 년 내내 다양한 공연이 펼쳐진다. 공연 관람도 좋지만 내부의 무료 가이드 투어 또한 추천하는데, 1시간 동안 직원이 주요 명소들을 보여주고 설명해준다. 특히 내부에 숨겨져 있는(?) 작은 정원과 프랭크 게리의 건축물이 조화를 이룬 모습은 이 콘서트홀의 하이라이트 장소! 투어는 매주 목~일요일 12:00, 13:15에 1층 로비에서 시작된다. 시간을 맞출 수 없다면 이어폰을 끼고 둘러보는 오디오 투어 신청도 가능하다.

Address	111 S Grand Ave
Tel	323-850-2000
Web	laphil.com
Cost	가이드 투어(목~일) 무료
Access	메트로 레드 · 퍼플 라인
	Civic Center/Grand Park역 하차
Map	64p. B

Sightseeing ★☆☆

시빅 센터 & 시청 Civic Center & City Hall

LA를 대표하는 행정기관들이 모여 있는 지역으로 경찰청, 시청, 도서관, 연방 법원 등이 있다. 유니언 역과 다운타운을 기준으로 거대한 건물들이 흩어져 있으며 뾰족하게 솟은 흰 탑이 인상적인 시청사는 LA의 다운타운을 내려다 볼 수 있는 전망대가 있어 인기이다. 1928년 32층의 건물로 지어져, 1994년 대지진 때 손상되었으나 복구 작업 끝에 현재의 모습이 되었다. 27층 무료 전망대에 가려면 22층에서 전망대용 엘리베이터를 갈아탄 후 26층에서 내린다. 이후 계단을 걸어 올라가면 유리문으로 된 톰 브래들리 룸Tom Bradley Room이 나오는데, 이곳을 나가면 시내 풍경이 한눈에 펼쳐진다. 건물 지하에는 쇼핑과 식사가 가능한 공간이 일부 마련되어 있어 잠시 쉬어 가기 좋다.

Address	200 N Spring St
Tel	213-473-3231
Web	www.lacity.org
Open	월~금 08:00~17:00
Close	토 · 일요일
Access	메트로 레드 · 퍼플 라인 Civic Center/Grand Park역 하차
Map	65p. I

Sightseeing ★☆☆

그랜드 공원 Grand Park

2012년 오픈한 공원으로 시청과 월트 디즈니 콘서트홀 사이에 위치한다. 공원에는 핑크색 의자와 테이블이 설치돼 있어 피크닉 또한 즐길 수 있다. LA 시내의 어린아이들이 자주 놀러 나와 그림을 그리며 뛰어노는데, 공원의 하이라이트는 바로 분수대! 바닥에서 물이 올라와 여름이면 아이들에게 인기 만점이다. 분수대 뒤편에는 야외무대도 있어 여러 가지 무료 공연이 진행된다. 분수대 앞에 자리한 스타벅스는 통유리와 야자수로 장식되어 매우 아름답다.

Address	200 N Grand Ave
Tel	213-972-8080
Web	grandparkla.org
Open	05:30~22:00
Access	메트로 레드 · 퍼플 라인 Civic Center/Grand Park역 하차
Map	65p. G

Sightseeing ★★☆

로스앤젤레스 현대미술관
The Museum of Contemporary Art(MOCA)

1986년 개관한 이곳은 유리 피라미드와 붉은색 건물의 대조가 독특한 멋을 풍기는 곳으로 일본인 유명 건축가 아라타 이소자키가 설계했다. 미술관에는 1940년대부터 현재까지의 작품들이 전시되어 있는데 캘리포니아 지역에서 가장 많은 작품을 보유한 미술관으로 알려졌다. 우리에게 익숙한 잭슨 폴록, 호안 미로, 마크 로스코, 로이 리히텐슈타인, 앤디 워홀 등 유명 작가의 작품 외에도 여러 신진 작가들의 그림이나 조각, 사진과 다큐멘터리 등이 다양한 장르에 걸쳐 전시되어 있다. 무엇보다 현대미술관을 가장 유명하게 해준 건 미술관 초입에 자리한 거대한 설치미술이다. 미국인 조각가 낸시 루빈스Nancy Rubins의 작품이며, 비행기 폐기물 고철들이 또 다른 모형을 이룬 것으로 유명하다. 이곳 외에도 두 곳에 분관이 있는데, The Geffen Contemporary at MOCA와 MOCA Pacific Design Center이다. 입장권을 구매한 당일에 한해 하나의 티켓으로 본관과 별관 입장이 모두 가능하다.

Address	250 S Grand Ave
Tel	213-621-2766
Web	www.moca.org
Open	수~금 11:00~17:00, 토·일 11:00~18:00
Close	월·화요일
Cost	무료
Access	메트로 레드 라인 Civic Center/Grand Park역 하차
Map	64p. D

Tip 무료입장
로스앤젤레스 현대미술관과 현대미술관 별관은 매주 목요일 17:00~20:00까지 무료입장이 가능하니 기억해둘 것!

Sightseeing ★☆☆

현대미술관 별관 The Geffen Contemporary at MOCA

리틀 도쿄에 위치한 이곳은 원래 LA의 경찰청 창고로 사용하던 건물이었다. 창고를 개조한 곳이다 보니 전시관이 가로로 길게 이어지는데, 본관보다 전시 규모가 큰 것으로 알려져 있어 인기가 많다. 실험적이고도 독특한 전시가 이어지며 내부 사진 촬영은 금지이다. 본관과 별관은 걸어서 20분이면 이동하지만 30분 간격으로 두 곳을 왕복하는 무료 셔틀버스가 운행 중이다.

Address	152 N Central Ave
Tel	213-625-4390
Web	www.moca.org
Open	수~금 11:00~17:00, 토·일 11:00~18:00
Close	월·화요일
Cost	무료
Access	메트로 골드 라인 Little Tokyo/Arts District역 하차
Map	65p. I

Sightseeing ★★☆

브래드버리 빌딩 Bradbury Building

1893년에 건축된 역사적인 빌딩으로, LA에서는 상당히 유명한 곳이다. 백만 장자 브래드버리의 의뢰로 지어진 이 5층짜리 건물은 벽돌과 대리석, 그리고 철재와 유리의 조합으로 이루어져 외관이며 내부가 상당히 독특하다. 당시엔 매우 앞선 건축기술로 지금까지 그 가치가 인정되고 있으며, 영화 〈블레이드 러너〉와 여러 드라마 및 CF에 등장하기도 했다. 관광객은 1층 로비와 2층의 일부 계단까지만 입장이 가능하다. 입장 무료.

Address 304 S Broadway
Tel 213-626-1893
Web www.laconservancy.org
Open 월~금 09:00~18:00,
토 · 일 10:00~17:00
Access 메트로 레드 · 퍼플 라인
Pershing Square역 하차
Map 65p. I

Sightseeing ★★★

그랜드 센트럴 마켓 Grand Central Market

1917년 문을 열어 지금껏 그 자리를 변함없이 지키고 있는 이곳은 브래드버리 빌딩의 맞은편에 위치하고 있다. LA에서 가장 크고 오래된 시장으로 다양한 식재료를 현지인들이 직접 판매하고 있으며, 맛있는 레스토랑들이 입점해 있어 언제 가도 인기가 좋다. 한국의 시골 5일장까지는 아니더라도 이곳에서만큼은 정겨운 미국의 시골 느낌을 받을 수 있다. 맛있는 식사와 커피 혹은 와인 한잔을 즐기기에도 좋고, 여러 가지 식재료나 식료품을 구매하는 재미 또한 쏠쏠한 곳이다. Tacos Tumbras a Tomas의 타코, G&B Coffee의 아몬드 마카다미아 라테, Eggslut의 버거, Ramen Hood의 라멘, McConnell's Fine Ice Creams의 아이스크림, Wexler's Deli의 연어 베이글이 유명하다.

Address 317 S Broadway
Tel 213-624-2378
Web grandcentralmarket.com
Open 08:00~21:00
Access 메트로 레드 · 퍼플 라인
Pershing Square역 하차
Map 64p. D

Sightseeing ★☆☆

앤젤스 플라이트 Angels Flight

1901년 완공 당시 세계에서 가장 짧은 케이블카 철로로 기록되었고, 이러한 사실에 의해 LA의 역사 문화 기념물 중 하나로 등록돼 있다. 1969년까지 운행되다가 도시 재개발 계획으로 중단되었으나 영화〈라라 랜드〉의 히트 이후 많은 이들이 찾는 덕분에 운행이 재개되었다. 상행과 하행 방향 케이블카가 연결되어 중력에 의해 서로를 끌어당기는 방식으로 움직인다.〈라라 랜드〉외에도 그간 다양한 드라마와 영화 속에 등장했었다.

Address	351 Hill St
Tel	213-626-1901
Web	angelsflight.org
Cost	편도 $1
Access	메트로 레드 · 퍼플 라인 Pershing Square역 하차
Map	64p. D

Sightseeing ★★★

라스트 북스토어 The Last Bookstore

2005년 과거 은행이었던 건물을 허물고 헌책방이 오픈했다. 1천여 장의 중고 레코드판과 책들이 가득한데 내부는 1층과 2층으로 나누어져 있으며, 높은 천장을 기준으로 여러 가지 특별한 장식들이 눈에 띈다. 책을 쌓아 만든 계산대, 책으로 만든 거대한 고래나 터널 등이 그것이다. 책방이 하나둘 사라져 가고 있지만 굳건히 남아 LA의 지성인이 모여드는 곳으로 자리매김하고 있으며, 늦은 밤까지 운영을 해 특히 여행객이 방문하기엔 안성맞춤이다.

Address	453 S Spring St
Tel	213-488-0599
Web	lastbookstorela.com
Open	11:00~20:00
Access	메트로 레드 · 퍼플 라인 Pershing Square역 하차
Map	64p. D

Western USA | Los Angeles

Sightseeing ★★☆

LA 라이브 LA Live

2010년 오픈한 54층짜리 건물에는 메리어트 호텔, 리츠칼튼 호텔, 리츠칼튼 레지던스 등이 자리하고 있다. 그 밖에도 대형 콘서트장과 그래미 뮤지엄, 스테이플스 센터, ESPN 스튜디오, 레스토랑 등이 모여 있는 복합문화공간이다. 이곳의 중심은 마이크로소프트 광장(구 노키아 플라자)으로 대형 LED 스크린을 만나 볼 수 있으며, 24시간 어느 때에 방문하든 할 것, 볼 것, 즐길 것이 많다.

Address 800 W Olympic Blvd
Tel 866-548-3452
Web www.lalive.com
Access 메트로 블루·엑스포 라인 Pico역 혹은 레드·퍼플·블루·엑스포 라인 7th St/Metro Center역 하차. 메트로 버스 910·950번 Olympic/Flower역 하차
Map 64p. E

마이크로소프트 시어터(구 노키아 극장) Microsoft Theater

2007년에 오픈한 대규모 콘서트홀로 7,200석의 좌석을 보유하고 있다. 오디션 프로그램 〈아메리칸 아이돌〉과 에미 어워드, MTV 비디오 뮤직 어워드 등의 행사가 치러져 일 년 내내 유명인들의 방문이 끊이질 않는다. 미국 유명 가수의 대형 콘서트도 열리며 운이 좋다면 이곳을 지나면서 할리우드 스타와 마주칠 수도 있다.

스테이플스 센터 Staples Center

프로 농구팀인 LA 레이커스, LA 클리퍼스, 아이스하키팀인 LA 킹스의 홈구장이자 대형 콘서트가 자주 열리는 거대한 콘서트홀이다. 내부에는 2만 석 이상의 좌석을 보유하고 있어 미국에서는 실내 경기장 중 가장 큰 규모를 자랑한다. 제2의 마이클 조던으로 불리는 코비 브라이언트가 20년간 LA 레이커스의 선수로서 경기를 뛰었던 곳이기도 하다. 1999년 오픈해 지금까지 그 명성을 유지해오고 있는데, 이곳이 유명한 또 다른 이유는 아메리칸 뮤직 어워드, 그래미 어워드 등의 굵직한 행사들이 자주 열리기 때문.

그래미 뮤지엄 Grammy Museum

2008년 그래미 어워드 50주년을 기념하며 오픈한 공간으로, 총 4개의 층에 다양한 장르의 음악과 그래미 어워드에 관련된 역사를 전시하고 있다. 자신이 직접 음악을 녹음하고 제작해볼 수도 있어 관심 있는 자들의 방문이 많다. 내부 공연장에서는 종종 세계적인 유명 가수와 뮤지션들의 공연이 진행되기도 한다.

Sightseeing ★☆☆
⑲
퍼싱 스퀘어 Pershing Sqaure

고층 건물들이 우뚝 서 있고 그 사이사이에 멋진 조각 작품과 함께 휴식 공간들이 숨어 있어 시민들은 이곳에서 진행되는 다양한 야외 행사나 공연, 아이스 스케이팅을 즐긴다. 할리우드 영화가 매년 여러 편 촬영되는 유명한 장소이기도 하니 운이 좋다면 영화 촬영 현장을 만날 수도 있다.

Address 532 S Olive St
Tel 213-847-4970
Web laparks.org
Access 메트로 레드 라인
Pershing Square역 하차
Map 64p. D

Sightseeing ★☆☆
⑳
코리아타운 Koreatown

1970년대부터 그 터를 가꾸기 시작해 지금은 미국뿐 아니라 전 세계에서 가장 큰 코리아타운으로 자리를 지키고 있다. 윌셔 애비뉴 Wilshire Ave.를 중심으로 한글로 가득한 거리 간판을 볼 수 있으며, 이곳에서 지낼 땐 영어는 거의 필요 없을 정도로 한국어가 큰 힘을 발휘한다. 한국에서 유명하고 인기 있는 브랜드와 매장, 제품들은 대부분 이곳에 있다고 생각하면 된다. 최근에는 한국 사람뿐 아니라 미국 현지인들도 많이 방문하는데 한류의 인기 영향이 가장 크다. 한국 드라마와 한국 음식, 한국 화장품 등을 알기 위해 찾아오는 현지인들로 더욱 붐비고 있으니 이 얼마나 기쁜 소식인가.

Web www.kafla.org
Access 메트로 퍼플 라인 Wilshire/Normandie역 하차
Map 64p. A

Western USA | Los Angeles

Special Page

🔍 사랑과 꿈, 인생을 논하다

영화 <라라 랜드> 속 그곳, 로스앤젤레스
La La Land, Los Angeles

누가 미국 여행책 작가 아니랄까 봐 개인적으로 미국 할리우드 영화를 즐겨본다. 예쁘고 잘생긴 서양인들이 주인공인 달달한 로맨틱 코미디 영화를 보며 거짓말처럼 펼쳐지는 사랑 이야기에 슬쩍 마음을 뺏겨 보기도 하고, 머리로는 상상할 수 없는 거대한 스케일과 상상력이 결부된 SF 영화를 보며 나와 우리나라뿐만 아닌 지구와 우주를 생각하고 고민하며 잠시 영화 속 주인공으로 이입되는 감정을 즐기기도 한다. 2016년 최고의 화제작 <라라 랜드>는 특히 기억에 남는다. 제74회 골든 글로브 시상식과 제89회 아카데미 시상식에서 감독상을 비롯 남우주연상, 여우주연상 등 각각 7개, 5개 부문의 상을 휩쓸었다는 기록을 굳이 나열하지 않아도 충분히 내 마음을 뒤흔든 감동의 영화였기 때문이다. 영화 속에서 특히나 인상 깊었던 LA의 다채로운 곳을 찾아다니며 특별한 테마여행을 해보면 어떨지! 상세 설명은 『미국 서부 셀프트래블』에서 찾아볼 수 있다.

❶ 그리피스 천문대 Griffith Observatory

영화의 도입 부분에서 둘이 처음 만나 불꽃이 튀기기 시작한 계기, 바로 남녀 주인공인 세바스찬(라이언 고슬링 역)과 미아(엠마 스톤)가 탭댄스를 추며 사랑을 속삭이던 그곳이다. 천문대 자체를 구경하는 것도 교육적으로 좋지만 언제나 이곳이 인기인 이유는 이곳에서 내려다보이는 도시의 풍경 때문. 낮밤 언제 가도 아름다운데 특히 한눈에 펼쳐지는 LA의 야경은 언제봐도 아름다우니 꼭 방문할 것. p.100 참고.

❸ 그랜드 센트럴 마켓 Grand Central Market

영화 속에선 짧게 지나가지만 두 주인공이 실내의 시장에서 데이트를 하던 장면이 등장하던 그곳. p.74 참고.

❹ 콜로라도 스트리트 브리지 Colorado Street Bridge

영화 속에서 세바스찬과 미아가 해 지는 노을과 함께 아름답고 낭만적인 거리의 가로등을 배경으로 한참을 걷는 장면이 나오는데 그 촬영지가 바로 이곳이다. '콜로라도 스트리트 브리지'는 로스앤젤레스에서 북동쪽으로 떨어진 작은 도시 '패서디나 Pasadine'에 위치하고 있다. 패서디나는 LA 시내에서 대중교통으로 편히 방문할 수 있는데 노턴 사이먼 미술관과 캘리포니아 공과대학교, 헌팅턴 갤러리 등 교육학적으로 방문하기 좋은 관광지들이 많아 언제 가도 인기이다. 특히 미국 방송국 CBS의 인기 시트콤 〈빅뱅이론〉의 촬영지이기도 하다. 영화 속에 등장한 이 다리는 1913년 완공했는데 한때는 세계에서 가장 높은 아치형 다리로 미국 국립 역사 유적지에 등록되어 있기도 하다. 특히 가로등의 불빛과 곡선이 이루는 아름다운 조화 때문에 지금도 많은 현지인들이 데이트 장소로 즐겨 찾는다.

❷ 앤젤스 플라이트 Angels Flight

세바스찬과 미아가 한참 데이트를 즐기던 시절, 야외의 작은 케이블카에서 사랑이 불타오르는 듯한 눈빛으로 서로를 응시하던 장면의 그곳이다. 영화의 히트와 더불어 현재는 운행이 재개된 상태다. 세계에서 가장 짧은 철도로 불릴 만큼 탑승 후 금방 내려 아쉽지만 영화를 재미있게 본 팬이라면 이를 즐기는 자체만으로도 기억에 남는 추억이 될 것이다. p.75 참고.

이 외에도 해 지는 바닷가에서 남녀 주인공이 춤을 추던 허모사 비치 Hermosa Beach, 세바스찬이 미아에게 자신이 원하는 음악을 들려주기 위해 직접 찾아간 재즈 바인 라이트 하우스 Light House Cafe, 영화의 마지막에 등장하는 성공한 후의 삶이 표현된 미아의 집인 샤토마몽 호텔 Chateau Marmont Hotel 등이 있다.

Sightseeing ★★☆

엑스포지션 파크 Exposition Park

1872년 농업박람회를 위해 만들어진 공간이었으나, 그 후 자연사 박물관과 캘리포니아 과학 센터, 메모리얼 경기장, 로즈 가든, 아프리칸 아메리칸 박물관 등이 들어서면서 하나의 거대한 테마파크가 형성되었다. 워낙 넓어 볼 것이 많아 몇 곳을 둘러볼 것인지를 정하고 여행을 시작하는 것이 좋다. 그중에서도 1만 6천 그루의 장미들이 가득한 로즈 가든이 유명한데, 4월에 여행을 간다면 매년 진행되는 장미 축제를 절대 놓치지 말 것.

Address 700 Exposition Park Dr
Tel 213-744-7458
Open 24시간
Access 메트로 엑스포 라인 Expo Park/USC역 하차
Map 64p. E

Exposition Park

로스앤젤레스 자연사 박물관
Natural History Museum of Los Angeles County

1913년 개관하여 미국 서부를 대표하는 최고의 자연사 박물관으로 정평이 나 있다. 세계 어느 나라에서도 쉽게 볼 수 없는 거대한 규모의 운석과 화석, 우주 광석 등이 전시되어 있고, 인류의 기원이 될 수 있었던 여러 동물과 식물, 해조류, 포유류, 조류, 공룡 등에 관한 다양한 전시를 갖추고 있다. 특히 가장 인기가 많은 곳은 어린이 학습 체험장으로 곤충이나 공룡의 역사를 설명해놓은 공간이다. 이 외에도 서부 개척 시대의 역사를 볼 수 있는 전시관이 지하에 자리하고 있어 미국의 역사를 알고 싶다면 방문하길 권한다.

Address 900 Exposition Blvd
Tel 213-763-3466
Web www.nhm.org
Open 09:30~17:00
Close 화요일, 1월 1일, 독립기념일, 추수감사절, 크리스마스
Cost 성인 $15, 62세 이상 및 학생(ID 지참) $12, 3~12세 $7
Access 메트로 엑스포 라인 Expo/Vermont역 하차
Map 64p. E

Exposition Park
캘리포니아 과학 센터
California Science Center

LA를 대표하는 과학박물관으로, 어른보다는 학생들에게 특히 인기가 많다. 내부에는 여러 가지 실험을 할 수 있는 도구들과 전시 등이 가득하지만 그중에 가장 인기 있는 곳은 아이맥스 영화관이다. 인체, 자연, 우주 등 과학에 관련된 다양한 분야의 영화를 볼 수 있어 흥미롭다.

Address	700 Exposition Park Dr
Tel	323-724-3623
Web	californiasciencecenter.org
Open	10:00~17:00
Cost	입장 무료, 아이맥스 영화관 및 스페셜 전시 유료
Access	메트로 엑스포 라인 Expo Park/USC역 하차

Map 64p. E

Exposition Park
로스앤젤레스 메모리얼 경기장
Los Angeles Memorial Coliseum

1923년 남가주 대학(USC)의 아메리칸 풋볼 경기를 개최하며 문을 열었다. 경기장은 10만 명 이상의 인원을 수용할 수 있고 1932년과 1984년 LA 올림픽을 치른 역사적인 장소이기도 하다. USC 풋볼팀의 홈구장이며, 대형 콘서트나 미국 최고의 풋볼 챔피언을 가리는 슈퍼볼 게임 또한 이곳에서 진행된다.

Address	3911 S Figueroa St
Tel	213-747-7111
Web	www.lacoliseum.com
Access	메트로 엑스포 라인 Expo Park/USC역 하차

Map 64p. E

Sightseeing ★★☆
㉒
남가주 대학교 University of Southern California(USC)

1880년 창립된 명문 사립대로, 캘리포니아 주립대학의 9개 캠퍼스 중 하나이다. 3만 5천 명 이상이 재학 중이며, LA를 대표하는 대학으로 늘 손꼽힌다. 최초의 달 착륙자 닐 암스트롱과 미국의 대표 영화감독 조지 루카스, 스티븐 스필버그 등이 이 학교 출신이다. 남가주 대학은 경영대, 법대, 공대가 유명한데 그중에서도 경영학 연구소가 널리 알려져 있어 한국의 많은 기업들이 방문 내지는 견학을 하기도 한다. 캠퍼스 자체는 다른 미국 내 대학교에 비해 작은 편이며 영화 〈포레스트 검프〉 〈졸업〉 등이 촬영되기도 했다. 또한 웹 사이트에서 캠퍼스 투어 신청이 가능하니 재학생과 함께 학교의 주요 시설을 둘러보고 싶다면 미리 신청하자.

Address	649 W 34th St
Tel	213-740-2311
Web	www.usc.edu
Access	메트로 엑스포 라인 Expo Park/USC역 하차

Map 64p. E

Sightseeing ★★☆

로 DTLA ROW DTLA

20세기 초 시장 겸 창고 시설이었던 곳이 지금의 복합문화공간으로 재탄생했다. 60여 개가 넘는 상점과 식당, 카페, 로컬 숍, 갤러리 등이 있어 요즘 LA에서 뜨고 있는 모든 것을 한 번에 즐길 수 있다. 과거에는 야채와 과일을 도매로 파는 공간이었다는 것도 재미있다. 매주 일요일(10:00~16:00)이면 스모가스버그 Smorgasburg라는 이름의 푸드 마켓이 열리는데 몇십 가지 다양한 나라의 음식을 판매한다. 4천대 이상 수용 가능한 주차장을 구비하고 있고 1시간 무료로 이용 가능하다. 반려동물은 입장 불가.

Address	777 S Alameda St
Web	rowdtla.com
Open	10:00~22:00
Access	메트로 버스 60번 Long Beach Blvd역 하차
Map	65p. K

저렴하게 여행하는 할인 패스 활용하기

1. 고 시티 올 인클루시브 패스 Go City All-Inclusive Pass

33개의 볼거리와 체험이 가능한 통합 카드로, 사용하는 기간이 길어질수록 할인 폭도 커진다. 디즈니랜드는 티켓에 포함되지 않고, 유니버설 스튜디오는 3일권 이상부터 이용 가능하다. 그 외 포함된 내용으로는 스타의 집 투어, 식스플래그 매직 마운틴, 헌팅턴 도서관, 레고랜드, 2층 버스 투어, 너츠 베리 팜, 돌비 극장 가이드 투어 등이 있다.

	1일권	2일권	3일권	4일권	5일권	7일권
성인	$99	$149	$239	$299	$324	$374
어린이(3~12세)	$76	$112	$219	$265	$296	$332

Web gocity.com/los-angeles/en-us

2. 남캘리포니아 시티 패스 Southern California CityPASS

LA와 샌디에이고를 오가며 모든 테마파크를 다 돌아보겠다면 요긴하다. 웹사이트 구매 시 디즈니랜드, 유니버설 스튜디오 할리우드, 시 월드, 레고랜드의 입장권을 일정에 맞춰(당일 혹은 1~3일짜리 등) 구매할 수 있다.

Web www.citypass.com/southern-california

Food
①
얼스 카페 Urth Caffé

LA를 대표하는 인기 레스토랑으로, 메인 음식과 디저트, 음료까지 모든 것을 판매한다. 모든 재료를 유기농으로 만들어 인기가 많으며, 특히 베벌리 힐스 지점의 경우 할리우드 유명 스타들이 자주 방문하는 것으로 알려져 있다. 음료 중에서는 적당히 달달한 맛이 일품인 스패니시 라테와 녹차 라테, 버블 티가 인기이다. 음식을 주문하고 계산을 하면 번호표를 주는데, 이를 테이블 위에 올려두면 종업원이 내가 앉은 곳으로 음식을 가져다준다. 별도의 팁은 필요 없는 것 또한 장점. 어느 지점을 가도 성당 같은 독특한 분위기를 풍기며 내부의 난꽃 장식이 인상적이다.

Address 451 S Hewitt St
Tel 213-797-4534
Web www.urthcaffe.com
Open 일~목 06:00~23:00,
    금·토 06:00~24:00
Cost $10~
Access 메트로 버스 18번 6th/Mateo역 하차
Map 65p. L

Food
②
파이 홀 The Pie Hole

아트 디스트릭트에 위치한 수제 파이 전문점으로 매월 다른 메뉴로 바뀌어 언제 가도 고르는 재미가 있다. 베스트 인기 메뉴는 얼 그레이 파이. 홍차의 향과 달달한 크림의 조화가 환상이다. 매장 입구의 보랏빛 벽돌은 사진을 찍기에도 좋아 언제 가도 많은 사람들이 기념 촬영을 하고 있다. MBC 〈무한도전〉 LA 특집에서 무한도전 멤버와 가수 지코가 만나는 장면이 이곳에서 촬영되기도 했다. 시식을 원하면 작은 컵에 담아 주니 맛본 후 고르도록 하자.

Address 714 Traction Ave
Tel 213-537-0115
Web www.thepieholela.com
Open 월~수 08:00~22:00,
    목 08:00~23:00, 금 08:00~00:30,
    토 09:00~00:30, 일 09:00~23:00
Cost $7~
Access 메트로 버스 53번 5th/Towne역 하차
Map 65p. L

Food
❸
우마미 버거 Umami Burger

미국에서 인기몰이 중인 일본 스타일 햄버거로 2009년 LA에서 처음 시작한 이후 현재는 다른 도시로까지 확산되고 있다. 도톰하고 고소한 브라질 빵에 우마미 버거의 U자가 찍혀 있고, 좋은 재료로 만든 특별한 패티와 다양한 우마미 소스가 함께 제공된다. 가장 인기 있는 메뉴는 트러플 버거Truffle Burger로 양파와 토마토, 치즈와 버섯 및 소스를 넣어 만드는데 기존 햄버거보다 훨씬 건강한 맛이다. 가격은 저렴하지 않은 편. 최근 생긴 매장은 펍처럼 맥주나 칵테일도 함께 팔아 술 한잔하며 한 끼 식사를 해결하기 좋다.

Address	852 S Broadway
Tel	213-413-8626
Web	www.umamiburger.com
Open	월~목 11:00~22:00, 금~일 11:00~23:00
Cost	$25~
Access	메트로 버스 4·10·48번 Hill/8th역 하차
Map	64p. F

Food
❹
조이 DTLA Joey DTLA

전형적인 미국 음식을 파는 식당이지만 남미와 이탈리안 음식도 함께 판매 중이다. 스테이크와 수제 햄버거도 맛있고 브런치류도 인기지만 그 외 어떤 음식을 시켜도 아쉬움이 없을 정도로 평이 좋다. 대기 줄이 늘 있는 편이고, 내부 분위기도 좋아 주로 현지 사람들이 생일이나 데이트를 할 때 방문한다.

Address	700 W 7th St Ste S430
Tel	213-372-5335
Web	joeyrestaurants.com
Open	11:00~24:00
Access	메트로 레드·퍼플·블루·엑스포 라인 7th St/Metro Center역 하차
Map	64p. D

Food
❺
에그슬럿 Eggslut

LA 다운타운의 명소인 그랜드 센트럴 마켓 안에 있는 곳으로, 인기가 많아 언제 가도 줄을 서야 먹을 수 있다. 이름에서 알 수 있듯, 계란을 메인으로 사용해 음식을 만들며 모두 유기농이라고. 대표 메뉴는 에그슬럿으로 작은 유리병 안에 으깬 감자와 치즈, 달걀을 얹어 불에 익히는데 주문 시 같이 나오는 바게트와 함께 먹으면 좋다. 버거 메뉴는 브리오슈 번에 스크램블드에그와 체더치즈, 구운 양파, 아보카도나 베이컨 등을 넣으며 마치 집에서 직접 만들어 준 맛이다. 오후면 문을 닫으므로 아침과 점심 메뉴가 전부이고 음료 몇 가지와 커피만을 팔지만 그 인기가 어마어마해서 LA를 들르는 사람이라면 반드시 한 번쯤은 가봐야 할 명소다. 양은 다른 곳에 비해 많이 적은 편.

Address	317 S Broadway
Tel	213-625-0292
Web	eggslut.com
Open	08:00~16:00
Cost	$10~
Access	메트로 레드·퍼플 라인 Pershing Square역 하차
Map	64p. D

Food
⑥
스프링클스 컵케이크 Sprinkles Cupcakes

달지만 적당히 촉촉하면서도 부드러워 워낙 인기가 많은데 여러 가지 종류 중 레드벨벳 컵케이크가 가장 맛있다. 맛도 좋지만 모양과 색깔 자체가 예쁘고, 매달 특별한 맛이 새로 소개되어 고르는 재미가 있다. LA 시내 여러 곳에서 쉽게 지점을 찾을 수 있다.

Address	735 S Figueroa St
Tel	213-228-2100
Web	sprinkles.com
Open	월~토 10:00~21:00, 일 10:00~20:00
Close	추수감사절, 크리스마스
Cost	$6~
Access	메트로 레드 · 퍼플 · 블루 · 엑스포 라인 7th St/Metro Center역 하차

Map 64p. C

Food
⑦
킹 타코 King Taco

LA 사람이라면 누구나 아는 멕시칸 음식 브랜드로 킹 타코 고유의 빨간 소스가 매워 입맛을 자극하고, 저렴한 가격에 양까지 많아 인기가 많다. 1974년 LA의 길거리 트럭에서 타코를 만들어 팔기 시작해 지금은 몇십 개의 지점이 있는 LA 대표 브랜드로 자리 잡았다. 타코 주문 시 오르차타Horchata라는 음료를 함께 주문해보자. 시나몬 향이 나는 쌀 음료인데 걸쭉하고 달달한 멕시코 전통 음료이다. 미국의 전 대통령 오바마 또한 열렬한 팬이고, 힐러리 클린턴도 다녀갔다.

Address	2020 W Pico Blvd
Tel	213-384-8115
Web	www.kingtaco.com
Open	일~목 08:30~23:00, 금 · 토 08:30~01:00
Cost	타코 $3.10~, 나초 $5.95~
Access	버스 30·330번 Pico/Alvarado역 하차

Map 64p. E

Food
⑧
치폴레 Chipotle

멕시칸 요리 하면 가장 쉽게 떠올리는 부리토부터 타코까지 우리나라의 김밥처럼 한 끼 식사로 대체해도 손색이 없는 요리들을 주로 판매한다. 주문을 받으면 그 자리에서 만들어 주는데 원하는 재료를 선택해서 나만의 메뉴를 만들어 먹을 수 있다는 것 또한 장점이다. 누구나 부담 없이 즐길 수 있는 캐주얼한 체인 레스토랑으로 모든 이들에게 사랑받는 브랜드이다.

Address	601 W 7th St
Tel	213-283-2058
Web	www.chipotle.com
Open	10:30~22:00
Cost	$6~
Access	메트로 레드 · 퍼플 · 블루 · 엑스포 라인 7th St/Metro Center역 하차

Map 64p. D

Food ⑨
보테가 루이 Bottega Louie

다운타운에서 가장 인기 많은 이태리 레스토랑 중 하나로, 화이트 톤의 내부 벽은 아무런 장식이 없고 오픈 키친 형태이다. 이곳에서 가장 유명한 건 디저트 섹션! 레스토랑 내에 식당과 바, 그리고 디저트 섹션이 나누어져 있는데, 화려한 색깔로 꾸민 아름다운 디저트 코너는 그 누구도 지나치지 못하게 만든다. 화덕에서 구워 주는 피자 또한 인기이나 조금 짠 편이다.

Address	700 S Grand Ave
Tel	213-802-1470
Web	www.bottegalouie.com
Open	일~목 08:00~23:00, 금~토 08:00~24:00
Cost	$20~
Access	메트로 레드 · 퍼플 · 블루 · 엑스포 라인 7th St/Metro Center역 하차

Map 64p. D

Food ⑩
북창동 순두부 BCD Tofu House

LA의 코리아타운이 본점이며 우리나라로 역수출되어 현재 한국에도 여러 지점을 둔 순두부집이다. 연중무휴로 오픈해 언제 가도 맛있는 한식을 먹을 수 있다는 것이 큰 장점인데 진하고 깊은 순두부 맛에 반해 한번 가면 모두들 꼭 다시 찾는다고 한다. 외국인들 또한 많이 찾으며 한국의 한류 스타들이 LA에 방문하면 반드시 들리는 곳이기도 하다고! 다양한 밑반찬과 뚝배기의 누룽지 또한 빼놓을 수 없는 매력 포인트. LA 여행 중 간절하게 한식이 생각난다면 들러보자. 순두부 외에도 다양한 한식 메뉴를 고를 수 있다.

Address	3575 Wilshire Blvd
Tel	213-382-6677
Web	bcdtofu.com
Open	일~수 07:00~24:00, 목~토 07:00~03:00
Cost	$20~
Access	메트로 퍼플 라인 Wilshire/Normandie역 하차

Map 64p. A

코리아타운 인기 맛집 리스트

한국 교포가 특히 많이 거주하는 LA에서 코리아타운과 한식의 위상은 대단하다. 그 대단한 여러 식당 중 최근 인기를 끌고 있는 곳들을 추렸다. 취향에 맞는 곳을 찾아 방문해보자!

소반 Soban
갈비찜, 비빔밥 등이 유명한 한식당. 영화감독 봉준호가 다녀갔다고 알려졌다.

박대감 Park's BBQ
소고기류가 특히 맛있는 걸로 널리 알려져 있다.

북창동 순두부 BCD Tofu House
LA에서 시작해 한국으로 역수출된 놀라운 브랜드! 연기자 이서진도 다녀갔다고.

길목 Corner Place Restaurant
각종 고기류를 부위별로 구워 먹을 수 있다. 동치미국수가 특히 일품.

연기자 이광수도 다녀갔다고 한다.

엽떡 LA YUP DDUK LA
매콤한 떡볶이와 밥, 어묵 등의 한국식 분식이 생각난다면 이곳으로 가면 된다. 우동, 라면, 당면, 어묵 등 다양한 사리 추가가 가능해 더욱 인기가 많다.

Food
⑪

다이노스 치킨 앤 버거스 Dino's Chicken & Burgers

매콤달콤한 특별 소스에 재운 후 구운 닭고기에 볶음밥, 감자튀김, 샐러드, 콩 요리를 함께 먹는다. 튀기지 않아 몸에 더 좋은 데다 소스까지 매력적이라 이른 아침부터 긴 줄이 늘어설 정도로 인기.

Address	2575 Pico Blvd
Tel	213-380-3554
Web	dinoschickenandburgers.com
Open	월~목 06:00~23:00, 금·토 06:00~24:00, 일 07:00~23:00
Access	버스 30번 Pico/Catalina역 하차
Map	64p. E

Food

85도 베이커리 카페 85°C Bakery Cafe

대만의 인기 브랜드로 'Sea Salt Coffee'라는 대표 메뉴의 이름에서 알 수 있듯, 커피 안에 소금이 들어 있어 특이하다. 처음 커피를 받으면 위아래 층이 분리된 것이 육안으로 보이는데 위쪽을 맛보면 크림과 초콜릿 맛이 나고, 아래쪽을 맛보면 짠맛이 나는 독특한 커피다. 섞어서 마시면 달콤했다가 짠맛으로 마무리되는 맛을 느끼게 된다. 커피로 인기를 끌게 된 후 베이커리까지 진출했는데 인기 있는 빵은 굽자마자 완판이 될 정도, 보랏빛 타로가 든 부드러운 데니시와 브리오슈가 특히 인기이다. LA의 다운타운과 패서디나에 지점이 있다.

Address	700 Wilshire Blvd A
Tel	213-623-1885
Web	www.85cbakerycafe.com
Open	월~금 07:00~18:00
Close	토·일요일
Cost	$5~
Access	메트로 레드·퍼플·블루·엑스포 라인 7th St/Metro Center역 하차
Map	64p. D

Cafe
①

블루 보틀 커피 Blue Bottle Coffee

미국을 대표하는 커피 브랜드 중 하나인 파란 병의 주인공, 블루 보틀 커피는 캘리포니아 오클랜드의 한 클라리넷 연주자에 의해 시작되었다. 판매하는 메뉴는 총 8가지이며 드립 커피, 에스프레소, 카푸치노, 라테, 모카, 마키아토, 뉴올리언스 아이스커피, 핫 초콜릿이 있고 이 중 뉴올리언스 아이스커피가 대표 인기 메뉴이다. 주문을 받으면 바로 핸드드립하여 커피를 내려주는 방식인데, 볶은 지 48시간 내의 원두로만 만든다. 원두를 비롯하여 매장 내의 모든 제품은 유기농만을 사용하고 있다. 깊고도 진한 커피 맛이 일품.

Address	582 Mateo St
Tel	213-621-4194
Web	bluebottlecoffee.com
Open	월~금 06:30~18:00, 토·일 07:00~18:00
Close	1월 1일, 추수감사절, 크리스마스
Cost	$5~
Access	메트로 버스 60번 7th/Mateo역 하차
Map	65p. L

Cafe
②
스텀프타운 커피 로스터스 Stumptown Coffee Roasters

LA에서 지금 가장 뜨고 있는 아트 디스트릭트에 위치한 스텀프타운은 1999년 미국 서부의 포틀랜드에서 시작되었다. 깊고 풍부한 맛이 특징이며 공정무역을 통해 유기농 원두만을 취급하여 언제 가도 긴 줄이 늘어서 있을 만큼 인기이다. 커피를 만드는 직원들의 빈티지한 복장 또한 보는 재미가 있어 지루하지 않다. 현금 결제만 가능.

Address	806 S Santa Fe Ave
Tel	855-711-3385
Web	www.stumptowncoffee.com
Open	06:00~19:00
Cost	$6~
Access	메트로 버스 720번 6th/Central역 하차

Map 65p. L

Cafe
③
G&B 커피 G&B Coffee

2015년 US 바리스타 챔피언십에서 1위, 2015년 월드 바리스타 챔피언십에서 2위를 차지한 카일 글랜빌Kyle Glanville의 'G'와 찰스 바빈스키Charles Babinski의 'B'를 합쳐서 G&B라는 브랜드가 탄생했다. 그랜드 센트럴 마켓 안에 위치한 덕에 이곳에서 식사를 하고 장을 본 후 커피를 한잔하려는 많은 이들이 찾는다. 인기 메뉴는 아몬드 마카다미아 라테Almond Macadamia Latte로 부드러운 맛에 고소한 향이 일품이다. 리치몬드에 위치한 고 겟 엠 타이거Go Get Em Tiger 카페와 같은 체인이다.

Address	317 S Broadway C19
Tel	626-716-0705
Web	gandb.coffee
Open	08:00~18:00,
Cost	$5~
Access	메트로 레드 · 퍼플 라인 Pershing Square역 하차

Map 64p. D

Cafe
④
필즈 커피 Philz Coffee

자신이 원하는 바리스타를 선택해 자신의 취향에 맞는 커피를 주문한 후 카운터에 가서 결제하고 커피를 받는 형태로 판매한다. 주문 시에는 원두와 컵 사이즈, 당도 등을 선택할 수 있다. 모든 커피는 핸드드립으로 만들며, 스타벅스의 사이렌 오더처럼 애플리케이션을 통해서도 사전 주문이 가능하다. 이곳의 대표 메뉴는 민트 모히토 아이스커피. 민트를 넣은 상큼한 향의 커피 맛이 일품이다. 우유와 얼음, 민트가 들어가 있는데 부드러운 맛을 유지하기 위해 여러 번 물을 내리고, 커피의 크림 또한 직접 만들어 정성이 가득하다. 주문 시 Minty, Sweet, Creamy 중 맛 선택이 가능하며 대기 줄이 길기는 하지만 한 번쯤 맛보면 좋을 LA의 유명 커피다.

Address	801 S Hope St, Unit A
Tel	213-213-2616
Web	www.philzcoffee.com
Open	월~금 06:00~19:00, 토·일 07:00~19:00
Cost	$5~
Access	메트로 레드·퍼플·블루·엑스포 라인 7th St/Metro Center역 하차
Map	64p. C

Cafe
⑤
도큐먼트 커피 바 Document Coffee Bar

코리아타운에 위치하여 담쟁이넝쿨 가득한 건물의 입구로 들어가면 화이트와 우드로 장식된 천장이 높은 카페를 만날 수 있다. 라테류가 인기이고, 여러 종류의 콜드 브루^{Cold Brew} 시리즈 또한 많이들 찾는다. 핫 초콜릿 역시 베스트 메뉴.

Address	3850 Wilshire Blvd
Web	documentcoffeebar.com
Open	07:00~19:00
Cost	$6~
Access	메트로 퍼플 라인 Wilshire/Western역 하차
Map	64p. A

Cafe
⑥
그라운드 워크 커피 Groundwork Coffee Co.

커피 맛은 무난하지만 LA 로컬 브랜드이고, 1990년 시작된 역사 깊은 브랜드라는 데에 의의가 있다. 오개닉 원두만을 제공받아 커피를 만들고 있으며 스페셜티 계열의 커피로 인정받고 있다. 기존의 LA에서만 운영되던 지점이 최근 포틀랜드까지 확장되었고, 계속해서 미국 내 여러 도시로 뻗어갈 전망이다. LA 시내의 많은 지점 중 가장 추천하고픈 곳은 아트 디스트릭트 지점이다. 카페 내에 있는 디제이 부스에서 실제로 디제잉을 하는 멋진 공간이므로! 커피는 특히 콜드 브루가 유명한데 LA의 대형마트에서도 쉽게 만날 수 있다.

Address	811 Traction Ave
Tel	213-626-6060
Web	www.groundworkcoffee.com
Open	06:00~16:00
Cost	$5~
Access	메트로 골드 라인 Little Tokyo/ Arts District역 하차

Map 65p. L

Night Life
①
업스테어 바 Upstairs Bar

LA 다운타운에서 가장 인기 있는 호텔 중 한 곳인 에이스 호텔의 루프톱 바로, 언제 가도 물이 좋아 늘 북적인다. 야외 옥상의 바에는 디제이 부스가 있으며, 좀 더 안으로 들어가면 야외 수영장까지 갖추고 있다. 수영을 하며 칵테일을 즐기는 현지인들이 많아 두 눈이 즐거운데, 내부는 상당히 시끄러운 편이다.

Address	929 S Broadway
Tel	213-623-3233
Web	www.acehotel.com/losangeles
Open	11:00~02:00
Cost	$16~
Access	메트로 버스 30·40번 Broadway/ Olympic역 하차

Map 64p. F

Night Life
②
퍼치 Perch

다운타운 한복판에 위치한 루프톱 바 겸 레스토랑으로, 13층까지 올라갔다가 엘리베이터를 갈아타고 15층 혹은 16층에서 내리면 된다. 데이트하는 연인들에게 언제나 인기 만점이고 현지인들의 파티 장소로도 사용돼 늘 예약이 차 있다. 음식도 맛있지만 뷰가 멋지다는 것이 최고의 장점. 낮보다는 밤을 더 추천하고픈 건 멋진 라이브 재즈 공연이 있기 때문이다.

Address	448 S Hill St
Tel	213-802-1770
Web	perchla.com
Open	월~수 04:00~01:00, 목·금 04:00~02:00, 토 05:00~24:00, 일 05:00~02:00
Cost	$15~
Access	메트로 레드·퍼플 라인 Pershing Square역 하차
Map	64p. D

Night Life
③
더 루프톱 The Rooftop

스탠더드 호텔의 12층에 위치한 루프톱 바로, 빨간 버섯 모양의 물침대 스타일 카바나와 수영장이 같이 있어 더욱 분위기가 좋다. LA 시내의 야경을 내려다볼 수 있는 점도 매력적인데 이 때문에 개인이 통째로 대여해 파티를 여는 일도 잦다. 주중에는 입장료가 없지만 주말에는 있으니 참고하자. 입장 시 신분증 체크를 한다.

Address	550 S Flower St
Tel	213-892-8080
Web	www.standardhotels.com/la/features/rooftop
Open	12:00~02:00
Cost	$20~
Access	메트로 레드·퍼플·블루·엑스포 라인 7th St/Metro Center역 하차
Map	64p. D

Night Life
④
익스체인지 LA Exchange LA

LA의 유명 주식 거래소 이름을 그대로 따서 만든 클럽이다. 4층짜리 거대한 빌딩의 클럽에서 펼쳐지는 화려한 공연은 시간 가는 줄 모르고 클럽의 재미에 빠져들게 만든다. 세계적인 DJ들의 공연이 끝없이 이어지니 방문 전 웹 사이트를 통해 어떤 DJ가 출연하는지 미리 체크한 후 가볼 것을 권한다.

Address	618 S Spring St
Tel	213-627-8070
Web	exchangela.com
Open	목·금 22:00~03:00, 토 22:00~06:00
Close	일~수요일
Cost	$30~
Access	메트로 레드·퍼플 라인 Pershing Square역 하차
Map	64p. F

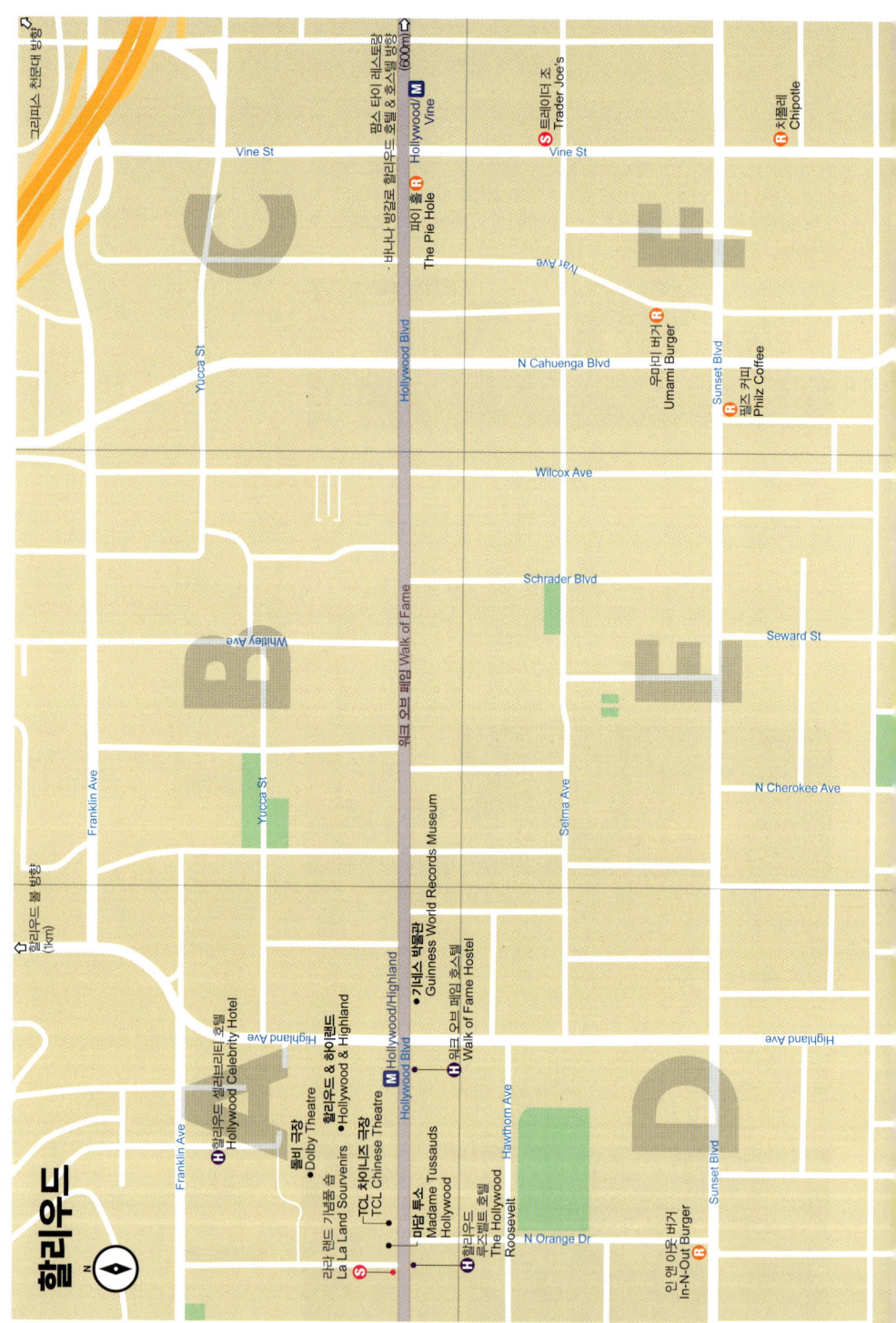

할리우드 & 로스앤젤레스 북부
Hollywood & Northern LA

미국 전역을 대표하는 영화산업이 가장 발달해 있는 도시로 LA의 심장부와 같은 곳이다. 주차하기도 힘들고 어딜 가나 물가는 비싸지만 그럼에도 불구하고 LA를 여행할 때 가장 먼저 들르고, 가장 오래 머물게 되는 마법과도 같은 지역이다.

Sightseeing ★★★

할리우드 & 워크 오브 페임
Hollywood & Walk of Fame

미국의 수많은 영화사와 영화관이 가득해 언제나 LA를 대표하는 최고의 관광지이다. 거리를 걷다 보면 여기저기서 스타의 집 투어나 2층 버스 등에 참여하라는 호객꾼들이 많고 다양한 거리 공연이나 퍼포먼스가 진행되고 있어 보고 즐길 것도 많다. 시사회나 행사라도 진행되는 날이면 주변 교통이 통제되어 길을 막는데, 이때 여러 할리우드 스타와 그를 따르는 파파라치, 그리고 촬영 현장을 생생하게 볼 수 있다.

이곳에서 가장 먼저 봐야 할 곳은 스타들의 손자국과 발자국이 찍혀 있는 붉은 별 모양의 거리 블록이다. '워크 오브 페임'이라고 불리는 이곳은 1927년부터 그 역사를 시작해 현재는 2천여 명이 훌쩍 넘는 세계적인 스타들의 흔적이 남아 있다. 자신이 좋아하는 스타나 영화감독의 손이나 발자국을 따라가보는 재미 또한 즐길 수 있다. 이 주변에서는 마릴린 먼로나 찰리 채플린, 아이언맨, 슈퍼맨 등의 복장을 한 이들이 사진을 찍자고 유혹하는데, 좋다고 사진을 찍었다가는 바로 팁을 줘야 하니 기억해둘 것.

Address 7018 Hollywood Blvd
Tel 323-469-8311
Web walkoffame.com
Access 메트로 레드 라인 Hollywood/Highland역 하차
Map 92p. B

Sightseeing ★★★

TCL 차이니즈 극장(구 맨스 차이니즈 극장)
TCL Chinese Theatre

1927년 영화배우 시드 그라우맨(Sid Grauman)에 의해 오픈된 이곳은 2013년 TCL 그룹에 인수되어 지금의 이름이 붙여졌다. 세계에서 가장 큰 아이맥스 영화관이자 뾰족한 첨탑의 중국식 붉은 장식이 매력적인 곳으로 그 외관부터 LA를 대표하는 상징이 된 지 오래다. 매월 두 차례 시사회가 진행될 때마다 전 세계의 유명 스타들이 오기 때문에 일 년 내내 정신없고 복잡하다. 이곳에서 최신 영화를 가장 먼저 상영하기도 하니, 영화 마니아라면 이 특별한 장소에서 영화 한 편쯤 관람해도 좋은 기억이 될 것이다. 혹시 아는가, 내 옆자리에 우연히 할리우드 스타가 앉을 수도 있?!

Address 6925 Hollywood Blvd
Tel 323-461-3331
Web www.tclchinesetheatres.com
Access 메트로 레드 라인 Hollywood/Highland역 하차
Map 92p. A

할리우드 스타의 집 방문 투어

차를 타고 이동하며 미국 할리우드 스타들의 집을 구경하는 투어로, 톰 크루즈, 케이티 페리, 브루노 마스, 산드라 블록, 제니퍼 애니스톤, 크리스티나 아길레라, 제니퍼 로페즈, 사이먼 코웰, 할리 베리, 성룡 등 유명 셀러브리티의 집을 볼 수 있다. 전 세계에서 유일하게 LA에서만 가능한 투어로 할리우드 거리를 걷다가 투어에 조인할 수도 있고 인터넷에서 사전 예약을 할 수도 있다. 운전을 해주는 드라이버가 50여 채의 집을 지나면서 가이드 역할까지 하는데 영어를 잘 모른다 해도 영화배우의 이름은 알아들을 수 있으니 큰 불편은 없다. 현장 예매 시 2시간 기준 성인 $49, 11세 이하는 $39이다. 투어는 매일 09:30에서 해 질 때까지 진행되고, 스타들의 집이 모두 표시되어 있는 유료 지도는 $5에 판매된다.

Web starlinetours.com

Sightseeing ★☆☆

할리우드 & 하이랜드 Hollywood & Highland

이 지역을 대표하는 대규모 종합 엔터테인먼트 센터라고 생각하면 된다. 2001년 오픈한 이곳은 입구부터 으리으리한데 코끼리 기둥이 양쪽으로 세워져 있어 위엄(?)이 느껴진다. 내부에는 100여 개의 쇼핑 숍 외에도 돌비 극장 및 6개의 영화관과 레스토랑, 기프트 숍, 카페 등이 자리하고 있고, 초입에 있는 인포메이션 센터에 다양한 여행 정보와 각종 할인 쿠폰이 준비되어 있으니 여행 시작 전 들러보자. 특히 바빌론 코트 야드(Babylon Court Yard)에서 할리우드 사인이 잘 찍히니 참고!

Address	6801 Hollywood Blvd #170
Tel	323-817-0200
Web	hollywoodandhighland.com
Access	메트로 레드 라인 Hollywood/Highland역 하차

Map 92p. A

Sightseeing ★☆☆

돌비 극장(구 코닥 극장) Dolby Theatre

오랫동안 코닥이란 이름을 사용하였으나 2012년 음향 전문 업체인 돌비 회사로 주인이 바뀌면서 그 이름도 변경되었다. 매년 3월경에 세계 최대의 영화 행사인 아카데미 시상식이 이곳 돌비 극장에서 열려 미국 전역이 떠들썩하다. 또한 매년 개최되는 에미 시상식과 미스 USA 선발대회 등 여러 유명한 행사가 진행되는 곳이기도 해 일 년 내내 스타들의 방문이 끊이지 않는다. 이 건물의 3층 테라스에서 사진을 찍으면 LA를 대표하는 '할리우드 사인'을 배경으로 인증사진이 가장 잘 찍히는 것으로 알려져 있어 언제 가도 긴 줄을 기다렸다가 사진 촬영을 해야 한다. 시상식이나 특별한 행사가 없는 날에는 내부를 돌아보는 가이드 투어가 매일 10:30~16:00에 30분 간격으로 진행되며, 내부 사진 촬영은 금지이다.

Address	6801 Hollywood Blvd
Tel	323-308-6300
Web	dolbytheatre.com
Open	10:00~20:00
Cost	가이드 투어 성인 $25, 65세 이상 및 17세 이하 $19
Access	메트로 레드 라인 Hollywood/Highland역 하차

Map 92p. A

Sightseeing ★☆☆

마담 투소 Madame Tussauds Hollywood

프랑스인 마리 투소 부인이 취미로 만들었다가 세계적으로 인기를 끌면서 여러 지점이 생겼다. 미국에선 LA 외에 라스베이거스, 뉴욕 등에서도 방문이 가능하다. 세계적으로 유명한 셀러브리티, 정치인, 스포츠 스타 등을 밀랍 인형으로 제작하고 그들의 소품이나 배경까지 그대로 재현해 실물과 거의 똑같다는 평을 받는다. 가장 인기 있는 인형은 백악관 집무실을 배경으로 만들어진 버락 오바마 전 대통령과 조니 뎁, 레오나르도 디카프리오, 영국의 윌리엄 왕세손 부부, 베컴 부부 등이다. 거의 직접 본 것과 같은(?) 밀랍 인형과 기념사진을 찍고 싶다면 가보길!

Address	6933 Hollywood Blvd
Tel	323-798-1670
Web	madametussauds.com
Open	시기에 따라 다름(웹 사이트 참조)
Cost	$32.99, Marvel 4D 포함 시 $36.99
Access	메트로 레드 라인 Hollywood/Highland역 하차
Map	92p. A

Sightseeing ★☆☆

기네스 박물관 Guinness World Records Museum

기네스북에 오른 여러 가지 신기하고 재미난 기록들을 그대로 재현해 모아 둔 곳이다. 세상에서 가장 키가 크거나 몸무게가 많이 나가는 사람, 머리나 손톱, 목이 가장 긴 사람, 몸에 타투가 가장 많은 사람, 세상에서 가장 많이 먹는 사람, 세상에서 가장 큰 야채 등을 발견할 수 있다. 어른보다는 어린이가 보기에 더 재미난 것이 많다.

Address	6764 Hollywood Blvd
Tel	323-463-6433
Web	www.hollywoodwaxentertainment.com/hollywood-ca-attractions/guinness-worlds-records-museum
Open	09:00~24:00
Cost	성인 $34.99, 4~11세 $19.99
Access	메트로 레드 라인 Hollywood/Highland역 하차
Map	92p. A

세계를 주름잡는 미국의 영화와 TV 속 생생한 현장, 스튜디오 투어!

세계적으로 유명한 영화사들은 대부분 미국 회사이다. 특히 LA에 집중적으로 모여 있는데 일반인을 대상으로 영화 촬영 현장이나 그 기술을 공개하는 투어가 활발한 편이니, 관심이 있다면 방문해보자. 대부분 비슷한 형태로 진행하며 유명 영화나 CF, 드라마 속 촬영 현장과 특수 촬영 기법을 보여준다. 스튜디오별로 보여주는 영화가 다르니 자신의 상황에 맞는 곳으로 선택하면 되지만 파라마운트 픽처스의 스튜디오 투어가 가장 인기가 많다. 투어는 평균 2시간 정도 진행되며 차량을 타고 이동하면서 현지 가이드가 설명을 해준다. 운이 좋다면 실제 촬영 중인 현장에서 유명 배우들을 만날 수 있기도! 투어의 만족도는 호불호가 상당히 갈리는 편이니 선택은 개인의 몫이다.

파라마운트 픽처스 Paramount Pictures
〈탑건〉〈아이즈 와이드 셧〉〈인디아나 존스 : 크리스털 해골의 왕국〉〈포레스트 검프〉〈슈렉〉〈트랜스포머〉〈아이언맨〉 등의 촬영 현장을 방문, 1인 가격 $63.
Web www.paramountstudiotour.com

워너 브라더스 Warner Bros.
〈배트맨〉〈배트맨 비긴즈〉〈해리포터〉〈다크 나이트〉〈매트릭스〉〈쥬라기 공원〉〈프렌즈〉〈빅뱅 이론〉〈멘탈리스트〉〈길모어 걸스〉〈프리티 리틀 라이어스〉 등의 촬영 현장을 방문. 스튜디오 투어, 클래식 투어 각각 $69.
Web vipstudiotour.warnerbros.com

소니 픽처스 Sony Pictures
〈고스트버스터즈〉〈아라비아의 로렌스〉〈스파이더맨〉 인기 TV 퀴즈쇼 〈제퍼디〉 등의 촬영 현장을 방문, 1인 가격 $50.
Web www.sonypicturesstudiostours.com

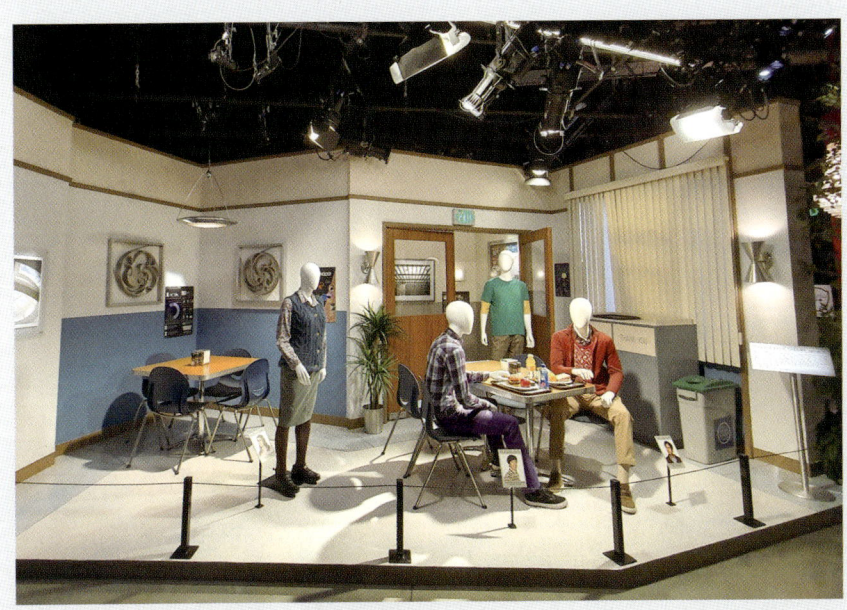

Sightseeing ★☆☆ : 4성급

⑦
할리우드 루즈벨트 호텔 The Hollywood Roosevelt

1927년 문을 연 역사 깊은 호텔로 제1회 아카데미 시상식을 진행한 곳이자 마릴린 먼로가 수영장에서 화보 촬영을 하여 그 이름을 널리 떨쳤다. 할리우드 대로변에 위치하고 있어 쉽게 눈에 띄는데 주말이면 이벤트와 파티가 벌어지고, 1층의 바 25 Degress 또한 인기가 많다. 오픈 당시엔 최고급 호텔이었지만 지금은 좋은 호텔이 많이 생겨나 살짝 밀려난 상태. 그러나 할리우드 영화를 사랑하는 많은 이들이 즐겨 찾는 명소임에는 틀림없다. 마릴린 먼로가 장기 투숙했던 322호는 유령이 출몰해 룸 출입을 폐쇄했다는 설도 흥미롭다.

Address 7000 Hollywood Blvd
Tel 323-856-1970
Web www.thehollywoodroosevelt.com
Access 메트로 레드 라인 Hollywood/Highland역 하차
Map 92p. A

Sightseeing ★★☆

⑧
할리우드 볼 Hollywood Bowl

할리우드 시내가 한눈에 내려다보이는 언덕에 자리한 야외 공연장이며 1922년 LA 필하모닉 오케스트라의 연주를 시작으로 매년 여름 정기 공연을 가지고 있다. 특히 나무로 만들어진 오래된 의자에 앉아 여름철 시원한 바람과 밤하늘의 별을 보며 공연을 관람할 수 있어 늘 인기이다. 공연 시작 전에는 와인과 먹을거리로 피크닉도 즐길 수 있어 분위기가 좋은 편. 월트 디즈니 콘서트홀을 지은 세계적인 건축가 프랭크 게리와 로이드 라이트가 설계하였으며, 2만 명 이상을 수용할 수 있어 세계 최대의 야외 공연장으로 이름을 떨치고 있다.

Address 2301 Highland Ave
Tel 323-850-2000
Web hollywoodbowl.com
Access 메트로 버스 156·656번 Highland/Odin역 하차 후 도보 10분
※ 셔틀버스 운행(웹 사이트 참조)
Map 92p. A

Sightseeing ★☆☆

할리우드 사인 Hollywood Sign

LA를 가보지 않은 사람이라도 그곳을 떠올리면 누구나 가장 먼저 기억할 사인으로, 거대한 산에 자리한 HOLLYWOOD라는 흰 글자를 할리우드 사인이라고 부른다. 1923년 할리우드 랜드 HOLLYWOOD LAND라는 부동산 회사가 광고를 위해 제작하였으나 1949년 LAND라는 글자를 빼면서 지금의 모양으로 남게 되었다. 그 후 할리우드를 보존하고 더욱 발전시키고자 했던 지역 관계자들의 기부와 관심으로 지금의 간판을 유지하며 오늘날에 이르렀다. LA 시내 어디서나 쉽게 눈에 띄는데 가까이에서 보는 것보단 멀리서 보는 게 훨씬 더 멋스럽다. 간판이 있는 이곳은 개인 사유지로 높은 산 중턱에 위치하고 있으며 1932년 미국의 여배우 펙 엔트위스틀 Peg Entwistle이 이곳에 올라가 자살한 이후로는 시에서 관리 중이다. 멀리선 작게 보이지만 실제로는 글자 한 개당 15m나 되는 거대한 크기이며 지금은 각 글자별로 스폰서가 따로 있을 만큼 극진한 대접을 받고 있다.

Address 90068 California Los Angeles
Tel 323-258-4338
Web hollywoodsign.org
Map 62p. B

Sightseeing ★★★

그리피스 천문대 Griffith Observatory

공원의 언덕에 위치한 그리피스 천문대는 어린이들의 과학 교육을 위해 방문하기 좋은 곳이다. 입구의 천장은 돔 형태로 12개의 별자리와 수호신들이 멋지게 그려져 있어서 눈길을 끈다. 천문학 외에도 과학에 관련된 여러 가지 전시품을 볼 수 있고 실험 또한 가능하지만 무엇보다 이곳을 이름나게 만든 건 바로 전망 때문이다. LA의 가장 아름다운 풍경을 내려다볼 수 있는 곳으로 알려져 있어 낮이든 밤이든 언제나 커플들의 데이트 모습을 볼 수 있다. 그러니 LA에서 로맨틱한 시간을 가져보고 싶다면 반드시 들러보자. 제임스 딘의 대표 영화 〈이유 없는 반항〉이 촬영되기도 해서 천문대 초입의 오른편에 그를 기억하고자 하는 기념비가 세워져 있고, 2016년 히트 친 영화 〈라라 랜드〉의 남녀 주인공이 춤추고 노래하는 장면 또한 이곳에서 촬영되었다. 천문대 입장은 무료지만 플라네타륨과 레이저 쇼 관람은 유료이다.

Address	2800 E Observatory Rd
Tel	213-473-0800
Web	www.griffithobservatory.org
Open	화~금 12:00~22:00, 토·일 10:00~22:00
Close	월요일, 주요 공휴일(웹 사이트 참조)
Cost	플라네타륨 성인 $7, 60세 이상 및 학생 $5, 5~12세 $3
Access	매주 토·일 메트로 레드 라인 Vermont/Sunset역에서 셔틀버스 운행
Map	92p. C

Food

팜스 타이 레스토랑 Palms Thai Restaurant

LA 최고의 타이 레스토랑으로, 할리우드 옆의 타이타운에 위치하고 있어 할리우드 거리를 구경한 후 식사를 하는 코스로 방문하기 적합하다. 입구는 평범하지만 내부는 무척 큰 편이며 앞쪽에 무대가 있어 노래와 연주를 라이브로 들을 수 있다. 홀이 무척 큰 편이나 대기 줄이 늘 긴 편이고, 대규모 가족 단위 방문객이 많다. 전형적인 타이 음식점으로 메뉴는 무엇을 시켜도 맛있는데 양까지 많다. 발레파킹이 가능해 주차 또한 편리하다.

Address	5900 Hollywood Blvd B
Tel	323-462-5073
Web	www.palmsthai.com
Open	11:00~24:00
Cost	$10~
Access	메트로 레드 라인 Hollywood/Vine역 하차
Map	92p. C

Food
②
인 앤 아웃 버거 In-N-Out Burger

1948년 미국 캘리포니아 주에서 시작해 저렴한 가격으로 신선한 재료만을 사용하는 미국 서부의 대표 햄버거 브랜드이다. 위치는 주로 고속도로 옆이나 차 안에서 주문한 뒤 물건을 받아서 통과하는 드라이브 스루Drive-Through 형태가 많다. 냉동 안 한 패티를 사용하고 프렌치프라이 또한 주문 받은 즉시 튀기는 것이 인기 비결이다. 메뉴판에는 없지만 프렌치프라이 위에 구운 양파와 치즈를 올려 주는 애니멀 스타일Animal Style 또한 인기다.

Address	7009 Sunset Blvd
Tel	800-786-1000
Web	in-n-out.com
Open	일~목 10:30~01:00, 금·토 10:30~01:30
Cost	$10~
Access	메트로 레드 라인 Hollywood/Highland역 하차
Map	92p. D

Shopping
①
라라 랜드 기념품 숍 La La Land Sourvenirs

영화 제목이 연상돼 인기를 끌고 있는 기념품 숍이다. 위치가 좋아 오다가다 들르기 편한 데다가 바로 옆에는 미국의 유명 할인 몰인 마샬까지 함께 자리하고 있어 마음껏 쇼핑을 즐길 수 있다. 넓은 공간에 다양한 기념품을 갖추어 고르기는 좋으나 아쉽게도 물건값이 저렴하지는 않은 편.

Address	7001 Hollywood Blvd
Tel	323-871-9330
Open	10:00~21:00
Access	메트로 레드 라인 North Hollywood역 하차
Map	92p. A

웨스트 할리우드 & 베벌리 힐스
West Hollywood & Beverly Hills

LA를 낭만적이고도 아름답게 기억할 수 있는 곳, 그래서 LA를 처음 가는 여행자라면 꼭 들러보라고 권하고 싶은 곳이다. 멜로즈 애비뉴에서 쇼핑과 브런치를 즐기고 베벌리 힐스와 로데오 드라이브, 게티 센터에서 할리우드 영화 속 주인공과 같은 시간을 보내보는 건 어떨까?

Sightseeing ★★☆

멜로즈 애비뉴 Melrose Ave

LA를 대표하는 패셔니스타의 쇼핑 거리이자 LA에서 가장 트렌디한 숍들이 모여 있는 곳이다. 2km 정도 가로로 길게 이어지는 대로변은 우리나라의 홍대와 삼청동, 가로수길을 합쳐 놓은 듯하다. 현지의 다양한 브랜드 숍도 많고, 핑크색으로 도배된 폴 스미스 매장은 사진 촬영을 하러 오는 사람들이 많아 이곳의 상징이 되기도 했다. 일요일이면 페어팩스 하이스쿨에서 입장료 $3를 내고 들어가 플리 마켓을 즐길 수 있고, 현지 브랜드인 조이리치Joyrich, 오랜 세월 인기를 끌고 있는 빈티지 숍 프레드 시걸Fred Segal, 슬로Slow 등을 방문해도 좋다. 베이직하면서도 깔끔한 핏이 매력적인 제임스 펄스James Perse 매장 또한 이곳에 있으며, 운이 좋다면 할리우드 스타와 그를 쫓는 파파라치를 보게 될 수도 있다. 쇼핑하다가 허기가 진다면 블루 잼 카페Blu Jam Café에서 바삭한 프렌치토스트로 브런치를 즐겨도 좋고, 얼스 카페나 알프레드 커피에서 커피 한 잔 즐기며 LA 최고의 멋쟁이들을 감상해도 지루하지 않을 것이다.

Web www.melroseavenue-shop.com
Access 메트로 버스 10·48번 Melrose/Harper역 하차
Map 102p. A

Sightseeing ★☆☆

선셋 스트립 Sunset Strip

음악을 사랑한다면 주목! 낮에는 평범하고 별거 없어 보이지만 해가 지고 어둠이 찾아들면 선셋 플라자Sunset Plaza와 선셋 스트립Sunset Strip 사이의 거리는 화려한 네온사인으로 보는 이의 심장을 뛰게 만든다. 미국 최고의 라이브 바와 클럽이 모여 있는데, 미국의 대표 록그룹 도어즈The Doors와 록스타 앨리스 쿠퍼Alice Cooper의 데뷔 무대였던 위스키 어 고고Whisky a Go Go, 스티비 원더와 브루스 스프링스틴, 푸시캣 돌스 등 수많은 인기 가수들이 데뷔 무대를 치른 록시The Roxy, 당시 조니 뎁이 운영했고 영화 〈아이다호〉의 주인공 리버 피닉스가 죽은 곳이기도 한 바이퍼 룸The Viper Room 등이 유명하다. 공연을 즐기러 들르는 할리우드 스타들도 자주 출현해 또 다른 재미가 있는 곳이기도 하니, 하룻밤 신나게 라이브 음악 감상에 빠져 시간을 보내보자.

Web	www.visitwesthollywood.com
Access	메트로 버스 2·302번 Sunset/Clark역 하차
Map	102p. A

Sightseeing ★☆☆

글로시에 LA Glossier LA

뷰티 에디터가 런칭한 요즘 미국에서 가장 인기인 메이크업 브랜드이다. 인스타그램에서 워낙 핫해 굳이 화장품 쇼핑을 하지 않더라도 핑크핑크한 매장 자체를 구경하고 사진 촬영을 하는 것만으로 충분히 매력적이다. 물건을 구매하면 직원이 태블릿으로 결제 후(신용카드/직불카드만 가능) 에코백과 파우치에 담아 물건을 나눠주는 방식인데 패키징 자체가 감성 폭발이다. 인기 제품은 눈썹 마스카라(Boy Brow), 립밤, 블러셔(Cloud Paint), 마스카라(Lash Slick) 등.

Address	8523 Melrose Ave, West Hollywood
Web	glossier.com
Open	월~토 10:00~19:00, 일 11:00~19:00
Access	메트로 버스 105번 La Cienega/Melrose역 하차
Map	102p. A

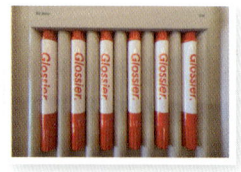

Sightseeing ★★☆

LA 카운티 미술관
Los Angeles County Museum of Art(LACMA)

LA를 대표하는 여러 미술관 중에서도 손꼽히는 곳으로, 1961년 개관하였다. 총 9개의 건물에 입점한 작품 수만 해도 1만 점이 넘게 전시되어 있는 미국 서부 최대 규모의 미술관이다. 전 세계 모든 대륙의 작품이 고대에서부터 지금까지 집대성되어 있고 미술관 내부에는 영화관과 도서관, 특별 전시관까지 마련되어 있어 언제 가도 지루하지 않다. 우리가 알고 있는 유명 작가인 로댕, 앙리 마티스, 렘브란트, 고갱, 앤디 워홀, 파블로 피카소, 로이 리히텐슈타인, 르네 마그리트 등의 작품을 관람할 수 있으며, 공원에 전시된 독특한 야외 조각 작품들도 보는 재미가 쏠쏠하다. 여러 빌딩 중 가장 인기 있는 곳은 아맨슨Ahmanson 빌딩으로 세잔이나 피카소, 렘브란트의 작품이 주로 전시되어 있고, 해머Hammer 빌딩은 현대미술 전시가 주를 이룬다. 빙 센터Bing Center에는 영화관, 도서관, 카페 등의 부대시설과 마티스, 르네 등의 작품이 전시되어 늘 인기이다. 이곳의 하이라이트는 미술관 입구에 자리한 설치미술이다. 2008년 설치된 크리스 버든Chris Burden의 〈어반 라이트Urban Light〉라는 작품으로 1930년대 즈음 캘리포니아 거리의 각기 다른 가로등 220개를 모아 만들었다. 낮보다는 조명이 들어오는 밤에 더 아름답고, 웨딩이나 화보 촬영을 하는 현지인들로 늘 붐빈다. 미술관은 못 보더라도 입구의 이 작품만은 꼭 감상해보기를!

Address 5905 Wilshire Blvd
Tel 323-857-6000
Web www.lacma.org
Open 월·화·목 11:00~18:00,
금 11:00~20:00,
토·일 10:00~19:00
Close 수요일, 추수감사절, 크리스마스
Cost 성인 $25, 65세 이상 및 학생
(ID 지참) $21, 17세 이하 무료
Access 메트로 버스 20·720번
Wilshire/Fairfax역 하차
Map 102p. D

Sightseeing ★★★

파머스 마켓 Farmers Market

LA 현지인들이 근교 농장에서 직접 기르거나 만들어온 것들을 판매하는 시장으로 저렴하게 물건을 구입하고 식사도 해결하면서 정겹게 이야기를 나눌 수 있는 소박한 공간이다. 파머스 마켓을 기준으로 주변에는 다양한 쇼핑 숍 또한 많아 한번 방문하면 여러 가지를 해결할 수 있다. 1934년 LA의 농부들이 야채와 과일 등을 직접 내다 팔면서 시작되었고, 지금은 그 규모가 확산되어 입점해 있는 매장만 100개 이상일 정도다. 매일 1만 명 이상의 현지인과 관광객이 방문하는 LA의 명소로, 가장 인기 있는 곳은 브라질 BBQ인 팜파스 그릴Pampas Grill, 견과류와 버터 가게 마지스 하우스 오브 넛츠Magee's House of Nuts, 다양한 맛과 토핑이 가득한 베넷츠 아이스크림Bennett's Ice Cream, LA 최고의 도넛으로 불리는 밥스 커피 & 도넛Bob's Coffee & Doughnuts 등이다. 맞은편에는 유기농 샌드위치 전문점 멘도치노 팜스Mendocino Farms도 자리해 있다. 멀리서부터 보이는 하얀 탑이 이곳의 상징이니 기념사진 촬영은 필수!

Address 6333 W 3rd St
Tel 323-933-9211
Web www.farmersmarketla.com
Open 일~목 10:00~18:00,
     금·토 10:00~19:00
Access 메트로 버스 16·17·217·218·316번
       Fairfax/3rd역 하차
Map 102p. D

Sightseeing ★★☆

더 그로브 The Grove

피크닉과 쇼핑, 데이트와 식사가 가능한 종합 엔터테인먼트 공간이라 할 수 있다. 내부에는 음악에 맞춰 춤을 추는 아름다운 분수를 기준으로 바니스 뉴욕, 노드스트롬 등의 백화점과 영화관, 레스토랑, 서점 등이 있고, 파머스 마켓과 더 그로브를 순환하는 무료 트램이 있어 이동 또한 편리하다. 더 그로브는 파머스 마켓의 활성화를 위해 개발되었으나 1930~1940년대의 거리를 재현한 아름다운 풍경으로 입소문을 타면서 데이트 장소나 주말 휴식 장소로 인기를 얻게 되었다.

Address 189 The Grove Dr
Tel 323-900-8080
Web thegrovela.com
Open 월~목 10:00~21:00,
     금·토 10:00~22:00,
     일 10:00~20:00
Access 메트로 버스 16·17·217·218·316번
       Fairfax/3rd역 하차
Map 102p. D

Sightseeing ★★☆

베벌리 힐스 Beverly Hills

미국에서 만든 영화나 드라마에 언제나 등장해 미국 부자 동네의 대명사로 알려진 곳이다. 실제로 차를 타고 한참을 가도 끝이 보이지 않는, 말 그대로 초호화 대저택이 띄엄띄엄 있고, 살짝 보이는 내부는 마치 궁전과도 같아 저 안에선 전혀 다른 세상이 펼쳐지고 있다는 것을 느끼게 된다. 일반인이 출입할 수 없는 거리가 많아 걷기는 힘든 편이며, 주변에는 최고급 명품 브랜드 매장들이 가득하다. 주소의 위치상 LA에 있지만, 베벌리 힐스는 별도의 행정구역에 속한다는 사실 또한 재미있다.

Web www.beverlyhills.org
Access 메트로 버스 720번 Wilshire/Beverly역 하차
Map 102p.

Sightseeing ★☆☆ : 5성급

베벌리 힐스 호텔 The Beverly Hills Hotel

베벌리 힐스의 터줏대감과도 같은 유명 호텔로 1912년 문을 연 뒤 지금껏 그 명맥을 유지하고 있다. 이곳이 유명해진 건 인기 록그룹 이글스의 'Hotel California'란 노래의 앨범 재킷에 이 핑크색 호텔이 등장했기 때문. 예나 지금이나 세계 유명 셀러브리티들이 숙박하며 머무는 것으로 알려져 있는데 마릴린 먼로나 엘비스 프레슬리도 투숙했었다. 꼭 투숙하지 않더라도 호텔 1층의 폴로 라운지 혹은 카바나 카페에서 브런치를 즐기며 호텔의 인기를 실감해보는 것도 재미난 경험이 될 것이다.

Address 9641 Sunset Blvd
Tel 310-276-2251
Web www.dorchestercollection.com
Access 메트로 버스 2·302번 Sunset/Canon역 하차
Map 102p. E

Sightseeing ★★☆

로데오 드라이브 Rodeo Drive

영화 <귀여운 여인>에서 줄리아 로버츠가 양손 가득 명품 쇼핑백을 들고 걷던 그 거리가 바로 이곳이다. LA를 대표하는 쇼핑 거리로 로데오 드라이브와 샌타모니카 대로, 윌셔 대로가 교차되는 3~4개 블록에 누구나 아는 명품 매장과 로컬 숍이 모두 모여 있다. 숍들 사이사이에 고급 레스토랑과 카페가 있어 쇼핑하다 지친 셀러브리티들과 종종 마주칠 수 있기도 하다. 바니스 뉴욕과 니만 마커스 외에도 샤넬, 구찌, 프라다, 루이비통 등의 매장이 줄지어 늘어서 있다. 이곳에서 가장 유명한 매장은 비잔Bijan이다. 1976년 LA로 이민 온 이란 출신의 디자이너 비잔 팍자드Bijan Pakzad는 2011년 작고하였으나 이곳은 여전히 세계에서 가장 비싼 양복점으로 알려져 있다. 조지 부시, 토니 블레어 등 세계적인 명사의 양복을 만들었으며 예약제로만 입장객을 받는다. 매장 앞에는 특별 에디션으로 제작된 그만의 부가티, 벤틀리, 벤츠, 롤스로이스가 주차되어 있는데 이를 보기 위해 들르는 사람들도 많다.

Web   rodeodrive-shop.com
Access   메트로 버스 20·720번 Wilshire/Beverly역 하차
Map 102p. G

Sightseeing ★★☆

투 로데오 Two Rodeo

로데오 드라이브와 윌셔 대로가 만나는 모퉁이에 자리한 작은 분수대와 계단은 마치 로마의 스페인 광장과 분수를 연상케 한다. 노천카페와 레스토랑들이 자연스럽게 이어져 있어 유럽풍 분위기가 물씬 난다. 분수대 맞은편에는 영화 <귀여운 여인>에 등장한 베벌리 윌셔 호텔이 있어 많은 사람들이 사진 촬영을 하는데 핑크빛 건물은 카메라 프레임에 다 잡히지 않을 만큼 거대하고 럭셔리하다.

Address   9480 Dayton Way, Beverly Hills
Tel   310-247-7040
Web   www.2rodeo.com
Access   메트로 버스 20번 Wilshire/Rodeo역 하차
Map 102p. H

Sightseeing ★☆☆

그레이스톤 공원 & 맨션 Greystone Park & Mansion

67개의 방이 있는 웅장한 영국풍 고딕 양식의 이 대저택은 1928년 석유왕 에드워드 도허니Edward Doheny가 아들 네드 도허니에게 선물로 지어 주었다. 당시에는 캘리포니아에서 가장 비싸고 화려한 집이었으나 1964년 베벌리 힐스 시에서 이 집을 사면서 현재는 공원으로 활용되고 있다. 내부는 가이드 투어 혹은 집 안의 극장에서 열리는 콘서트를 관람할 시에만 입장이 가능하다. 화려하고도 아름다운 정원과 집 덕분에 영화 〈스파이더맨〉 〈엑스맨〉 〈배트맨과 로빈〉 〈에어 포스 원〉 등에 등장하기도 했다. 지금도 베벌리 힐스의 부자들이 이곳에서 결혼식을 올리며 종종 할리우드 스타들이 초대되기도 한다고. 주차비 비싼 LA에서 흔치 않은 무료 주차장이 있어 차만 있다면 방문하기 더욱 편리하다.

Address 905 Loma Vista Dr
Tel 310-285-6830
Web www.greystonemansion.org
Open 10:00~17:00(서머타임 18:00까지)
Close 추수감사절, 크리스마스
Access 메트로 버스 2·302번 Sunset/Cory역 하차
Map 102p. E

Sightseeing ★★☆

UCLA 대학교 University of California Los Angeles

LA 최고의 주립대학으로 1919년 개교했다. 시내의 넓은 부지에 자리하고 있는 캠퍼스는 여러 가지 부대시설을 갖추고 있다. 지금껏 총 13명의 노벨상 수상자와 여러 올림픽 금메달리스트를 배출해냈으며 웹 사이트에서 캠퍼스 투어 신청을 하면 재학생과 함께 둘러볼 수 있다(무료). 로이스 홀 Royce Hall은 1929년 지어진 학교의 랜드 마크이니 눈여겨볼 것. 학교의 가장 중심이 되는 곳으로 콘서트나 공연 등이 자주 열린다. 이탈리아 로마네스크 양식의 파월 도서관 Powell Library도 주목할 만하다. 로이스 홀의 맞은편에 위치한 8각형의 돔 지붕 형태라 쉽게 눈에 띈다. 머피 조각 공원 Murphy Sculpture Garden은 로이스 홀의 북쪽에 위치하고 있는데 로댕, 미로, 마티스 등 인기 조각가들의 작품 70여 점이 있고, 무료입장이 가능한 해머 박물관 역시 고흐, 렘브란트, 르누아르, 세잔 등의 작품 관람이 가능하다.

Address	90095 California Los Angeles
Tel	310-825-4321
Web	www.ucla.edu
Access	메트로 버스 720번 Westwood/Wilshire역 하차
Map	102p. G

Sightseeing ★★☆

아카데미 영화박물관 Academy Museum of Motion Pictures

유명 건축가 렌조 피아노가 설계한 미국 최대 규모의 영화 전문 박물관으로 2021년 9월 30일 개관했다. 아카데미 시상식의 주관처인 미국영화예술과학 아카데미(AMPAS)가 설립했는데 영화계의 거장으로 손꼽히는 찰리 채플린, 미야자키 하야오 등에 관련된 전시와 다양한 영화 장비들을 갖추고 있다. 그 외에도 시나리오, 캐스팅, 의상, 특수 촬영, 사운드 믹싱 등 영화 제작과 관련한 전반적인 체험이 가능하다(전시된 사진만 1천 300만 장, 영화 작품 25만 점, 각본 9만 1천 건, 포스터 6만 7천 장 등). 영화감독 봉준호, 이창동, 고 김기덕 감독의 작업물도 전시되어 있고, 내부 오디오 가이드에는 한국어도 서비스가 된다. 건물은 두 개의 건물이 연결된 구조인데 5층의 테라스에서 보이는 LA의 뷰가 멋져 좋은 휴식처가 된다. LACMA 미술관으로도 연결이 되니 두 곳을 같은 날 방문하는 것이 효율적이다. 사전에 티켓 예약은 필수이며 홈페이지나 앱에서 가능하다.

Address	6067 Wilshire Blvd
Tel	323-930-3000
Web	www.academymuseum.org
Open	일~목 10:00~18:00, 금·토 10:00~20:00
Access	메트로 버스 217번 Fairfax/6th역 하차
Map	102p. D

Sightseeing ★★★

게티 센터 The Getty Center

LA에서 단 한 곳을 가야 한다면 누구든 손꼽을 이곳은 LA 시내 전경이 내려다보이는 브렌트우드 언덕에 위치하며, 입구까지는 트램을 타고 올라간다. 총 4개의 전시관과 연구소, 교육 센터, 리서치 인스티튜트 등의 건물로 이루어져 있다. 건물과 건물 사이에는 아름다운 정원과 카페, 벤치 외에도 다양한 조각품들이 설치되어 있어 지루할 틈이 없다. 특히 중앙에 위치한 정원이 유명한데 500종 이상의 식물과 계절별로 다양하게 피는 꽃, 선인장들이 정원을 가득 메우고 있다. 석유 재벌 진 폴 게티 J. Paul Getty가 개인 자산 10억 달러를 들여 13년에 걸쳐 개관했으며 건축계의 노벨상인 프리츠커상 수상자인 리처드 마이어 Richard Meier가 설계하였다. 노스 파빌리온에는 1600년 이전의 미술품, 사우스 파빌리온에는 1600~1800년대 미술품, 웨스트 파빌리온에는 1800년대 이후의 작품이 전시되어 있다. 또한 입구에 위치한 엔트런스 파빌리온은 비지터 센터와 기프트 숍이 있어 이곳을 방문한 이들의 휴식처가 되어 준다. 모두에게 익숙한 세잔, 렘브란트, 에두아르 마네, 레오나르도 다빈치 등의 작품이 인기지만 가장 유명한 건 고흐의 〈아이리스〉다. 한국어 안내 팸플릿이 있으며, 오디오 투어를 통해 추가 설명을 들을 수도 있다.

Address	1200 Getty Center Dr
Tel	310-440-7300
Web	www.getty.edu
Open	화~일 10:00~17:30
Close	월요일, 1월 1일, 추수감사절, 크리스마스
Cost	무료
Access	메트로 버스 234번 Sepulveda/Getty Center역 하차

Map 62p. A

Western USA | Los Angeles

Food
①
셰이크 색 Shake Shack

유니언 스퀘어 외식산업 그룹Union Square Hospitality Group의 대표인 대니 마이어 Danny Meyer가 출시한 여러 브랜드 중 하나다. 그의 모토는 '사람을 기쁘게 할 것, 식음료에 몰두할 것, 경쟁을 즐길 것'인데 그의 경영 철학이 음식에 그대로 녹아 있다. 뉴욕의 매디슨 스퀘어 공원에 첫 번째 매장을 시작으로 현재는 세계 여러 나라와 한국에도 지점을 냈고, 미국 서부 LA에도 상륙하였다. 신선한 재료와 항생제를 맞지 않은 소고기를 사용해 맛이 좋으며 햄버거만큼이나 유명한 셰이크도 잊지 말 것.

Address	8520 Santa Monica Blvd
Tel	323-488-3010
Web	www.shakeshack.com
Open	월~목 10:30~22:00, 금~일 10:30~23:00
Cost	$10~
Access	메트로 버스 105번 La Cienega/Santa Monica역 하차
Map	102p. A

Food
②
사이드카 도넛 Sidecar Doughnuts & Coffee Milk

많이 달지 않으면서도 쫄깃거리는 식감이 남달라 인기이다. 2013년 오렌지 카운티에서 시작되었고 가장 인기있는 맛은 허클베리와 버터 & 솔트. 특이한 걸 맛보고 싶다면 메이플 베이컨도 추천한다. 12개 구매 시 1개가 무료로 제공되며 매장 내 판매 중인 커피는 커먼 룸 로스터스Common Room Roasters의 것을 사용 중인데 도넛과의 궁합이 최고다.

Address	175 S Fairfax Ave Unit D
Tel	323-818-3008
Web	sidecardoughnuts.com
Open	일~목 06:30~19:00, 금~토 06:30~21:00
Cost	$5~
Access	메트로 버스 16번 3rd/Ogden역 하차
Map	102p. D

Food
③
파더스 오피스 Father's Office

낮부터 밤까지 언제 가도 인기가 많은 곳으로, 한인 교포인 셰프 겸 오너가 운영하는 것으로 알려져 있다. 다양한 생맥주와 그에 걸맞은 햄버거가 특히 유명한데 바게트 빵에 특제 소스를 넣어 만든다. 유쾌한 분위기에서 맥주와 식사를 해결할 수 있는 곳이며 감자튀김도 맛있지만 고구마튀김 또한 인기 메뉴.

Address	3229 Helms Ave
Tel	310-736-2224
Web	fathersoffice.com
Open	월~목 17:00~22:00, 금·토 12:00~24:00, 일 12:00~22:00
Cost	$15~
Access	메트로 엑스포 라인 Culver City역 하차
Map	102p. C

Food
④
핑크스 핫도그 Pink's Hot Dogs

1939년부터 거리의 행상으로 핫도그를 팔기 시작해 지금껏 그 명성을 유지하는 곳으로, 언제 가도 긴 줄이 늘어서 있다. 우리가 생각하는 핫도그보다 좀 더 거대하고 푸짐한데, 소시지와 야채, 베이컨, 감자, 콩 등으로 만든 여러 종류의 핫도그가 있어서 고르기 쉽지 않을 정도. 긴 줄을 대기하면서 메뉴판을 찬찬히 훑어보고 핫도그를 골라보자. 매장 내에는 그간 이곳을 다녀간 전 세계 유명인들의 사진이 촘촘히 붙어 있어 구경하는 재미가 쏠쏠하다.

Address	709 N La Brea Ave
Tel	323-931-4223
Web	www.pinkshollywood.com
Open	일~목 09:30~23:00,
	금·토 09:30~01:00
Cost	$10~
Access	메트로 버스 212·312번 Melrose/La Brea역 하차

Map 102p. B

Food
⑤
라라스 아르헨틴 그릴 Lala's Argentine Grill

고기가 맛있기로 유명한 아르헨티나 스타일의 요리를 주로 판매한다. 양이 많고 맛도 좋아 언제 가도 늘 현지인들로 북적거린다. 한국 TV프로그램 <짠내투어>를 통해 방송되어 많은 한국인들에게 더욱 화제가 되고 있는 중이다.

Address	7229 Melrose Ave
Tel	323-934-6838
Web	menewly.com/lalas
Open	일~목 11:00~23:00,
	금·토 11:00~24:00
Cost	$25~
Access	메트로 버스 212번 La Brea/Melrose역 하차

Map 102p. B

Food
6
포고 데 챠오 Fogo de Chão

유명 체인 레스토랑으로 미국과 브라질에 20개가 넘는 지점을 가지고 있다. 15가지 이상의 다양한 고기를 끝없이 서빙하는 슈하스코 전문점으로 종업원들이 종류나 부위별로 고기를 들고 다니면서 접시에 잘라 주는 식이다. 테이블 위에는 초록과 빨강으로 표시된 동그란 종이가 놓여 있는데 초록으로 두면 고기를 계속 먹겠다는 뜻이고 빨강으로 두면 그만 먹겠다는 뜻이다. 식전 빵이나 뷔페식 샐러드 바의 퀄리티 또한 훌륭해 이것만 먹어도 배가 부를 정도. 그러니 이곳은 배가 아주 많이 고파 고열량을 흡입하고 싶을 때 가기를!

Address	133 N La Cienega Blvd
Tel	310-289-7755
Web	fogodechao.com
Open	월~목 11:30~14:00, 17:00~22:00,
	금 11:30~14:00, 17:00~22:30,
	토 11:30~22:30,
	일 11:30~14:00, 16:00~21:00
Cost	$30~
Access	메트로 버스 720번 Wilshire/La Cienega역 하차
Map	102p. C

Food
7
핫 앤 쥬이시 크로피시 Hot N Juicy Crawfish

킹크랩, 새우, 옥수수 등을 매콤새콤달콤한 특유의 소스에 비벼 먹는 음식으로 은근히 중독되는 매력이 넘친다. 여러 가지 소스 중 Hot N Juicy가 가장 인기. 음식은 전체적으로 많이 짠 편이니 밥을 추가해 함께 비벼 먹을 것을 추천한다. 미국 여행 중 매콤한 한국 음식이 그리울 때 달려가면 누구라도 만족할 만한 곳이다. 기본 1시간 정도는 기다려야 입장이 가능할 정도로 인기이고, 건물 지하의 주차장에선 1시간까지 무료로 이용이 가능하다.

Address	7100 Santa Monica Blvd #150, West Hollywood
Tel	323-969-8902
Web	hotnjuicycrawfish.com
Open	일~수 12:00~22:00,
	목~토 12:00~23:00
Access	버스 4번 Santa Monica/Orange역 하차
Map	102p. F

Cafe
①
알프레드 커피 Alfred Coffee

LA에서 인기 많은 현지 커피 브랜드로 스텀프타운의 원두를 쓰기 때문에 그 맛 그대로를 느낄 수 있다. 진하고 고소한 맛이 일품이라 라테류가 특히 인기이며 LA 시내와 근교에 몇몇 지점이 있지만 멜로즈 애비뉴 지점의 매장 분위기가 가장 좋은 편이다. 스텀프타운 원두도 함께 판매하고 있어서 구매가 가능하다. 늘 사람이 많아 언제 가도 긴 줄은 기본.

Address	8428 Melrose Place
Tel	323-944-0811
Web	alfredcoffee.com
Open	07:00~20:00
Cost	$6~
Access	메트로 버스 10·48번 Melrose/Orlando역 하차
Map	102p. A

Night Life
①
위스키 어 고고 Whisky a Go Go

1964년 오픈한 역사 깊은 라이브 클럽으로 고고라는 음악 장르가 최초로 탄생한 곳이기도 하다. 록그룹 도어즈와 레드 제플린, 너바나가 공연을 했던 곳으로도 유명하다. 이러한 이유로 지금도 LA의 메탈과 록 음악을 대표하는 산증인으로 자리 잡고 있으며, 일 년 내내 다양한 장르의 음악 공연이 매일 밤 펼쳐진다.

Address	8901 Sunset Blvd
Tel	310-652-4202
Web	www.whiskyagogo.com
Cost	$20~
Access	메트로 버스 2·302번 Sunset/Clark역 하차
Map	102p. A

Shopping
①

로버트슨 블러바드 Robertson Boulevard

LA에 거주하거나 방문하는 유명 할리우드 스타들이 자주 등장하는 것으로 알려진 쇼핑 거리로, 언제나 파파라치들이 많다. 거리에는 럭셔리한 숍이 대부분인데 감각적이면서도 트렌디한 브랜드 숍만 모두 모아 두었다. 영국의 인기 브랜드 중 하나인 테드 베이커Ted Baker, 우아한 프랑스 디자인 브랜드 아네스 베Agnès B. 등이 베벌리 블러바드Beverly Blvd를 기준으로 펼쳐져 있다. 또한 토리 버치, 스플렌디드, 트루릴리전, 랄프 로렌 등의 미국 브랜드도 다양하게 있어 언제 가도 쇼핑이 즐겁다. 주말엔 줄을 서서 매장을 들어가야 할 정도로 붐비니 가능하다면 중주에 방문할 것.

Web	www.robertsonboulevard-shop.com
Access	메트로 버스 14·37번 Beverly/Robertson역 하차
Map	102p. C

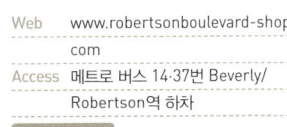

Shopping

베벌리 센터 Beverly Center

LA에서 가장 큰 쇼핑센터로 규모 면에서나 럭셔리한 부분에서 최고라 할 수 있다. 건물 1층에는 레스토랑과 카페들이 들어서 있고, 2~5층까지는 주차 공간, 6~8층은 블루밍데일즈와 메이시스 백화점이 자리하며, 그 외 로컬 브랜드 숍 200여 개의 매장이 입점해 있다. 각종 생활용품과 패션에 관련된 모든 쇼핑이 가능하고 고가에서부터 중저가까지 갖췄다. 쇼핑뿐 아니라 문화생활도 즐길 수 있는데 베벌리 센터 내에는 10개가 넘는 영화관과 공연 티켓을 판매하는 티켓마스터 부스도 있어 공연 및 경기 티켓 구매도 가능하다.

Address	8500 Beverly Blvd
Tel	310-854-0070
Web	www.beverlycenter.com
Open	월~금 10:00~21:00, 토 10:00~20:00, 일 11:00~18:00
Access	메트로 버스 14·37번 Beverly/San Vicente역 하차
Map	102p. C

Shopping

베벌리 커넥션 Beverly Connection

아이러니하게도 LA에서 가장 럭셔리한 쇼핑을 할 수 있는 베벌리 센터의 맞은편에 위치한 할인 매장 쇼핑몰이다. 로스 드레스 포 레스Ross Dress for Less, 노드스트롬 랙Nordstrom Rack, 타깃Target, 삭스 오프 피프스Saks Off 5th, 마샬Marshalls 등 미국 내 인기 할인점 브랜드가 모두 입점해 있어 합리적이고도 저렴한 가격에 알찬 쇼핑을 즐길 수 있다. 쇼핑하다가 허기가 진다면 멕시칸 레스토랑 바하 프레시Baja Fresh, 야채 뷔페 레스토랑인 수플랜테이션Souplantation, 과일주스로 유명한 잠바주스, 베이커리 겸 카페인 코너 베이커리 카페, 스타벅스 등에 들러 요기를 하고 잠시 지친 다리를 쉬어 가도록 하자.

Address	100 N La Cienega Blvd
Tel	323-658-6085
Web	www.thebeverlyconnection.com
Open	08:30~17:30 ※ 매장에 따라 다름
Access	메트로 버스 14·37번 Beverly/La Cienega역 하차
Map	102p. C

로스앤젤레스 근교 아웃렛

시타델 아웃렛 Citadel Outlets

LA에 가장 가까운 아웃렛으로 LA 다운타운에서 고속도로를 타고 15분이면 도착한다. 아웃렛의 주변에는 카지노까지 있어 쇼핑과 카지노를 함께 즐기려는 이들에게 최고의 장소이다. 우리나라 사람들이 특히 좋아하는 나이키, 캘빈 클라인, 케네스 콜, BCBC, GAP, H&M 등의 중저가 브랜드가 많아 부담 없이 쇼핑을 즐길 수 있다. LA 다운타운에서 아웃렛까지 운영하는 무료 셔틀버스를 타거나 유니언 역에서 버스를 타고 방문하는 것도 가능하다.

Address 100 Citadel Dr, Commerce
Tel 323-888-1724
Web www.citadeloutlets.com
Open 10:00~21:00
Access LA 다운타운에서 무료 셔틀버스 운행(웹 사이트 참조)
GPS 34.006188, -118.152492

카마리요 프리미엄 아웃렛 Camarillo Premium Outlets

LA 시내에서 1시간이면 도착하는 작은 마을 카마리요에 위치하고 있다. 적당한 규모에 푸드 코트까지 잘 갖춰져 있어 하루쯤 소풍하듯 즐기며 쇼핑할 수 있는 곳이다. 170개의 매장은 대부분 중저가 브랜드라 부담이 없는 데다가 할인 프로모션이 다양해 이를 포함하면 더욱 저렴한 쇼핑이 가능하다. 한국인이 좋아하는 토리 버치와 코치의 경우 매장 또한 크게 구성되어 있다. 아웃렛 방문 전 미리 웹 사이트에 가입하거나 안내데스크에서 VIP 쿠폰 북을 챙긴 후 쇼핑을 시작하자. 아웃렛 내부는 프롬나드Promenade, 메인 코트Main Court, 패션 코트Fashion Court 이렇게 3개의 구역으로 나누어져 있다.

Address 740 Ventura Blvd, Camarillo
Tel 805-445-8520
Web www.premiumoutlets.com/outlet/camarillo
Open 월~토 10:00~21:00, 일 10:00~20:00
Access Union역에서 기차를 타고 Camarillo역 하차 후 택시 이용
GPS 34.216539, -119.061794

데저트 힐스 프리미엄 아웃렛 Desert Hills Premium Outlets

LA에서 동쪽으로 2시간 정도 가면 도착하는 이곳은 데저트 힐에 위치하고 있어서 팜 스프링스를 방문하는 날 같이 다녀오면 좋다. 기본적인 아웃렛 브랜드들 외에도 명품 브랜드가 다양하게 입점해 있다는 것이 가장 큰 장점. 하루에 다 둘러보지 못할 만큼 거대한 규모이고, 이러한 이유로 LA 근교의 가장 인기 있는 아웃렛이기도 하다. 돌체&가바나, 조르지오 아르마니, 구찌, 프라다, 랄프 로렌, 살바토레 페라가모, 베르사체, 게스, 버버리, 리바이스 등이 입점해 있으며, 내부는 2개의 큰 빌딩으로 나누어져 있는데 이스트 윙과 웨스트 윙으로 불린다. 아웃렛 입구의 안내데스크에서 할인 쿠폰과 지도를 챙기고 자신이 들를 곳을 미리 정한 후 움직이는 것이 좋다. 팜 스프링스에서 이곳까지 왕복하는 셔틀버스가 운행되고 있다.

Address 48400 Seminole Dr, Cabazon
Tel 951-849-6641
Web www.premiumoutlets.com/outlet/desert-hills
Open 월~토 10:00~21:00, 일 10:00~20:00
Access 대중교통 이용은 어렵고 LA 다운타운에서 차로 약 2시간 소요
GPS 33.929046, -116.815033

카바존 아웃렛 Cabazon Outlets

데저트 힐스 프리미엄 아웃렛 바로 옆에 위치해 함께 방문하면 좋다. 규모가 작은 편이라 큰 기대는 하지 않더라도 가볍게 산책하듯 둘러보자. 아웃렛 내에는 카지노가 있고 저렴하게 식사할 수 있는 뷔페식 레스토랑 또한 갖추고 있어 실속파 쇼핑족들에게 인기이다. 다른 아웃렛에 비해 생활용품들이 많아 일반 가정집에서 많이 찾는 편이다. 웹 사이트에서 사전 등록 시 VIP 카드를 받을 수 있다.

Address 48750 Seminole Dr, Cabazon
Tel 951-922-3000
Web www.cabazonoutlets.com
Open 월~토 10:00~21:00, 일 10:00~20:00
Access 대중교통 이용은 어렵고 LA 다운타운에서 차로 약 2시간 소요
GPS 33.925440, -116.810795

온타리오 밀스 Ontario Mills

미국 서부에서 가장 큰 아웃렛으로 백화점과 홀리스터, 게스, 베네통, 아베크롬비&피치, 나인웨스트, 폴로 랄프 로렌 등의 매장이 있으니 쇼핑 전에 미리 지도를 보고 방문할 매장들을 정한 후 이동할 것을 권한다. 시내에서 1시간 떨어진 곳에 있는데 대중교통으로는 방문이 어렵고 아웃렛의 모든 매장들이 실내에 있어 비 오는 날 가기 좋다. 아웃렛 내부에는 다양한 엔터테인먼트 시설까지 갖추고 있는데 유명 레스토랑과 카페, 영화관 등 200여 개의 매장이 자리해 쇼핑뿐 아니라 다른 즐거움도 많다.

Address 1 Mills Cir, Ontario
Tel 909-484-8301
Web www.simon.com/mall/ontario-mills
Open 월~토 10:00~21:00, 일 11:00~20:00
Access 대중교통 이용은 어렵고 LA 다운타운에서 차로 약 1시간 소요
GPS 34.073268, -117.551942

비치
Beach

LA는 바다를 떼어 놓고 얘기할 수 없을 만큼 100km가 넘는 긴 길이의 비치를 여러 개 가지고 있다. 현지인들은 주말이면 비치 의자와 먹을거리를 싸 들고 옷 속에 비키니를 입은 채 비치로 향하곤 한다. 어느 바다에서건 즐겁게 놀 수 있어 선택의 폭이 넓지만 이왕이면 비치별 특징을 알고 방문해보자. 가족과 함께 놀이기구를 타고 쇼핑도 즐기고 싶다면 샌타모니카 비치, 신나는 음악을 들으며 롤러스케이트를 즐기고 싶다면 베니스 비치, 비치발리볼에 도전하고 싶다면 맨해튼 비치, 서핑을 즐기고 싶다면 말리부나 헌팅턴 비치, 편안한 산책을 즐기고 싶다면 라구나 비치를 추천한다. 비치에는 주차장이 딸려 있지만 이른 아침부터 만차인 경우가 많으니 서둘러 방문할 것.

말리부를 즐기는 또 다른 방법, 말리부 셀러브리티 홈 투어

할리우드 거리에 스타의 집 투어가 있다면, 말리부 비치에는 그들의 별장을 볼 수 있는 투어가 있다. 창이 뚫려 있는 버스를 타고 투나 캐니언 Tuna Canyon 부터 벤투라 카운티의 무구 포인트 Point Mugu in Ventura County 에 이르는 약 43km 길을 드라이브로 즐길 수 있다. 레오나르도 디카프리오, 애덤 샌들러, 자넷 잭슨, 저스틴 비버, 짐 캐리, 제니퍼 로페즈, 패리스 힐튼, 데이비드 베컴, 브루스 윌리스 등의 별장이 줄줄이 펼쳐지니 잠시도 한눈팔 수 없다. 혹시라도 오가는 길에 그들을 마주치게 될지도 모르니깨!

Address 출발지 322 Santa Monica Pier[샌타모니카 피어 내 스타라인 키오스크 앞 (부바 검프 슈림프 건너편)]
Web starlinetours.com
Open 목~월 12:15, 14:45, 17:30
Time 2시간 소요
Cost 성인 $89, 3~11세 $55

Sightseeing ★★★

샌타모니카 비치 Santa Monica Beach

LA의 비치 중 가장 대중적으로 인기가 많은 곳이다. 1909년 문을 연 샌타모니카 피어Santa Monica Pier에는 놀이공원 퍼시픽 파크가 있다. 그중 루프 히포드롬Looff Hippodrome은 전 세계 몇 개 없는 목조 회전목마로 미국의 역사 기념물에도 지정되었으며 영화 〈스팅〉의 촬영지로 알려져 있다. 그 옆에는 세계 최초의 나무로 만든 관람차가 있으며 영화 〈아이언맨〉에 등장하기도 했다. 이곳에서 또 하나 의미가 있는 곳은 '루트 66'의 종착점이다. 미국 최초의 동서를 잇는 3,945km 길이의 대륙횡단도로인데 고속도로가 생기면서 없어졌지만 2003년 복원되어 많은 이들의 환영을 받았다. 시카고에서부터 서부까지 이어지는 그 길의 종착점이 이곳 샌타모니카 비치인 셈이다.

샌타모니카를 빛내 주는 또 하나의 명소로는 서드 스트리트 프롬나드Third Street Promenade가 있다. 대로변을 중심으로 다양한 공연과 퍼포먼스가 펼쳐지며 레스토랑, 카페 등이 일렬로 늘어서 있어 비치에서 실컷 놀고 와 먹고 즐기기에 좋고, 차량이 통제돼 더욱 여유롭다. 또한 샌타모니카 플레이스 쇼핑몰과 노드스트롬, 블루밍데일즈 등의 백화점이 늘어서 있어 쇼핑도 편리한 데다가 매주 토요일이면 파머스 마켓까지 열리니 언제 가도 즐길 것이 많다. 비치와 마주하고 있는 초호화 호텔 카사 델 마르Casa del Mar는 조니 뎁과 잭 니콜슨 등이 다녀간 유명 호텔이니 지나치지 말자.

2015년 말에 도입된 자전거 렌탈 시스템 브리즈Breeze를 이용해 누구나 어디서든 자전거를 빌려 골목골목을 다녀도 좋고, 'BBB'라고 불리는 빅 블루 버스Big Blue Bus를 타고 다녀도 좋다. LA의 다운타운, 웨스트우드 이외에도 UCLA 대학교, LAX국제공항까지 운행하니 이용하기 편리하다. 비치에서 할 수 있는 모든 것들, 이를테면 낚시나 비치발리볼, 요가, 서핑, 요트 체험은 물론 쇼핑과 식사까지 모두 가능한 곳, 바로 샌타모니카이다.

Address Pacific Coast Hwy, Santa Monica
Web www.smgov.net
Access 메트로 엑스포 라인 Downtown Santa Monica역 하차
Map 121p. C

Santa Monica Beach

랍스터 The Lobster

샌타모니카 피어 입구에 자리하고 있는 인기 레스토랑으로 다양한 해산물 요리가 메인이다. 창밖으로는 바다와 놀이공원 퍼시픽 파크가 보여 상당히 낭만적인데, 밤이 되면 은은한 조명이 켜져 더욱 분위기가 좋아진다. 레스토랑 이름이 말해주듯 랍스터가 대표 메뉴이며 한 마리를 두 명이 먹는다고 하면 센스 있게 접시 2개에 나누어 음식을 가져다준다. 찐 것Steamed보다는 구운Grilled 요리가 더 맛이 좋은 편이며 사이드로는 감자와 아스파라거스를 추천한다. 와인 리스트도 훌륭해 함께 즐기기에 좋다. 단, 가격의 압박이 있는 편.

Address	1602 Ocean Ave
Tel	310-458-9294
Web	thelobster.com
Open	일~목 11:30~22:00, 금·토 11:30~23:00
Cost	$60~
Access	메트로 엑스포 라인 Downtown Santa Monica역 하차
Map	121p. C

Sightseeing ★★☆

베니스 비치 Venice Beach

샌타모니카의 남쪽에 위치한 곳으로 머슬 비치Muscle Beach가 이곳의 중심이다. 남미의 빈티지 느낌이 더해져 좀 더 자유스러운 분위기인데, 특히 오션 프런트 워크Ocean Front Walk에는 자유분방한 예술가들의 작품이 다양하게 비치되어 있어 감상하기 좋고, 이 중심가를 기준으로 카페와 레스토랑, 각종 기념품을 파는 로컬 숍 등이 늘어서 있다. 거리에는 어디선가 울려 퍼지는 음악 소리에 맞춰 롤러스케이트를 타는 사람들이 많아 그들을 구경하는 것만으로도 충분히 즐겁다. 또한 비치 쪽에는 스케이트 파크Skate Park가 마련되어 있어 그곳에서 스케이트 묘기를 부리는 현지인들을 볼 수 있다. 바닷가 여기저기에 그려진 그라피티를 구경하는 것도 재미있고, 몇 미터 떨어진 곳에선 베니스 운하Venice Canals도 만나 볼 수 있다. 애벗 키니Abbot Kinney라는 부자가 자신만의 베네치아를 꿈꾸며 지은 것으로 이태리의 베네치아보다는 작게 꾸며졌지만 귀여운 다리가 있어 기념사진을 촬영하기 좋다.

Address 1800 Ocean Front Walk, Venice
Web www.laparks.org/venice
Access 메트로 버스 733번 Main/Grand역 하차
Map 121p. D

Venice Beach

인텔리젠시아 커피 Intelligentsia Coffee

미국의 3대 커피 중 하나로 손꼽히며, 1995년 오픈한 꽤 오랜 역사를 자랑한다. 유명 원두인 스페셜티를 사용하고 본점은 시카고에 있으며 뉴욕과 LA에 지점이 있다. 핸드드립 방식으로 커피를 만들어 주며, 폴 바셋이나 스타벅스에 비해서는 강하지 않으나 부드러운 맛이 일품이다. LA에도 점차 지점이 늘고 있다.

Address 1331 Abbot Kinney Blvd
Tel 310-399-1233
Web www.intelligentsiacoffee.com
Open 월~목 06:00~20:00,
금 06:00~22:00, 토 07:00~22:00,
일 07:00~20:00
Cost $6~
Access 메트로 버스 33번
Venice Way/Riviera역 하차
Map 121p. D

Venice Beach
애벗 키니 Abbot Kinney

야자수와 그라피티, 개성 강한 빈티지 숍이 자리한 매력적인 거리로 다양한 로컬 숍을 구경하며 예쁜 사진을 촬영하기 좋다. 산책 후에는 할리우드 스타들이 종종 방문한다는 Gjelina, 천연 아이스크림 Salt & Straw, 채식 전문식당 The Butchers' Daughter 등에서 맛있는 걸 먹는 것도 추천한다.

Address Abbot Kinney blvd
Web   www.abbotkinneyblvd.com
Access 메트로 버스 33번
       Venice Bl/Venice Wy역 하차
Map 121p. D

Sightseeing ★★☆

말리부 비치 Malibu Beach

샌타모니카에서 퍼시픽 코스트 하이웨이를 타고 30분 정도 소요되며 미국 서부의 부자들이 사는 대표적인 동네이다. 약 35km 정도로 길게 펼쳐지는 바다 덕에 비치가 아닌 '코스트Coast'라는 표현을 쓰기도 하는데 언덕 위에 자리한 고급스러운 저택과 끝없이 펼쳐지는 바다의 조화가 상당히 아름답다. 윌 스미스와 미란다 커의 집도 이곳에 위치한다고! 인기 드라마 〈상속자들〉에서 남자 주인공의 집으로 등장한 대저택 또한 이곳에 자리한다.
중심가인 말리부 라군 스테이트 비치Malibu Lagoon State Beach를 기준으로 유명한 곳이 몇 군데 있는데, 시간적 여유가 있다면 말리부 피어에 자리한 말리부 팜Malibu Farm에서 브런치와 커피를 즐겨도 좋다. 세계에서 가장 경치 좋은 캠퍼스로 유명한 페퍼다인 대학교Pepperdine University를 방문하거나 바닷가 절벽에 위치해 프러포즈 장소로도 인기 있는 제프리스Geoffrey's에서 와인 한잔, 말리부 비치의 북쪽 끝자락 포인트 둠 자연보호구역Point Dume Natural Preserve에서는 기념사진을 촬영하자. 영화 〈아이언맨〉에서 토니 스타크의 저택이 자리한 곳으로 나오는데 한쪽으로는 기암괴석이, 다른 한쪽으로는 시가지가 펼쳐져 상당히 멋진 풍경을 자랑한다.

Address 23050 Pacific Coast Hwy, Malibu
Web   www.malibucity.org/96/Malibu-Beaches
Access 메트로 버스 534번
       Trancas Canyon/
       Pacific Coast Highway역 하차
Map 62p. A

Malibu Beach

게티 빌라 The Getty Villa

말리부 비치에 자리한 이곳은 유럽풍 분위기가 물씬 풍기는 대저택으로, 게티 센터를 지은 폴 게티가 이태리 귀족의 저택인 파피리 저택을 보고 감명을 받아 그와 유사한 모습으로 미술관을 세웠다. 규모는 게티 센터보다 작지만 훨씬 더 다양한 분야의 세기별 문화자료와 회화, 조각, 도감 등이 전시되어 있으며 특히 지중해 쪽의 신화와 관련된 유적들이 많다. 내부에는 전시관뿐 아니라 노천극장과 허브 정원이 있고, 긴 풀장도 있어 상당히 고급스럽다. 내부는 무료입장이지만 웹 사이트나 전화로 예약한 후 티켓을 출력해 가져가야 입장이 가능하다.

Address	17985 Pacific Coast Hwy, Pacific Palisades
Tel	310-440-7300
Web	getty.edu
Open	수~월 10:00~17:00
Close	화요일, 1월 1일, 추수감사절, 크리스마스
Cost	무료
	※ 사전 예약 후 입장권 출력 필요
Access	메트로 버스 534번 Pacific Coast Highway/ Coastline역 하차
Map	62p. A

Malibu Beach

말리부 팜 레스토랑 Malibu Farm Restaurant

말리부 비치 피어에 위치한 전망 좋은 레스토랑 겸 카페로, 언제 가도 긴 줄이 늘어서 있어 예약을 하는 것이 편리하다. 바다로 가는 길 위에 있는 레스토랑이라 어디를 둘러봐도 바다가 보인다. 주로 데이트하는 연인들이 많이 오며 전형적인 미국식 메뉴를 갖추고 있다. 바닷가에 위치한 곳답게 해산물 요리가 가장 맛있고, 꼭 식사가 아니라 커피만 즐길 수도 있으니 참고하자. 피어의 끝부분에 있는 말리부 팜 피어 카페 Malibu Farm Pier Cafe 또한 같은 오너가 운영한다.

Address	23000 Pacific Coast Hwy
Tel	310-456-8850
Web	www.malibu-farm.com
Open	월~금 11:30~21:00, 토 09:00~22:00, 일 09:00~21:00
Cost	$20~
Access	메트로 버스 534번 23017 Pacific Coast Highway역 하차
Map	62p. A

Sightseeing ★☆☆

④
맨해튼 비치 Manhattan Beach

LAX국제공항 남쪽에 위치한 바다로 한적하고 평화롭게 즐길 수 있다. 바다 쪽을 향해 있는 부두와 그 주변에는 고급 주택 및 로컬 숍, 명품 숍, 카페, 레스토랑들이 자리해 걷기 좋다. 인라인스케이트 전용 도로에서 인라인을 타며 바다를 즐기는 사람들도 많고, 무엇보다 매년 여름이면 비치발리볼 대회를 개최해 그 시기에는 도로가 꽉 찰 만큼 인산인해를 이룬다.

Address	1400 Highland Ave, Manhattan Beach
Web	www.ci.manhattan-beach.ca.us
Access	메트로 버스 232번 Sepulveda/ Manhattan Beach역 하차
Map	62p. C

Manhattan Beach
더 스트랜드 하우스 The Strand House

맨해튼 비치 피어 입구 바로 앞에 위치해 아름다운 바다를 보면서 음식을 맛볼 수 있으며, LAX국제공항과도 가까워 비행기가 지나가는 모습도 볼 수 있다. 특히 낭만적인 분위기를 즐길 수 있는 야외 테이블이 연인들에게 인기 만점이다. 이곳의 인기 메뉴는 바로 도넛! 달달한 것이 후식으로 적합하니 메인 메뉴를 덜 먹고 도넛까지 맛볼 것.

Address	117 Manhattan Beach Blvd
Tel	310-545-7470
Web	www.thestrandhousemb.com
Open	월 17:00~22:00, 화~금 11:30~22:00, 토 10:00~23:00, 일 10:00~21:00
Cost	$31~
Access	메트로 버스 232번 Sepulveda/ Manhattan Beach역 하차
Map	62p. C

Sightseeing ★☆☆

⑤ 롱 비치 Long Beach

Web　www.visitlongbeach.com
Access　메트로 블루 라인 5th St역 하차
Map 62p. F

13km에 걸쳐 펼쳐지는 거대한 규모에 걸맞게 여러 부대시설을 갖추었다. 롱 비치 공항과 큰 배가 들어오고 나가는 롱 비치 항구, 그리고 가족 여행객들에게 인기가 많은 퍼시픽 수족관 Aquarium of the Pacific을 갖추고 있는데 이곳에 모여있는 해양 생물은 자그마치 13,000여 종이 넘는다고! 그러나 이 중 가장 유명한 관광지는 퀸 메리 Queen Mary호이다. 길이 310m에 8만 톤의 무게를 자랑하는 이 배는 1934년 건조되었다가 1967년 대서양 횡단 여정을 끝으로 이곳에 정박하게 되었다. 세계에서 가장 화려하고 고급스러운 배였으며, 그 크기는 타이타닉보다 컸다고 하니 놀랍다. 현재는 시에서 관리하는데 배의 내부는 호텔, 박물관, 레스토랑, 바, 카페로 꾸며져 있어 많은 이들이 방문한다. 입장료는 없지만 가이드 투어는 유료다. 배 안에서 유령이 출몰한다는 소문 덕분에 고스트 투어가 인기다.

또 다른 명소로는 쇼어라인 해양 공원 Shoreline Aquatic Park이 있다. 아름다운 등대를 기준으로 여러 레스토랑과 로컬 숍 등이 있어 볼 것이 많고, 나무로 된 건물들이 마을을 이루고 있는 쇼어라인 빌리지 또한 인기가 많다. 과거의 모습을 그대로 재현해 두었는데 기념사진을 촬영하기에도 좋다. 앤젤스 게이트 공원에는 우정의 종 Korean Friendship Bell이 설치되어 있어 우리나라 국민들에게는 의미가 있는 곳이기도 하다. 한국전쟁에 참가한 미국 측에 감사의 의미로 한국에서 선물한 종이기 때문이다.

식사는 바닷가 쪽의 야드 하우스 Yard House나 부바 검프 슈림프 Bubba Gump Shrimp Co에서 해결하면 좋다. 전망 좋은 곳을 원한다면 파커스 라이트하우스 Parkers' Lighthouse 또한 추천한다.

LA 시내에서 이곳까지는 메트로 레일로 한 번에 방문이 가능해 이동이 편리하며, 무료 셔틀버스를 통해 퀸 메리호, 퍼시픽 수족관, 시티 플레이스 몰, 쇼어라인 빌리지 등을 방문할 수 있다.

Sightseeing ★☆☆

레돈도 비치 Redondo Beach

맨해튼 비치에서 남쪽 방향에 위치한 작은 바닷가로, 언제 가도 한적하고 조용해 사색하기 좋다. 한국인이 운영하는 해산물 식당들이 있어 한국식 해물요리를 맛보려고 찾아오는 한국인들도 많다. 서핑을 즐기기에도 적합해 서퍼들에게 인기인 바다이다.

Web www.redondo.org
Access 메트로 그린 라인
Redondo Beach역 하차
Map 62p. E

Sightseeing ★☆☆

헌팅턴 비치 Huntington Beach

서핑을 하는 서퍼들과 비치발리볼을 즐기는 사람들로 언제나 떠들썩한 곳이다. 매년 US 오픈 서핑대회와 프로 서핑 챔피언십을 개최하고 있으며, 그 외에도 각종 비치발리볼 대회가 열린다. 국제 서핑 박물관도 있으니 서핑의 역사와 유래를 알고 싶다면 들러보자. 또한 LA에서 몇 안 되는 캠프파이어가 가능한 곳으로, 낭만적인 비치의 밤을 보낼 수 있다.

Web www.huntingtonbeachca.gov
Access 메트로 버스 66번 Golden West
Transportation Center역 하차
Map 63p. K

Sightseeing ★☆☆

라구나 비치 Laguna Beach

LA 남쪽으로 위치한 이곳은 뉴포트에서 퍼시픽 코스트 하이웨이를 따라가면 나오는 오렌지카운티의 예술가 마을로 유명하다. 거리에는 여러 숍과 레스토랑, 카페, 호텔들이 늘어서 있고 도시 자체적으로 축제가 많아 즐길 것이 많다. 가장 유명한 축제로는 라구나 예술제가 있다. 매년 7~8월 어바인 볼 공원(Irvine Bowl Park)에서 진행되며 LA를 대표하는 최고의 여름 축제로 널리 알려져 있다.

Web www.visitlagunabeach.com
Access 메트로 버스 1번 Laguna Beach
Bus Station 하차
Map 63p. L

로스앤젤레스의 숙소
LA Accommodations

일 년 내내 전 세계에서 몰려드는 방문객들로 인해 LA의 호텔은 늘 방이 부족하고, 또 그만큼 비싸다. 그러니 여행을 준비 중이라면 서둘러 숙소부터 예약하는 것이 좋다. 자신이 어디를 중심으로 여행할 것인지 확인한 다음 그 근처로 숙소를 잡아보자. 드넓은 LA에선 이동 시간을 조금이라도 줄이는 것이 효율적이기 때문이다.

Stay : 호스텔

바나나 방갈로 할리우드 호텔 & 호스텔
Banana Bungalow Hollywood Hotel & Hostel

분위기 좋은 1층의 정원과 바가 유명하고, 아침식사까지 무료로 제공되어 인기인 곳이다. 위치도 좋아 할리우드 거리도 걸어서 관광할 수 있어 로스앤젤레스를 처음 가는 사람들에게 특히 추천한다. 지점이 두 곳이니 방문 전 명확한 주소 확인은 필수.

Address	5920 Hollywood Blvd
Tel	323-469-2500
Web	www.bananabungalows.com
Cost	$50~
Map	92p. C

Stay : 호스텔

워크 오브 페임 호스텔 Walk of Fame Hostel

메트로 Hollywood/Highland역 건너편에 위치해 여행자가 머물 수 있는 최고의 위치를 자랑하지만 번화가 한복판이라 주변이 늘 시끄러운 편임을 참고하자. 그래도 할리우드의 유명 관광지를 걸어서 구경할 수 있다는 건 큰 장점이다. 디즈니랜드와 식스 플래그 매직 마운틴까지 운행하는 자체 셔틀버스가 있어 근교로의 방문도 수월하다. 아침식사와 무료 와이파이가 제공된다.

Address	6820 Hollywood Blvd
Tel	323-463-2770
Web	walkoffamehostel.com
Cost	$50~
Map	92p. A

Stay : 2성급

로드웨이 인
Rodeway Inn Near Melrose Ave

조식과 주차가 가능하며, 밝고 환한 룸 분위기에 큰 TV까지 갖추고 있어 편리한 곳이다. 호텔에서는 멜로즈 애비뉴를 비롯, TCL 차이니즈 극장, 파라마운트 픽처스 스튜디오, 유니버설 스튜디오 등이 가까워 LA를 제대로 여행하기에 좋다. 호텔 건너편으로 버스 정류장도 있어 편리하다.

Address 777 Vine St
Tel 323-463-5671
Web www.choicehotels.com
Cost $200~
Map 102p. B

Stay : 2성급

할리우드 셀러브리티 호텔 Hollywood Celebrity Hotel

할리우드 거리에 위치하고 있어 주요 명소를 걸어 다닐 수 있다. 룸도 상당히 넓은 편이라 여행 중 편하게 쉴 수 있는데 부엌이 딸린 룸 또한 갖추었다. 호텔 내 로비와 룸에는 여러 할리우드 스타들의 사진 혹은 영화 포스터가 장식돼 있어 여행지의 느낌을 실컷 즐길 수 있다. 달걀, 빵, 음료, 시리얼 등의 아침식사가 제공되고, 주차는 호텔 뒤편으로 하면 된다.

Address 1775 Orchid Ave
Tel 323-850-6464
Web www.hotelcelebrity.com
Cost $150~
Map 92p. A

Stay : 3성급

엘란 호텔 Elan Hotel

베벌리 센터 근처에 위치한 호텔로 작은 규모이지만 좋은 서비스를 제공해 늘 칭찬이 자자하다. 특히 쇼핑하기 좋은 위치에 있으니 쇼핑을 좋아하는 여행자라면 주목! 푸짐한 아침식사가 포함되어 있다는 것 또한 큰 장점이다.

Address 8435 Beverly Blvd
Tel 323-658-6663
Web elanhotel.com
Cost $240~
Map 102p. C

Western USA I Los Angeles

Stay : 4성급

호텔 노르망디 Hotel Normandie

1926년 오픈했다가 한동안 운영을 안 했지만 리노베이션 후 새로 문을 열어 인기를 끌고 있다. 코리아타운에 위치하고 있어 이곳의 맛있는 레스토랑과 부대시설, 슈퍼마켓 등을 이용할 수 있다는 큰 장점이 있으며, 호텔 자체도 상당히 고풍스러워 마치 유럽의 어느 대부호 저택 같은 느낌이다. 로비에 자리한 피아노나 타자기 등의 앤티크한 소품이 인상적이며 대중교통 이용도 편리하다. 메트로 퍼플 라인 Wilshire/Normandie역에서 5분 거리.

Address	605 S Normandie Ave
Tel	213-388-8138
Web	www.hotelnormandiela.com
Cost	$150~
Map	64p. A

Stay : 4성급

갈랜드 The Garland

유니버설 스튜디오와 할리우드 지역에 가까워 이 두 곳을 오갈 여행자에겐 최적의 위치를 자랑한다. 호텔 주변에 맛집이 많고, 유니버설 스튜디오나 역까지 셔틀버스도 운행하고 있어 편리하다. 룸에는 냉장고가 있으며, 아침식사도 제공돼 더욱 좋다. 수영장이 있어서 수영을 즐기기에도 좋은데, 다만 소음이 심한 편이라는 것이 유일한 단점이다.

Address	4222 Vineland Ave
Tel	818-980-8000
Web	www.thegarland.com
Cost	$290~
Map	62p. B

Stay : 4성급

레지던스 인 로스앤젤레스
Residence Inn Los Angeles LA Live

LA 다운타운에 위치해 주요 관광지와 주변을 걸어서 구경하기 좋고 호텔의 길 건너엔 스테이플스 센터가 위치하고 있다. 현대적인 시설과 주방, 무료 와이파이가 제공돼 편리하며, 뷔페식 아침식사 또한 좋다.

Address	901 W Olympic Blvd
Tel	213-443-9200
Web	www.marriott.com
Cost	$400~
Map	64p. E

Stay : 3성급

호텔 어윈 Hotel Erwin

베니스 비치에 자리한 호텔로 작지만 알찬 서비스를 제공하며 최근 리노베이션을 끝내 더욱 쾌적한 호텔이 되었다. 꼭대기 층의 바에서 보이는 뷰가 환상적이며, 1층의 레스토랑에서 판매하는 아침식사 또한 맛이 좋다. 부엌이 포함된 룸이 있으니 필요하다면 체크해서 예약하자.

Address	1697 Pacific Ave, Venice
Tel	800-786-7789
Web	www.hotelerwin.com
Cost	$230~
Map	62p. C

Around Los Angeles

솔뱅
Solvang

미국 속 작은 덴마크 마을로 과거 덴마크 이주자들이 이곳에 터를 잡고 살았는데, 1936년 덴마크 왕과 왕비가 이곳을 방문하면서 더욱 유명해졌다. 완벽하게 유럽식으로 꾸며진 테마파크 같은 곳으로 산책하듯 구경하기 좋다. 거리엔 와인 테이스팅 룸, 기념품 숍, 카페, 레스토랑 등이 늘어서 있고, 위치상 샌타바버라를 가는 길에 함께 가면 좋다.

비영리단체인 미운 오리 새끼 재단이 운영하는 안데르센 박물관 Hans Christian Andersen Museum 은 2층으로 된 작은 공간이다. 1층에 카페 겸 서점이 있는데 야외 테이블에는 잠시 쉬어 가는 관광객들로 가득하고, 2층으로 올라가면 안데르센을 기념하며 그의 초상화와 초판본 책자, 그리고 다양한 작품의 흔적들을 볼 수 있다. 입장료가 무료인 것도 매력적이다. 걷다가 배가 고프면 버크홀름 베이커리 & 카페 Birkholm's Bakery & Cafe에 들러 덴마크 전통 도넛인 애블스키버 Aebleskiver와 커피를 즐기자. 체력이 충전되었다면 이번엔 쇼핑할 차례! 코펜하겐 하우스 The Copenhagen House 는 선물을 구입하기 좋은 곳으로 덴마크 대표 브랜드 레고와 유명 도자기 브랜드 로열 코펜하겐 외에도 스텔톤, 로젠달, 노르만 코펜하겐, 루이스 폴센, 홈메가드 등 북유럽의 인기 브랜드 용품을 판매한다. 시간이 된다면 근처 펍이나 와인 테이스팅 룸에 들러 기분 좋게 한잔 걸치는 것도 좋다. 눈앞에 보이는 풍차와 덴마크식 집을 감상하면서 동화 속 마을에 온 것 같은 기분을 한껏 즐기기 좋은 곳, 그곳이 솔뱅이다.

Access 대중교통 이용은 어렵고 LA 다운타운에서 차로 2시간 20분 소요
GPS 34.578006, -120.135785

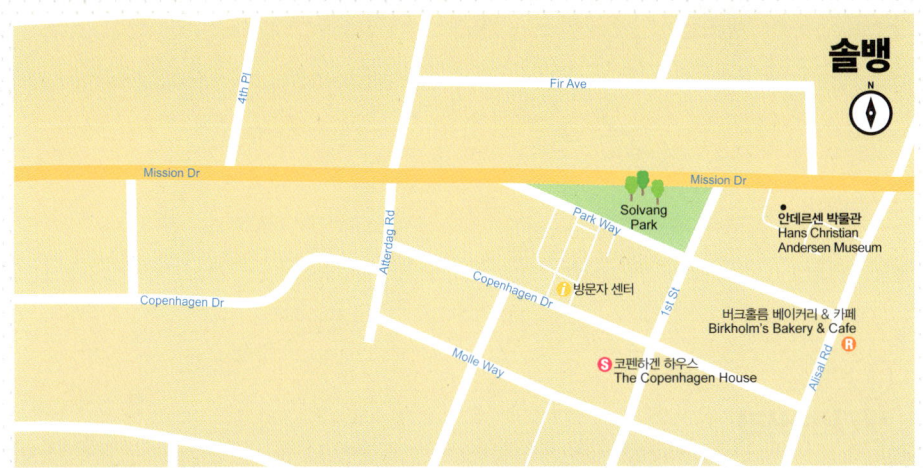

Around Los Angeles ★★★

샌타바버라
Santa Barbara

LA에서 차로 2시간 정도 떨어진 이곳은 샌타이네즈라는 계곡과 바다에 둘러싸인 독특한 지형으로, 1911년 덴마크 이민자들에 의해 솔뱅과 함께 형성되었다. 바다가 있으니 자연스럽게 휴양지로 발달했고, 덕분에 유명 할리우드 스타들이 자주 등장한다. 스페인과 지중해풍 새하얀 건물들이 이국적인 풍경을 자아내고, 계곡과 바다 덕분에 도심보다 여름에 시원하고 겨울철엔 따뜻해 은퇴한 이들에게도 인기인 곳이다. 산뜻하게 불어오는 바람과 아름다운 햇살이 있어 여유가 느껴지는 인기 휴양지지만 이곳에서 산책과 휴양만 즐길 수 있을 거라고 생각하면 큰 오산이다. 바닷가에서 다양한 액티비티가 가능한데, 돌고래 구경과 샌타바버라 주변을 도는 크루즈 투어가 가능하고, 카약과 웨이크보드 서핑 등 다양한 물놀이도 즐길 수 있다. 또한 떠오르는 와인 생산지로 이름을 날리고 있으니, 와인 쇼핑 혹은 와이너리 탐방은 필수! 다만 대중교통보다는 차를 가지고 움직일 것을 권한다.

Access 대중교통 이용은 어렵고
LA 다운타운에서 차로 2시간 소요
GPS 34.398652, -119.784875

Santa Barbara

①

샌타바버라 법원 Santa Barbara County Courthouse

미국 캘리포니아에서 가장 아름다운 건물로 손꼽히며, 샌타바버라에서 누구나 가장 먼저 들르는 장소다. 이곳의 하이라이트는 시계탑 위의 전망대! 도시가 한눈에 내려다보여 멋진 풍경을 자랑한다. 1925년 지진 피해를 입은 후 1929년 전형적인 스페인 콜로니얼 양식의 건물로 복원되었다. 화이트 외관에 내부의 타일과 벽화는 원색의 컬러들로 장식한 것이 눈에 띈다. 엘리베이터 혹은 계단을 이용해 전망대에 오를 수 있으며 주말이면 이곳 야외 정원에서 결혼식이 진행되기도 한다. 매일 무료 가이드 투어가 진행된다.

Address 1100 Anacapa St, Santa Barbara
Tel 805-882-4520
Web sbcourts.org
Open 월~목 08:00~17:00,
금·토 10:00~16:45
Close 일요일
GPS 34.424242, -119.70202

걷거나, 혹은 트롤리를 타거나!

레드 타일 워킹 투어 Red Tile Walking Tour 는 샌타바버라의 역사적인 명소들을 둘러보는 것으로 샌타바버라 법원에서 출발해 근처에 퍼져 있는 12개 블록의 주요 건물들을 걸어 다닐 수 있게 코스를 짜 두었다. 인포메이션 센터를 통해 지도를 받거나 웹 사이트에서 PDF 파일로 된 지도를 출력할 수 있으니 시간 여유가 있다면 워킹 투어를 진행해보자. 좀 더 생생하게 그리고 사실적으로 샌타바버라의 아름다움을 속속들이 느낄 수 있을 것이다.

걷는 것이 안 내키다면 트롤리를 타면서 샌타바버라를 탐방해보는 것도 좋은 방법이다. 다운타운과 동물원, 미술관, 올드 미션, 법원까지 샌타바버라의 모든 명소를 운행하는 데다가 재치 있는 운전사의 설명 또한 유쾌하다. 매일 10시에서 15시까지, 1시간 간격으로 운행하고 가격은 성인 $28, 어린이 $10이다.

Web 워킹 투어 www.santabaracarfree.org/red-tile-walking-tour 트롤리 www.sbtrolley.com

Santa Barbara
❷
샌타바버라 미술관 Santa Barbara Museum of Art

1941년 개관한 미술관으로 고대부터 현대까지의 유명 작품들이 전시되어 있다. 낮은 층에는 카페와 기프트 숍, 메인 층은 유럽과 미국 작품, 위층은 아시아관으로 이루어져 있다. 아쉽게도 아시아관에는 중국과 일본 작품이 주를 이루고 있고 한국 작품은 없다. 또한 메인 층에는 고흐, 피카소, 샤갈, 모네, 마티스, 드가 등의 작품이 있어 반갑지만 이쪽 섹션만 사진 촬영이 불가이다. 고대 이집트와 로마의 다양한 조각들도 있어 지루할 틈이 없는데, 그중 절대 놓치지 말아야 할 것은 멕시코 화가 다비드 알파로 시케이로스 David Alfaro Siqueiros 의 벽화! 길이 9.8m에 이르는 것으로 멕시코 혁명에 대한 표현이 인상적이다.

Address	1130 State St, Santa Barbara
Tel	805-963-4364
Web	www.sbma.net
Open	화~일 11:00~17:00(목 20:00까지)
Close	월요일, 1월 1일, 독립기념일, 추수감사절, 크리스마스
Cost	성인 $10, 65세 이상 및 6~17세 $6
GPS	34.423701, -119.703883

Santa Barbara
❸
올드 미션 샌타바버라 Old Mission Santa Barbara

프란체스코 수도회의 신부들이 세운 종교 건축물로 1786년 건축되었으니 이곳에서 가장 역사적인 건축물이라 할 수 있지만 1812년 지진 피해를 입고 1820년 현재의 모습으로 재건축되었다. 멀리서부터 보이는 웅장하고도 화려한 모습이 인상적인데, 야자수와 잔디가 상당히 아름답고 이국적인 분위기를 풍기며 캘리포니아 지역에 있는 21개의 미션 중 늘 최고로 손꼽힌다. 화이트 톤의 건물과 분홍색 돔의 조화도 아름답지만 건물 자체가 상당히 고풍스럽고 우아해 여행자들의 사진 촬영 장소로 인기다.

Address	2201 Laguna St, Santa Barbara
Tel	805-682-4713
Web	santabarbaramission.org
Open	09:00~16:15
Close	부활절, 추수감사절, 크리스마스
Cost	성인 $9, 65세 이상 $7, 5~17세 $4
GPS	34.438577, -119.714080

Santa Barbara
④
파세오 누에보 Paseo Nuevo

관광을 마무리할 때쯤 샌타바버라의 다운타운을 걸어보자. 중심가인 스테이트 거리State St를 기준으로 양쪽에 갤러리, 카페, 레스토랑 등이 줄줄이 늘어서 있어 행복한 비명을 지르게 된다. 이곳에서 놓치지 말아야 할 건 쇼핑! 파세오 누에보는 스페인 스타일로 지어진 화이트 톤의 건물로, 노드스트롬과 메이시스 백화점을 비롯해, 유명 브랜드 숍, 생활용품 매장, 레스토랑, 영화관 등이 있어 하루 종일 지루할 틈이 없다. 스테이트 거리에서 가장 권하고픈 쇼핑 숍은 삭스 오프 피프스이다. 미국의 고급 백화점인 삭스 피프스 애비뉴의 이월 상품을 모아 두어 무엇을 골라도 기대 이상이다. 다른 대도시의 경우 이런 할인 몰을 가려면 시외로 이동해야 하는데 샌타바버라의 경우 대로변에 위치하고 있어 쇼핑이 더욱 편리하다.

Address	651 Paseo Nuevo, Santa Barbara
Tel	805-963-7147
Web	paseonuevoshopping.com
Open	월~목·토 10:00~20:00, 금 10:00~21:00, 일 11:00~19:00
GPS	34.419239, -119.699964

Santa Barbara
⑤
라 아카다 La Arcada

이곳 역시 빼놓지 말아야 할 다운타운의 아름다운 골목으로, 패서디나의 헌팅턴 도서관을 건축한 마이런 헌트Myron Hunt가 1926년 만들었다. 입구의 커다란 간판과 시계, 그리고 분수대가 라 아카다의 상징이며 골목 하나에 카페와 레스토랑, 현지 로컬 숍 등이 아름답게 꾸며져 있어 걷는 즐거움이 크다.

Address	1114 State St, Santa Barbara
Tel	805-966-6634
GPS	34.423400, -119.703480

Santa Barbara
6

스턴스 워프 Stearns Wharf

일몰 시간이면 반드시 스턴스 워프로 향할 것! 1872년에 만들어진 나무 부두이며 미국 서부에서 가장 긴 부두로도 알려져 있다. 부둣가에 카페와 레스토랑, 각종 기념품 숍이 늘어서 있고 산책을 하거나 자전거를 타는 현지인들에게 언제나 인기이다. 밤이면 꽤 온도가 내려가니 바람막이 옷은 필수. 일몰을 배경으로 펼쳐지는 비치와 요트 풍경은 한 폭의 그림 같다.

Address	217 Stearns Wharf, Santa Barbara
Tel	805-564-5530
Web	stearnswharf.org
GPS	34.410273, -119.685607

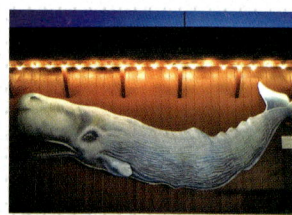

Santa Barbara
7

로스 아가베스 Los Agaves

샌타바버라 최고의 멕시코 요리 전문점으로 언제 가도 북적북적하다. 음식을 맛보면 중심가에서 몇 블록 떨어져 있음에도 왜 이토록 인기가 많은 건지 알게 될 것이다. 친절한 직원, 맛있는 음식, 푸짐한 양! 이보다 만족스러운 레스토랑은 없다. 근처에 지점이 1개 더 있다.

Address	600 N Milpas St, Santa Barbara
Tel	805-564-2626
Web	www.los-agaves.com
Open	11:00~21:00
Cost	$12~
GPS	34.427742, -119.686596

부숑 샌타바버라 Bouchon Santa Barbara

로스 아가베스보다 고급스러운 분위기의 레스토랑이다. 샌타바버라의 특산품이라 할 수 있는 와인을 골라 마시며 제대로 된 미국식 요리를 다양하게 맛볼 수 있다. 해산물과 고기, 어떤 것을 골라도 실망하지 않지만 수프와 관자 요리, 양과 오리 고기가 인기가 많다. 친절한 서비스와 고급스러운 식기 또한 늘 좋은 평가를 받는다.

Address	9 W Victoria St, Santa Barbara
Tel	805-730-1160
Web	www.bouchonsantabarbara.com
Open	일~목 17:00~21:00, 금·토 17:00~22:00
Cost	$15~
GPS	34.424185, -119.705858

샌타바버라의 와인 놓치지 마세요!

샌타바버라 카운티에만 100곳이 넘는 와이너리가 존재한다는 사실을 아는가! 그러니 이곳에 간다면 시간을 내어 꼭 와인을 맛보도록 하자. 남부 캘리포니아 특유의 풍성하고도 깊은 맛이 느껴지는 다양한 와인들을 맛보고 합리적인 가격에 구매할 수 있다.

현지 인기 와인 테이스팅 룸
❶ Deep Sea Tasting Room
❷ Santa Barbara Winery
❸ Carr Vineyards & Winery

샌타바버라 배경의 와인 영화 추천
여행을 가기 전 여유가 있다면 샌타바버라가 배경으로 등장하는 영화를 보고 떠나자. 여행지에 대한 여운이 두고두고 남을 것이다. 2004년 알렉산더 페인 감독의 영화 〈사이드웨이〉와 2014년 조성규 감독, 이상윤, 윤진서 주연의 〈샌타바버라〉가 바로 그것! 두 영화 모두 영화 속 배경이 샌타바버라이다.

Around Los Angeles ★★

패서디나
Pasadena

추천 근교 여행지

LA 다운타운에서 15km 떨어진 동북쪽에 위치한 작은 도시로, 조용하고 한적한 분위기라서 사색하듯 평화로운 여행지를 찾는다면 이곳이 적격이다. 특별한 건축물과 미술관 등이 많아 교육적으로도 보고 배울 것이 많으며 LA와는 메트로 레일 골드 라인으로 연결되어 이동 또한 편리하다. 해마다 봄철에는 도시를 상징하는 장미로 뒤덮여 그림처럼 아름다운 풍경을 자아낸다.

패서디나의 중심가인 올드 패서디나 Old Pasadena 는 콜로라도 대로 Colorado Blvd 를 기준으로 양측에 영화관, 레스토랑, 카페, 쇼핑 숍 등이 늘어서 있어 볼 것, 즐길 것, 쇼핑할 것이 많다. 오래된 건물들이 아기자기한 파스텔 톤으로 꾸며져 있어 걸으며 구경하는 재미도 느낄 수 있다. 또한 패서디나를 더욱 주목하게 만든 건 미국 CBS 방송국의 인기 시트콤 〈빅뱅 이론〉 때문! 시트콤의 배경으로 등장해 한국의 많은 팬들이 찾고 있다.

Access 메트로 골드 라인 Del Mar역 하차
GPS 34.184593, -118.201848

Pasadena

헌팅턴 도서관 The Huntington Library

조용한 주택가 마을에 자리한 이곳은 이름은 도서관이지만 복합문화공간이라 해도 될 만큼 다양한 시설을 갖추고 있다. 내부는 도서관을 비롯해 미술관과 식물원, 정원 등이 있어 반나절을 걸어도 다 보지 못할 정도의 규모이다. 유명 철도 사업가 헨리 헌팅턴 Henry Huntington 이 대부호라는 명성에 걸맞게 그의 저택을 개조해 만든 것이다. 세계 여러 나라의 희귀 문서들로 가득한 도서관에는 1455년 제작된 구텐베르크의 《성경》 초판본과 1623년 만든 셰익스피어의 《희극, 사극, 비극》 초판본, 프랭클린의 자필서 등이 전시되어 있고, 가장 인기가 많은 헌팅턴 갤러리 Huntington Art Gallery 는 유럽의 15~20세기 작품 1,200여 점을 소장하고 있다. 가로로 길게 뻗은 시멘트 느낌의 건물 버지니아 스틸 스콧 갤러리 Virginia Steele Scott Galleries 에선 1700~1900년대 미국 예술 작품들을 전시한다. 도서관과 갤러리도 멋지지만 세계 각국의 다양한 식물들로 꾸며진 정원이 특히 유명한데, 선인장 정원, 동백나무 정원, 중국 정원 등 14개의 테마로 꾸며져 있어 볼거리가 많다. 그중 가장 추천하고픈 곳은 장미 정원과 티 룸으로 유럽 영화에서 튀어나온 듯한 아름다운 외관과 내부가 인상적이다. 애프터눈 티 혹은 식사를 즐기면서 창밖의 아름다운 장미를 바라보면 마치 꿈을 꾸고 있는 것만 같다.

Address	1151 Oxford Rd, San Marino
Tel	626-405-2100
Web	huntington.org
Open	수~월 10:00~17:00
Close	화요일, 독립기념일, 추수감사절, 크리스마스 연휴
Cost	**성인** 평일 $25, 주말 $29 **65세 이상 및 학생** 평일 $21, 주말 $24 **4~11세** $13 **4세 이하** 무료
GPS	34.129285, -118.114481

Pasadena
②
캘리포니아 공과대학교
Caltech, California Institute of Technology

LA를 대표하는 지성과 만나고 싶다면, 캘리포니아 공과대학교로 가보자. 칼텍이라 불리는 이곳은 한국의 연세대와 고려대처럼 미국의 MIT와 우열을 가리기 위해 치열하게 경쟁하는 사립 공대이다. 미국 인기 시트콤 〈빅뱅 이론〉의 주인공들이 칼텍에서 근무하는 천재 과학자들로 등장해 더욱 이름을 날렸다. 노벨 수상자 또한 33명이나 배출한 유명 공과대이니 그들의 흔적을 느껴 보고 싶다면 방문 필수.

Address	1200 E California Blvd, Pasadena
Tel	626-395-6811
Web	www.caltech.edu
GPS	34.137737, -118.125430

Pasadena
③
노턴 사이먼 미술관 Norton Simon Museum

캘리포니아 버클리 대학 출신의 대부호 노턴 사이먼의 개인 소장품을 전시한 미술관으로, 개인 소장품이라 하기엔 놀라운 정도의 근대와 현대를 아우르는 여러 작품들이 전시되어 있다. 정원엔 로댕과 드가의 조각들, 미술관 내부로 들어가면 세잔, 고갱, 고흐, 장 앙투안 와토, 렘브란트, 산드로 보티첼리, 피카소, 페테르 루벤스 등 14~20세기 인상파 화가들의 작품을 만나 볼 수 있다.

Address	411 W Colorado Blvd, Pasadena
Tel	626-449-6840
Web	www.nortonsimon.org
Open	월·수·목 12:00~17:00, 금·토 11:00~20:00, 일 11:00~17:00
Close	화요일, 추수감사절, 크리스마스
Cost	성인 $15, 62세 이상 $12
GPS	34.146187, -118.159742

Pasadena
④
로즈 볼 스타디움 Rose Bowl Stadium

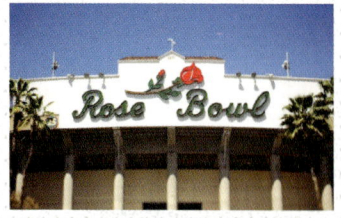

미국에서 가장 유명한 경기장 중 하나로 10만 명의 관중을 수용할 수 있다. UCLA 풋볼 팀의 홈구장이며, 매년 1월 대학 미식축구 최종전이 열리는 곳으로도 유명하다. 패서디나의 상징과 마찬가지로 스타디움의 상징 또한 붉은 장미다. 1932년, 1984년 올림픽 경기장으로 사용되었고, 1994년에는 월드컵 결승전이 열리기도 했다. 매월 둘째 주 일요일에는 이곳 주차장에서 벼룩시장이 열리는데 세계에서 가장 큰 규모의 벼룩시장으로 알려져 있다.

Address	1001 Rose Bowl Dr, Pasadena
Tel	626-577-3100
Web	www.rosebowlstadium.com
GPS	34.161533, -118.167635

Around Los Angeles

팜 스프링스
Palm Springs

추천 근교 여행지

캘리포니아 남부의 코첼라 밸리Coachella Valley에 위치하고 있는 팜 스프링스는 한 시대를 풍미했던 미국의 전설적인 스타인 프랭크 시나트라와 엘비스 프레슬리가 사랑했던 사막 한복판의 휴양지이다. LA에서 동쪽으로 117km 떨어져 있어 차로는 1시간 반에서 2시간 정도 소요되고 온천과 골프장, 카지노로 유명해 말 그대로 '놀고 먹고 쉬기 좋은' 휴양지이다. 팜 캐니언 드라이브Palm Canyon Dr와 인디언 애비뉴Indian Ave가 이곳의 중심가라 할 수 있는데 대로변을 기준으로 레스토랑과 카페, 호텔, 쇼핑 숍 등이 늘어서 있다. 여유로운 햇살을 즐기며 사막에서 즐기는 특별한 휴식을 만나고 싶다면 이곳으로 가보자.

Access LA의 Union역에서 암트랙 기차를 타고 Palm Springs역까지 이동 (2시간 30분 소요) 후 시내까진 택시를 이용한다.
GPS 33.831399, -116.554226

Palm Springs

팜 스프링스 에어리얼 트램웨이
Palm Springs Aerial Tramway

1963년 완공된 이 케이블카는 바위산인 치노 캐니언(Chino Canyon)에 위치하고 있으며 코첼라 밸리와 샌저신토 봉우리(San Jacinto Peak)를 연결해준다. 360도로 돌면서 빠르게 운행하는 덕분에 여러 각도에서 각기 다른 전망을 볼 수 있어 매력적이다. 회전식 트램웨이로는 세계 최대 규모를 자랑한다! 최대 80명까지 탑승 가능하며 3,300m 산 정상에는 전망대와 식당, 극장 등의 부대시설이 있고 캠핑이나 스키, 트레킹을 즐기는 현지인들로 언제나 북적이는 인기 관광지이다.

Address	1 Tram Way, Palm Springs, CA 92262
Tel	760-325-1391
Web	www.pstramway.com
Open	월~금 10:00~20:00, 토·일 08:00~20:00
Cost	성인 $28.95, 65세 이상 $26.95, 어린이 $16.95
GPS	33.837737, -116.615254

Palm Springs

조슈아 트리 국립공원
Joshua Tree National Park

캘리포니아 남동부에 위치한 국립공원으로 3,214㎢ 면적의 국립공원이다. 특이한 지형과 바위, 조슈아 나무, 선인장 나무로 유명하며 이국적이고도 독특한 풍경이 인기다. 특히 밤이 되면 별빛이 쏟아지는 아름다운 풍경을 볼 수 있어 많은 사람들이 기념사진을 촬영하기 위해 방문한다.

Address	6554 Park Blvd, Joshua Tree
Tel	760-367-5500
Web	www.nps.gov/jotr
Cost	연간 패스 $80 ※ 입장료는 공원마다 다르니 입장 전 체크 필요
GPS	33.987368, -116.123404

Palm Springs

JW 메리어트 데저트 스프링 리조트 & 스파
JW Marriott Desert Springs Resort & Spa

룸의 개수만 900개가 넘는, 팜 스프링스를 대표하는 인기 호텔 중 한 곳이다. 호텔 초입의 플라멩고가 이곳의 상징이며 넓은 부지 내에는 여러 개의 야외 수영장을 비롯해 골프 코스, 호수, 보트, 오락실, 스타벅스 등을 갖추고 있어 호텔이 아닌 테마파크 느낌에 가깝다. 사막의 바람이 차가워지는 저녁이면 정원에 모닥불을 켜주어 더욱 운치가 있다.

Address	74-855 Country Club Dr, Palm Desert
Tel	760-341-2211
Web	www.marriott.com
Cost	$420~
GPS	33.761348, -116.391773

Special Page

주제별 **테마파크**를 **골라 가는** 방법

Theme Park

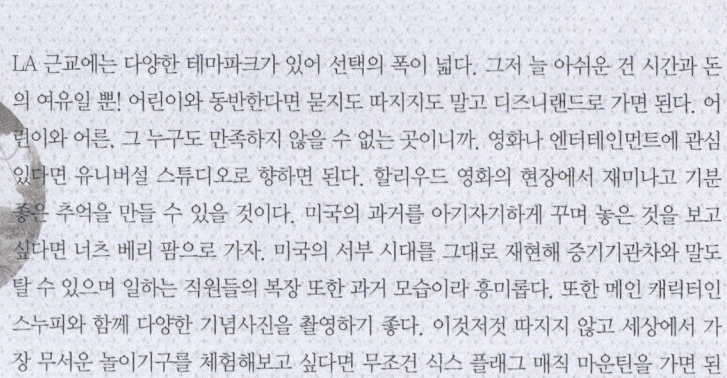

LA 근교에는 다양한 테마파크가 있어 선택의 폭이 넓다. 그저 늘 아쉬운 건 시간과 돈의 여유일 뿐! 어린이와 동반한다면 묻지도 따지지도 말고 디즈니랜드로 가면 된다. 어린이와 어른, 그 누구도 만족하지 않을 수 없는 곳이니까. 영화나 엔터테인먼트에 관심있다면 유니버설 스튜디오로 향하면 된다. 할리우드 영화의 현장에서 재미나고 기분 좋은 추억을 만들 수 있을 것이다. 미국의 과거를 아기자기하게 꾸며 놓은 것을 보고 싶다면 너츠 베리 팜으로 가자. 미국의 서부 시대를 그대로 재현해 증기기관차와 말도 탈 수 있으며 일하는 직원들의 복장 또한 과거 모습이라 흥미롭다. 또한 메인 캐릭터인 스누피와 함께 다양한 기념사진을 촬영하기 좋다. 이것저것 따지지 않고 세상에서 가장 무서운 놀이기구를 체험해보고 싶다면 무조건 식스 플래그 매직 마운틴을 가면 된다. 현존하는 지구상 최고의 롤러코스터는 이곳에 모두 모여 있다. 식스 플래그 매직 마운틴만 빼면 모두 LA에서 대중교통으로 방문이 가능하고 티켓은 한국에서 미리 구매할 수도 있다.

테마파크마다 저렴하게 입장권을 판매하는 루트가 다르니 꼭 미리 확인하자. 거금의 돈이므로 조금만 찾아도 몇십 달러 이상 차이가 날 수 있다. 티켓을 구매하는 방법은 한국에서 온라인으로 사전 구매, LA 현지 한국인 여행사를 통해 구매, 코스트코 회원이라면 미국 코스트코 매장에 회원 카드를 가지고 가서 구매, 시간적 여유가 된다면 UCLA의 티켓 오피스를 방문해 구매, LA에 방문한 후 숙박업소나 인포메이션 센터의 할인 쿠폰을 적용 받아 현장 구매 등의 방법이 있다.

Special Page

유니버설 스튜디오
Universal Studio

🔍 영화 마니아들에게 추천

연간 7천만 명 이상이 다녀가는 인기 테마파크로 특히 영화를 좋아한다면 반드시 들러야 할 곳이다. 미국 할리우드 영화산업의 현주소를 알 수 있는 곳으로, 인기 영화의 촬영 현장과 스튜디오를 그대로 재현해 관람객이 직접 체험할 수 있으며 신나는 놀이기구들이 많아 즐겁다.

내부는 위쪽 Upper Lot과 아래쪽 Lower Lot으로 구분이 되는데 입구는 식사와 쇼핑, 영화관, 클럽, 게임 등을 즐길 수 있는 시티 워크City Walk로 꾸며져 있다. 입구를 통과하면 바로 어퍼 로트로 연결되는 구조이다.

Address	100 Universal City Plaza, Universal City
Tel	800-864-8377
Web	www.universalstudioshollywood.com
Open	화~금 10:00~18:00, 토~월 09:00~19:00
Cost	1-Day $109, Universal Express $189 VIP Experience $349 ※ 입장하는 날짜별 가격 차이 있음
Access	메트로 레드 라인 Universal City/Studio City역 하차
GPS	34.138410, -118.353260

Tip 2 알아두면 유용한 팁

- **애플리케이션 설치는 필수**: 지도, 어트랙션 탑승 대기시간, 쇼나 퍼레이드 시간 확인, 내가 탑승한 어트랙션 체크 가능
- **아침 식사는 꼭 하고 가세요**: 오전에 문을 여는 식당이 없으니 무조건 아침 식사 후 입장할 것
- **티켓 출력 및 휴대폰 저장 필수**: 입장처에서 바로 확인이 되니 기다리는 시간 없이 입장 가능
- **대기시간 확인하며 일정 수시로 변경하기**: 내부는 상부와 하부로 나뉘어져 있지만 실시간으로 각 어트랙션별 대기시간을 확인 후 바꾸어가며 이동해야 하나라도 더 즐길 수 있다. 물론 익스프레스/VIP 티켓은 해당 없음
- **익스프레스 티켓의 가격이 부담스럽다면**: 아침 일찍 오픈 시간 전에 가서 대기했다가 입장할 것
- **방문일의 혼잡도 체크**: 홈페이지 및 애플리케이션을 통해 당일 혼잡도를 확인하는 것 필요
- **싱글 라이더 활용하기**: 앞 좌석의 빈자리에 일행 없이 혼자 탈 수 있어 좀 더 빠른 탑승이 가능
- **가장 인기가 많은 곳부터 방문**: 입장하자마자 해리포터와 심슨 존부터 방문해야 시간이 절약됨
- **점심 식사는 유니버설 시티워크에서**: 수많은 입장자들이 비슷한 시간에 점심 식사를 하므로 이 시간엔 어트랙션 대기가 줄어드는 대신 식당이 붐비니 상대적으로 한가한 유니버설 시티워크에 가서 식사할 것(나가면서 팔에 스탬프를 받아두면 추후 재입장 가능).
- **야경 놓치지 마세요**: 밤이 되면 조명이 들어와 또 다른 모습으로 멋지게 변해 사진 촬영하기 좋다.
- **캐릭터와 사진 촬영은 미루지 말기**: 놓치면 다시 만나기 힘들고 늘 줄이 길기 때문에 보이면 바로바로 사진 찍자고 하세요~
- **기념품 구매는 마지막에**: 보관함에 짐을 넣어야 하는 경우도 있고, 긴 줄 대기 중 계속 들고 있어야 하니깐
- **물 반입 가능**: 음식물은 안 되지만 물은 가지고 입장할 수 있으니 가방에 여유가 있다면 챙겨갈 것

Tip 1 입장권은 크게 3가지!

1. **일반 자유이용권**
   1-Day General Admission 혹은 2-Day General Admission 선택 가능
2. **빠른 입장 자유이용권**Universal Express
   – 1개의 어트랙션당 1회에 한해 대기 없이 이용 가능
   – 학교 방학이나 성수기 등의 시즌엔 더 붐비므로 이를 감안해 선택할 것
   – 어트랙션 이용 시 별도의 익스프레스 라인으로 바로 입장 가능
3. **VIP 자유이용권**VIP Experience
   제한 없이 바로 입장 및 이용 가능, 무료 발렛 서비스, VIP 키트 제공, VIP 트롤리 탑승, VIP 가이드 제공, VIP 라운지 및 식당 이용 가능, 공연 입장 시 우선 입장+공연 참가+배우와의 사진 촬영 가능

Universal Studio 01
위자딩 월드 오브 해리포터
The Wizarding World of Harry Potter

Upper Lot에 가장 크게 있는 최고 인기 존으로 어트랙션 2개와 상점, 호그스미드와 호그와트 급행열차, 론과 해리의 하늘을 나는 자동차가 있다. 거대한 호그와트 성이 보이는 입구에서부터 영화 OST 음악이 나와 마치 영화 속 주인공이 된 기분이 든다. 올리밴더의 지팡이 상점에서는 마법사가 지팡이로 주문을 외우고 마법이 실제로 일어나는 걸 보여주며 책과 영화에 등장하는 버터맥주와 교복, 지팡이, 망토, 빗자루, 사탕 구입이 가능해 인기이다.

Universal Studio 02
해리포터 앤 더 포비든 저니
Harry Potter and the Forbidden Journey

3D 영상과 4D 기술이 집약된 기구로 호그와트 성 내부에서 펼쳐지는 4인승 어트랙션이다. 로보코스터라는 특수 개발된 롤러코스터를 타고 해리와 함께 스니치 게임, 퀴디치 게임을 즐긴다. 빗자루를 타고 호그와트 성을 날아다니며 용과 대결하고 해리의 부모를 죽인 악당 볼드모트를 만나 그들을 해치우기도 한다. 실제 바람과 열, 냄새 등의 특수효과까지 체감이 가능해 더욱 실감 난다.

Universal Studio 03
플라이트 오브 더 히포그리프 **Flight of the Hippogriff**

가족이 다 같이 즐길 수 있는 야외 롤러코스터로, 해리포터에 나오는 신비한 동물 '히포그리프'를 테마로 한다. 탑승시간은 1분 6초.

Universal Studio 04
드림웍스 시어터 피처링 쿵푸 팬더
DreamWorks Theatre Featuring Kung Fu Panda

누구나 무난하게 탑승할 수 있는 놀이기구로 극장 의자에 앉아 영화를 관람하지만 입체적인 느낌이 강해 재미까지 더해진다. 인테리어 공간을 스크린으로 활용하는 프로젝션 매핑이 되어 있고, 360도 서라운드 사운드 오디오 등 최첨단 기술을 활용해 구성했다.

Universal Studio 05
디스피커블 미 미니언 메이헴 **Despicable Me Minion Mayhem**

최근 엄청난 인기를 끌고 있는 미니언 캐릭터가 총출동하는 4D 영화로, 긴 줄을 대기하는 중에도 지루하지 않도록 다양한 캐릭터를 만날 수 있게끔 꾸며졌다. 영화를 관람하는 동안 안전벨트는 필수이며, 영화가 끝난 뒤에는 미니언과의 유쾌한 댄스 타임도 즐길 수 있다.

Universal Studio 06
스튜디오 투어 Studio Tour

트램을 타고 창밖을 보면서 가이드의 설명과 함께 영화 세트장을 관람하는 것이다. 해당 영화의 촬영 장면, 그리고 특수 효과에 대해 설명해주어 영화를 좋아하는 이들에게 인기이다. 특히 자동차의 폭파나 지진, 홍수, 해일, 비행기 폭파, 화재의 현장 등을 실감 나게 볼 수 있어 놀라움의 연속인데, 이러한 이유로 유니버설 스튜디오의 방문객 누구에게나 가장 사랑받고 있다. 우리가 아는 유명한 영화 〈킹콩〉〈분노의 역류〉〈죠스〉〈우주 전쟁〉과 드라마 〈위기의 주부들〉〈워킹 데드〉 등의 세트장을 볼 수 있어 흥미롭다. 투어는 40분간 진행되며 투어 도중 버스에서 내려 특수 촬영 현장을 직접 방문하기도 한다. 이때 참가자 중 몇 명을 뽑아 그 촬영 현장 속 주인공이 되는 체험을 하게 해준다.

Universal Studio 07
트랜스포머 더 라이드 Transformers : The Ride-3D

NEST라는 트랜스포머들의 기지를 콘셉트로, EVAC이란 기구에 올라타서 디셉티콘들과 싸우는데 Battle Glasses라는 특수 안경을 착용 후 전투에 임한다. 기구를 타고 이동하면 스크린에 나오는 영상에 맞춰 움직여 상당히 현실적이다. 마지막에 빌딩에서 떨어지다가 범블비가 안전하게 구해주는 상황으로 종료되나 실감 나게 꾸며놓은 내부 덕분에 긴장감과 몰입도가 최고다.

Universal Studio 08
더 심슨 라이드 The Simpsons Ride

화려하고 알록달록하게 꾸며진 공간 자체가 시선을 끈다. 3D 형식으로 실내에서 펼쳐지는 라이드이다. 다양한 연령층에 인기가 많고, 나이 제한이 없어 가족 여행자가 즐기기에도 좋다.

Universal Studio 09
패스트 & 퓨리어스 슈퍼차지드
Fast & Furious - Supercharged

인기 영화에 캐스팅된 스타들과 함께 시속 190km가 넘는 고속 추격을 하는 다크라이드다. 세계에서 가장 넓은 360도 화면에 투영된 3D-HD 이미지를 통해 최첨단, 초현실적인 특수 효과의 세계를 체험하게 된다.

Universal Studio 10
쥬라기 공원 Jurassic Park the Ride

불을 뿜어내는 공룡을 볼 수 있는 곳으로 16인승 보트를 타고 밀림과 강을 오가며 여러 가지 볼거리를 체험할 수 있다. 보트를 타고 이동하는 중간에 영화 속에서 실제 사용했던 특수 효과를 보여주는데 티라노사우루스가 예고 없이 등장하기도 하고, 타고 있던 보트가 급강하해 스릴이 넘친다. 여러 번 물을 맞을 기회(?)가 생기므로 물에 젖어선 안 되는 것들은 들고 타지 않는 것이 좋다.

Universal Studio 11
워터 월드 Water World

케빈 코스트너 주연의 영화 〈워터 월드〉를 재현한 공연으로 언제나 인기가 많아 자리 잡기가 힘드니 미리미리 공연장에 가자. 남자 주인공이 제트 스키를 타면서 계속 물 폭탄을 뿌리므로 앞쪽에 앉을 경우 젖는 것에 대비할 것. 물 위에서 펼쳐지는 불길은 진짜처럼 느껴질 만큼 흥미진진하다.

Special Page

디즈니랜드 리조트
Disneyland Resort

🔍 가자, 꿈과 희망의 나라로!

GPS 33.810934, -117.918998

LA의 남동쪽 애너하임에 위치하여 디즈니랜드 파크, 디즈니 캘리포니아 어드벤처, 디즈니 호텔, 다운타운 디즈니를 '디즈니랜드 리조트'라 부른다. 상당히 넓은 공간이므로 개장 시간부터 긴 줄이 이어지니 반드시 아침 일찍 가는 것이 좋고, 인터넷으로 미리 티켓을 사 두어야 현장에서 줄 서는 시간을 줄일 수 있다. 패스트 패스Fast Pass를 구매하면 이용이 편리한데, 놀이기구 입구의 기계에서 티켓을 뽑으면 자신이 입장 가능한 시간이 나오니 긴 줄을 무작정 기다리며 시간과 체력을 낭비할 필요가 없다. 지도에 패스트 패스가 가능한 어트랙션이 표시되어 있고, 이곳에서는 약자로 'FP'라고 부른다.

냄새나는 음식들 제외한 샌드위치나 감자 칩, 과일 등의 반입은 가능하며, 디즈니랜드 파크와 디즈니 캘리포니아 어드벤처를 한 번에 모두 보는 것은 추천하지 않는다. 한 곳만 제대로 보기도 힘들 만큼 스케일이 큰 곳이기 때문이다. 방문 전 웹 사이트를 통해 '엑스트라 매직 아워Extra Magic Hour' 적용이 가능한지 체크해보자. 직영 호텔에 머무는 투숙객 혹은 애뉴얼 패스를 소지한 자에게 주는 혜택이 있는 날로, 1시간 일찍 입장과 1시간 늦게 퇴장이 가능하다. 이렇듯 다양한 방법과 채널을 고려해 방문할 범위, 머물 시간 등의 일정을 짠 다음 즐기러 가보자!

ⓒ캘리포니아관광청

Disneyland Resort

디즈니랜드 파크 Disneyland Park

지구촌 어린이의 꿈과 환상이 가득한 곳으로, 매일 동화처럼 펼쳐지는 아름다운 동심의 세계를 체험할 수 있는 곳이다. 1955년 개장한 이후 현재 5억 명 이상이 방문했으니 얼마나 인기 있는 곳인지는 더 이상의 설명이 필요 없을 정도. 내부는 디즈니랜드 파크와 캘리포니아 어드벤처가 나란히 이웃해 있다. 매일 펼쳐지는 퍼레이드 쇼는 이곳의 하이라이트라 반드시 볼 것을 추천하고, 여름철에 진행되는 밤의 불꽃놀이 또한 아름다우니 가능한 한 밤늦게까지 머물며 감상할 권한다. 그림처럼 아름다운 디즈니 성과 그 뒤에 보이는 불꽃놀이의 조화는 말 그대로 환상이다.

워낙 거대한 공간이지라 공원의 외곽까지 순환하는 모노레일과 미니 열차가 있어서 이를 이용해 이동하면 편리하다. 미니 열차는 디즈니랜드 내를 모두 돌고, 모노레일은 디즈니랜드와 다운타운 디즈니를 왕복한다. 공원 내에서는 여러 유명 디즈니 캐릭터의 의상을 갖춰 입고 사진 촬영을 해주는 직원들이 많으니 그들이 다가온다면 자연스럽게 웃고 사진을 찍자. 사진을 촬영하고 나면 바코드를 주는데, 웹 사이트에 접속한 후 인화를 신청할 수 있다. 물론 유료다. 입장하자마자 입구에 있는 지도와 타임 가이드Time Guide를 챙기자. 그날 진행되는 쇼와 퍼레이드 시간을 확인할 수 있는 중요한 자료이다. 또한 하루에 몇 번 재입장이 가능한 파크 호퍼Park Hopper 패스를 구매하면 중간에 왔다 갔다 하기 편리하다.

Address 1313 Disneyland Dr, Anaheim
Tel 714-781-4636
Web disneyland.disney.go.com
Open 월~목 08:00~22:00,
　　　　금~일 08:00~23:00
Cost $104~149
　　　※ 입장하는 날짜별 가격 차이 있음
Access 메트로 버스 460번 Disneyland역 하차
GPS 33.812359, -117.918921

메인 스트리트 Main St
디즈니랜드의 가장 중심이 되는 길이자 이곳의 상징인 디즈니 성과 기념품 숍, 각종 인포메이션 센터 등이 있는 곳이다. 또한 디즈니랜드의 중요 행사 중 하나인 모든 퍼레이드가 시작되는 길이기도 하다.

어드벤처랜드 Adventureland
이곳에선 조지 루카스 감독의 영화 〈인디애나 존스〉를 거의 그대로 재현해 낸 인디애나 존스 어드벤처Indiana Jones Adventure가 가장 인기이다. 짧은 시간 동안 스릴과 긴장감을 느낄 수 있으며 영화 속 주인공이 된 듯한 착각에 빠지게 만든다. 인기 어트랙션이므로 긴 줄을 각오하자.

판타지랜드 Fantasyland
디즈니 영화 속 여러 캐릭터들을 만날 수 있는데 특히 어린이들에게 인기 만점이다. 72마리의 하얀 말이 달리는 아서 왕의 회전목마King Arthur Carrousel, 눈사람이 기다리는 얼음 동굴을 빠르게 달려가는 마터호른 봅슬레이Matterhorn Bobsleds, 배 아래로 보이는 풍경이 아름다운 피터 팬의 비행Peter Pan's Flight 등이 인기이다.

미키 툰타운 Mickey's Toontown
디즈니의 대표 캐릭터인 미키, 미니, 도널드 덕, 구피 등을 모두 만날 수 있어 언제 가도 북적북적하다. 미키와 미니의 집을 방문해 그들의 집과 살림 도구를 구경하는 재미가 있으며, 빙글빙글 돌아가는 자동차를 타고 만화 속 세상을 구경하는 로저 래빗 카 툰 스핀Roger Rabbit's Car Toon Spin이 인기다.

투모로우랜드 Tomorrowland
미국 영화의 크나큰 획을 그은 여러 SF 영화 속으로 여행을 떠나보자. 미국 영화산업의 현주소를 확인할 수 있는데 최신의 다양한 고급 기술을 모두 체험해볼 수 있기 때문이다. 특히 노란 잠수함에서 창밖으로 니모를 만날 수 있는 니모를 찾아서Finding Nemo, 빠른 속도의 우주선을 타고 달리는 스페이스 마운틴Space Mountain, 〈스타 워즈〉의 영화 속 모습을 낱낱이 즐길 수 있는 스타 투어스Star Tours가 인기이다.

프런티어랜드 Frontierland
미국 서부 개척기 시절의 모습을 그대로 재현해 어른들의 향수를 자극한다. 또한 디즈니랜드의 베스트 인기 쇼 중 하나인 판타즈믹이 열리는 곳이기도 하니 반드시 가봐야 한다. 판타즈믹은 물과 빛의 어우러짐이 아름다운 쇼로, 프런티어랜드 강가에서 진행된다. 디즈니 캐릭터가 모두 출동해 기념사진을 촬영하느라 모두 바쁘다. 빅 선더 마운틴 레일로드Big Thunder Mountain Railroad는 골드러시 시대의 폐광을 무대로 한 롤러코스터로, 곧 무너질 듯한 광산을 질주하며 스릴이 넘친다. 강변을 중심으로 유유히 떠다니는 배도 보일 텐데 이것이 바로 마크 트웨인 리버보트Mark Twain Riverboat이다. 배 안에서는 밴드 음악을 들으며 평화롭게 공원을 둘러보는 투어가 가능하다.

뉴올리언스 광장 New Orleans Square
미국 남부 도시인 뉴올리언스의 19세기 풍경을 재현한 곳이다. 이곳에서 인기인 어트랙션은 캐리비안의 해적Pirates of the Caribbean이다. 커다란 배를 타고 한 바퀴 도는 것인데, 가만히 앉아 구경하는 것이다 보니 호불호가 갈린다.

Disneyland Resort
❷
디즈니 캘리포니아 어드벤처 파크
Disney California Adventure Park

2001년 오픈해 2012년 리노베이션한 곳으로, 디즈니랜드보다는 작은 규모이며 바로 맞은편에 위치하고 있다. 이곳의 타깃은 어린이가 아니라 어른이다. 디즈니랜드보다 좀 더 강력하고 파워 넘치는 어트랙션들 위주로 꾸며진 셈이다. 입구에 놓여 있는 지도와 쇼의 시간표를 먼저 챙겨 어디부터 볼 것인지를 정해야 시간을 절약할 수 있고, 매일 밤 펼쳐지는 불꽃놀이와 매일 낮에 진행되는 퍼레이드 또한 빼놓으면 안 될 주요 볼거리다. 내부는 총 7개의 섹션으로 나누어져 있고 어른에게 맞춘 콘셉트의 테마파크답게 캘리포니아 와인을 판매하는 와이너리와 맥주를 판매하는 펍 또한 갖추고 있다. 이곳도 디즈니랜드처럼 패스트 패스가 있으니 이를 활용해 줄을 서지 말고 어트랙션을 하나라도 더 즐겨보자.

| Open | 월 09:00~21:00, 화~목 10:00~20:00, 금~일 08:00~22:00 |
| Cost | $104~149 |

※ 입장하는 날짜별 가격 차이 있음

할리우드랜드 Hollywood Land
미국의 영화 세트장과 뉴욕 브로드웨이 뮤지컬 무대를 그대로 재현하여 영화와 뮤지컬을 사랑하는 이들에게 늘 인기이다.

그리즐리 피크 Grizzly Peak
캘리포니아의 국립공원 콘셉트로 꾸며져 있어 입구에서부터 침엽수림이 가득하다. 테마파크가 아닌 숲이 우거진 수목원을 걸어 들어간 듯하다.
이곳에 자리한 소어린 어라운드 더 월드Soarin' Around the World는 24m 높이의 아이맥스 극장에서 행글라이더를 타고 대자연 및 세계의 랜드 마크를 볼 수 있는 어트랙션으로, 마치 하늘을 나는 기분이다.
또한 그리즐리 리버 런Grizzly River Run은 캘리포니아 주의 상징인 그리즐리 곰을 테마로 꾸며져 폭포와 바위들 사이에서 래프팅을 즐길 수 있는 어트랙션이다. 두 번이나 물에 빠지게 만들어 그 누구도 안 젖을 수가 없으니 각오를 하고 탑승할 것

파라다이스 피어 Paradise Pier
디즈니 캘리포니아 어드벤처 파크에서 가장 큰 규모를 자랑하는데 인공 호수를 끼고 있어 운치가 있다. 미국 서부의 해안가를 그대로 재현해 놓았으며 스릴 넘치는 10개 이상의 놀이기구를 갖추고 있다. 점핑 젤리피시Jumpin' Jellyfish는 컬러풀한 원색의 동그란 놀이기구를 타고 천천히 올라갔다가 내려오는데 난이도가 높지 않아 아이와 함께 탑승하는 가족에게 인기가 많다.

부에나 비스타 스트리트 Buena Vista St
디즈니 캘리포니아 어드벤처 입구에 월트 디즈니가 과거 애니메이션 사업을 처음 시작했던 거리를 그대로 재현했다. 매일 진행되는 퍼레이드가 시작되는 곳이자 빨간색 트롤리 또한 이곳을 오간다.

카스랜드 Cars Land
2012년 오픈한 곳으로 영화 〈카〉를 재현했다. 라디에이터 스프링스 레이스Radiator Springs Race가 가장 대표적인 어트랙션으로, 4~6인용 오픈 스포츠카를 타고 달릴 수 있어 인기가 많다.

Disneyland Resort

3
다운타운 디즈니 Downtown Disney District

디즈니랜드를 방문한 수많은 차량이 자리한 주차장과 디즈니랜드, 그리고 호텔들 사이에 위치한 지역으로, 공원 사이의 중심가라고 보면 된다. 여러 가지 종류의 레스토랑과 기념품 숍, 영화관, 클럽 등이 있어 밤에도 즐길 거리가 많다. 다양한 거리 공연도 많아 시간 가는 줄 모르고 즐기게 된다.
단, 예쁘게 잘 만들어진 여러 가지 디즈니 관련 캐릭터 상품들을 한두 개씩 집다 보면 상상도 하지 못한 가격의 계산서를 받아 보게 될 것이니 주의하도록 하자.

디즈니랜드의 숙소

애너하임 주변에는 다양한 숙박업체들이 많아 숙소가 없어 고민할 일은 없다. 다만 열심히 손품을 팔수록 좀 더 저렴한 가격에 좋은 호텔을 잡을 수 있다. 지역의 특성상 대부분의 숙소가 호텔 숙박권과 디즈니랜드 입장권을 묶어서 함께 판매하기도 하고 디즈니랜드까지 무료 셔틀버스를 운행하는 곳이 많아 편리하다.

디즈니랜드 호텔 Disneyland Hotel
디즈니랜드에서 직접 운영하는 호텔로 970개의 객실은 언제나 만실일 정도로 인기가 많다. 내부는 온통 디즈니 캐릭터들로 꾸며져 있어 특히 어린이들에게 인기 만점. 3개의 수영장과 구피스 키친 레스토랑 등의 부대시설 또한 많은 이들에게 사랑받고 있다.

디즈니 파라다이스 피어 호텔 Disney's Paradise Pier Hotel
미국의 전형적인 휴양지 분위기의 호텔로 객실 수만 502개에 이른다. 객실에서 디즈니 캘리포니아 어드벤처가 보일 정도로 가까운 위치라 이동이 편리하다. 옥상의 수영장과 롤러코스터 워터 슬라이드를 부대시설로 갖추고 있어 젊은 커플들에게 인기가 많다.

디즈니 그랜드 캘리포니안 호텔 & 스파
Disney's Grand Californian Hotel & Spa
디즈니 캘리포니아 어드벤처와 연결돼 이동이 편리하다. 750개의 객실로 이루어진 거대한 규모이며, 온수 풀과 스파가 있어 나이 지긋한 가족을 동반한 여행자에게 인기이다. 유럽풍의 분위기가 물씬 풍겨 상당히 고급스럽다.

Special Page

강심장을 위한 테마파크

식스 플래그 매직 마운틴
Six Flags Magic Mountain

북미 지역에만 30개의 테마파크를 보유한 체인으로, LA에서 북쪽으로 60km 떨어져 있다. 나무로 만든 롤러코스터와 물 위를 달리는 제트코스터 등 세계 최고의 롤러코스터들을 50개 이상 보유하고 있으며, 스릴 넘치는 놀이기구 마니아들의 엄청난 지지와 사랑을 받고 있다. 난이도가 높은 것들만 있는 곳이니만큼 신장의 제한이 엄격하고, 내부의 규모 또한 엄청 커서 사전에 동선을 짠 후 이동할 것을 권한다.

언제 가도 줄을 서야 하므로 대기할 필요 없이 바로 입장이 가능한 플래티넘 플래시 패스Platinum Flash Pass를 구매하는 것이 좋다. 등급에 따라 레귤러/골드/플래티넘으로 나누어져 있는데 등급이 높을수록 대기 시간이 짧고, 대기 라인에 있다가 신호가 오면 바로 들어가 탑승할 수 있다. 무서운 롤러코스터들이 대부분이지만 그렇다고 해서 어린이가 즐길 곳이 없는 것은 아니다. 벅스 바니 월드Bugs Bunny World나 워터파크인 허리케인 하버Hurricane Harbor는 온 가족이 즐길 수 있다. 허리케인 하버는 휴가 시즌을 제외하면 주말에만 오픈하고 매일 운영시간이 달라지니 방문 전 웹 사이트 체크는 필수다. 냄새나는 음식을 제외한 샌드위치나 감자칩, 과일 등은 반입 가능하며 티켓 구입 시 연간 디너 팩을 구입하면 입장하는 날마다 점심, 간식, 저녁 이렇게 3번의 식사를 메뉴판에서 골라 먹을 수 있어 경제적이다.

이곳에서 가장 인기 있는 음식은 바로 퍼넬 케이크Funnel Cakes! 휘핑크림이 잔뜩 올라간 달달한 케이크인데, 심신의 에너지를 왕창 쓰는 곳이라 그런지 이런 고열량의 음식이 인기가 있다.

Address 26101 Magic Mountain Pkwy, Valencia
Tel 661-255-4100
Web www.sixflags.com
Open 월~금 10:30-18:00, 토·일 10:30-20:00
Cost 1일권 $65
GPS 34.425587, -118.597208

Tip 알아두면 유용한 팁
- **애플리케이션 설치는 필수**: 내비게이션 지도와 각 어트랙션별 탑승 대기시간 체크 기능
- **짐은 최소한만 들고 입장**: 과격한 놀이기구가 많아 대부분의 짐은 들고 탈 수 없어 사물함에 맡겨야 하나 유료이고 규모 또한 작으니 최소한의 물건만 들고 입장할 것
- **셀카봉 금지**: 입장 시 셀카봉이 발견되면 돌려주지 않으니 아예 가지고 가지 말 것
- **음료 나눠 마시기**: 음료 주문 시 1통에 $20 가까이 내야 하지만 한 번 구입하면 공원 내에서 무제한 리필이 가능하니 2명 이상일 땐 유용
- **생일/학생증 할인**: 생일인 달에 방문하면 50%, 현지 학교 학생증 지참 시 할인이 되니 적극 활용할 것

Six Flags Magic Mountain 01
X2

세계에서 가장 무서운 롤러코스터로 MBC 〈무한도전〉에서 정준하가 요구르트를 공중에 흩뿌렸던 바로 그 기구다. 스키장의 리프트처럼 발이 허공에 뜬 상태로 등을 지고 거꾸로 달리는 형태인데 좌석마다 360도로 회전하며 레일 위를 엄청 빠르게 달린다. 누워서 뒤로 가는 거라 앞을 볼 수 없으니 긴장감이 더해지고 눈을 뜨면 어디론가 튀어 나가거나 부딪칠 것 같아 스릴감이 최고조에 이른다. 앉아 있는 의자부터 마구 돌아가며 급강하하니 정신을 차릴 틈이 없다. 뒷좌석일수록 흔들림이 심하니 앞자리로 앉을 것을 추천.

Six Flags Magic Mountain 02
골리앗 Goliath

2016년 방송된 MBC 〈무한도전〉에서 정준하가 스파게티를 흩날린 놀이기구로 더욱 유명세를 탔다. 높이 78m에 시속 137km로 1,400m를 질주하면서 달리는데 그 속도 때문에 체감 스릴은 상상을 초월할 정도. 캄캄한 터널로 떨어지는 첫 출발점에서부터 어마어마한 괴성이 들려온다.

Six Flags Magic Mountain 03
아포칼립스 Apocalypse

최신 기술을 적용한 거대한 롤러코스터지만 삐걱대는 나무로 만든 레일 위를 달려 밑으로 곧 떨어질 것만 같은 아슬아슬한 스릴을 느낄 수 있다. 롤러코스터를 타면 바닥에 떨어져 있는 수많은 대못들이 보이는데 이 순간부터 괜한 공포감이 추가되어 더욱 긴장을 늦출 수 없게 만든다.

Six Flags Magic Mountain 04
슈퍼맨: 이스케이프 프롬 크립톤
SUPERMAN: Escape from Krypton

골리앗보다 더 높이 솟아 있는 놀이기구로 7초간 무중력 상태로 있으며 이름 그대로 슈퍼맨처럼 하늘 위의 세계를 체험해볼 수 있다. 높이 120m까지 시속 1,600km의 속도로 수직 상승하다가 그대로 떨어져 웬만한 강심장이 아니고서는 탑승을 시도하기조차 어렵다.

Six Flags Magic Mountain 05
풀 스로틀 Full Throttle

거대한 원형 형태의 놀이기구로, 출발부터 엄청난 속도로 도는데 잠시도 정신을 차릴 틈을 안 주면서 끝없는 반전의 스릴이 넘친다. 리뷰 또한 워낙 많은 대표 인기 롤러코스터 중 하나.

Six Flags Magic Mountain 06
리들러 리벤지 The Riddler's Revenge

세계 최고의 서서 타는 롤러코스터로 길이 1,330m, 높이 48m에 시속 100km가 넘는다. 신장에 맞춰 안전 바가 고정이 되는데 의자도 없는 이 놀이기구에서 의지할 것이라고는 탑승한 자기 자신뿐! 360도 회전하면서 급강하를 끝없이 반복해 최강의 무서운 놀이기구 중 하나로 손꼽힌다.

Six Flags Magic Mountain 07
타츠 Tatsu

인기 롤러코스터 중 하나로, 일본어로 '날아다니는 야수'라는 뜻이다. 하늘로 올라가는 형태로 매달려서(?) 엎어진 채로 달린다. 빠른 속도로 달리다가 마지막 즈음에는 크게 한 번 떨어지면서 마무리를 한다. 고개를 들지 않으면 앞을 볼 수 없어 더욱 무섭지만 엎어진 상태로 달리다 보니 하늘을 나는 듯한 기분을 느낄 수 있다.

Six Flags Magic Mountain 08
크래재니티 CraZanity

75마일의 속도로 바이킹처럼 앞뒤로 움직이며 세계 최대라고 하는 17층 높이까지 올라가는 기구이다. 시계 반대 방향으로 원형 좌석이 270도 회전하는데 우리나라 롯데월드의 자이로스윙과 비슷하지만 스케일이 더 큰 편.

Western USA | Los Angeles

Special Page 4

미국 서부 시대의 향수

너츠 베리 팜
Knott's Berry Farm

1940년 문을 연 미국 최초의 테마파크로, LA에서 1시간 정도 떨어진 애너하임에 자리하며 가장 '미국스러운' 테마파크라는 평가를 받고 있다. 미국 서부 시대를 그대로 재현해 어른들에게는 향수를 자극하고 지금 시대의 사람들에겐 과거를 유추할 수 있는 좋은 장소가 되고 있어 가족 단위의 방문객이 많다. 이곳은 원래 딸기밭이었는데, 평범한 시민이었던 월터 노트와 그의 아내가 직접 재배한 과일과 잼, 프라이드치킨 등을 만들어 팔았고, 찾아오는 사람이 늘자 기다리는 이들을 위해 유령의 집을 시작으로 증기기관차와 마차, 놀이기구를 하나씩 만들며 지금의 모습이 되었다. 솜씨가 좋았던 아내 덕분에 Knott's는 지금도 미국의 슈퍼마켓에서 쉽게 발견할 수 있는 인기 잼이다. 너츠 베리 팜의 입구 왼쪽에 자리한 마켓 플레이스 Market Place 에서는 과거의 전통을 유지하고자 치킨과 딸기잼, 비스킷 등을 파는 상점이 있는데 언제 가도 발 디딜 틈 없이 인기이다.

내부는 5개의 테마로 구성되어 있고 다른 미국 내 테마파크에 비해 규모가 작은 편이라 구경하기 좋다. 스누피가 대표 캐릭터인 만큼 공원 내 여기저기에서 쉽게 만날 수 있다. 입장권은 패스트 레인 Fast Lane 구매 시 가장 인기 있는 놀이기구 12개를 대기 줄에 서지 않은 채 무제한 우선 탑승할 수 있으므로 고려해보자. 온몸이 물에 젖는 기회가 많으므로 우비 등을 준비해 가면 좋다. 디즈니랜드 리조트에서 차로 5분 거리에 위치해 있다.

Address 8039 Beach Blvd, Buena Park
Tel 714-220-5200
Web www.knotts.com
Open 월~목 10:00~18:00, 금~일 10:00~22:00
Cost 입장권 $69, 라이드 앤 슬라이드 티켓 $99
Access 메트로 버스 460번 La Palma & Beach역 하차
GPS 33.844559, -118.000214

Knott's Berry Farm 01
고스트 타운 Ghost Town

1880년대 캘리포니아 지대의 탄광촌을 재현했는데 실제 탄광촌 건물을 통째로 옮겨 둔 것이라고! 웨스턴 카우보이 스타일의 모자를 눌러쓴 보안관과 다양한 춤을 추는 댄서들이 등장해 볼거리가 많다. 나무로 만든 롤러코스터인 고스트 라이더Ghost Rider가 이곳의 대표 놀이기구인데, 움직일 때마다 삐걱대는 소리가 긴장감을 더한다. 높이 36m, 길이 1,380m로 2분 동안 13번 급강하하는 무시무시한 놀이기구이다.

Knott's Berry Farm 02
보드워크 The Boardwalk

슈프림 스크림Supreme Scream이 특히 인기인데, 83m를 천천히 올라갔다가 3초 만에 바닥으로 뚝 떨어진다. 또한 90도로 직진해 올라갔다 그대로 떨어지는, 너츠 베리 팜 최고의 스릴 롤러코스터 엑셀러레이터Xcelerator는 무시무시한 놀이기구를 좋아하는 사람이라면 꼭 타볼 것. 2018년 미국에서 가장 짜릿한 롤러코스터로 선정된 바 있는 행타임Hangtime은 미국 서부의 최초 Dive Coaster(다이빙하듯 수직으로 낙하는 코스터)로 유명하니 최고의 스릴을 원한다면 도전해보자.

Knott's Berry Farm 03
캠프 스누피 Camp Snoopy

너츠 베리 팜의 대표 캐릭터인 스누피의 마을로 연못 주변에서 펼쳐지는 거리 공연에서는 찰리 브라운과 루시도 만날 수 있다. 특히 어린이들이 이용할 만한 어트랙션이 많아 가족 단위 방문객에게 인기가 많다. 시에라 사이드윈더Sierra Sidewinder는 작은 우주선 기구가 레일 위를 움직이는 동안 자체적으로 회전을 하면서 롤러코스터를 달리는 어트랙션이다. 우드스탁 에어메일Woodstock's Airmail은 어린이용 기구로 벨트를 매고 앞이 뻥 뚫린 상태에서 수직으로 상승했다가 그대로 하강한다.

> ### Tip 1 알아두면 유용한 팁
> - **사전 구매 시 할인** : 자체 프로모션 혹은 구글 등의 검색을 통해 온라인으로 사전 티켓 구매 시 30~50% 할인가로 가능
> - **패스트 패스 구입** : 정문이 아닌 공원 입장 후 왼쪽 상점 옆의 안내 데스크에서 구매 가능
> - **내부 구성** : 놀이기구/테마파크/뮤지엄 섹션으로 구분되어 있고 마차나 증기 기관차로 이동 가능
> - **스누피 캐릭터를 좋아한다면** : 대표 캐릭터인 스누피를 실컷 즐길 수 있는데 공원 내 곳곳에 설치된 조형물과 사진 촬영하기 좋으며 다양한 무료 공연 및 기념품 판매점이 있다.

> ### Tip 2 Knott's Soak City & Knott's Berry Farm Hotel 즐기기
> 시간 여유가 된다면 어른 아이 모두 좋아하는 인기 워터파크인 너츠 속 씨티Knott's Soak City를 들러보자. 물놀이를 재미나게 즐길 수 있다. 숙소를 너츠 베리 팜 호텔로 잡고 편히 워터파크와 놀이공원을 오가며 즐기는 것도 좋은 방법.

San Diego 샌디에이고

San Diego
샌디에이고

일 년 내내 따뜻하고 온화한 날씨와 바람 덕분에 많은 미국인들이 여행하고 싶어 하는 도시 샌디에이고! 특히 은퇴 후 자리를 잡고 싶어 하는 사람들이 많은 평화로운 곳이다. 샌디에이고에서 차를 타고 30분이면 도착하는 또 다른 나라 멕시코가 이웃해 있어 역사적으로나 문화적으로도 관련이 많다. 덕분에 그 어느 도시보다 역사와 문화 면에서 다양하게 발달하기도 했다. 샌디에이고에서 관광객이 가는 곳은 한정적인 편이지만 미국에서 여덟 번째로 큰 도시라는 건 알려지지 않은 사실이기도 하다. 햇빛 찬란한 남부 캘리포니아의 대표 도시, 샌디에이고로 평화로운 여행을 떠나보자.

Writer's Story

여행자라면 가장 먼저 방문하게 될 가스램프 쿼터는 낮보단 밤길을 꼭 걸어봐야 한다. 오래된 가스등에서 나오는 아름다운 불빛과 이국적인 건물들, 거리마다 늘어서 있는 노천카페들 덕분에 기분이 절로 달달해지기 때문이다. 이런 분위기 덕분인지 미국 내 다른 도시보다 친절한 사람들을 많이 만난 도시이기도 하다. 조금만 더 그곳에 머물렀더라면 소설에 나올 법한 로맨스 스토리가 만들어지지 않았을까 살짝 아쉽기도 한 그런 곳, 샌디에이고는 나에게 그런 도시다.

추천 애플리케이션
San Diego City Guide
Transit : Real-Time Transit
Passport to San Diego

추천 웹 사이트
미국 여행 정보 www.gousa.or.kr
캘리포니아 여행 정보 www.visitcalifornia.com/kr

연관검색어
#서핑 #멕시코음식 #멕시코문화 #클래식
#고급휴양지 #여유 #한적함 #시월드 #레고랜드
#국경도시 #휴양지 #바다 #칼즈배드

오리엔테이션

➕ 시차
한국보다 17시간 느리고, 서머타임 적용 시에는 16시간 차이가 난다(서머타임 : 3월 둘째 주부터 11월 첫째 주까지).

➕ 기후
일 년 내내 온화하고 따뜻해 언제 방문해도 좋지만 사막 기후인지라 건조한 편이다. 특히 여름이 심한 편인데 햇볕은 뜨겁지만 그늘에 가면 거짓말처럼 시원해지기도 한다. 우리나라의 겨울철에 가면 적당한 온도와 습도 덕분에 여행하기 좋다.

	1월	2월	3월	4월	5월	6월	7월	8월	9월	10월	11월	12월
평균 기온(℃)	15	14	15	16	17	19	22	24	22	19	17	16
평균 강수량(mm)	500	400	500	200	100	50	10	30	100	150	250	300

➕ 한국에서 샌디에이고까지 가는 방법
직항이 없으므로 한국에서 LA까지는 비행기로 이동한 후 LA에서 이동 시 차로 2시간, 버스나 암트랙 기차로 3시간이 걸린다. 그레이하운드의 경우 버스가 출발 시간 전에 떠나는 경우도 있고 종이로 된 티켓이 없으면 이를 요구할 수도 있으니 여유 있게 터미널에 도착해 준비하는 것이 좋다.
Web www.greyhound.com

➕ 샌디에이고국제공항
샌디에이고국제공항San Diego International Airport은 다운타운에서 3km 떨어져 있고 터미널은 1, 2, Commuter Terminal 이렇게 3곳으로 구성되어 있다. 공항코드는 SAN이다.
Address 3225 N Harbor Dr, San Diego
Tel 619-400-2404
Web www.san.org

➕ 공항에서 시내까지 가는 방법
공항에서 시내까지는 다른 도시에 비해 가까운 편이라 어떤 방법을 이용해도 크게 부담이 없는 편이다. 대중교통인 MTS 버스 992번을 타고 다운타운까지 이동하거나 공항 내 셔틀버스를 이용해 다운타운에 자리한 호텔 근처에서 하차할 수 있다. 또한 택시를 타는 방법도 있으며 요금은 대략 $20~35이다.

✚ 시내 교통

대중교통이 잘되어 있어 이동이 편리한 도시다. 가장 쉽게 이용할 수 있는 건 버스와 트롤리인데 이 두 가지를 모두 이용하려면 프론토 카드Pronto Card를 구매하는 것이 좋다. 카드 가격 $2를 포함해 1회권(버스/트롤리) $2.50, 1개월권 $72이다. MTS 버스는 시내 중심뿐 아니라 근교까지 모두 연결되어 있어 이용이 편리하다. 1일권의 경우 티켓 뒷장에 해당 사용일과 시간이 나오는데 버스 기사들이 이를 종종 확인하는 경우가 있으니 참고하자. 버스가 자주 오지는 않아도 버스 번호별로 정류장이 있으니 확인 후 탑승하면 된다. 우리나라 지하철의 개념을 이곳에서는 트롤리라 부르는데 세 가지 색의 노선으로 구분된다. 오렌지·블루·그린이며 3개 노선 모두 다운타운과 그 주변의 중심가로 연결된다. 멕시코 국경의 근처에 위치한 아웃렛과 미식축구 경기장, 올드 타운 등까지는 트롤리로 방문이 가능해 현지인은 물론 관광객에게도 인기가 많다. 탑승 전 펀칭을 통해 티켓을 체크해야 하며 트롤리 자체 경찰에 의해 불시에 티켓 검사를 받을 수 있으므로 무임승차는 절대 금지이다.

Web www.sdmts.com

트롤리 노선도

✚ 샌디에이고 4박 5일 추천 일정

샌디에이고의 볼거리는 정해져 있는 편이지만 떨어져 있는 지역이 많으니 시내 중심과 근교, 그리고 티후아나나 테마파크 등의 방문 여부를 미리 결정한 후 여행을 시작하는 것이 좋다. 위치상 티후아나와 라스 아메리카스 아웃렛을 함께 방문하거나 라 호야와 시 월드 또는 레고랜드와 칼즈배드, 칼즈배드 프리미엄 아웃렛을 함께 방문하는 것도 추천한다. 발보아 공원이나 테마파크의 경우 오래 머물게 될 것이니 여유 있게 시간을 잡고 방문하자.

1일 차
호텔 체크인 ➡ 가스램프 쿼터 ➡ 라 푸에르타에서 멕시칸식 점심식사 ➡ 크루즈 체험 ➡ 시포트 빌리지 ➡ 네이버후드에서 맥주 한잔

2일 차
트롤리 체험 ➡ 코로나도 섬 올드 타운 & 점심식사 ➡ 더 헤드쿼터 앳 시포트 쇼핑 & 저녁식사

3일 차
발보아 공원 ➡ 샌디에이고 미술관 ➡ 미술관 앞 야외 카페에서 점심식사 ➡ 스패니시 빌리지 아트 센터 ➡ 샌디에이고 동물원 ➡ 크랩 헛에서 저녁식사

4일 차
엘릭시르 에스프레소 & 와인 바에서 커피 한잔 ➡ 엘렌 브라우닝 스크립스 공원 ➡ 라 호야 비치 ➡ 더 마린 룸에서 바다 보며 점심식사 ➡ 샌디에이고 현대미술관 ➡ 라 호야의 지라드 애비뉴 산책 ➡ 조지 앳 더 코브에서 저녁식사

5일 차
시 월드 샌디에이고 ➡ 틴 피시 가스램프에서 저녁식사

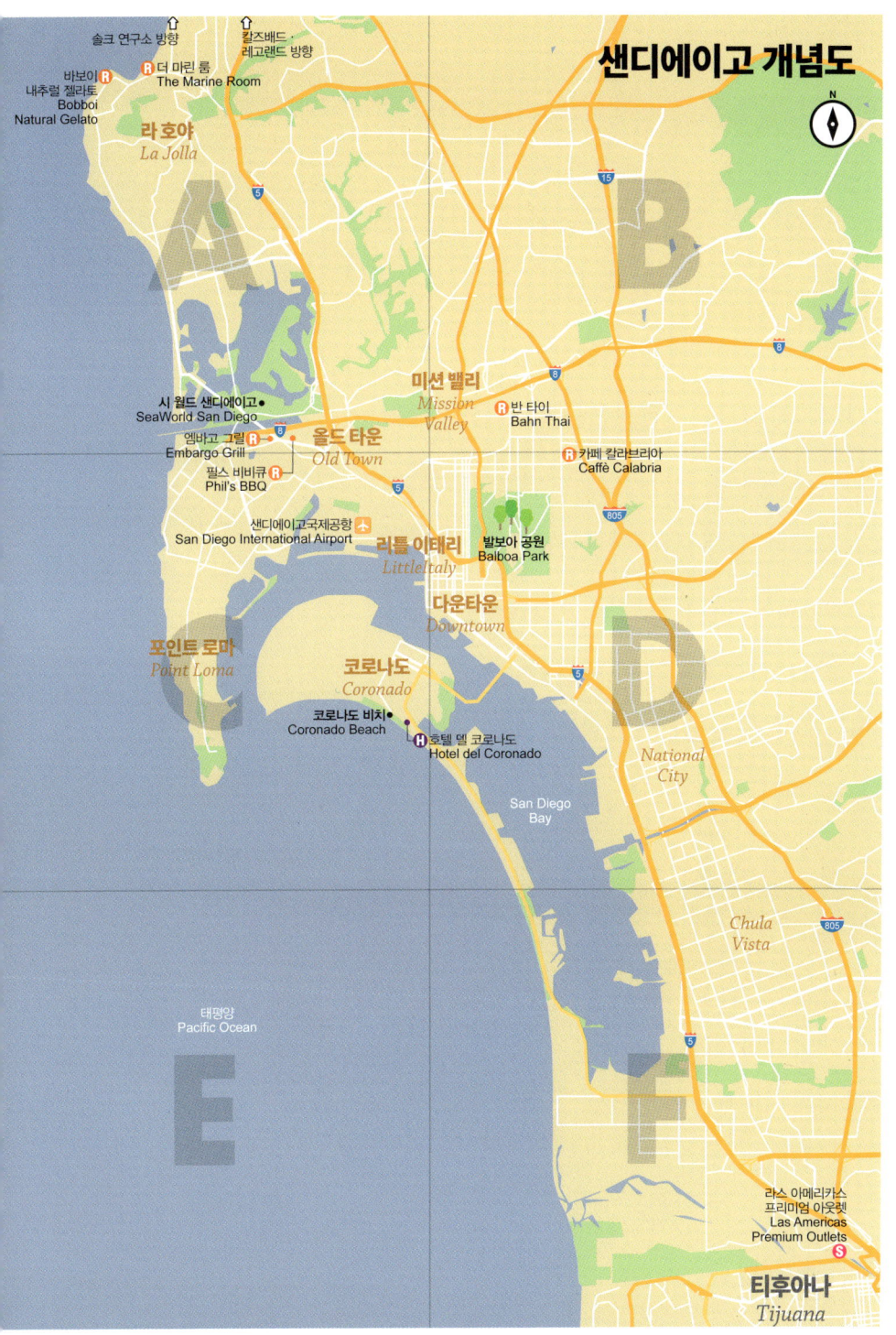

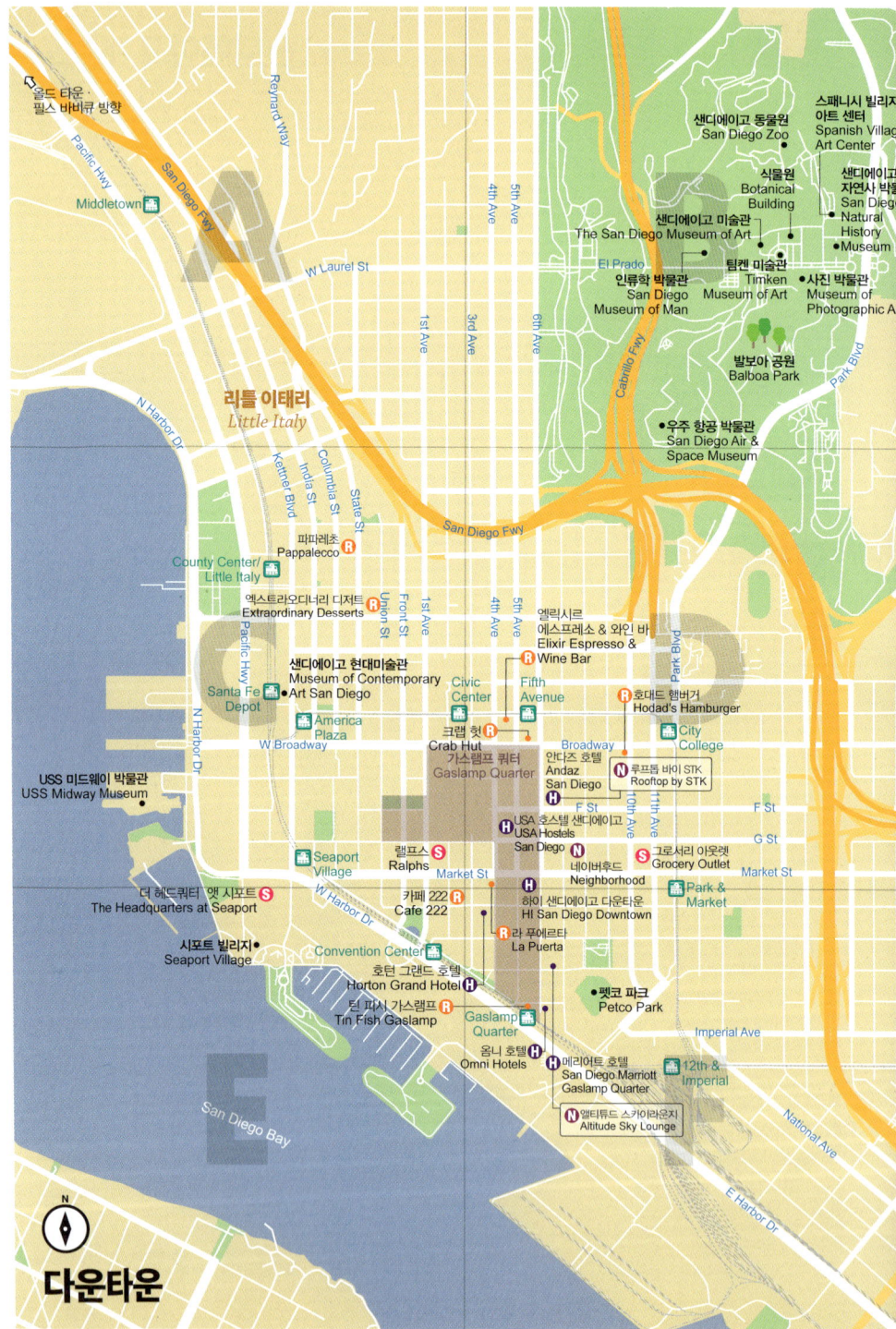

다운타운
Downtown

샌디에이고의 관광은 지도상 가장 위쪽에 위치해 있는 라 호야와 다운타운이라 불리는 중심가, 왼쪽 밑에 위치한 코로나도 섬 이렇게 세 군데로 구분할 수 있다. 교외에는 시 월드나 레고랜드 등이 있어 일정을 잘 짠 다음 이동 동선을 만들어보자. 여행의 중심지는 다운타운이므로 호턴 플라자나 가스램프 쿼터 주변에 숙박하는 것이 편리하다.

Sightseeing ★★★

가스램프 쿼터 Gaslamp Quarter

20세기 초, 가스로 불을 켜는 가로등이 설치되면서 이름이 유래된 이곳은 샌디에이고의 중심가인 다운타운 한복판에 위치한다. 호턴 플라자 공원을 기준으로 브로드웨이와 하버 스트리트가 포함되어 있으며 19세기에 지은 아름다운 빅토리아풍 건물들이 블록마다 이어져 있고 다양한 레스토랑과 펍, 카페, 로컬 숍 등이 거리를 가득 메운다. 거리 공연 또한 다양해 어느 골목을 걸어도 지루할 틈이 없어 관광객들이 가장 많이 방문하는 인기 장소 1순위이다. 이 거리를 최초로 만든 윌리엄 히스 데이비스의 집 William Heath Davis House 은 현재 박물관으로도 운영 중이다. 워킹 투어에 참여하면 이 지역의 역사를 알 수 있는데 1800년대 이곳의 생활상과 옛 시청 건물 및 박물관 외에도 주요 건물 30여 곳을 방문한다. 매주 토요일마다 1시간 30분씩 진행되며 성인 $10, 65세 이상 및 어린이 $8.

Tel 워킹 투어 619-233-4692
Web 가스램프 쿼터 www.gaslamp.org
워킹 투어 www.frommers.com/destinations/san-diego/walking-tour-1
Access 트롤리 그린 라인 Gaslamp Quarter역 하차
Map 164p. D

Western USA | San Diego

Sightseeing ★★☆

시포트 빌리지 Seaport Village

항구 옆에 위치한 작은 공간으로 아기자기하게 꾸민 여러 현지 로컬 숍들과 레스토랑, 카페 등이 있어 언제 가도 다양한 거리 공연과 데이트하는 연인, 나들이 나온 가족들로 북적댄다. 이곳에선 1890년에 만들어진 회전목마와 분수대를 잘 찾아볼 것! 또한 벤 & 제리스 Ben & Jerry's 매장 앞에 줄을 서서 아이스크림을 맛볼 것도 권한다. 바다 쪽으로 향해 있는 레스토랑은 뷰가 좋아 언제나 빈자리가 없다. 반나절쯤 현지인들 틈에서 쇼핑하고 맛있는 것도 먹고 거리 공연도 즐기면서 구경해보자.

Address 840 West Harbor Dr
Tel 619-235-4014
Web www.seaportvillage.com
Access 트롤리 그린 라인
Seaport Village역 하차
Map 164p. E

Sightseeing ★★☆

USS 미드웨이 박물관 USS Midway Museum

미국의 항공모함인 미드웨이호를 박물관으로 개조해 만들었다. 실제 제2차 세계대전 때 해군이 임대해 사용하던 것으로 1945년 취역 후 베트남전과 걸프전에 참전하였다가 1992년 퇴역해 현재의 모습을 갖추었다. 크고 작은 여러 비행기들이 전시되어 있는데 조종석에 앉아 볼 수 있어 어린이들에게 특히 인기이고 항공모함 앞에는 해병과 간호사의 키스 모형 동상이 있어 기념사진을 찍으려는 사람들로 북적인다.

Address 910 N Harbor Dr
Tel 619-544-9600
Web www.midway.org
Open 10:00~17:00
Close 추수감사절, 크리스마스
Cost 성인 $26, 6~12세 $18
※ 온라인 티켓 구입 시 가격, 오프라인은 $1 추가
Access 트롤리 그린 라인
Seaport Village역 하차
Map 164p. C

Sightseeing ★★☆

샌디에이고 현대미술관
Museum of Contemporary Art San Diego

1941년 라 호야에 설립된 라 호야 미술관이 1990년 지금의 '샌디에이고 현대미술관'으로 이름을 변경한 후 다운타운에도 영역을 넓혔다. 2개의 건물로 이루어진 이곳은 아메리카 대륙 작가들의 작품 위주로 전시하고 있으며 현대적이면서 실험적인 작품들이 많은 편이다. 하나의 티켓으로 다운타운 외에 라 호야에 위치한 별관도 방문할 수 있는데(유효기간 1주일), 라 호야의 경우 바다를 내려다보면서 작품을 관람할 수 있는 구조이다. 또한 미술관 입구의 정원에 미국 보스턴 출신의 세계적인 조각가 조나단 보로프스키Jonathan Borofsky의 작품 〈해머링 맨Hammering Man〉이 설치되어 있어 반갑다. 서울 광화문의 흥국생명 빌딩 앞에 서 있는 것과 같은 작가의 작품이기 때문.

Address	1100 Kettner Blvd
Tel	858-454-3541
Web	mcasd.org
Open	목~일 10:00~16:00
Close	월~수
Cost	성인 $25, 65세 이상 및 학생 $15, 25세 이하 무료
Access	트롤리 그린 · 오렌지 라인 Santa Fe Depot역 하차 혹은 오렌지 · 블루 라인 America Plaza역 하차
Map	164p. C

Western USA | San Diego

Sightseeing ★★★

발보아 공원 Balboa Park

샌디에이고의 상징이자 대표 랜드 마크인 곳으로 2013년 인기리에 방영된 이민호, 박신혜 주연의 드라마 〈상속자들〉에 등장하기도 했다. 공원이라고 해서 일반적인 규모를 상상하면 큰 오산. 1868년 문을 연 이 공원에는 17개의 박물관과 19개의 테마 정원, 영화관, 공연장, 놀이터 등이 있는 거대한 테마 파크에 가깝다. 내부는 무료와 유료 시설들로 이루어져 있으며 워낙 넓은 공간이라 주요 관광지를 모두 정차하는 내부 트램(무료)을 타고 돌거나 자전거를 타는 것도 좋은 방법이다. 스페인의 알카사르 성을 따라 만들었다는 알카사르 가든Alcazar Garden은 다양한 타일과 관리된 야자수의 조화가 아름다운 곳이고 초대형 파이프 오르간이 있는 야외 공연 무대인 스프레켈스 오르간 파빌리온Spreckels Organ Pavilion에서는 매주 일요일마다 파이프 오르간을 연주하는 무료 공연이 진행된다. 샌디에이고 시내의 인포메이션 센터나 호텔에 비치된 쿠폰 북으로 공원 내 유료 시설 입장권 구입 시 할인을 받을 수 있으니 참고.

Address	1549 El Prado, Balboa Park
Tel	619-239-0512
Web	www.balboapark.org
Open	24시간
Cost	일부 시설 유료
Access	버스 7번 Balboa Park역 하차
Map	164p. B

Balboa Park
식물원 Botanical Building

1915년 칼턴 윈즐로Carlton Winslow에 의해 건축된 아름다운 식물원으로 나무로 된 외관이 상당히 독특하다. 건물 바로 앞에는 연못이 길게 있는데 이곳에 비치는 식물원의 모습이 압권이니 이곳에서 꼭 기념사진을 촬영하도록 하자. 내부에는 400여 종 이상의 다양한 식물들이 자라고 있다.

Open	금~수 10:00~16:00
Close	목요일
Cost	무료
Map	164p. B

Balboa Park
스패니시 빌리지 아트 센터 Spanish Village Art Center

스페인 예술 마을로 알록달록 파스텔 톤의 타일로 된 바닥이 인상적이다. 아트 센터 내에는 여러 숍들이 있는데 현지 예술가들이 직접 만든 수공예품과 그림, 조각 등을 판매한다. 유리 공예나 그림 그리기 등의 수업 또한 진행되니 관심이 있다면 찾아가 보자.

Web	spanishvillageart.com
Open	11:00~16:00
Cost	무료
Map	164p. B

Balboa Park
샌디에이고 미술관 The San Diego Museum of Art

발보아 공원에서 가장 많은 이들이 찾는 곳 중 하나로 고갱, 샤갈, 렘브란트, 마네, 피카소, 모네 등 16~19세기 유명 작가들의 작품을 관람할 수 있어 언제나 인기이다. 규모는 작은 편이며 2개의 층으로 이루어져 있다. 미술관과 연결된 야외 공원에는 영국의 유명 조각가 헨리 무어의 작품이 있어 눈길을 끈다. 미술관 입구의 건물 또한 16세기 스페인풍으로 지어져 눈에 띄는데 상당히 독특하고도 멋스러워 발보아 공원을 대표하는 사진에 자주 등장한다. 미술관 도슨트 투어(무료)에 참여하는 것도 가능하다.

Web	www.sdmart.org
Open	월·화·목~토 10:00~17:00, 일 12:00~17:00
Close	수요일
Cost	성인 $20, 65세 이상 $15, 학생 $8, 17세 이하 무료
Map	164p. B

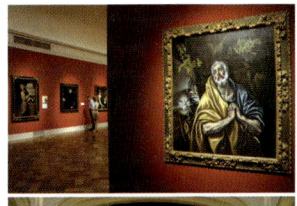 

Balboa Park
팀켄 미술관
Timken Museum of Art

식물원과 연결된 곳에 위치한 이곳은 세잔, 렘브란트 외 고전 명화 중심의 유럽 작품들이 주를 이룬다. 무료 입장이라 더욱 인기가 많으며 내부 사진 촬영은 금지이다.

Web	www.timkenmuseum.org
Open	화~토 10:00~16:30, 일 12:00~16:30
Close	월요일
Cost	무료
Map	164p. B

Balboa Park
사진 박물관
Museum of Photographic Arts

미국 전역을 통틀어 최고의 사진 작품을 전시한다. 인물, 풍경 등 다양한 분야의 종류별 사진들이 전시되어 있어 언제나 많은 방문자들로 북적인다. 건물의 외관 또한 상당히 멋스럽다.

Web	www.mopa.org
Open	화~일 10:00~17:00
Close	월요일
Cost	기부금 입장
Map	164p. B

Balboa Park
인류학 박물관
San Diego Museum of Man

공원 내에서 가장 높이 솟은 타워가 눈에 띄며, 고대 이집트의 미라 등을 포함한 대륙별 인류의 탄생과 역사에 관한 자료들이 전시되어 있다. 박물관은 파나마 운하 개통을 기념하며 1915년에 열린 파나마 캘리포니아 엑스포 Panama-California Exposition의 물건들을 가져온 데서 시작되었다.

Web	www.museumofman.org
Open	10:00~17:00
Cost	성인 $19.95, 62세 이상·학생 $16.95
Map	164p. B

Balboa Park
우주 항공 박물관 San Diego Air & Space Museum

독특한 외관부터 시선을 사로잡는 이곳은 건물 자체가 우주선 같다. 박물관 내에는 라이트 형제의 모형 비행기에서부터 다양한 모형 항공기와 여러 가지 관련 자료들이 모여 있다. 아이들에게 특히 인기가 많은 시뮬레이션 체험관도 방문할 만하다. 파일럿이란 직업에 관심이 있다면 필수.

Web	sandiegoairandspace.org
Open	10:00~16:30
Cost	성인 $23, 학생 $19, 3~11세 $13
Map	164p. B

Balboa Park
샌디에이고 자연사 박물관
San Diego Natural History Museum

1874년 설립된 이곳은 캘리포니아의 다양한 생태계와 역사에 대한 모든 자료가 집대성되어 있다. 공룡, 동물, 바닷속 생물 외에도 캘리포니아에서 발견된 여러 운석과 보석 등이 전시되어 있어 볼 것이 많다. 종종 특별 전시나 영화 상영 등을 진행하기도 한다.

Web	www.sdnhm.org
Open	금~화 10:00~16:00
Close	수·목요일
Cost	성인 $19.95, 62세 이상 및 학생 $16.95, 3~17세 $11.95
Map	164p. B

Balboa Park
샌디에이고 동물원 San Diego Zoo

샌디에이고의 인기 관광지 중 베스트에 손꼽히는 곳으로 아이가 있든 없든 누구에게나 인기이다. 다양한 투어를 갖추고 있어 무척 편리한데 에어리얼 트램을 타고 입구에서 가장 먼 쪽에 내려 걸어서 구경하거나 캥거루 버스를 타고 5곳의 정류장에서 마음껏 탔다가 내릴 수도 있다. 또는 2층 투어 버스를 통해 40분간 가이드의 설명을 들으며 동물원의 하이라이트를 돌아보자. 이곳에 서식하는 동물은 5천 마리가 넘는데 중국의 판다와 북극곰, 갈라파고스의 거북이가 가장 인기이며 그 외에도 사막여우, 수달, 홍학 등이 있다. 워낙 넓은 공간이므로 입구에 비치되어 있는 지도를 받아 위치부터 파악해 다니는 것이 좋다. 시내의 인포메이션 센터나 호텔에 비치된 쿠폰을 통해 입장료 할인을 받을 수 있으며 동물원 내에는 그늘진 곳이 거의 없으므로 강렬한 캘리포니아 햇볕을 차단할 준비를 단단히 하고 가는 것이 좋다.

Web	zoo.sandiegozoo.org
Open	09:00~17:00
Cost	**1일권** 성인 $65, 3~11세 $55
Map	164p. B

샌디에이고를 다양하게 만나는 방법 4가지!

1. 올드 타운 트롤리 투어 Old Town Trolley Tour

볼거리가 여기저기 떨어져 있는 샌디에이고의 윤곽을 파악하기 가장 좋은 방법이다. 운전사의 유쾌한 설명을 들으며 다리를 지나 바다를 건너고 언덕길에 갔다가 올드 타운에서 다시 시내로 내려오는 코스이다. 다운타운과 시포트 빌리지, 리틀 이태리, 코로나도 섬, 발보아 공원 등 주요 관광명소를 방문한다. 자유롭게 내렸다 타는 방식이라 이용이 쉽고 인터넷에서 티켓 구매 시 할인이 된다(1·2일 투어 중 선택 가능).
Web www.trolleytours.com/san-diego/tickets
Cost 1일권 $46.55, 2일권 $83

2. 실 투어 Seal Tour

샌디에이고에서 자라고 있는 물개를 보러 가는 투어로 수륙양용 차량을 이용해 육로를 달리다가 타고 있는 차 그대로 바다에 들어가 물 위를 달리며 물개를 보고 온다. 시포트 빌리지 혹은 엠바카데로에서 탑승이 가능하다. 시원한 바다 위의 물살을 가르며 물개도 보고 바다 위에서 샌디에이고의 도시 풍경을 보는 것 또한 이국적이다.
Web www.sealtours.com
Cost 성인 $57, 4~12세 $29, 3세 이하 $10

3. 하버 크루즈 투어 Harbor Cruise Tour

시포트 빌리지 옆 선착장에서 출발하는 투어로 배 위에서 샌디에이고의 다양한 빌딩과 상징들을 볼 수 있다. 남쪽 또는 북쪽 코스로 각 1시간씩 선택이 가능하며 2곳 모두 볼 수 있는 2시간짜리 코스도 있으나 2시간은 지루한 편이라 1시간 탑승을 권한다. 배는 총 2개의 층으로 구성되어 있는데 1층은 실내 좌석, 2층은 오픈된 좌석의 형태이다. 갑판 위에 있으려면 차가운 바람에 대비해 겉옷을 미리 준비해 가는 것이 좋다. 하버 크루즈 이외에도 제트 보트 투어, 선데이 브런치 크루즈, 선데이 바비큐 립 크루즈 등이 있으니 취향에 맞춰 선택하면 된다.
Web www.flagshipsd.com
Cost 1시간 투어 성인 $32, 4~12세 $24

4. 고래 관광 Whale & Dolphin Watching Adventure

샌디에이고의 대표 명물 투어로 매년 12~4월 중에 1만 3천 마리의 고래가 베링 해협에서 캘리포니아로 새끼를 낳기 위해 이동하는 광경을 볼 수 있어 늘 인기이다. 투어는 하루 2회 09:30~13:00, 13:30~17:00에 진행된다.
Web www.hornblower.com
Cost 성인 $55, 4~12세 $41.25

Food

라 푸에르타 La Puerta

다운타운의 가스램프 쿼터 지역에 위치한 멕시칸 요리 레스토랑 겸 바다. 샌디에이고는 멕시코와 국경이 맞닿아 있어 여러 멕시칸 레스토랑을 가볼 수 있는데 그중 하나만 꼽으라면 단연 이곳이다. 무엇을 시켜도 후회하지 않을 곳으로 내부 천장에 전구들이 설치되어 있어서 분위기도 좋다. 외부에는 길가 쪽으로 테이블이 놓여 있어 또 다른 분위기를 느낄 수 있다. 멕시칸 음식과 현지 수제 맥주를 즐기면서 저녁 시간을 마무리하기에 좋은 맛집이다.

Address	560 4th Ave
Tel	619-696-3466
Web	www.lapuertasd.com
Open	월~금 11:00~02:00,
	토 · 일 09:00~02:00
Cost	$10~
Access	버스 2·20번
	5th Ave & Broadway역 하차
Map	164p. D

Food
틴 피시 가스램프
Tin Fish Gaslamp

라이브 음악을 들으면서 야외 테이블에 앉아 여유롭게 맛있는 해산물 요리를 즐길 수 있다. 생선과 갑각류가 들어간 다양한 타코 메뉴가 많아 선택의 폭이 넓다는 것도 큰 장점. 빠른 서비스 덕분에 이용이 편리하고 특히 해가 질 때 야외 테이블 좌석은 더욱 운치가 있는 편이니 꼭 즐겨보도록 하자.

Address	170 Sixth Ave
Tel	619-238-8100
Open	수 · 목 · 일 11:00~15:00,
	금 · 토 11:00~17:00
Close	월 · 화요일
Access	트롤리 그린 라인
	Gaslamp Quarter역 하차
Map	164p. F

Food
③
호대드 햄버거 Hodad's Hamburger

신선한 패티와 피클, 생양파의 조합이 환상적인 수제 버거 브랜드로, 렌치 소스와 양파튀김을 곁들여 먹어볼 것을 추천. 내부는 미국의 각 주별 자동차 번호판들이 가득 붙어 있어 독특한 분위기이다. 오션 비치에 지점이 1개 더 있다.

Address	945 Broadway
Tel	619-234-6323
Web	hodadies.com
Open	일~목 11:00~21:00, 금·토 11:00~23:00
Cost	$10~
Access	버스 2·7·30·901·992번 Broadway & 9th Ave역 하차
Map	164p. D

Food
④
카페 222 Cafe 222

가스램프 쿼터와 컨벤션 센터 사이에 위치한 이 동네 브런치 맛집으로 오후 2시가 되기도 전에 문을 닫으니 이곳을 가려면 서두르는 것이 좋다. 전형적인 미국 스타일의 아침식사를 제공하며 공간이 좁은 데도 불구하고 이른 아침부터 입장하려는 긴 줄로 붐빈다. 인기 메뉴는 프렌치토스트와 레드 벨벳 와플. 커피 맛은 평범한 편.

Address	222 Island Ave
Tel	619-236-9902
Web	cafe222.com
Open	07:00~13:45
Cost	$10~
Access	버스 20번 Broadway & 1st Ave역 하차
Map	164p. E

Food
⑤
크랩 헛 Crab Hut

랍스터, 새우, 킹크랩 등의 각종 해산물을 매운 양념이 가득한 비닐봉지에 담아 비벼 먹는 음식점이다. 여러 해산물 중 새우가 가장 맛있다고 알려져 있으며 주문 시 원하는 소스나 매운 정도를 선택할 수 있다. 사이드로 주문할 수 있는 감자튀김 또한 인기이며 다 먹은 후 남은 양념에 밥을 비벼 먹어야 이 모든 식사의 진정한 마무리라 할 수 있다.

Address	1007 5th Ave #101
Tel	619-234-0628
Web	crabhutrestaurant.com
Open	11:30~22:00
Cost	$20~
Access	버스 20번 5th Ave & Broadway역 하차
Map	164p. D

Cafe
①
엘릭시르 에스프레소 & 와인 바
Elixir Espresso & Wine Bar

고급스러운 카페이자 와인 바로 샌디에이고에서 손에 꼽을 만큼 맛있는 커피 맛을 자랑하는데 특히 카푸치노가 맛있다. 매장은 큰 창문과 그림, 사진 작품 등으로 꾸며져 있고 커피 한잔하면서 사색을 즐기며 여독을 풀기 좋은 장소이다. 저녁이면 분위기가 바뀌어 와인 바로 변신하는 것도 매력적이다. 이러한 인기에 힘입어 라 호야를 비롯한 샌디에이고 시내 여러 곳에 지점이 늘고 있다.

Address	427 C St
Tel	619-696-6242
Web	www.elixirespressobar.com
Open	월~금 07:00~17:00,
	토·일 08:00~14:00
Cost	$5~
Access	트롤리 오렌지 라인
	Fifth Avenue역 하차
Map	164p. D

Night Life
①
네이버후드 Neighborhood

가스램프 쿼터에서 유쾌한 기분으로 수제 맥주나 칵테일 한잔 즐기기 좋은 곳으로 언제 가도 시끌벅적 활기차다. 여러 가지 종류의 수제 맥주가 있어 고르는 재미가 있으며 다양한 안주 중에서도 특히 햄버거가 인기이다. 건강식 위주의 안주가 있어 채식주의자들도 많이 찾는다.

Address	777 G St
Tel	619-446-0002
Open	목·금 11:30~01:30,
	토~수 11:30~24:00
Cost	$8~
Access	버스 7·20번 Broadway &
	8th Ave역 하차
Map	164p. D

Night Life
❷
앨티튜드 스카이라운지 Altitude Sky Lounge

가스램프 쿼터의 메리어트 호텔에 위치한 루프톱 바로 프로 야구팀 샌디에이고 파드리스의 홈구장 펫코 파크Petco Park가 내려다보이는 전망 덕분에 늘 인기이다. 야구 경기가 있는 날이면 더욱 붐비기도 한다. 바에서는 음료 주문만 가능하고 음식을 주문하려면 바 반대편의 전화로 직접 주문을 하는 방식이다. 야구장의 뷰가 보이는 덕분인지 유명 여행 잡지 《콘데 나스트 트레블러》에서 선정한 세계 최고의 바 25곳에 뽑히기도 했다.

Address	660 K St
Tel	619-696-0234
Web	www.sandiegogaslamphotel.com
Open	17:00~01:30
Cost	$12~
Access	버스 7·20번 Broadway & 8th Ave역 하차
Map	164p. F

Night Life
❸
루프톱 바이 STK Rooftop by STK

다운타운에 위치한 안다즈 호텔의 꼭대기에 있는 루프톱 바이다. 수영장이 같이 있어 분위기가 좋으며 수영장과 소파 베드가 있는 바 섹션으로 나뉜다. 샌디에이고 시내를 내려다볼 수 있어 인기인데 간혹 개인이 공간을 통째로 빌려 파티를 여는 경우에는 입장이 불가할 수 있으니 참고할 것.

Address	600 F St
Tel	619-849-1234
Web	sandiego.andaz.hyatt.com
Open	일~목 06:30~23:00, 금·토 06:30~24:00
Cost	$15~
Access	버스 7·20번 Broadway & 8th Ave역 하차
Map	164p. D

Shopping

더 헤드쿼터 앳 시포트 The Headquarters at Seaport

바닷가를 산책하며 쇼핑과 음식, 거리 공연을 즐길 수 있어 언제나 많은 이들에게 사랑받는 장소이다. 관광객, 현지인 모두 한데 어울려 즐거운 시간을 보낼 수 있다. 이곳에서 여유롭게 거닐면서 로컬 브랜드를 느끼고 체험해보자. 밤이면 아름답게 불이 들어오는 조명 덕분에 더욱 분위기가 좋아진다.

Address	789 W Harbor Dr
Tel	619-235-4013
Web	www.theheadquarters.com
Open	월~토 10:00~21:00, 일 10:00~20:00
Access	버스 992번 Broadway & Pacific Highway역 하차

Map 164p. E

다운타운의 강추 슈퍼마켓, 랠프스 VS. 그로서리 아웃렛

다운타운에는 2개의 대형 슈퍼마켓이 있으니 미국인의 일상을 느낄 수 있는 쇼핑을 해보고 여행 중 필요한 용품들도 구매해보자.

랠프스 Ralphs
주로 캘리포니아 주의 남쪽 지역에 있는 대형 슈퍼마켓으로 멤버십 카드 소지자를 위한 저렴한 가격의 상품들이 많다. 계산 시 멤버십 카드를 달라고 하면 바로 할인가를 적용해주어 효율적이다. 24시간 운영해 시간 없는 여행자가 방문하기에도 부담 없다는 것 또한 큰 장점!

Address 101 G St　　Tel 619-595-1581
Web www.ralphs.com　　Open 24시간

그로서리 아웃렛 Grocery Outlet
관광객보다는 현지 주민들에게 인기 있는 마트이다. 현지 브랜드를 저렴하게 판매해 언제 가도 사람들로 북적인다. 여행 중 가벼운 기분으로 쇼핑을 즐기거나 현지인들의 삶을 살짝 엿보고 싶다면 방문을 추천한다. 소소한 생필품을 사는 재미 또한 크게 느낄 수 있다.

Address 1002 Market St　　Tel 619-338-0096
Web groceryoutlet.com　　Open 07:00~23:00

 다운타운 외곽
Out of Downtown

대중교통이 잘되어 있어 이동하기 불편하지는 않지만 다운타운에 비해 이동 거리가 조금 있으므로 여유 있게 시간을 잡고 여행하는 것이 좋다. 바다를 즐기거나 과거의 샌디에이고를 볼 수 있는 곳 등이 대부분이니 기념사진을 촬영하기 좋은 곳들 또한 많다.

Sightseeing ★★★

①
올드 타운 Old Town

다운타운에서 5km 정도 떨어진 언덕에 위치한 이곳은 올드 타운 주립 역사 공원Old Town State Historic Park을 기준으로 전체가 역사 보존 구역으로 지정되어 있는, 샌디에이고의 민속촌과 같은 곳이다. 1769년 스페인 선교사가 캘리포니아 최초의 교회를 세운 이후 그 당시 지어졌던 건물들이 거의 그대로 보존되어 있는데 그 후 멕시코 땅이 되었다가 1848년 미국령이 된 과정을 보존하고 있다. 또한 과거 미국 서부의 풍경을 느낄 수 있으며 중앙 광장에 위치한 바자르 델 문도Bazaar del Mundo에서는 멕시코 음식을 파는 레스토랑과 멕시코 공예품 상점, 올리브 오일 판매점 등이 모여 있어 구경하는 재미가 쏠쏠하다. 작은 야외무대에서는 멕시코 전통 음악에 맞춰 진행되는 공연이 펼쳐지기도 한다. 그늘이 없어 내리쬐는 햇볕을 그대로 맞으면서 구경을 해야 하기 때문에 쉽게 지칠 수 있지만 중간중간 쉬어 가기 좋은 캔디 숍과 카페 등이 마련되어 있어 즐거운 휴식처가 되어 준다. 풍경 자체가 상당히 이국적이라 기념사진 촬영 장소로 강추!

Address	2415 San Diego Ave
Tel	619-291-4903
Web	www.oldtownsandiego.org
Open	방문자 센터 11:00~18:00
Cost	무료
Access	트롤리 그린 라인 Old Town US San Diego Health South역 하차

Map 163p. A

Sightseeing ★☆☆
❷ 리틀 이태리 Little Italy

이름 그대로 이태리에서 이주해온 사람들이 모여 사는 지역으로 이태리를 대표하는 다양한 멋과 맛이 가득하다. 노천카페에서 이태리 음식인 피자나 파스타, 와인을 즐기는 현지인들을 쉽게 볼 수 있으며 매주 토요일이면 파머스 마켓이 오픈해 많은 시민들이 방문한다. 이곳에서 한 끼 식사를 해결하기도 하고 다양한 이태리 식재료도 구입할 수 있어 늘 인기이다.

Web www.littleitalysd.com
Access 트롤리 그린 라인 County Center/Little Italy역 하차
Map 164p. A

Sightseeing ★★☆
❸ 코로나도 비치 Coronado Beach

샌디에이고를 방문하는 이라면 누구나 들르는 명소로 세계적인 셀러브리티나 명사들이 오랫동안 이용해온 인기 휴양지이다. 다운타운을 기준으로 남쪽에 위치하고 있으며 코로나도 브리지를 건너면 바로 연결된다. 이곳의 하이라이트는 1888년 지어진 붉은색 지붕의 유럽풍 건물인 호텔 델 코로나도 Hotel del Coronado이다. 목조 건축물 스타일로 지어진 과거의 모습 그대로를 유지하고 있으며 마릴린 먼로 주연의 영화 〈뜨거운 것이 좋아〉 촬영 장소이기도 했다. 또한 루즈벨트, 레이건 등 미국의 여러 전 대통령들이 다녀가기도 한 의미 있는 장소이다. 중심가인 오렌지 애비뉴를 통해 휴양지의 정취를 마음껏 느낄 수 있으며 호텔 안에 자리한 무타임 크리머리 MooTime Creamery는 꼭 가봐야 할 아이스크림 가게다. 아이스크림 위에 다양한 토핑을 추가해 먹을 수 있어 언제나 인기이다.

Address 1100 Orange Ave, Coronado
Tel 619-437-8788
Web www.coronadovisitorcenter.com
Access 버스 901번 Orange Ave & Park Place역 하차
Map 163p. C

Sightseeing ★★☆

라 호야 La Jolla

스페인어로 '보석'을 뜻하는 라 호야는 다운타운에서 북쪽으로 20km 떨어진 곳에 위치한다. 바다와 다이빙, 서핑 등을 즐기며 여유롭게 사는 사람들이 머무는 곳으로, 은퇴 후 가장 살고 싶어 하는 지역이기도 해 많은 고급 주택이 늘어서 있다. 라 호야 코브 La Jolla Cove를 중심으로 주변에 유독 물개가 많아 사람과 사이좋게 수영을 즐기는 이색적인 풍경 또한 볼 수 있다. 다양한 고급 호텔과 레스토랑, 갤러리 등은 물론이고 샌디에이고 시내에 위치한 현대미술관의 라 호야 지점 또한 자리하고 있다. 시내에서 바다로 가는 길목에 자리한 엘렌 브라우닝 스크립스 공원 Ellen Browning Scripps Park에서는 피크닉을 즐기는 현지인들과 만날 수 있다. 키아누 리브스 주연의 영화 〈폭풍 속으로〉가 이곳에서 촬영되었다.

Web	www.lajollabythesea.com/activities/beaches
Access	버스 30번 Silverado St & Herschel Ave역 하차
Map	163p. A

La Jolla

솔크 연구소 The Salk Institute

소아마비 백신 개발로 유명한 조너스 에드워드 솔크 Jonas Edward Salk 박사에 의해 건축가 루이스 칸 Louis Kahn이 설계하였다. 이곳은 생물학과 생명공학에 관한 연구소이지만 건축학적으로도 널리 알려져 있어 많은 이들이 방문하고 있다. 태평양이 내려다보이는 언덕 위에 자리하고 있으며 중앙의 중정을 기준으로 실험동 2개의 건물이 마주 보고 있는 독특한 구조이다. 내부 건축물은 콘크리트와 나무, 통유리로 구성되어 있어 모던하고도 이국적이며 특이하게 보이기까지 하다. 연구소 내에는 실험동 외에 도서관, 강당 등이 자리해 있다.

Address	10010 N Torrey Pines Rd, La Jolla
Web	www.salk.edu
Open	월~금 08:30~17:30
Close	토·일요일
Cost	성인 $7.50(입장료 개념)
Access	버스 101번 N Torrey Pines Rd & Torrey Pines Scenic Dr역 하차
Map	163p. A

Food
①
필스 비비큐 Phil's BBQ

미국 최고의 BBQ 중 하나로 손꼽히는 샌디에이고의 명물 맛집으로 언제 가든 최소 2시간의 대기 줄을 기다려야만 맛볼 수 있다. 립의 맛을 좌우하는 맛있는 소스와 다양한 사이드 메뉴 때문에 언제나 인기인데 시내에도 몇 곳의 지점이 있고 샌디에이고 공항의 터미널 2에서도 찾을 수 있어 반갑다. 주문을 하고 나면 진동 벨과 음료 컵을 주는 형태라 별도의 팁이 들지 않는 것도 이곳의 장점.
가장 대표적인 인기 메뉴는 비프 립Beef Rib과 사이드 메뉴인 어니언 링Onion Rings이 있으며 풀Full과 하프Half 2가지 사이즈로 주문이 가능하다. 처음 방문한 고객에게는 손등에 스티커를 붙여 주는데 특별한 혜택이 있는 것은 아니지만 종업원들이 좀 더 세심하게 서비스하기 위함이라고 한다. 2011년에는 YELP에서 선정한 '미국 최고의 레스토랑 10'에 이름을 올리기도 했다.

Address 3750 Sports Arena Blvd
Tel 619-226-6333
Web philsbbq.net
Open 11:00~22:00
Cost $20~
Access 버스 8·9번 Sports Arena Bl & Hancock St역 하차
Map 163p. A

Food
②
엠바고 그릴 Embargo Grill

현지에서 인기 있는 쿠바 음식점으로 쿠바식 샌드위치가 가장 대표적인 메뉴이다. 내부의 분위기, 인테리어, 음악 모두 쿠바식이라 남미로 여행을 온 듯한 착각에 빠질 만큼 즐겁다. 2015년 YELP 기준 '미국 베스트 레스토랑 100위' 안에 들었을 정도로 인정받는 맛집이다. 시 월드를 방문한다면 가기 전에 들르기 좋은 위치에 있으니 기억할 것.

Address 3960 W Point Loma Blvd
Tel 619-786-7522
Web www.embargogrill.com
Open 일~목 11:00~21:00,
금·토 11:00~22:00
Cost $10~
Access 버스 35번 West Point Loma Bl & Groton St역 하차
Map 163p. A

Food
③
반 타이 Bahn Thai

작은 매장이지만 늘 인기 있는 장소로 저렴한 가격에 맛있는 태국 음식을 제공한다. 채식주의자를 위한 메뉴도 다양하게 갖추고 있어 많은 이들이 찾는데, 음식 주문 시 타이 티^{Thai Tea} 또한 체험해보자. 독특한 태국 스타일의 차 맛이 음식 맛을 더욱 좋게 해준다.

Address	4646 Park Blvd
Tel	619-299-6363
Web	bahnthai.net
Open	월~목 11:00~22:00, 금·토 11:00~23:00, 일 16:00~22:00
Cost	$15~
Access	버스 11번 Park Bl & Madison Ave역 하차
Map	163p. B

Food
④
바보이 내추럴 젤라토 Bobboi Natural Gelato

바다가 내려다보이는 언덕에 위치한 이곳은 매일 신선한 유기농 재료로 수제 아이스크림을 만드는 집이다. 아담한 내부는 테이블이 몇 개 없지만 날씨만 좋다면 야외에 앉아 해변과 야자수를 바라보며 휴식을 즐길 수 있어 늘 인기이다.

Address	8008 Girard Ave #150, La Jolla
Tel	858-255-8693
Web	bobboi.com
Open	일~목 11:00~21:00, 금·토 11:00~22:00
Cost	$6~
Access	버스 10번 Silverado St & Herschel Ave역 하차
Map	163p. A

Food
⑤
엑스트라오디너리 디저트 Extraordinary Desserts

샌디에이고에서 가장 유명한 디저트 숍으로 아름답게 꾸며진 매장에는 언제나 손님이 많다. 여러 가지 종류의 케이크는 생화로 장식되어 있어 보는 이들의 탄성을 자아낸다. 매장 안에서 먹을 경우에는 슈거 파우더나 시럽을 더 첨가해 주기도 한다.

Address	1430 Union St
Tel	619-294-7001
Web	extraordinarydesserts.com
Open	일~목 10:00~23:00, 금·토 10:00~24:00
Cost	$8~
Access	버스 20번 A St & Front역 하차
Map	164p. C

Cafe
①

파파레초 Pappalecco

리틀 이태리의 인기 맛집으로 브런치나 커피도 즐길 수 있지만 이곳을 가장 유명하게 만든 건 젤라토다. 원재료 하나하나의 맛이 살아 있어 언제 먹어도 질리지 않는다. 시간 여유가 된다면 브런치를 즐긴 후 커피와 젤라토로 달콤 쌉싸래한 한 끼 식사를 마무리해보자.

Address	1602 State St
Tel	619-238-4590
Web	www.pappalecco.com
Open	월~목 07:00~21:30, 금 07:00~22:30, 토 07:30~22:30, 일 07:30~21:30
Cost	$10~
Access	트롤리 그린 라인 County Center/Little Italy역 하차
Map	164p. C

Cafe
②

카페 칼라브리아 Caffè Calabria

2001년 오픈한 카페로 커피 로스팅 룸까지 갖추고 있다. 내부는 빈티지한 느낌이 가득한데 높은 천장과 전구, 다양한 그라피티 및 장식이 그것을 증명해준다. 직접 볶은 원두를 내려 주는 커피 맛은 마니아들 사이에서 이미 소문이 나 있다. 가장 인기 있는 메뉴는 카페 비어니즈 Cafe Viennese 와 바닐라 차이 라테 Vanilla Chai Latte. 다양한 파니니와 샌드위치도 함께 판매해 간단하게 한 끼 식사를 해결하는 현지인들이 많다.

Address	3933 30th St
Tel	619-291-1759
Web	caffecalabria.com
Open	월·화 06:00~15:00, 수~금 06:00~23:00, 토·일 07:00~23:00
Cost	$5~
Access	버스 2·7번 30th St & University Ave역 하차
Map	163p. D

Shopping
①

라스 아메리카스 프리미엄 아웃렛
Las Americas Premium Outlets

멕시코 국경 바로 옆에 위치하고 있어서 멕시코를 체험하기 위해 들르는 티후아나와 함께 방문하면 좀 더 효율적이다. 시내에서 아웃렛까지는 30분이면 도착해 누구든 쉽게 방문할 수 있고 대중교통 또한 잘되어 있는 편이다. 미국을 대표하는 여러 브랜드 매장 150개와 식사를 할 수 있는 푸드 코트도 마련되어 있어 쇼핑이 편리하다.

Address	4211 Camino de La Plaza
Tel	619-934-8400
Web	www.premiumoutlets.com/outlet/las-americas
Open	월~토 10:00~21:00, 일 10:00~19:00
Access	버스 907번 Camino de La Plaza & Willow Rd역 하차
Map	163p. F

샌디에이고의 숙소
San Diego Accommodations

샌디에이고를 처음 가는 여행자라면 무조건 가스램프 쿼터 안에 숙소를 잡을 것을 권한다. 도시의 매력을 제대로 느끼기 가장 좋은 곳이며 위치 또한 중앙이라 어딜 가든 이동이 편리하다. 차를 갈아타기도 쉽고 맛있는 먹거리와 대형 슈퍼마켓, 쇼핑몰 등이 모여 있어 더욱 안락한 여행이 된다.

Stay : 호스텔
❶
하이 샌디에이고 다운타운 HI San Diego Downtown

가스램프 쿼터에 자리하여 여행자가 머물기에 가장 좋은 위치라고 할 수 있으며 대형 슈퍼마켓인 랠프스 또한 근처에 있어 여행이 더욱 편리하다. 아침식사로는 팬케이크를 직접 구워 먹을 수 있게 팬케이크 믹스 반죽을 제공한다. 카드 키가 있어야 룸으로 입장이 가능하며 계절별로 운영하는 다양한 무료 투어 프로그램으로 인해 여행자들에게 인기이다.

Address	521 Market St
Tel	619-525-1531
Web	www.hiusa.org
Cost	$60~
Map	164p. D

Stay : 호스텔
❷
USA 호스텔 샌디에이고 USA Hostels San Diego

가스램프 쿼터의 중심가에 위치해 있어 여행이 편리하다. 무료 인터넷과 세탁시설, 부엌 또한 갖추고 있어 특히 배낭 여행자들에게 인기이다. 인터넷으로 사전 예약 시 $2~4 정도 추가 할인을 받을 수 있다.

Address	726 5th Ave
Tel	619-232-3100
Web	www.hoselworld.com
Cost	$50~
Map	164p. D

Stay : 3성급
③
호텔 그랜드 호텔 Horton Grand Hotel

가스램프 쿼터의 끝부분에 위치한 호텔로 상당히 로맨틱한 시설을 자랑한다. 호텔 중앙에 자리한 정원에서는 파티나 결혼식이 열리기도 하며 룸에는 이 정원을 내려다볼 수 있는 작은 베란다가 있어 운치 있다. 매일 생수 2병이 서비스되어 편리하고 직원들 또한 친절한 편이다. 조식은 뷔페가 아닌 오더 메이드 형태로 제공되는데 정성 가득한 아침식사를 맛볼 수 있어 좋다.

Address 311 Island Ave
Tel 619-544-1886
Web www.hortongrand.com
Cost $180~
Map 164p. F

Stay : 4성급
④
호텔 델 코로나도 Hotel del Coronado

코로나도 비치의 상징이자 1888년 지어져 지금껏 형태를 유지하고 있는 미국의 대표 호텔 중 하나다. 나무로만 이루어진 빅토리안 스타일로 유럽식의 빨간 지붕과 하얀 벽의 대조가 눈에 띈다. 역사와 전통을 자랑하는 덕분에 여러 유명 인사들이 다녀갔으나 룸 내부 시설은 그리 좋은 편이 아니다. 다만 해변 끝에 위치한 덕분에 룸에서 펼쳐지는 뷰가 환상적이다.

Address 1500 Orange Ave, Coronado
Tel 800-468-3533
Web hoteldel.com
Cost $450~
Map 163p. C

Stay : 4성급
⑤
옴니 호텔 Omni Hotels

가스램프 쿼터와 컨벤션 센터 근처에 자리해 위치가 좋은 편이다. 바다 전망이 가능한 호텔이지만 기차 소리가 소음으로 들리기도 하니 선택은 개인의 몫. 야외 수영장을 갖춘 덕분에 굳이 관광을 나가지 않더라도 휴양 여행을 즐길 수 있어 인기이다.

Address 675 L St
Tel 619-231-6664
Web www.omnihotels.com
Cost $220~
Map 164p. F

Around San Diego ★★★

시 월드 샌디에이고
SeaWorld San Diego

샌디에이고를 방문하는 이들에게 언제나 인기 1순위를 차지하는 명소로 세계 최대 규모의 해양 레저 시설인 미션 베이 공원 Mission Bay Park 내에 위치해 있다. 시 월드에서는 바다에 사는 다양한 동물들을 직접 만져볼 수 있어 흥미로운데 덕분에 주로 가족 단위의 방문객들이 많은 편이다. 일 년 내내 수많은 방문객들이 끊이지 않는 명소이다 보니 인기 있는 쇼의 경우 좌석이 없을 수도 있다. 따라서 시 월드에 입장하면 곧바로 지도를 챙겨 들고 동선을 익힌 후 어떤 공연이나 쇼에 참여할 것인지 결정하여 움직이면 좋다. 종일 구경거리가 많고 대기 줄 또한 길어 시간을 많이 필요로 하니 여유 있게 머물길 권한다.

Address 500 Sea World Dr
Tel 800-257-4268
Web seaworldparks.com
Open 월~금 10:30~17:00, 토·일 10:30~21:00
Cost 1일권 티켓만 $99.99, 올데이 다이닝 번들 포함 $144.98
Access 버스 9번 SeaWorld역 하차
GPS 32.764111, -117.228453

SeaWorld San Diego 01
맨타 Manta

시 월드에서 가장 인기 있는 어트랙션이다. 입구에는 가오리를 직접 만져볼 수 있는 수족관이 있고 연결된 내부로 들어가면 가오리 모양의 롤러코스터를 탑승할 수 있다. 그리 무섭진 않지만 멀리서부터 롤러코스터 탑승객들의 함성이 들려와 시 월드 어디에서나 가장 쉽게 찾을 수 있는 장소이기도 하다.

SeaWorld San Diego 02
돌핀 데이즈 Dolphin Days

돌고래와 사람이 함께 공연하는데 중간중간 등장하는 서커스 묘기 또한 볼 만해 늘 인기이다. 우리가 알고 있는, 혹은 상상하는 그 돌고래 쇼를 보고 싶다면 이곳으로 가면 된다.

SeaWorld San Diego 03
돌핀 포인트 Dolphin Point

오픈된 야외 수족관에서 돌고래와 해달을 만날 수 있다. 사전 신청자에 한해 돌고래에게 직접 먹이를 주는 체험도 할 수 있는데 특히 돌고래를 만지며 이를 사진으로 촬영할 수도 있어 어린이를 동반한 가족 여행객에게 언제나 인기이다.

SeaWorld San Diego 04
스카이 타워 Sky Tower

시 월드에서 가장 높이 솟은 탑으로 98m의 높이를 자랑하는데 빙글빙글 돌면서 정상까지 올라가 샌디에이고의 바다와 도시 전체를 전망할 수 있다. 시 월드에서 잠시 휴식이 필요할 때 올라가 아름다운 전경을 바라보는 것도 좋다.

SeaWorld San Diego 05
샤크 인카운터 Shark Encounter

거대한 수족관 안에 있는 상어가 옆으로 지나가고 그 아래층으로 내려가면 수중 터널이 있어 내 머리 위로 날아다니는(?) 상어와 다시 한 번 만날 수 있다. 수중 터널이 신기해 여러 번 오가는 어린이들로 늘 북적인다.

SeaWorld San Diego 06
아틀란티스 여행 Journey to Atlantis

물 위를 달리는 롤러코스터로 경사진 코스에서 툭 떨어질 때면 탑승한 모든 이들이 괴성을 지르며 좋아한다. 어른 아이 할 것 없이 누구나 즐기며 탈 수 있다.

추천 근교 여행지

레고랜드
Legoland

레고는 1932년 덴마크의 작은 마을 '빌룬'에서 시작해 지금은 전 세계 어린이와 어른들이 좋아하는 유익한 브랜드가 되었다. 레고랜드는 가족끼리 방문하기 좋은데 이곳의 경우 1999년 개장해 연간 200만 명 이상의 방문객이 들르고 있다. 내부에 있는 모든 시설과 장식이 레고 블록으로 만들어진 것이라 더욱 가치가 있다. 특히 미니랜드 USA(Miniland USA)는 미국의 유명한 대표 명소들을 레고 블록으로 축소해 만든 것으로 유명한데, 가장 많이 인증 사진을 찍는 곳이기도 하다. 이곳에서 뉴욕, 뉴올리언스, 플로리다, 샌프란시스코 등 미국의 주요 도시들을 모두 만나 볼 수 있기 때문이다. 또한 레고로 만든 자동차를 직접 운전해볼 수 있는 볼보 운전학교(Volvo Driving School), 공연장, 아쿠아리움, 50개 이상의 놀이기구, 두 곳의 워터파크 등이 있어 하루 종일 머물러도 지루할 틈이 전혀 없다. 레고 블록으로 이 모든 것들이 만들어질 수 있다는 사실에 새삼 놀라워하며 어른 아이 할 것 없이 누구나 감동하면서 즐기는 꿈과 희망의 장소이다.

Address	1 Legoland Dr, Carlsbad
Tel	877-376-5346
Web	legoland.com
Open	월~금 10:00~17:00, 토·일 09:30~19:00
Cost	웹 사이트(1일권 기준) 성인 $89.99~104.99 (요일별 변동 있음), 3~12세 $89.99
Access	대중교통으로는 방문하기 어렵고 샌디에이고 중심가에서 이동 시 차로 40분 소요. I-5 N → 48번 출구 → Cannon Rd → Legoland Dr 방면 직진
GPS	33.125761, -117.313395

ⓒ캘리포니아관광청

Around San Diego ★★★

칼즈배드
Carlsbad

캘리포니아의 아름다움을 또 한 번 느낄 수 있는 곳으로 1880년대 이 곳에서 온천수가 개발되면서 스파 리조트로 조성이 되었다. 스파도 좋지만 사실 칼즈배드에서 가장 유명한 건 바로 꽃 축제인데 매년 3~6월 플라워 필즈에서는 화려한 꽃 축제가 진행된다. 칼즈배드 빌리지를 따라 여러 쇼핑 숍과 레스토랑, 갤러리, 카페, 와인 바 등이 늘어서 있어 먹고 마시며 즐기기 좋으며 시내에서 30분이면 이동이 가능해 현지인들에게 인기이다.

추천 근교 여행지

| Access | 샌디에이고 시내 Santa Fe Depot역에서 암트랙 기차로 50분 소요 |
| GPS | 33.121586, -117.322821 |

Tip 플라워 필즈 The Flower Fields
- Address: 5704 Paseo del Norte, Carlsbad
- Tel: 760-431-0352
- Web: www.theflowerfields.com
- Open: 09:00~18:00
- Cost: 성인 $18, 60세 이상 $16, 3~10세 $9

Shopping ①

칼즈배드 프리미엄 아웃렛 Carlsbad Premium Outlets

샌디에이고 시내에서 차를 타고 북쪽으로 40분 정도 떨어진 거리에 있으며 LA와 샌디에이고 사이에 위치한 덕에 샌디에이고에서 LA나 칼즈배드, 레고랜드를 오갈 때 들르면 좋다. 고속도로에서 바로 연결되는 구조라 방문이 더욱 편리하다. 120여 개의 미국 브랜드 매장이 자리하고 있으며 고가의 명품 브랜드보다는 대중적인 브랜드들 위주라 많은 이들이 찾는다. 내부에는 10개의 식당도 갖추고 있어 쇼핑 후 식사하기에도 좋다.

- Address: 5620 Paseo del Norte, Carlsbad
- Tel: 760-804-9000
- Web: www.premiumoutlets.com/outlet/carlsbad
- Open: 월~토 10:00~21:00, 일 10:00~19:00
- Access: 버스 101번 Carlsbad Bl & Solamar Dr역 하차
- GPS: 33.126390, -117.323267

© Carlsbad Premium Outlets

Around San Diego ★☆☆

4 티후아나
Tijuana

샌디에이고와 맞닿은 멕시코의 국경 도시로 잠시나마 멕시코의 정취를 느끼고자 하는 이들이 방문한다. 샌디에이고 시내 여기저기에서 1일 투어 예약이 가능할 만큼 대중적인 투어지만 치안이 좋지 않은 점을 감안해 사전에 조심하는 것이 좋다.

티후아나는 샌디에이고에서 남쪽으로 25km 떨어져 있으며 미국과 국경을 접하고 있는 덕분에 수많은 멕시코인들이 찾아와 대도시로 성장하게 되었다. 또한 미국에 비해 현저히 저렴한 물가로 인해 생필품 쇼핑과 같은 이러저러한 이유로 미국인들도 많이 오간다. 72시간 이내 체류 시 별도의 여행자 카드Tourist Card 없이 국경을 오갈 수 있고, 미국에서 멕시코로 갈 때는 총기류 소지 검사 외에 별도의 입국 심사는 없지만 다시 미국으로 넘어올 때는 여권을 확인하는 정식 입국 심사 과정을 거쳐야 하니 반드시 여권을 소지한 후 다녀와야 한다.

솜브레로Sombrero라고 불리는 챙이 넓은 멕시코 스타일의 모자를 쓰고 기타를 치며 흥겨운 노래를 불러주는 이들의 틈에서 미국과는 또 다른 멕시코만의 정취를 느끼고 싶은 이에게 방문을 추천한다. 중심가는 레볼루션 거리Revolution Ave로 전통 의상을 차려 입고 관광객을 기다리는 수많은 멕시칸들이 당나귀를 타고 다니며 함께 사진을 찍자고 권한다. 중심가의 거리를 걸으면서 쇼핑을 즐기고 멕시코 레스토랑에서 식사를 한 후 돌아오면 된다. 쇼핑은 US달러로 구매가 가능하며 흥정을 잘해야 저렴하게 살 수 있으니 참고! 좀 더 멕시코스러운 것을 보고 싶다면 멕시틀란Mexitlan을 추천한다. 레볼루션 거리에 위치한 멕시코식 민속촌으로 전통 가옥과 신전, 피라미드 모형 등을 볼 수 있으며 멕시코 음악을 배경으로 하는 다양한 쇼가 펼쳐진다.

> ✦ 추천 근교 여행지
>
> Access 자동차나 트롤리 블루 라인을 이용해 국경 도시인 샌 이시드로San Yisidro에 가서 셔틀버스로 갈아탄 후 국경을 넘는 방식이다. 렌터카로 이동한다 해도 국경 주변의 주차장에 주차하고 셔틀버스로 이동하는 것이 편리하다.
> ※ 주차장 : Border Station Parking Lot
> GPS 32.496884, -117.017846

> **Tip 티후아나 관광 센터**
> Comité de Turismo y Convenciones de Tijuana
> Address #201, Paseo de los Héroes 9365, Zona Urbana Río
> Tel 664-684-0537
> Web descubretijuana.com
> Open 월~금 09:00~18:00
> Close 토·일요일

Las Vegas 라스베이거스

라스베이거스
Las Vegas

하루 24시간을 바쁘게 즐기기에도 모자란 라스베이거스는 한국 국토의 3배에 달하는 크기인 네바다 주의 남동쪽 사막 한복판에 세워진 거대한 인공 도시이다. 1829년 탐험가 라파엘 리베라에 의해 처음 발견되어 19세기까지는 광업과 가내수공업으로 먹고 살았으나 1905년 캘리포니아와 솔트레이크를 잇는 철도가 연결되고 1936년 후버 댐이 건설되면서 미국의 거대한 자본이 몰리기 시작했는데 그때부터 관광 도시로 성장했다. 당시 대통령이었던 링컨은 네바다가 경제적으로 여유로워지자 주로 승격시켰으며 1931년부터 카지노가 합법화되었다. 덕분에 라스베이거스에 실제로 거주하는 인구는 200만이지만 매년 이곳을 방문하는 여행자는 4,500만 명이 넘는다.

이곳을 대표하는 키워드가 세계 최고의 카지노인 건 맞지만 그것만 있을 거라고 생각하면 큰 오산이다. 1980~1990년대에 걸쳐 휴양지로 손색이 없는 다양한 가격대의 호텔과 세계적으로 유명한 음식점, 도시와 주변 근교에서 즐길 수 있는 골프와 쇼, 전시회 등이 대거 개발되어 언제 가도 지루할 틈이 없는 관광 도시로서 매년 성장하고 있기 때문이다. 낮보다는 밤이 훨씬 아름다운 이 멋진 도시에서 미국 서부의 광활함을 체험해보자!

연관검색어
#사막 #인공도시 #미서부 #미국서부
#카지노 #유흥도시 #휴양지

Writer's Story
라스베이거스는 우리가 알고 있는 혹은 우리가 생각하는 것보다 훨씬 스케일이 크다. 일단 이 도시를 끼고 있는 주변 환경이 여행하기엔 환상의 조건을 가지고 있다. 라스베이거스가 포함되어 있는 네바다 주 외에도 유타 주와 애리조나 주의 다양한 국립공원과 캐니언, 호수와 강 등으로 둘러싸여 있어 시간적 여유만 있다면 미국 서부의 웅장함을 제대로 느낄 수 있다. 또한 라스베이거스는 낮보단 밤이 훨씬 재미난 곳이다. 스트립이라는 대로를 따라 펼쳐지는 다양한 퍼포먼스, 놀이기구, 맛집, 카지노, 클럽, 아웃렛 쇼핑 등은 잠자는 시간까지 부족하게 만들곤 한다. 라스베이거스를 방문할 때마다 언제나 새로운 트렌디한 호텔과 레스토랑들을 발견할 수 있으니 몇 번을 다시 가도 내겐 늘 신기루와 같은 도시이다.

추천 애플리케이션
Vegas
Las Vegas Dining

추천 웹 사이트
미국 여행 정보 www.gousa.or.kr
라스베이거스 여행 정보 ko.lasvegas.com

오리엔테이션

➕ 시차
한국보다 17시간 느리고, 서머타임 적용 시에는 16시간 차이가 난다(서머타임 : 3월 둘째 주부터 11월 첫째 주까지).

➕ 기후
일 년 내내 건조한 사막이라 일교차가 큰 편이므로 낮과 밤의 옷을 다르게 입는 것이 좋다. 무덥고 건조한 여름철보단 걷기 편한 겨울이 여행하기 더 좋다.

	1월	2월	3월	4월	5월	6월	7월	8월	9월	10월	11월	12월
평균 기온(℃)	7	9	11	15	19	23	26	23	20	16	10	7
평균 강수량(mm)	150	200	150	10	30	0	50	50	40	20	50	30

➕ 한국에서 라스베이거스까지 가는 방법
대한항공이 인천국제공항에서 라스베이거스까지 주 5회 운항해 방문이 편리하다. 그 외에도 미국 항공기를 통해 LA나 샌프란시스코를 경유해 방문할 수 있다. 해리 리드 국제공항은 도시의 중심인 스트립 거리에서 3km밖에 떨어져 있지 않아 택시를 타도 큰 부담이 없다.

➕ 라스베이거스국제공항
세계 최대의 도박 도시답게 공항부터 슬롯머신이 늘어서 있는 이국적이고도 놀라운 풍경을 볼 수 있다. 해리 리드 국제공항Harry Reid International Airport은 국제선(제3터미널)과 국내선(제1터미널) 2개의 터미널로 나누어져 있고 두 터미널은 모노레일을 타고 무료로 이동할 수 있다. 공항코드는 LAS이다.
Address 5757 Wayne Newton Blvd, Las Vegas
Tel 702-261-5211   Web harryreidairport.com

➕ 공항에서 시내까지 가는 방법
공항에서 시내까지는 택시를 타거나 셔틀버스를 타는 것이 일반적이다. 택시 탑승 시 스트립까지 대략 $15~20면 가능하기 때문에 일행이 2명 이상일 경우 가장 경제적이면서 편하고 빠르게 시내까지 이동할 수 있다. 셔틀버스는 스트립까지 $8~12, 다운타운까지는 $8~14 정도 요금이 나오는데 목적지(호텔명)를 말하면 방향에 맞춰 드라이버가 세워 주는 방식이고 왕복으로 티켓 구매 시 좀 더 저렴해진다. 공항에서 버스로 시내를 가려면 짐을 들고 갈아타야 하니 추천하지 않는다.

Web www.vegas.com/transportation/airport-shuttles

✚ 시내 교통

가장 인기가 많은 수단은 듀스Deuce 버스이다. 커다란 2층 버스인데 24시간 운행되어 스트립의 남과 북을 오가므로 관광객들이 많이 이용하지만 교통 체증은 감안해야 한다. 예상보다 이동 시간이 오래 걸리는 일이 잦다. 공항이나 아웃렛, 다운타운 등 스트립을 벗어난 구간 이동 시 편리하게 이용할 수 있던 SDX는 코로나19의 여파로 운행이 중단된 상태다.

듀스 탑승을 위해선 RTC Transit 패스를 구입하면 되는데 금액은 2시간 $6, 1일권 $8, 3일권 $20이다. 1일권의 경우 처음 탑승 시간 기준으로 24시간 동안 사용할 수 있어 관광객에게 유리하다.

Web www.rtcsnv.com

라스베이거스에서는 근교 여행 또한 많이들 가기 때문에 차를 렌트하는 경우가 많다. 한국에서 미리 예약을 하고 가면 대부분 공항에서 바로 픽업을 하는데 시내의 호텔에서 차를 찾는 것보다 공항에서 찾는 것이 저렴하다. 공항 근처에는 대중적으로 잘 알려진 브랜드의 렌터카 숍들이 모여 있어 초보자도 찾아가기 쉬우며 표지판의 안내 또한 잘되어 있는 편이라 길 찾기가 편리하다. 렌터카 반납을 위해 다시 공항에 가기 전 시간을 내어 근처의 프리미엄 아웃렛을 들리면 좋다. 현지에서 차를 운전할 때는 반드시 정해진 속도를 지키자. 아무도 없을 것 같은 사막 길을 달리고 있어도 문제될 만한 행동을 하면 거짓말처럼 어디선가 경찰이 나타난다. 허리에 권총을 찬 미국 영화 속 그 경찰 말이다. 그러니 하늘이 무너지는 일이 있더라도 법은 지켜야 한다.

Tip 라스베이거스에서 택시비를 절약할 수 있는 방법

라스베이거스의 모든 길은 스트립Strip으로 통한다!? 도시의 중심가이면서 누구나 오가는 대로변인 스트립 거리는 언제 가도 차가 막힌다. 때문에 라스베이거스에서 택시를 타고 공항이나 도심을 오갈 때 스트립이 아닌 로컬용 거리(즉, 스트립 바로 다음 뒷골목)로 가 달라고 드라이버에게 말하자. 그러면 스트립 거리가 아닌, 차가 막히지 않는 뒷길로 이동할 것이다.

영화 속 배경으로 등장한 라스베이거스 찾기

수많은 미국 영화에 라스베이거스가 등장했고 지금도 여전히 촬영 중이다. 아래의 영화들을 다시 볼 기회가 생기면 그 배경을 유심히 보기를! 라스베이거스의 숨은 명소들을 발견하는 재미가 쏠쏠할 것이다.

❶ 아리아 리조트 & 카지노
  〈제이슨 본〉 〈나우 유 씨 미 : 마술사기단〉 〈라스트베가스〉

❷ 리비에라 호텔
  〈벅시〉 〈21〉 〈카지노〉

❸ 벨라지오 라스베이거스
  〈쇼걸〉 〈오션스 일레븐〉

❹ 시저스 팰리스
  〈라스베이거스에서만 생길 수 있는 일〉 〈레인 맨〉 〈행오버〉

❺ 서커스 서커스
  〈콘 에어〉 〈라스베이거스를 떠나며〉

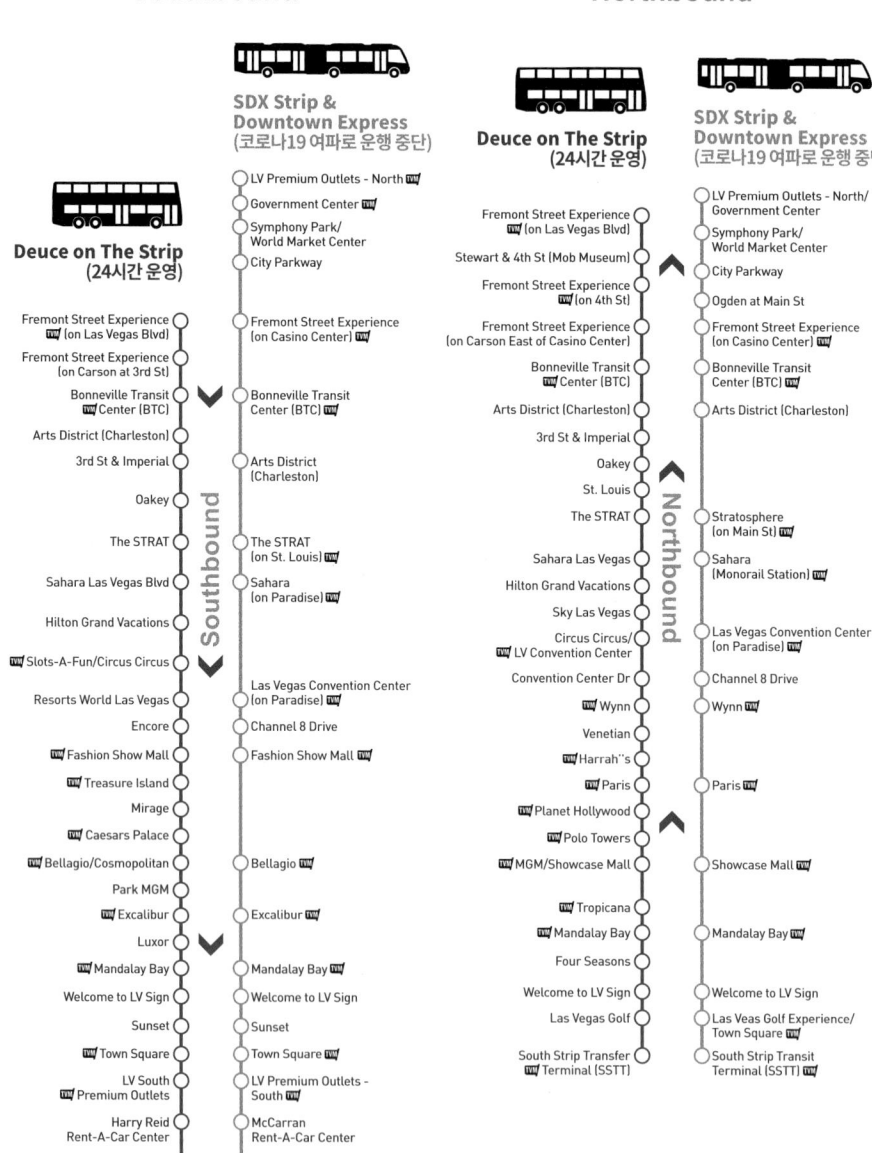

➕ 라스베이거스 4박 5일 추천 일정

라스베이거스 관광의 중심은 무조건 스트립이다. 이 거리에서만도 먹고 보고 즐길 것이 많으니 시간 배분을 잘해야 한다. 멀리서 보면 호텔과 호텔 사이가 모두 붙어 있어 가까운 것 같지만 실제로는 워낙 커서 한참 걸리므로 생각보다 많은 시간 걷게 되는 점을 감안하자. 또한 밤에 더 재미난 것들이 많으니 이 부분도 고려해 일정을 짤 것을 권한다.

1일 차
스트립 거리 걸으며 길 익히기 ➡ 코스모폴리탄의 뷔페 레스토랑 위키드 스푼에서 점심식사 ➡ 숍 앳 크리스털 구경 ➡ 뉴욕 뉴욕 호텔 & 카지노의 놀이기구 타기 ➡ 갤러거 스테이크하우스에서 저녁식사 ➡ 벨라지오의 무료 분수 쇼 관람

2일 차
베네시안과 윈 호텔 구경 ➡ 얼 오브 샌드위치에서 점심식사 ➡ 로스 드레스 포 레스와 마샬에서 쇼핑 ➡ 몽 아미 가비에서 저녁식사 ➡ 쇼 관람(카 쇼, 오 쇼 중 선택)

3일 차
호텔 수영장에서 휴식 ➡ 셰이크 섁에서 햄버거로 점심식사 ➡ 다운타운 구경 후 부숑에서 저녁식사 ➡ 하이 롤러 대관람차 탑승

4일 차
호텔 내 카지노 즐기기 ➡ 아웃렛에서 쇼핑 및 점심식사 ➡ 삼바라테에서 커피 한잔 즐기기 ➡ 월도프 아스토리아 라스베이거스 스카이 바에서 라스베이거스의 풍경 내려다보기 ➡ 클럽 즐기기(마퀴, XS 나이트클럽 등)

5일 차
레드 록 캐니언이나 밸리 오브 파이어 주립공원 혹은 후버 댐 투어에 참여하거나 렌터카로 운전해 다녀오기

경제적 여유가 된다면 헬리콥터 투어를 해봐도 좋다. 헬리콥터를 타고 라스베이거스 시내를 내려다보거나 그랜드 캐니언(400p) 위에서 거대한 산맥을 내려다보는 것도 색다른 즐거움이 될 것이다.

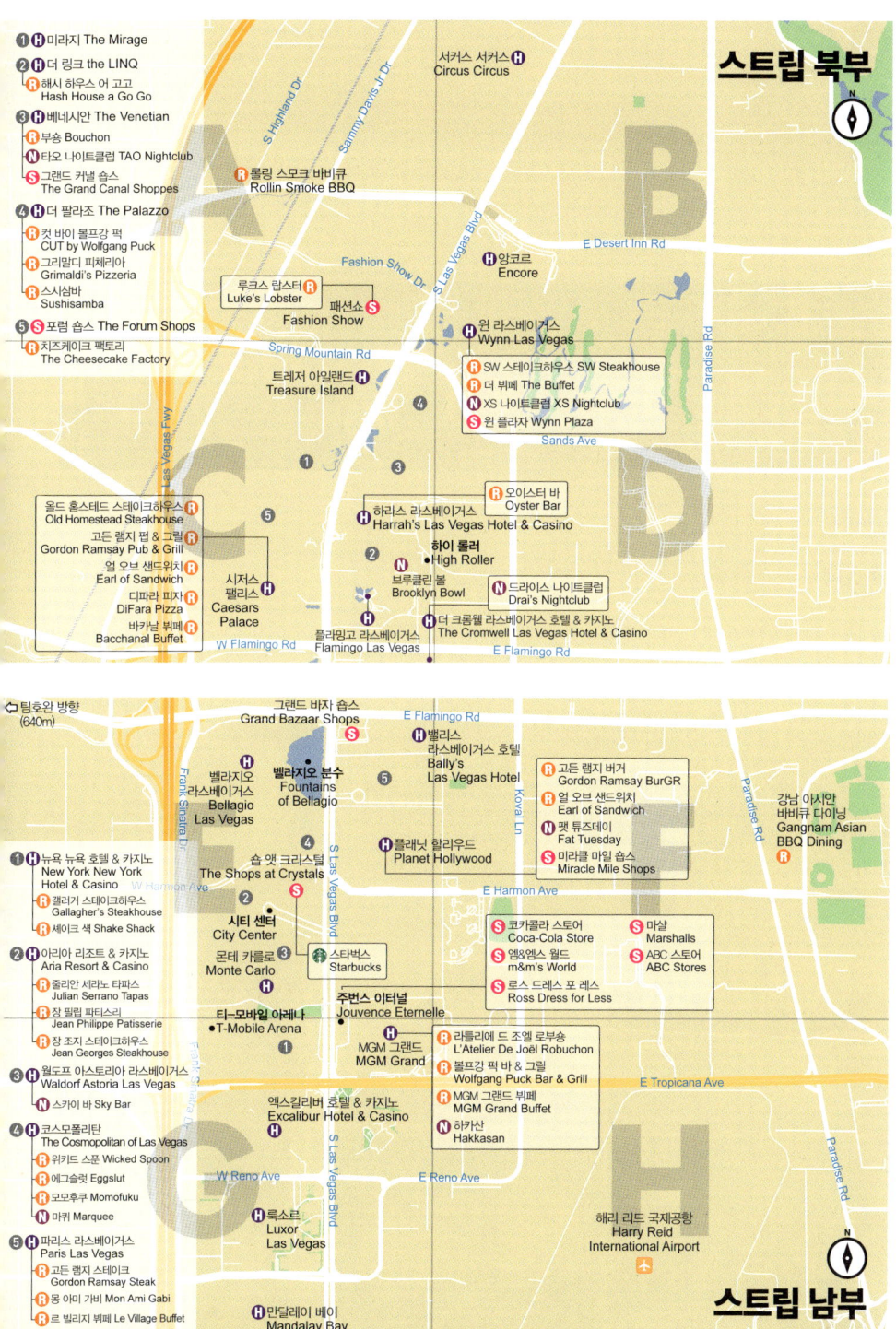

스트립
The Strip

사우스 라스베이거스 대로South Las Vegas Blvd를 따라 약 5km에 이르는 큰 길로 쇼핑몰과 브랜드 숍, 레스토랑, 호텔, 공연장, 분수대 등 라스베이거스의 모든 것이 총망라되어 있다. 공항에서 이곳까지는 차가 안 막히면 약 15분 거리로 상당히 가깝다. 스트립은 신호등보다 육교가 훨씬 많고 대로가 커서 생각보다 많이 걷게 될 것이니 편한 신발 준비는 필수!

Sightseeing ★☆☆ : 3성급

룩소르 Luxor Las Vegas

거대한 이집트의 파라오를 형상화한 호텔로 라스베이거스 스트립 남쪽에 자리하고 있어 공항과 가깝다. 피라미드 모양이 본관이며 스위트 객실이 있는 건물이 별관이다. 매일 밤마다 뾰족한 피라미드 끝에서 초록색 광선이 발사되어 라스베이거스의 밤을 밝혀 주는 이정표가 되고 있다. 호텔의 내부 또한 이집트 분위기가 물씬 풍긴다. 피라미드의 기울어진 각도에 맞춰진 비스듬한 엘리베이터도 이색적인데 객실 키가 있는 투숙객만 탑승이 가능하다. 호텔 2층에는 3D 영상을 보여주는 아이맥스 영화관과 투탕카멘 왕의 무덤을 재현한 박물관, 실제 타이타닉호에서 발견된 부품과 잔해들이 있는 타이타닉 전시장, 인체의 신비로운 현상을 과학적으로 설명해준 인체의 신비 전시장이 마련되어 있다. 이웃 호텔인 만달레이 베이, 엑스칼리버와 룩소르를 이동하는 무료 트램이 순환 중이다.

Address 3900 S Las Vegas Blvd
Tel 702-262-4000
Web www.luxor.com
Access 듀스 Luxor역 하차
Map 199p. G

모노레일 혹은 트램 타고 호텔 순례하기

라스베이거스 모노레일
유료 교통수단으로 운영되고 있다. 운행 주기도 잦은 편이고 긴 거리에 늘어서 있는 호텔들을 구경하기 좋으니 자신의 동선과 머무는 호텔을 참고해 모노레일을 타고 이동하면 시간이 훨씬 절약된다.

모노레일 정차역
SLS - Westgate - Convention Center - Harrah's & The LINQ - Flamingo & Caesars Palace - Bally's & Paris Station - MGM Grand
Web   www.lvmonorail.com
Open 월 07:00~24:00, 화~목 07:00~02:00, 금~일 07:00~03:00
Cost   1회 $5, 1일권 $13

무료 트램
같은 계열사의 호텔끼리 연결해주는 트램의 경우 무료로 이용할 수 있어 호텔과 호텔 사이를 이동할 때 편리하다.

트램 노선
Mirage - Treasure Island(일~목 09:00~01:00, 금·토 09:00~02:00)
Bellagio - Shops at Crystals - Monte Carlo(08:00~04:00)
Excalibur - Luxor - Mandalay Bay(09:00~22:30)

Sightseeing ★☆☆ : 4성급

만달레이 베이 Mandalay Bay

라스베이거스에서 수많은 호텔들을 거느리고 있는 MGM 미라지 그룹의 호텔 중 하나로 스트립 남쪽에 자리한다. 'ㄴ' 형태의 거대한 황금색 외관이 인상적인데 가장 널리 이름을 날린 건 호텔 내부에 있는 수영장이다. 1.8m 높이의 인공 파도와 슬라이딩 시설, 그리고 인공 해변을 갖추어 가족 단위 방문객에게 인기가 많고 상어 및 여러 해양 동물들 2천여 마리가 살고 있는 샤크 리프 수족관Shark Reef Aquarium은 어린이들에게 늘 인기이다. 수영장은 투숙객만 입장이 가능하지만 수족관은 누구나 관람할 수 있다. 또한 마이클 잭슨의 팬이라면 주목! 그를 추모하는 공연인 원One이 이곳 공연장에서 진행되고 있으니 관심이 있다면 놓치지 말자. 엑스칼리버 호텔까지 무료 트램 이용이 가능하다.

Address 3950 S Las Vegas Blvd
Tel   702-632-7777
Web   www.mandalaybay.com
Access 듀스 Mandalay Bay역 하차
Map   199p. G

Sightseeing ★☆☆ : 3성급

엑스칼리버 호텔 & 카지노 Excalibur Hotel & Casino

아서 왕이 살던 중세 시대를 테마로 한 호텔로 스트립 거리에서 가장 아기자기한 모습이라 거리를 걷다가도 쉽게 눈에 띄며 어린이들에게 인기가 많다. 외관만 봐서는 마치 테마파크에 놀러온 듯한 기분이 들 정도이다. 호텔 내 900석 규모의 거대한 원형 경기장에서는 아서 왕의 전설을 재현하는 왕들의 토너먼트 Tournament of Kings라는 공연이 이루어지고 있으며, 썬더 프롬 다운 언더 Thunder From Down Under라는 남성 스트립 쇼 또한 인기리에 공연 중이다.

Address 3850 S Las Vegas Blvd
Tel 702-597-7777
Web www.excalibur.com
Access 듀스 Excalibur역 하차
Map 199p. G

Sightseeing ★☆☆

리틀 처치 오브 더 웨스트 Little Church of the West

세계에서 가장 빨리 결혼 서약이 이루어지고 가장 많은 결혼식이 진행된 곳으로 유명한 라스베이거스! 그 산증인(?)이 바로 이 작은 교회이다. 1942년 프런티어 호텔과 함께 지어졌는데 여러 유명 인사들이 결혼식을 올리면서 라스베이거스의 역사적인 장소가 되었다. 안젤리나 졸리, 리처드 기어와 신디 크로포드, 레드 폭스 등이 이곳에서 결혼한 것으로 알려져 있으며 라스베이거스에서 가장 오래된 건축물로 인정받고 있다. 아쉽게도 교회 내부는 공개되지 않지만 외관을 배경으로 기념사진을 찍는 것도 좋은 추억이 될 것이다.

Address 4617 S Las Vegas Blvd
Web littlechurchlv.com
Map 198p. E

 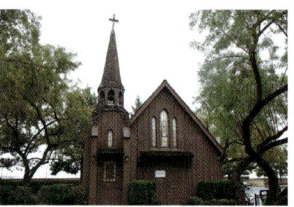 

라스베이거스에서 호텔을 고를 때 기억하세요!

라스베이거스는 호텔의 도시지만 가격이 천차만별이고 행사(CES라 불리는 국제 전자제품 박람회 등)나 이벤트가 있을 시엔 한도 끝도 없이 비싸진다. 최근 생긴 인기 호텔과 그렇지 않은 호텔의 수준 차이가 심한 편이고 얼리 체크인이나 좋은 뷰의 룸을 원할 시 추가 요금을 내야 한다. 고급 호텔의 경우 리조트 요금 Resort Fee(수영장, 무료 인터넷 등 호텔 내 부대시설 이용 요금)이 체크아웃 시 자동으로 부과된다. 오래된 호텔은 냉장고와 어메니티, 슬리퍼가 없거나 추가 요금을 지불해야 하는 경우도 있다. 그러니 이 부분을 참고해 나에게 적합한 호텔을 골라보도록 하자!

Sightseeing ★★☆ : 4성급

MGM 그랜드 MGM Grand

총 4개의 건물에 5,800개 객실을 갖추고 있어 객실 수만으로 세계 2위를 차지하고 있는 대형 호텔이며, 입구의 황금색 사자상이 이곳 상징이다. 호텔 내부에는 유명한 스폿들이 많은데 인기 나이트클럽 중 하나인 하카산Hakkasan, 유명 셰프의 이름을 딴 레스토랑 볼프강 퍽 바 & 그릴Wolfgang Puck Bar & Grill과 라틀리에 드 조엘 로부숑L'Atelier De Joël Robuchon, 컨벤션 센터, 워터파크 등이다. 유명 가수의 대형 콘서트나 공연이 진행되는 그랜드 가든 아레나와 인기 공연 중 하나인 카KA 쇼, 미국의 인기 드라마 〈CSI〉의 세트장 체험관 또한 자리하고 있어 많은 이들이 찾는다.

Address	3799 S Las Vegas Blvd
Tel	877-880-0880
Web	www.mgmgrand.com
Access	듀스 MGM/Showcase역 하차
Map	199p. G

Sightseeing ★★☆ : 4성급

뉴욕 뉴욕 호텔 & 카지노
New York New York Hotel & Casino

미국을 대표하는 도시 뉴욕을 재현해 1997년 오픈한 호텔이다. 입구의 브루클린 브리지와 자유의 여신상, 엠파이어 스테이트 빌딩, 그리고 셰이크 색 햄버거를 판매하는 레스토랑만 보더라도 뉴욕에 온 것 같은 느낌인데 내부로 들어가면 타임스 스퀘어와 그리니치 빌리지 또한 뉴욕 그대로를 느낄 수 있게 꾸며두었다. 또한 유명 스테이크 레스토랑인 갤러리 스테이크하우스와 롤러코스터 놀이기구도 있어 인기이다. 빅 애플 코스터The Big Apple Coaster라는 이름의 이 롤러코스터는 3분 동안 라스베이거스의 스릴을 즐길 수 있어 매력적이다.

Address	3790 S Las Vegas Blvd
Tel	702-740-6969
Web	www.newyorknewyork.com
Access	듀스 Park MGM역 하차
Map	199p. G

Sightseeing ★★★

주번스 이터널 Jouvence Eternelle

라스베이거스를 대표하는 사진 중 하나로 자주 등장하는 곳으로 외관에 길게 뻗어 있는 콜라병이 이곳의 상징이다. 4층까지 이어지는 대형 복합 몰인데 여행 선물을 구입하기 좋다. 건물 안에는 코카콜라 스토어와 세계 여러 곳의 지점 중 가장 큰 매장으로 알려진 엠&엠스 월드가 있고 여러 쇼핑 숍과 ABC 스토어, 레스토랑 등도 만나 볼 수 있다. 이 중에 가장 추천하고픈 곳은 1층의 로스 드레스 포 레스와 지하에 자리한 마샬이다. 저렴하게 생필품을 파는 이월 상품 할인점으로 현지인들이 애용하는 곳이라 실속 있는 쇼핑을 할 수 있다.

Address 3785 S Las Vegas Blvd
Tel 702-597-3117
Web www.vegas.com/shopping/showcase-mall-las-vegas
Open 09:00~17:00
Access 듀스 MGM/Showcase역 하차
Map 199p. G

코카콜라 스토어 Coca-Cola Store
코카콜라와 관련한 여러 가지 기념품들이 마련되어 있다. 2층에는 독창적인 콜라 맛의 체험도 가능한데 색다른 시도로는 좋으나 맛은 별로 없는 편이다.

엠&엠스 월드 m&m's World
m&m의 다양한 캐릭터들이 건물 1~4층을 가득 채우고 있어 시간 가는 줄 모르고 구경하게 된다. 처음 보는 종류의 초콜릿과 각종 생활용품, 선물용 기념품 등 볼거리가 많다.

로스 드레스 포 레스 Ross Dress for Less
이월 상품을 저렴하게 판매하는 전문 할인 몰이다. 의류와 신발에서부터 각종 생활용품 등을 최대 90%까지 할인해 무척 저렴하다.

마샬 Marshalls
미국인들이 애용하는 최고의 할인 몰로 최대의 할인율을 자랑한다. 특히 운동복이나 캐리어, 선물용품 등을 고르기 좋으니 진열된 물건들 속에서 숨어 있는 보석을 골라보자.

ABC 스토어 ABC Stores
하와이에서 쉽게 볼 수 있는 편의점이 라스베이거스에도 자리해 있다. 다양한 여행 기념품과 초콜릿 외에도 간단한 먹을거리와 생수를 판매하고 있어 여행자라면 반드시 들르게 된다.

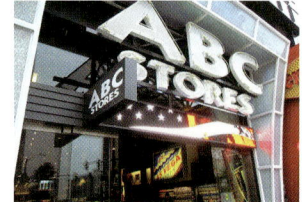

Sightseeing ★★★

시티 센터 City Center

MGM 미라지 그룹이 두바이 월드의 투자를 받아 만든 라스베이거스 안의 또 다른 세계이다. 내부는 몇 개의 호텔들과 레지던스, 쇼핑몰 등으로 이루어져 있다. 크리스털이란 이름의 숍은 명품관 개념으로 고급 럭셔리 브랜드 매장들만 입점해 있어 인테리어를 보는 것만으로도 멋스럽다. 늘씬한 빌딩인 만다린 오리엔탈은 명성에 걸맞게 화려한 자태를 뽐내고 있으며 현지인들이 주로 거주하는 럭셔리 콘도미니엄인 브이다라도 대로변에 위치해 있다. 시티 센터를 연결하는 다섯 개의 건물은 모두 육교로 연결되어 있어 정신없이 복잡하고 늘 차가 막히는 스트립 거리에서도 이동이 자유로운 편이다. 낮과 밤 언제 봐도 멋스럽고 사진 촬영을 해도 화보처럼 나오는 곳이니 반드시 방문할 것.

Address 3752 S Las Vegas Blvd
Web   www.aria.com
Access   듀스 Planet Hollywood Hotel역
         하차
Map 199p. E

Sightseeing ★★★ : 5성급

아리아 리조트 & 카지노 Aria Resort & Casino

시티 센터 내에 있는 호텔 중 하나로 2009년 오픈했다. 룸은 냉난방 및 조명, 커튼 등을 터치 패드로 컨트롤하는 스마트한 시스템을 갖추었다. 야외 수영장은 도시의 마천루에서 휴양지 느낌을 즐길 수 있어 인기가 좋으며 나이트클럽과 세계 각국의 레스토랑(프렌치 스타일의 빵집 장 필립 파티스리 Jean Philippe Patisserie, 태국 음식점 레몬그라스 Lemongrass, 스페인 음식점 줄리안 세라노 타파스 Julian Serrano Tapas)을 만나 볼 수 있다. 영화 〈라스트 베가스〉와 〈나우 유 씨 미 : 마술사기단〉에 등장하기도 했다.

Address 3730 S Las Vegas Blvd
Tel   866-359-7111
Web   www.aria.com
Access   듀스 Planet Hollywood Hotel역
         하차
Map 199p. E

Sightseeing ★★☆ : 5성급

월도프 아스토리아 라스베이거스
Waldorf Astoria Las Vegas

만다린 오리엔탈이 월도프 아스토리아 호텔로 바뀌었다. 여전히 체크인을 위한 로비는 23층에 자리하고 있고 카지노가 없어 호텔은 상당히 조용한 편. 뷰도 좋아 조용히 럭셔리하게 쉬고 싶다면 추천. 룸의 바닥이 나무이고 블루투스 스피커까지 구비되어 있어 쾌적하게 즐길 수 있다.

Address 3752 S Las Vegas Blvd
Tel 702-590-8888
Web waldorfastorialasvegas.com
Access 듀스 Planet Hollywood Hotel역 하차
Map 199p. E

Sightseeing ★☆☆ : 3성급

밸리스 라스베이거스 호텔 Bally's Las Vegas Hotel

가격 대비 최고의 '가성비'를 자랑하는 호텔로 스트립의 중앙에 위치해 있고 룸이 넓어 편리하다. 지어진 지 오래된 호텔치고 관리가 잘돼 있으며 남북 어느 방향으로든 이동이 편리해 인기다. 뉴욕에서 상륙한 태국 음식점 SEA와 스테이크 레스토랑인 BLT 스테이크하우스가 자리해 있다.

Address 3645 S Las Vegas Blvd
Tel 702-967-4111
Web www.caesars.com/ballys-las-vegas
Access 듀스 Paris역 하차
Map 199p. E

Sightseeing ★★☆ : 3성급

더 크롬웰 라스베이거스 호텔 & 카지노
The Cromwell Las Vegas Hotel & Casino

2014년 2월 오픈한 부티크 호텔로 19개의 스위트 룸과 188개의 객실을 갖췄다. 유명 셰프인 지아다 드 로렌티스의 첫 레스토랑인 지아다 Giada가 있으며 샌프란시스코 감성의 이태리 음식을 먹기 위해 많은 사람들이 줄을 선다. 호텔의 루프톱은 드라이스 Drai's라는 이름의 비치클럽·나이트클럽으로 인기가 많다. 건물 10층 높이에서 보이는 라스베이거스의 스트립 뷰는 상당히 매력적이다.

Address 3595 S Las Vegas Blvd
Tel 702-777-3777
Web www.caesars.com/cromwell
Access 듀스 Paris역 하차
Map 199p. C

Sightseeing ★★★ : 5성급

벨라지오 라스베이거스 Bellagio Las Vegas

호텔의 제왕 스티브 윈이 이태리의 벨라지오를 테마로 하여 만든 호텔로 매일 화려하게 펼쳐지는 분수 쇼는 라스베이거스를 대표하는 상징이 된 지 오래이다. 로비를 장식한 데일 치훌리Dale Chihuly의 유리 공예 작품은 라스베이거스를 방문하는 누구라도 들러 기념사진을 촬영하는 곳으로 유명하며 일 년 내내 계절에 맞춰 다양한 생화로 꾸며지는 보태니컬 가든 또한 인기이다. 장 필립 파티스리의 초콜릿 분수대와 피카소, 앤디 워홀, 모네 등의 작품 30여 점을 소장한 갤러리 오브 파인 아트Bellagio Gallery of Fine Art도 많은 이들의 주목을 받는다. 태양의 서커스팀 공연 중 하나인 오O 쇼가 이곳에서 진행되고 있으며 맛집으로 알려진 토드 잉글리시 올리브Todd English's Olives도 자리하고 있다. 이 아름다운 호텔에서는 방송이나 영화 촬영이 자주 진행되는데 영화 〈오션스 일레븐〉에 등장하기도 했다.

Address 3600 S Las Vegas Blvd
Tel   888-987-6667
Web   www.bellagio.com
Access 듀스 Bellagio Casino 혹은
       Planet Hollywood Hotel역 하차
Map 199p. E

벨라지오 분수 쇼 Fountains of Bellagio

스트립의 중심에 자리하고 있는 벨라지오 호텔은 거대한 물줄기의 향연인 분수 쇼가 압권이다. 라스베이거스의 유명인사인 호텔의 제왕 스티브 윈이 1999년 그의 어머니에게 바치기 위해 시작했다. 다양한 음악에 맞춰 1,200개의 노즐에서 물줄기가 나오며 140m 높이까지 올라가는 모습이 가히 환상적이다. 낮도 좋지만 밤의 분수 쇼는 더욱 낭만적인데 조명과 음악이 더해져 아름다움이 배가되기 때문이다. 공연은 평일 15:00~24:00, 주말 12:00~24:00, 시간대에 따라 15~30분 간격으로 진행된다. 호텔 바로 앞에서 가까이 보거나 건너편의 파리스 호텔 전망대에서 내려다볼 것을 추천한다.

Sightseeing ★★★ : 4성급

파리스 라스베이거스 Paris Las Vegas

라스베이거스에서 가장 운치 있는 호텔로 손꼽히는 이곳은 베르사유 궁전과 개선문, 에펠 타워를 축소시켜 재현했다. 사진만 봐서는 마치 프랑스 파리에 있는 듯 느껴질 정도로 말이다. 카지노 또한 유럽풍으로 꾸며져 이색적이고 에펠 타워의 중간쯤 위치한 11층 레스토랑에선 스트립 거리 전경을 내려다보며 식사를 할 수 있어 데이트나 프러포즈하는 커플에게 늘 인기이다. 고든 램지 스테이크와 몽 아미 가비 레스토랑도 유명하지만 라스베이거스 시내를 한눈에 바라볼 수 있는 에펠 타워 전망대가 가장 인기이다.

Address	3655 S Las Vegas Blvd
Tel	702-946-7000
Web	www.caesars.com/paris-las-vegas
Access	듀스 Paris역 하차
Map	199p. E

에펠 타워 전망대 Eiffel Tower Experience

파리스 호텔의 에펠 타워 전망대에서는 라스베이거스 시내를 360도 돌아보며 감상할 수 있다. 특히 매일 밤 펼쳐지는 벨라지오의 분수 쇼를 내려다볼 수 있는데, 그 어떤 풍경과도 바꿀 수 없을 만큼 압권이다. 그리 넓은 공간은 아니지만 한 바퀴 둘러보며 라스베이거스의 아름다운 야경을 배경으로 기념 촬영을 하기에도 좋다.

Sightseeing ★★★ : 5성급

코스모폴리탄 The Cosmopolitan of Las Vegas

지금 라스베이거스에서 가장 인기 있는 호텔 중 하나로 2011년 오픈해 모던하고도 파격적인 디자인이 많은 이들을 사로잡았다. 14층 수영장은 선남선녀가 모이는 물 좋은 곳으로 이름나 있어 이른 아침부터 많은 사람들로 북적인다. 주변의 높은 빌딩과 아름다운 하늘, 그리고 뜨거운 햇살이 어우러져 고급 휴양지 느낌을 한껏 즐기기 좋다. 호텔 내의 뷔페 레스토랑인 위키드 스푼은 요즘 가장 뜨고 있는 식당이지만 워낙 인기가 많아 1~2시간은 기본으로 기다려야 식사가 가능할 정도고 나이트클럽 마퀴Marquee 또한 매일 밤 화려하게 차려 입은 관광객들로 인산인해를 이룬다. 호텔의 여러 룸 타입 중에서는 옆에 위치한 벨라지오 호텔의 분수 쇼가 보이는 테라스 객실이 가장 인기이니 방에서 편안하게 분수 쇼를 보고 싶다면 룸 타입 선정부터 신중을 기해 예약해보자.

Address	3708 S Las Vegas Blvd
Tel	702-698-7000
Web	cosmopolitanlasvegas.com
Access	듀스 Bellagio Casino 혹은 Planet Hollywood Hotel역 하차
Map	199p. E

Sightseeing ★★★ : 4성급

플래닛 할리우드 Planet Hollywood

LA의 할리우드를 테마로 한 호텔로 각 룸마다 할리우드 영화에서 사용했던 소품이나 의상을 전시해 놓은 것이 특별하다. 맞은편 벨라지오 호텔의 분수 쇼가 한눈에 들어오는 룸도 있으니 예약 시 참고! 이곳 호텔보다 사실 더 유명한 건 1층에 위치한 쇼핑몰 미라클 마일 숍스다. 모던하게 꾸며져 있어 20~30대의 절대적인 지지를 받고 있는데 스트립의 가장 중심인 위치 덕분에 오가면서 반드시 들르게 된다. 핑크스 핫도그와 얼 오브 샌드위치, 치폴레 등 젊은 층이 좋아할 만한 음식 브랜드의 식당들이 많아 부담 없이 식사하며 쇼핑하기 좋다.

Address	3667 S Las Vegas Blvd
Tel	866-919-7472
Web	www.caesars.com/planet-hollywood
Access	듀스 Planet Hollywood Hotel역 하차
Map	199p. E

Sightseeing ★★★ : 4성급

 시저스 팰리스 Caesars Palace

총 6개의 건물로 이루어진 거대한 호텔로 로마의 대궁전에 머무는 듯한 착각을 일게 만드는 웅장한 야외 수영장이 최고의 인기 포인트다. 호텔 내 공연장에서는 셀린 디온, 머라이어 캐리 등 세계적인 스타가 1년 365일 공연을 한다. 또한 건물 중 하나를 개조해 노부 시저스 팰리스란 이름의 최고급 럭셔리 호텔과 레스토랑으로 운영 중인데 세계적으로 유명한 일식 셰프인 노부 마쓰히사를 테마로 하여 건물 전체가 일본풍 인테리어로 꾸며져 있다. 호텔과 연결된 포럼 숍스The Forum Shops는 그리스와 로마의 신화를 그대로 옮긴 것 같은 벽화와 천장 조각이 유명하다. 쇼핑몰 입구의 분수대에서 아틀란티스 공연이 매일 무료로 진행되어 지나가는 관광객들의 시선을 끌고 있다. 포럼 푸드 코트에는 라스베이거스의 인기 맛집인 얼 오브 샌드위치Earl of Sandwich가 플래닛 할리우드 호텔 내의 지점보다 훨씬 한가로워 즐기기 편하고, 뉴욕의 인기 피자 브랜드인 디파라 피자DiFara Pizza도 입점해 있는데 피자 한 조각에 $10 정도로 비싼 편이며 맛 또한 짜서 명성과는 다르게 한국인의 입맛엔 잘 안 맞는 편이다. 영국 유명 셰프인 고든 램지의 체인 레스토랑 고든 램지 펍 & 그릴도 많은 이들이 즐겨 찾는다.

Address 3570 S Las Vegas Blvd
Tel 866-227-5938
Web www.caesars.com/caesars-palace
Access 듀스 Caesars Palace역 하차
Map 199p. C

Sightseeing ★★☆ : 4성급

미라지 The Mirage

1989년 오픈한 스티브 윈의 첫 번째 호텔이다. 정글을 테마로 지어졌는데 호텔 내에 호랑이와 사자 동물원이 있다는 사실은 오픈 당시부터 상당한 화제였다. 인공 폭포를 비롯해 다양한 물고기와 여러 동물들도 만나 볼 수 있어 어린이들에게 특히 인기가 많다. 매일 호텔 초입에 자리한 폭포에서 펼쳐지는 볼케이노 쇼 또한 미라지 호텔을 널리 알리는 계기가 되었다. 라스베이거스의 유명 공연 중 하나인 비틀스 러브가 이곳에서 진행되기도 하고 미국 서부의 유명 피자 전문점인 캘리포니아 피자 키친 California Pizza Kitchen 등도 자리한다.

Address 3400 S Las Vegas Blvd
Tel 702-791-7111
Web www.mirage.com
Access 듀스 Mirage역 하차
Map 199p. C

볼케이노 The Volcano
미라지 호텔의 입구 쪽 스트립 거리에서 진행되는 쇼로 정글과 폭포로 꾸며진 곳에서 화산이 폭발하여 그 뜨거운 불길과 열기를 직접 느낄 수 있다. 물기둥과 불기둥이 30m 높이까지 번갈아가며 치솟아 깜짝 놀라게 되는데 폭죽과 불길까지 더해져 스펙터클하다. 우르르 쾅쾅 소리를 내며 터지는 화산의 사운드마저 지극히 리얼하다.

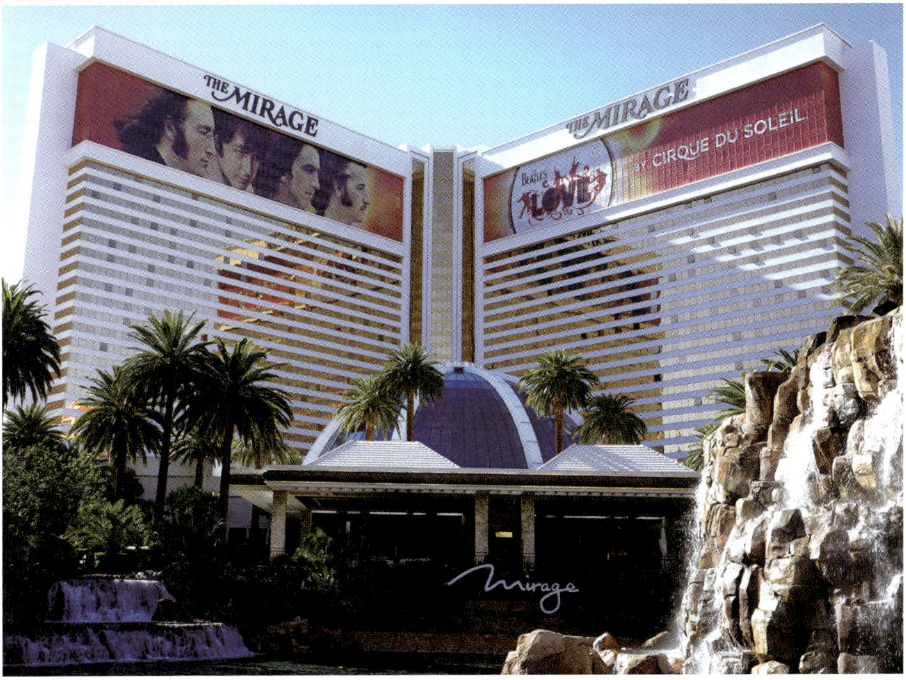

Sightseeing ★★☆ : 3성급

더 링크 the LINQ

최근 리노베이션한 호텔답게 모던하게 꾸며져 있다. 즐길거리가 많아서 여행객들의 방문이 끊이질 않으며 호텔 바로 뒤에는 라스베이거스의 또 다른 상징인 대관람차 하이 롤러High Roller가 자리한다. 호텔 내에 24시간 운영하는 유명 레스토랑 해시 하우스 어 고고Hash House a Go Go는 식사를 하려는 손님들로 늘 북적인다.

Address	3535 S Las Vegas Blvd
Tel	800-634-6441
Web	www.caesars.com/linq
Access	듀스 Harrah's Hotel역 하차
Map	199p. C

The LINQ
하이 롤러 High Roller

링크 호텔에 있는 대관람차로 정상에 오르면 도시가 한눈에 보여 상당히 아름답다. 최고 높이 167m로 세계에서 가장 높이 올라가는 관람차로 알려져 있으며 총 1,120명을 수용 가능할 만큼 규모 또한 거대하다. 한 바퀴 도는 데 약 30분이 소요되며 대관람차에 장식된 LED 전구만 해도 2천 개가 넘어 밤에 특히 아름답다. 연인들의 데이트 코스로 강력 추천한다.

Open	14:00~24:00
Cost	성인 데이 $23.50, 나이트(17:00 이후) $34.75
Access	듀스 Harrah's Hotel역 하차
Map	199p. C

Sightseeing ★☆☆

티-모바일 아레나 T-Mobile Arena

2016년 오픈한 대규모 하키 및 농구 경기장 겸 콘서트장으로 레이디 가가, 브루노 마즈, 콜드 플레이, 마룬 5 등의 유명 가수들이 공연했고, 다양한 시상식이나 이벤트 또한 자주 진행된다. 최근엔 방탄소년단이 다녀가기도! 홀 밖으로는 The Park라는 이름의 야외 조각공원과 식당가가 있어 공연이나 운동경기 관람 외에도 한 번쯤 들러 시간을 보내기 좋다.

Address	3780 S Las Vegas Blvd
Tel	702-692-1600
Web	t-mobilearena.com
Access	듀스 Park MGM역 하차
Map	199p. G

Sightseeing ★☆☆ : 3성급

플라밍고 라스베이거스 Flamingo Las Vegas

미국의 유명한 마피아였던 벅시 시걸이 1946년 오픈한 호텔로 낮에는 평범한 듯 보이지만 밤이 되면 반짝이는 플라밍고 네온사인이 스트립 거리를 밝힌다. 호텔 건물 뒤편의 공원 Wildlife Habitat에는 플라밍고와 거북이, 백조, 학 등이 살고 있어 화려한 라스베이거스에서 잠시나마 여유로운 시간을 보낼 수 있고 작은 교회도 마련되어 있어 운치가 있다. 호텔 내 파라다이스 가든 뷔페 Paradise Garden Buffet에서는 공원의 동물들을 바라보며 식사를 할 수 있어 인기이다. 공원을 지나 하이 롤러가 보이는 방향으로 걷다 보면 볼링장과 클럽이 합쳐진 브루클린 볼, 샌프란시스코에서 시작된 유명 초콜릿 브랜드 기라델리, 1895년 시작된 핸드메이드 모자 브랜드 숍인 구린 브로스 등이 있어 보고 즐길 것이 많다.

Address 3555 S Las Vegas Blvd
Tel 702-733-3111
Web www.caesars.com/flamingo-las-vegas
Access 듀스 Paris역 하차
Map 199p. C

Sightseeing ★☆☆ : 4성급

트레저 아일랜드 Treasure Island

1993년 문을 연 호텔로 라스베이거스의 호텔왕 스티브 윈의 작품이다. '보물섬'을 테마로 하여 호텔 내 곳곳에서 관련된 장식을 찾아보는 재미가 있다. 맞은편의 베네시안과 함께 개성 있는 테마 호텔로 손꼽히고 있으며 스트립 대로변의 중심 쪽에 위치하고 있어 다운타운과 위쪽을 오가기 편리하지만 룸은 많이 낡은 편이다.

Address 3300 S Las Vegas Blvd
Tel 702-894-7111
Web treasureisland.com
Access 듀스 Venetian역 하차
Map 199p. C

Sightseeing ★★★ : 5성급

베네시안 The Venetian

이태리의 베네치아를 테마로 지어진 라스베이거스의 주요 호텔 중 한 곳으로 전 객실이 스위트 룸으로 꾸며져 있다. 산 마르코 광장 및 종탑이나 리알토 다리 등은 베네치아를 완벽히 축소했다는 평으로 언제나 인기 만점인데 실내외 인공 운하에서 뱃사공이 노를 저어주는 곤돌라를 타고 호텔을 구경할 수 있는 점도 상당히 이색적이다. 로비를 비롯해 여기저기에서 보이는 다양한 벽화와 프레스코화, 조각 작품 또한 이태리에 와 있는 듯한 착각이 들 만큼 웅장하고 멋스럽다. 호텔 내의 다양한 부대시설 중 우리나라 베이커리 브랜드인 파리바게트가 입점해 있는 것도 반갑다.

Address 3355 S Las Vegas Blvd
Tel 702-414-1000
Web www.venetian.com
Access 듀스 Venetian역 하차
Map 199p. C

Sightseeing ★★☆ : 5성급

더 팔라조 The Palazzo

베네시안과 비슷한 급으로 호텔의 품격에 맞게 명품 브랜드 숍이 많아 쇼핑을 좋아하는 사람이라면 반드시 들러야 한다. 베네시안과 이웃하여 연결되어 있는 공간 또한 볼거리가 많아 지루할 틈이 없다. 전 객실이 스위트 룸으로 꾸며져 있고 내부는 전체적으로 모던한 유럽 스타일이다. 뉴욕의 인기 레스토랑인 스시삼바 Sushisamba와 그리말디 피체리아 Grimaldi's Pizzeria 또한 많은 이들이 즐겨 찾는다.

Address 3325 S Las Vegas Blvd
Tel 702-607-7777
Web www.palazzo.com
Access 듀스 Harrah's Hotel역 하차
Map 199p. C

Sightseeing ★★★ : 5성급

윈 라스베이거스 Wynn Las Vegas

2005년 스티브 윈이 오픈한 최고급 호텔로 룸의 개수만 5천여 개에 이르고 현재까지도 그 명성을 유지하며 최고의 럭셔리 리조트로 이름을 날리고 있다. 앙코르Encore와 나란히 위치해 쌍둥이 빌딩 같은 모습인데 윈이 전체적으로 더 크고 웅장하지만 앙코르가 룸의 컨디션이 더 잘 갖춰져 있다. 라스베이거스에서 가장 고급스럽고도 후회 없는 호텔을 선택한다면 윈 혹은 앙코르를 권한다.

호텔 로비의 꽃과 나비를 주제로 한 화려한 생화 장식과 회전목마는 누구라도 감탄을 터트릴 만큼 아름답고 화려한데 시즌마다 다른 콘셉트로 꾸며져 언제 방문해도 신선하다. 인공 폭포 앞 레스토랑과 SW 스테이크하우스가 유명하고 최고급 럭셔리 브랜드 숍 및 18홀 규모의 특급 골프장 시설 또한 호텔의 품격을 제대로 느끼게 해준다. 라스베이거스의 떠오르는 인기 쇼 중 하나인 어웨이크닝의 공연장도 이곳에 위치해 있다.

Address 3131 S Las Vegas Blvd
Tel 702-770-7000
Web wynnlasvegas.com
Access 듀스 The Wynn역 하차
Map 199p. B

Sightseeing ★☆☆ : 3성급

㉖
서커스 서커스 Circus Circus

스트립의 중간에서 다운타운으로 넘어가는 즈음에 위치한 호텔로 경제적인 가격이 장점이다. 3개의 수영장을 갖추고 있어 한적한 휴양 여행 시 적합하며 부엌이 딸린 룸은 가족 단위의 여행객에게 편리하다. 호텔에서 가장 유명한 부대시설로는 어드벤처돔 Adventuredome 테마파크가 있다. 1993년 오픈한 시설로 그랜드 캐니언을 테마로 지어졌는데 암벽과 바위 사이사이에 다양한 놀이기구 25개와 18홀 미니 골프 코스가 마련되어 있어 가족이 즐기기 좋다. 인기 어트랙션은 번지점프, 롤러코스터, 암벽 등반 등이며 아이맥스 영화관까지 갖추고 있어 하루 종일 시간을 보내도 지루하지 않다. 거대한 핑크색 유리 돔을 포함해 높이만 45m나 되는 공간으로 다양한 연령대가 즐길 수 있고 비디오 게임까지 갖춘, 미국 최대의 실내 테마파크이다.

Address 2880 S Las Vegas Blvd
Tel 800-634-3450
Web www.circuscircus.com
Access 듀스 Circus Circus역 하차
Map 199p. B

Sightseeing ★☆☆ : 3성급

㉗
SLS 라스베이거스 SLS Las Vegas

1952년 오픈해 사하라 호텔로 운영을 해오다가 LA의 SLS 베벌리 힐스 호텔을 운영하는 업체가 인수하여 새롭게 리노베이션을 했다. 고급스러우면서도 세련된 부티크 호텔로 재탄생한 이곳은 2014년 오픈하여 3개의 타워에 1,600개의 객실이 채워져 있고, 호텔 앞으로 다니는 무료 모노레일을 통해 시내를 오가기도 편리하다. 호텔의 루프톱 야외 수영장과 나이트클럽이 유명하며 맛집 또한 많다. LA에서 인기몰이 중인 피자집 800 디그리스 800 Degrees Neapolitan Pizzeria 와 일본 스타일의 웰빙 햄버거인 우마미 버거, 카츠동이 유명한 카츠야 등이 입점해 있다.

Address 2535 S Las Vegas Blvd
Tel 702-761-7000
Web www.slslasvegas.com
Access 듀스 Hilton Grand Vacations역 하차
Map 198p. B

Sightseeing ★★☆ : 3성급

스트래토스피어 Stratosphere Casino, Hotel & Tower

1996년 오픈하였으며 라스베이거스에서 가장 높은 전망대가 자리해 있다. 그 높이만도 377m인데 이는 미국 서부에서 가장 높다. 도심 어디에서나 타워가 보여 이정표 역할을 톡톡히 하고 있으며 호텔 투숙객은 무료로 이용할 수 있다. 또한 107층의 360도 회전하는 레스토랑 톱 오브 더 월드Top of the World는 고전적인 데이트 혹은 낭만적인 시간을 보내고자 하는 이들에게 인기이다. 이곳이 유명한 또 하나의 이유는 바로 놀이기구 때문이다. 도시를 발아래에 두고 스릴을 즐길 수 있어 마니아층의 열렬한 지지를 받고 있다.

Address 2000 S Las Vegas Blvd
Tel 702-380-7777
Web stratospherehotel.com
Access 듀스 Baltimore역 하차
Map 198p. B

스트래토스피어에서 즐기는 액티비티 & 뷰

스트래토스피어 타워에선 아찔한 어트랙션을 만나 볼 수 있다. 106층에서 뛰어내리는 세계 최고 높이의 번지점프로 기네스북에도 등재된 스카이 점프Sky Jump와 330m 높이의 옥상 꼭대기에 걸쳐 있어 시소처럼 움직이다 타워 아래로 곤두박질하는 엑스 스크림X-Scream, 시속 65km로 회전하는 세계에서 가장 높은 곳에 자리한 공중 그네 인세니티 더 라이드Insanity the Ride, 300m 높이의 타워 꼭대기 층에서 48m 높이까지 올라가 시속 70km로 떨어뜨리는 무중력 체험 기구 빅 샷Big Shot 등이다.
늘씬하고 길쭉한 자태의 타워는 밤이 되면 더욱 아름답게 라스베이거스를 비춘다. 미국 서부에서 가장 높은 타워이기 때문에 전망대에 오르면 확 트인 전망을 볼 수 있다. 라스베이거스 시내 외에 주변 산맥까지 한눈에 들어온다.

Special Page

라스베이거스 액티비티
Las Vegas Activity

🔍 스릴과 즐거움을 한 번에!

라스베이거스에서 심장 간질간질한 스릴감 한번 진하게 느껴보고 싶다면 과감하게 액티비티에 도전해보자. 각자의 취향과 예산에 맞춰 얼마든지 고를 수 있으니 뭘 해도 즐거울 것이다.

Las Vegas Activity

빅 애플 코스터 The Big Apple Coaster

뉴욕 뉴욕 호텔 & 카지노에 있는 롤러코스터로, 번화한 도심 속에서 시속 108km로 달리는 재미가 꽤나 좋다. 특히 밤에는 도심의 불빛들로 더욱 운치 있어 인기이다. 한껏 달리다가 급강하하는 스릴은 라스베이거스에서 즐기는 최고의 경험이 될 것이다.

Web	www.nynyhotelcasino.com
Open	월~토 10:30~24:00
Cost	1회 탑승 $15, 1일 패스 $26, 패밀리(4명 입장권+사진 2장) $70

Las Vegas Activity

헬리콥터 투어 Helicopter Tour

뉴욕 못지않게 화려한 마천루를 자랑하는 라스베이거스의 도심을 상공에서 내려다볼 수 있는 투어이다. 특히 커플들에게 인기가 많으며, 발아래로 펼쳐지는 거대한 호텔들의 향연이 잊을 수 없는 추억을 선사한다. 예약 시 픽업이 포함되어 있어 편리하다.

Web	www.maverickhelicopter.com
Cost	$124~

Las Vegas Activity

슬롯질라 Slotzilla

2014년 5월 다운타운의 프리몬트 스트리트 익스피어리언스에 설치된 어트랙션으로 높이 24m(건물 12층 높이)의 LED 천장에 설치되어 있는 줄에 몸을 매단 채 시속 56km로 도로 위 260m를 이동하는 집라인Zipline이다. 화려한 빛을 내뿜는 전광판들 사이를 비집고 달리며 인산인해를 이루는 다운타운 한복판을 발아래에 두는 즐거움을 느낄 수 있다.

Web	vegasexperience.com/slotzilla-zip-line
Open	일~목 13:00~01:00, 금 · 토 13:00~02:00
Cost	Fly Super-Hero Zoom $59, Fly Zip-Zilla $39

Food
❶
라틀리에 드 조엘 로부숑 L'Atelier De Joël Robuchon

프렌치 파인 다이닝의 대부라 불리는 조엘 로부숑의 레스토랑으로 라스베이거스에서 유일하게 미슐랭 3스타의 명성을 유지하고 있으며 MGM 그랜드 호텔 내에 자리한다. 런던이나 홍콩, 도쿄 등에서도 인기를 얻고 있는데 주로 육류를 이용한 프랑스 퓨전 요리를 선보인다. 오픈 키친으로 구성되어 있어 셰프들이 요리하는 모습을 직접 볼 수 있다. 방문 전 예약을 추천한다.

Address	3799 S Las Vegas Blvd
Tel	702-891-7358
Web	www.mgmgrand.com
Open	17:00~22:00
Cost	$80~
Access	듀스 MGM/Showcase역 하차
Map	199p. G

Food
❷
줄리안 세라노 타파스
Julian Serrano Tapas

스페인 출신의 세계적인 셰프 줄리안 세라노의 대표적인 레스토랑이다. 아리아 호텔 1층에 오픈된 형태로 아름다운 생화들과 함께 꾸며져 있다. 다양한 스페인 요리와 와인, 타파스를 즐기기 좋으며 빠에야, 상그리아가 특히 인기이다.

Address	3730 S Las Vegas Blvd
Tel	877-230-2742
Open	일~목 11:30~22:30, 금·토 11:30~23:00
Cost	$40~
Access	듀스 Planet Hollywood Hotel역 하차
Map	199p. E

Food
❸
팀호완 Tim ho Wan

최고의 아시안 레스토랑, 미슐랭 레스토랑 등에 여러 번 선정된 인기 맛집이다. 시그니처 메뉴는 차슈바오번Steamed Rice Roll Stuffed with BBQ Pork이다. 바삭한 빵 속에 간장을 넣고 볶은 돼지고기를 오븐에 구운 것인데 한번 손대면 끝도 없이 들어가는 마성의 맛이다. 우리가 흔히 아는 딤섬류도 맛있지만 또 다른 인기 메뉴는 계란빵Steamed Egg Cake이다. 폭신하고 부드러워 식사하면서 함께 먹기 좋다.

Address	4321 W Flamingo Rd
Tel	702-990-8888
Web	timhowanusa.com
Open	일~목 11:00~21:00, 금·토 11:00~22:00
Access	버스 202번 WB Flamingo after Wynn역 하차
Map	199p. E

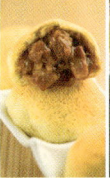

세계적인 스타 셰프, 고든 램지!

스코틀랜드 출신의 세계적인 셰프 고든 램지는 영국 첼시에 미슐랭 3스타 레스토랑을 가지고 있으며 그 외에도 세계 여러 나라에 미슐랭 레스토랑이 있는 스타 셰프이다. 리얼리티 TV 쇼에 출연해 거침없이 욕설을 던지는 것으로 유명하지만 어려운 사람들을 위해 좋은 일을 많이 하기도 한다. 그 명성에 걸맞게 라스베이거스에는 그의 레스토랑이 3곳이나 자리하고 있다.
스테이크의 경우 고기 상단에 후추와 소금이 과한 편이라 한국인의 입맛에는 짜게 느껴질 수도 있으니 이 부분이 우려된다면 주문 시 미리 줄여 달라고 이야기를 해두자. 버거는 미국 내 10대 버거 브랜드 중 하나로 인정받고 있다.

고든 램지 스테이크
Gordon Ramsay Steak @ 파리스 라스베이거스
Address 3655 S Las Vegas Blvd
Tel 877-346-4642
Web www.caesars.com/paris-las-vegas
Open 16:30~22:30
Access 듀스 Paris역 하차

고든 램지 펍 & 그릴
Gordon Ramsay Pub & Grill @ 시저스 팰리스
Address 3570 S Las Vegas Blvd
Tel 702-731-7410
Web www.caesars.com/caesars-palace
Open 일~목 11:00~23:00, 금 · 토 11:00~24:00
Access 듀스 Caesars Palace역 하차

고든 램지 버거
Gordon Ramsay BurGR @ 플래닛 할리우드
Address 3667 S Las Vegas Blvd
Tel 702-785-5555
Web www.caesars.com/planet-hollywood
Open 일~목 11:00~24:00, 금 · 토 11:00~02:00
Access 듀스 Planet Hollywood Hotel역 하차

고든 램지 헬스 키친
Gordon Ramsay Hell's Kitchen @ 시저스 팰리스
Address 3570 S Las Vegas Blvd
Tel 702-731-7373
Web www.caesars.com/caesars-palace
Open 11:00~23:30

고든 램지 피시 & 칩스
Gordon Ramsay Fish & Chips @ 더 링크
Address 3545 S Las Vegas Blvd
Tel 702-322-0529
Web www.caesars.com/linq
Open 일~목 11:00~22:00, 금 · 토 11:00~23:00

Food
④
부숑 Bouchon

2004년 세계 최고의 레스토랑 1위 수상에 빛나는 세계적인 스타 셰프 토마스 켈러Thomas Keller의 레스토랑 중 하나로 2004년 베네시안 호텔에 오픈했다. 전형적인 미국 및 프랑스식 요리를 선보이며 캘리포니아의 나파 밸리에서 시작해 뉴욕에 이어 라스베이거스까지 상륙하였다. 고급스러운 서양식을 접해 보고 싶다면 추천한다.

Address	3355 S Las Vegas Blvd
Tel	702-414-6320
Web	www.thomaskeller.com
Open	월~목 07:00~13:00, 17:00~22:00, 금~일 07:00~14:00, 17:00~22:30
Cost	$25~
Access	듀스 Venetian역 하차
Map	199p. C

Food
⑤
모모후쿠 Momofuku

미슐랭 스타 셰프인 한국계 미국인 데이비드 장David Chang의 식당으로 뉴욕을 비롯해 워싱턴 DC, 시드니, 토론토 등에 지점이 운영되고 있다. '행운의 복숭아'라는 뜻의 식당 이름부터가 귀엽고 매장 분위기도 좋은 편. 음식 메뉴 또한 심플하고도 독특하다. 다양한 면 요리와 김치 등을 판매하는데 짠맛이 강한 편이라 호불호가 있으니 선택은 개인의 몫이다.

Address	Boulevard Tower, 3708 S Las Vegas Blvd (코스모폴리탄 2층)
Web	vegas.momofuku.com/menu/dinner
Open	일~목 11:00~15:00, 17:00~22:00, 금 · 토 11:00~15:00, 17:00~23:00
Access	듀스 Planet Hollywood역 하차
Map	199p. E

Food
⑥
몽 아미 가비 Mon Ami Gabi

벨라지오 호텔의 분수 쇼가 정면에 보이는 위치와 로맨틱한 분위기 덕분에 언제나 인기가 많다. 실내에 있는 테이블과 좌석이 어둡고 클래식한, 전형적인 프랑스식이라면 야외의 좌석은 전혀 다른 분위기인데 마치 유럽의 한 풍경 같은 느낌이라 눈이 즐겁다. 프랑스 음식과 미국 음식이 메인이며 위치가 좋은 만큼 가격은 비싸다.

Address	3655 S Las Vegas Blvd
Tel	702-944-4224
Web	www.monamigabi.com
Open	일~목 07:00~23:00, 금 · 토 07:00~24:00
Cost	$35~
Access	듀스 Paris역 하차
Map	199p. E

세계 유명 스테이크 총집합, 라스베이거스에서 스테이크 즐기기

라스베이거스에는 유난히 맛있는 스테이크 레스토랑들이 모두 모여 있다. 아마 고기를 먹고 힘내서 좀 더 가열하게 카지노를 즐기라는 뜻이 아닐까?? 어찌 됐든 라스베이거스에 왔다면 스테이크 한 번쯤은 꼭 맛보자. 미국 고기 맛의 진수를 알게 될 것이다. 참고로 고기는 평상시 자신이 먹는 것보다 굽기 정도를 한 단계 약한 걸 선택하자. 대체적으로 내가 주문한 것보다 강하게 스테이크를 구워 주는 편이다.

갤러거 스테이크하우스 Gallagher's Steakhouse

뉴욕 뉴욕 호텔 1층에 위치한 레스토랑으로 내부로 들어가면 흑과 백, 그리고 사진과 생화로만 장식된 클래식한 인테리어를 만날 수 있다. 추천하는 메뉴는 립 아이와 티본 스테이크! 함께 서빙되는 식전 빵과 샐러드의 맛도 최고이다. 굽기는 미디엄 추천.

Address 3790 S Las Vegas Blvd
Tel 702-740-6450
Web http://www.newyorknewyork.com
Open 일~목 16:00~23:00, 금·토 16:00~24:00
Cost $70~   Access 듀스 MGM/Showcase역 하차

장 조지 스테이크하우스 Jean Georges Steakhouse

블랙 톤의 시크한 실내가 돋보이는 이곳은 아리아 호텔 2층에 위치한 미슐랭 레스토랑이다. 장 조지의 이름에 걸맞게 화려한 옷차림으로 등장하는 손님들이 많은 편이다. 필레 미뇽이 가장 인기이며 장작불에 구운 스테이크라 뒷맛이 좋다. 고급 애피타이저인 푸아그라 또한 인기이다.

Address 3730 S Las Vegas Blvd
Tel 702-590-8660
Web www.jean-georges.com
Open 17:00~22:00
Cost $80~
Access 듀스 Planet Hollywood Hotel역 하차

SW 스테이크하우스 SW Steakhouse

윈 호텔에 있는 스테이크 전문 레스토랑으로 실내는 우아하고 품격이 있는 반면 야외 테라스는 휴양지에 온 듯한 느낌이 들 정도로 풍경이 멋지다. 인공 폭포와 풀을 보면서 식사를 할 수 있기 때문. 필레 미뇽이 대표 메뉴이며, 푸아그라와 아스파라거스, 블랙 트러플 크림 옥수수 또한 사이드 메뉴로 인기이다. 고급 호텔의 레스토랑인 만큼 드레스 코드에 신경을 쓰자.

Address 3131 S Las Vegas Blvd
Tel 702-770-3325
Web www.wynnlasvegas.com
Open 17:30~22:00
Cost $80~
Access 듀스 The Wynn역 하차

올드 홈스테드 스테이크하우스 Old Homestead Steakhouse

1868년 뉴욕에서 오픈해 지금껏 성황리에 영업 중인 올드 홈스테드 스테이크하우스의 라스베이거스 지점이다. 은은한 숯불향이 매력적인 고급스러운 스테이크를 즐길 수 있는데 짜지 않아 한국인 입맛에도 잘 맞는다.

Address 3570 S Las Vegas Blvd
Tel 877-346-4642
Web theoldhomesteadsteakhouse.com
Open 16:30~22:00
Cost $60~
Access 듀스 Caesars Palace역 하차

컷 바이 볼프강 퍽 CUT by Wolfgang Puck

미국에서 특히 인기가 많은 볼프강 퍽의 스테이크하우스로 많은 할리우드 스타들이 자주 찾는 것으로도 알려져 있다. 직화로 구운 육즙 가득한 고기로 유명하며 서비스도 좋은 편. 21일간 숙성시킨 스테이크와 그들만의 특별한 비법이 담긴 5가지 소스가 제공되어 인기다.

Address 3325 S Las Vegas Blvd
Tel 702-607-6300
Web www.wolfgangpuck.com
Open 17:30~23:00
Cost $67~
Access 듀스 Venetian역 하차

Food ❼

치즈케이크 팩토리 The Cheesecake Factory

미국의 프랜차이즈 레스토랑으로 시저스 팰리스와 연결된 포럼 숍스 내에 위치하고 있다. 미국 내 어느 지점을 가든 긴 줄이 늘어서 있는 편. 기본적인 미국 음식들을 저렴하게 맛볼 수 있는데 이곳의 대표 메뉴인 치즈케이크는 절대 놓치지 말 것.

Address	3500 S Las Vegas Blvd
Tel	702-792-6888
Web	www.thecheesecakefactory.com
Open	월~목 11:00~23:30(금 00:30까지), 토 10:00~00:30, 일 10:00~23:30
Cost	$20~
Access	듀스 Caesars Palace역 하차

Map 199p. C

Food ❽

셰이크 섁 Shake Shack

뉴욕에서 시작해 지금은 세계 여러 나라에 지점이 있는 유명한 버거 체인이다. 신선한 재료와 항생제 맞지 않은 소고기를 사용해 맛이 좋으며 버거만큼이나 유명한 셰이크도 잊지 말 것. 뉴욕 뉴욕 호텔 1층에 자리하고 있다.

Address	3790 S Las Vegas Blvd
Tel	725-222-6730
Web	shakeshack.com
Open	10:00~02:00
Cost	$8~
Access	듀스 Park MGM역 하차

Map 199p. G

Food ❾

톱 오브 더 월드 Top of the World

라스베이거스에서 가장 높은 250m 높이에 위치한 레스토랑으로 시내 어디에서나 눈에 띄는 스트래토스피어 전망대의 106층에 자리해 360도로 회전한다. 식사를 하러 간다면 전망대 입장이 무료라 로맨틱한 시간을 보낼 수 있어 특히 커플에게 인기가 많다. 80분에 한 바퀴를 돌 만큼 천천히 회전하니 여유롭게 라스베이거스의 화려한 야경을 감상할 것을 권한다. 스테이크와 함께 와인 한잔 즐기기 좋은 곳이다.

Address	2000 S Las Vegas Blvd
Tel	702-380-7711
Web	topoftheworldlv.com
Open	11:00~23:00
Cost	$70~
Access	듀스 Baltimore역 하차

Map 198p. B

Food ❿

볼프강 퍽 바 & 그릴
Wolfgang Puck Bar & Grill

MGM 그랜드 내에 위치해 카 쇼 공연장 입구와 카지노가 내려다보여 이국적이다. 오스트리아 출신의 세계적인 셰프인 볼프강 퍽의 대표적인 레스토랑 중 하나로 세계 여러 나라에 지점을 가지고 있으며 주요 메뉴는 파스타, 피자, 스테이크 등이다. 음식은 전체적으로 짠 편.

Address	3799 S Las Vegas Blvd
Tel	702-891-3000
Web	wolfgangpuck.com
Open	월·화 11:30~24:00, 수~일 11:30~06:00
Cost	$30~
Access	듀스 MGM/Showcase역 하차

Map 199p. G

Food

얼 오브 샌드위치 Earl of Sandwich

24시간 운영하는데도 항상 긴 줄이 늘어서 있는 곳으로 바삭하게 잘 구운 빵의 따뜻한 샌드위치가 대표 메뉴이다. 고기, 치즈, 소시지 등과 다양한 야채가 들어 있어 먹기에 부담이 없으며 줄을 서서 주문한 후 불러 주는 번호에 맞게 음식을 찾아와 먹는 구조라 별도의 팁을 안 줘도 되니 저렴하게 한 끼 해결이 가능하다. 플래닛 할리우드와 시저스 팰리스에서 만나 볼 수 있는데 시저스 팰리스 내 푸드 코트 지점이 훨씬 한가롭다.

Address	3667 S Las Vegas Blvd
Tel	702-463-0259
Web	www.earlofsandwichusa.com
Open	24시간　　　　Cost　$10~
Access	듀스 Planet Hollywood Hotel역 하차

Map 199p. E

Food

에그슬럿 Eggslut

LA 본점의 큰 인기에 힘입어 코스모폴리탄 호텔 2층에 입성! 유기농 계란 요리와 에그슬럿(작은 유리병 안에 으깬 감자와 치즈, 달걀을 얹어 불에 익힌 음식), 브리오슈 번 버거를 판매한다. 버거 안에는 스크램블드 에그와 체더 치즈, 구운 양파, 아보카도, 베이컨이 들어 있어 맛있으나 전체적으로 음식 양은 적은 편.

Address	The Boulevard Tower, 3708 S Las Vegas Blvd Level 2
Tel	702-698-2344
Web	cosmopolitanlasvegas.com
Open	월~금 07:00~19:00, 토 · 일 12:00~19:00
Access	듀스 Bellagio역 하차

Map 199p. E

Food
루크스 랍스터 Luke's Lobster

버터로 살짝 구운 빵 사이에 통통한 랍스터 살을 얹어 주는데 특유의 고소한 소스에 어우러진 랍스터 살과 부드러운 빵 맛의 조화가 환상이다. 유일한 아쉬움은 가격 대비 너무 양이 적다는 것.

Address	3200 S Las Vegas Blvd
Tel	702-866-6602
Web	www.lukeslobster.com
Open	일~목 10:00~21:00, 금 · 토 10:00~22:00
Cost	$15~
Access	듀스 The Wynn역 하차

Map 199p. A

Food
오이스터 바 Oyster Bar

하라스 라스베이거스 호텔 1층에 자리한 해산물 전문 레스토랑으로 스트립의 중간 즈음이라 위치가 좋고 늦은 밤까지 운영해 방문하기도 편리하다. 이름에서 알 수 있듯 다양한 굴 요리가 대표적인 메뉴이고 클램 차우더와 토마토 수프도 많이 찾는다.

Address	3475 S Las Vegas Blvd
Tel	702-369-5000
Web	www.caesars.com/harrahs-las-vegas
Open	일~목 12:00~22:00, 금 · 토 11:30~23:00
Cost	$30~
Access	듀스 Harrah's Hotel역 하차

Map 199p. C

라스베이거스의 호텔 뷔페 베스트

라스베이거스에서는 호텔의 뷔페를 몇 번이나 먹게 될 만큼 가장 대중적인 식사이다. 각 호텔별로 저마다의 개성을 살린 다양한 뷔페 음식을 맛볼 수 있는데 현재 가장 인기 있는 호텔 뷔페의 분위기와 주 메뉴 등을 확인 후 방문해보자!

위키드 스푼
Wicked Spoon @ 코스모폴리탄
라스베이거스에서 가장 세련된 분위기를 자랑한다. 오픈 시간부터 1시간 이상의 긴 줄을 기다려야 할 만큼 인기인데 각 나라별 대표 음식의 구성이 좋으며 특히 디저트 코너에 강하다. 갖가지 종류별 케이크와 아이스크림, 초콜릿 등이 훌륭해 젊은 사람들이 좋아한다.

바카날 뷔페
Bacchanal Buffet @ 시저스 팰리스
500가지 이상의 다양한 음식을 제공하는 것으로 유명한데 여러 종류의 해산물 섹션이 잘 꾸며져 있다. 총 9개의 스테이션에 600석 이상의 좌석을 가지고 있지만 언제 가도 긴 줄이 늘어서 있다. 《USA 투데이》에서 최고의 뷔페로 몇 차례 선정되기도 했다.

르 빌리지 뷔페
Le Village Buffet @ 파리스 라스베이거스
프랑스의 시골 마을을 콘셉트로 꾸며졌으며 라스베이거스의 뷔페 중 프랑스 요리가 가장 많이 나오는 곳답게 홍합과 크레이프, 고기 스튜, 치즈 요리 등이 대표 음식이다. 내부 분위기 또한 완벽한 프랑스풍인데 소품 하나하나까지 신경을 쓴 티가 역력하다.

더 뷔페
The Buffet @ 윈 라스베이거스
고급스러운 윈 호텔 분위기에 맞춰 화이트 톤의 밝은 분위기로 우아하게 꾸며져 있다. 입장 후 2시간 동안 100여 가지에 가까운 음식을 먹을 수 있는데 주로 인기가 많은 건 킹 크랩 다리와 스테이크, 프라임 립 등이다.

카니발 월드 & 시푸드 뷔페
Carnival World & Seafood Buffet @ 리오 올 스위트 호텔 & 카지노

해산물을 좋아한다면 주목! 라스베이거스에서 최고의 해산물이 총출동하는 곳으로 알려져 있다. 신선하고 좋은 재료들을 제공해 뷔페를 방문하려는 많은 사람들로 호텔이 붐빌 지경이다. 랍스터를 비롯해 굴, 새우, 대게, 홍합 등 다양한 해산물을 마음껏 먹을 수 있다.

더 뷔페 앳 벨라지오 The Buffet at Bellagio @ 벨라지오 라스베이거스

오 쇼 극장 옆에 위치하고 있어 더욱 찾기가 쉬운 이 식당은 스트립 거리 내에서도 최고 중심에 자리한 덕분에 언제 가도 자리를 잡기 어려울 만큼 인기이다. 훈제 연어, 가리비 등 특히 해산물류가 풍부해 다양한 바닷가 요리를 맛볼 수 있어 입이 즐겁다.

MGM 그랜드 뷔페 MGM Grand Buffet @ MGM 그랜드

기존 뷔페보다는 조금 가볍게 즐기고 싶다면 이곳을 추천한다. 합리적인 가격으로 아침식사, 혹은 점심식사, 그리고 주말의 브런치를 즐길 수 있어 편리하다. 인기가 많아 긴 줄이 늘어서 있는 경우가 많으니 참고할 것.

골든 너깃 뷔페 Golden Nugget Buffet @ 골든 너깃 호텔

다운타운에서 가장 많은 관광객이 방문하는 골든 너깃 호텔은 수영장과 금덩이를 보려는 손님들도 많지만 뷔페 레스토랑을 찾는 이들 또한 많다. 100가지가 훌쩍 넘는 다양한 음식을 제공하는데 이곳 뷔페가 가장 메리트 있는 건 스트립의 호텔들에 비해 저렴한 가격! 경제적으로 마음껏 즐겨보고 싶다면 이곳을 택하도록 하자.

 Tip

라스베이거스의 뷔페 이용 방법

❶ 입구의 카운터에서 계산을 한 뒤 입장을 해야 하는데 보통 인기 있는 뷔페 레스토랑의 경우 1시간 이상 기다려야 하는 점을 감안해야 한다. 가격은 입장 시간에 따라 달라지는데 입구에서 확인이 가능하다. 결제를 하고 나면 서버가 와서 자리를 안내해준다.

❷ 주류 혹은 일부 차나 음료 주문 시 추가 비용이 발생하고 주류는 주세(州稅) 7.5%가 추가된다(이것은 테이블에서 바로 계산 진행).

❸ 식사를 마치면 테이블에 팁($2~3)을 두는 것이 관례이다.

삼시 세끼 호텔 뷔페를 체험하고 싶다면, 패스를 사자!

라스베이거스의 뷔페를 완벽하게 체험해보고 싶다면 패스를 구매해 라스베이거스 최고의 뷔페 식당에서 하루 세끼를 즐겨보자. 시저스 그룹 호텔의 뷔페 6곳을 24시간 동안 무제한으로 이용할 수 있는 패스이다. 호텔 숙박 시 패키지로 구입하면 좀 더 저렴하게 살 수 있고, 해당 호텔의 뷔페 레스토랑에 가서도 직접 구매가 가능하다.

Web www.lasvegasdirect.com/las-vegas-buffet-of-buffets-deal
Cost 1인 $69.99, 주말 및 휴일 $79.99
※ 최초 구매 시부터 24시간 동안 유효

참여 가능한 뷔페 식당

Caesars Palace: Bacchanal Buffet (브런치/점심 $25, 저녁 $35 추가 지불 시 가능)
Flamingo: Paradise Garden Buffet
Harrah's: Flavors The Buffet
Paris Las Vegas: Le Village Buffet
Planet Hollywood: Spice Mar-ket Buffet
Rio: Carnival World and Seafood Buffet ($25 추가 지불 시 가능)

Food
⑮
강남 아시안 바비큐 다이닝 Gangnam Asian BBQ Dining

갈비로 유명한 라스베이거스의 맛집 중 하나로 스트립에서 약간 떨어져 있다. 한국인 외에도 많은 외국인들이 찾아와 언제 가도 긴 줄을 대기해야 한다. 갈비를 구워 먹고 난 후 라면으로 마무리하는 코스가 가장 인기이다. YELP로 체크인 시 무료 아이스크림 마카롱을 제공한다.

Address	4480 Paradise Rd
Tel	702-802-5508
Web	www.gangnam-asian-bbq.com
Open	11:30~01:00
Cost	$30~
Access	버스 108번 Hard Rock역 하차
Map	199p. F

Food
⑯
롤링 스모크 바비큐 Rollin Smoke BBQ

외진 곳에 있지만 맛 하나로 승부하는 유명한 바비큐 립 전문점으로 몇 년 전까지만 해도 길거리에서 팔던 메뉴였으나 현재는 정식 매장을 오픈해 영업 중이다. 이 집만의 특별한 소스를 여러 가지 고기와 함께 먹는데 그 맛이 기가 막히다. 이미 미국 최고의 바비큐 립 맛집으로 여러 차례 선정되었다.

Address	3185 Highland Dr
Tel	702-836-3621
Web	rollinsmokebarbeque.com
Open	월~목 10:00~20:00, 금 · 토 10:00~22:00
Close	일요일
Cost	$20~
Access	듀스 The Wynn역 하차
Map	199p. A

Food
⑰
에그 & 아이 The Egg & I

라스베이거스에서 가장 맛있고도 푸짐한 아침식사 메뉴를 맛보고 싶다면 이 곳으로 가면 된다. 스트립에서 살짝 벗어나 있긴 하지만 그럼에도 불구하고 찾아갈 만한 가치가 충분히 있는 곳이다. 여러 종류의 오믈렛과 에그 베네딕트는 기본이고 다양한 감자 요리와 특별한 살사 소스까지 더해져 맛이 끝내준다. 최고 인기는 바나나 머핀! 빵을 싫어하는 사람조차 좋아할 만한 맛이다.

Address	4533 W Sahara Ave #5
Tel	702-364-9686
Web	theeggworks.com
Open	06:00~15:00
Cost	$17~
Access	버스 104번 Sahara역 하차
Map	198p. A

Cafe
①
삼바라테 Sambalatte

마치 아시아의 어느 휴양지 같은 느낌으로 꾸며져 있다. 높은 천장과 조명, 그리고 매장 입구에 통유리로 마련되어 있는 원두 볶는 공장 또한 매력적이다. 시내 몇 곳에 매장이 있으나 커피 값은 비싼 편이다. 가장 유명한 메뉴는 누텔라 라테로 달달한 커피를 좋아한다면 도전해보자.

Address	6555 S Jones Blvd #9
Tel	702-434-2337
Web	sambalatte.com
Open	07:00~18:00
Access	버스 212번 Badura@Jones (W)역 하차
Map	198p. E

Cafe
②
가비 커피 & 베이커리 Gabi Coffee & Bakery

한국과 미국의 문화가 어우러져 있는 특별한 공간이다. 라스베이거스에서 가장 독특하고 예쁜 카페로 입소문이 나 인기 중이다. 맛 좋은 케이크와 커피 외에도 음료 종류가 많아 언제나 많은 이들이 즐겨 찾는다.

Address	5808 Spring Mountain Rd #104
Tel	702-331-1144
Web	gabicafe.com
Open	08:00~22:00
Cost	$5~
Access	버스 202번 WB Flamingo after Duneville역 하차
Map	198p. C

Cafe
③
스타벅스 Starbucks

누구나 아는 스타벅스지만 더 샵 앳 크리스털The Shops at Crystals 내에 있는 이곳은 나무로 장식된 인테리어가 인상적이다. 건물 내 저 멀리에서도 눈에 띌 만큼 멋지니 오다가다 시간이 된다면 잠시 들러 감상해보자.

Address	3720 S Las Vegas Blvd
Tel	702-590-3456
Web	starbucks.com
Open	일~목 07:30~22:00, 금·토 07:30~22:00
Access	듀스 Park MGM역 하차
Map	199p. E

Night Life

스카이 바 Sky Bar

월도프 아스토리아 호텔의 23층에 위치한 바로 라스베이거스의 야경을 즐기며 칵테일 한잔하기 좋다. 고급 호텔에 걸맞게 서비스 또한 최상이다. 라이브 공연도 진행된다.

Address	3752 S Las Vegas Blvd
Tel	702-590-8888
Web	waldorfastorialasvegas.com
Open	일~목 16:00~01:00, 금·토 12:00~02:00
Cost	$15~
Access	듀스 Planet Hollywood Hotel역 하차
Map	199p. E

Night Life

브루클린 볼 Brooklyn Bowl

뉴욕에서 처음 시작된 이곳은 밤에 즐길 수 있는 모든 것을 다 갖춘 곳이다. 술을 마실 수 있는 바와 볼링장, 그리고 무대 공연장이 있어 콘서트를 관람하며 술을 마시고 볼링까지 칠 수 있다. 공연 스케줄에 따라 입장료가 달라지니 웹 사이트를 체크한 후 방문할 것.

Address	3545 S Las Vegas Blvd
Tel	702-862-2695
Web	www.brooklynbowl.com
Open	17:00~01:00
Cost	$25~
Access	듀스 Harrah's Hotel역 하차
Map	199p. C

Night Life

팻 튜즈데이 Fat Tuesday

라스베이거스 스트립을 걷다 보면 저마다 손에 거대한 플라스틱 잔을 들고 빨대를 꽂아 음료를 마시는 모습을 쉽게 볼 수 있다. 이것이 바로 팻 튜즈데이의 음료인데 정확히 말하면 음료가 아닌 럼이나 보드카가 든 칵테일이다. 2가지 정도의 메뉴를 섞어서 조제하는데 빈 잔을 다시 가져가면 $2를 돌려준다.

Address	3663 S Las Vegas Blvd
Tel	702-735-0121
Web	fattuesday.com
Open	일~목 10:00~02:00, 금·토 10:00~03:00
Cost	$10~
Access	듀스 Planet Hollywood Hotel역 하차
Map	199p. E

라스베이거스의 또 다른 명물, 클럽 즐기기

라스베이거스에서 밤거리를 걷다 보면 화려한 옷을 입고 신나게 걸어 다니는 무리들을 자주 볼 수 있다. 단단히 준비를 하고 클럽으로 향하는 이들이 대부분인데, 준비물은 자신의 나이를 증명할 수 있는 신분증과 분위기에 맞는 의상, 신나게 놀 마음의 준비와 체력뿐! 각 클럽별로 장단점이 있으니 선택은 개인의 몫이다.

마퀴
Marquee @ 코스모폴리탄

지금 스트립에서 가장 인기 있는 호텔인 코스모폴리탄의 클럽으로 밤이면 입장을 위해 긴 줄이 늘어서 있는 걸로 유명하다. 다른 클럽보다 특히나 화려하게 차려입은 남녀들이 많은 편.

드라이스 나이트클럽
Drai's Nightclub @ 더 크롬웰

야외 수영장이 있는 루프톱에 위치하고 있어서 분위기가 좋아 언제나 인기이다. 유명 가수들이 꽤 자주 등장하기 때문에 라이브 공연을 즐기기 위해 이곳을 찾는 이들도 많다. 릴 웨인, 넬리, 50센트 등이 다녀갔고, 앞으로도 계속 유명 뮤지션들이 방문할 예정이다.

XS 나이트클럽
XS Nightclub @ 윈 라스베이거스

윈 호텔에서 운영하는 클럽으로 라스베이거스에서 가장 인기 많은 클럽 중 하나이다. 음악의 장르도 여러 가지가 구비되어 있어 즐길 수 있는 폭이 넓으며, 세계적으로 유명한 디제이들이 출연하는 것으로도 유명하다.

하카산
Hakkasan @ MGM 그랜드

MGM 그랜드 호텔의 클럽으로 총 5개의 층으로 구성되어 있다. 1~2층은 레스토랑, 3~5층은 클럽과 라운지로 운영 중이다. 이전 클럽의 이름인 스튜디오 54 때부터 밤이면 가장 인기 있는 장소였으며 여전히 그 명성을 유지하고 있다.

타오 나이트클럽
TAO Nightclub @ 베네시안

베네시안 호텔에 있는 클럽으로 내부에 있는 6m 높이의 거대한 불상이 눈에 띈다. 덕분에 상당히 동양적인 분위기가 나는데 이곳만의 독특한 상징이자 문화로 자리 잡았다.

Shopping

숍 앳 크리스털 The Shops at Crystals

아리아 호텔로 들어가기 전 스트립 메인 거리에 위치한 뾰족한 모양의 건물이다. 내부에는 루이비통, 프라다, 에르메스, 랑방 등의 명품 숍과 스타벅스, 토드 잉글리시 펍Todd English Pub 등이 있다. 세계 최고급 브랜드의 유행을 파악할 수 있는 곳이다.

Address	3720 S Las Vegas Blvd
Tel	702-590-9299
Web	www.simon.com/mall/the-shops-at-crystals
Open	일~목 10:00~23:00, 금·토 10:00~24:00
Access	듀스 Planet Hollywood Hotel역 하차
Map	199p. E

Shopping

패션쇼 Fashion Show

니만 마커스, 블루밍데일즈, 삭스 피프스 애비뉴, 메이시스, 노드스트롬 등 7개의 백화점과 250개의 브랜드 숍(애플, BCBG, 아베크롬비&피치 등)이 모여 있어 그 어떤 종류의 쇼핑이든 가능하다. 건물 자체부터 상당히 눈에 띄는데 기울어진 우주선의 모습처럼 기이하다. 내부의 2~3층에는 푸드 코트도 있어 식사를 즐기면서 쇼핑하기에 편리하다. 윈 호텔의 맞은편에 입구가 있다.

Address	3200 S Las Vegas Blvd
Tel	702-369-8382
Web	www.thefashionshow.com
Open	월~토 10:00~21:00, 일 11:00~19:00
Access	듀스 The Wynn역 하차
Map	199p. A

Shopping

그랜드 커낼 숍스 The Grand Canal Shoppes

이태리의 베네치아를 그대로 재현한 베네시안 호텔 내에 위치하고 있다. 곤돌라가 떠다니는 인공 운하가 있어서 그런지 숍들 또한 상당히 로맨틱하게 꾸며진 모습이다. 바니스 뉴욕, 세포라, 코치, 판도라, 빅토리아 시크릿 등의 매장이 입점해 있다.

Address	3377 S Las Vegas Blvd
Tel	702-414-4525
Web	www.grandcanalshoppes.com
Open	일~목 10:00~23:00, 금·토 10:00~24:00
Access	듀스 Venetian역 하차
Map	199p. C

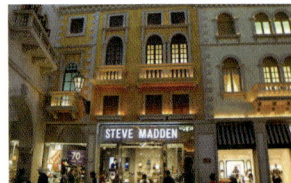 

Shopping
❹ 포럼 숍스 The Forum Shops

시저스 팰리스 호텔과 연결되어 있는 쇼핑몰이다. 천장에는 진짜 하늘처럼 만들어둔 인공 하늘과 고대 로마에 온 듯한 다양한 조각 작품들 덕분에 전형적인 유럽풍 분위기가 물씬 난다. MAC, 까르띠에, 티파니, 마크 제이콥스, H&M, 아베크롬비&피치, 구찌, 에스까다, 펜디, 휴고 보스, SCOOP 등의 매장 외에도 영화관과 숍 입구의 야외 분수대 등이 인기이다.

Address	3500 S Las Vegas Blvd
Tel	702-893-3807
Web	www.simon.com/mall/the-forum-shops-at-caesars-palace
Open	일~목 10:00~23:00, 금·토 10:00~24:00
Access	듀스 Caesars Palace역 하차
Map	199p. C

Shopping
❺ 미라클 마일 숍스 Miracle Mile Shops

플래닛 할리우드 내에 자리한 쇼핑몰로 20~30대 젊은 층에게 인기가 많다. 저렴하고도 실용적인 브랜드 숍을 만나 볼 수 있으며 쇼핑 이외에도 치폴레나 핑크스 핫도그, 얼 오브 샌드위치에서 간단한 식사를 즐기기 좋다.

Address	3663 S Las Vegas Blvd
Tel	702-866-0703
Web	www.miraclemileshopslv.com
Open	일~목 10:00~23:00, 금·토 10:00~24:00
Access	듀스 Planet Hollywood Hotel역 하차
Map	199p. E

Shopping
❻ 윈 플라자 Wynn Plaza

라스베이거스에서 가장 럭셔리한 명품 숍을 단 한 곳만 가야 한다면 이곳으로 향하면 된다. 윈 호텔의 명성에 걸맞게 최고급 명품 매장들로만 꾸며져 있으며 대리석으로 된 바닥과 고급스러운 조각 장식 등 인테리어 또한 수준급이다. 알렉산더 맥퀸, 샤넬, 디올, 까르띠에 등의 매장을 만날 수 있다.

Address	3131 S Las Vegas Blvd
Tel	877-321-9966
Web	www.wynnlasvegas.com
Open	일~목 10:00~23:00, 금·토 10:00~24:00
Access	듀스 The Wynn역 하차
Map	199p. B

Shopping

라스베이거스 노스 프리미엄 아웃렛
Las Vegas North Premium Outlets

스트립에서 다운타운 쪽으로 가는 길에 있어 방문하기 편리한 장점이 있고 외곽에 나갔다가 들르기도 좋아 라스베이거스를 여행하는 사람이라면 누구나 한 번 이상은 방문하게 되는 곳이다. 공항 근처에도 라스베이거스 사우스 프리미엄 아웃렛이 있지만 그곳보다 매장과 브랜드 수가 더 많아 쇼핑하기 편리하다. 갭, 돌체&가바나, 버버리, 토리 버치, 바나나 리퍼블릭 등 200여 곳의 인기 매장들이 대거 입점해 있으며 웹 사이트에서 미리 회원가입을 하면 메일로 추가 할인 쿠폰을 받을 수 있어 혜택이 많아진다.

Address	875 S Grand Central Pkwy
Tel	702-474-7500
Web	www.premiumoutlets.com/outlet/las-vegas-north
Open	월~토 09:00~21:00, 일 09:00~20:00
Access	듀스 Bonneville Transit Center역 하차 후 대각선 길 건너 BAY19 승강장에서 401번 버스 탑승
Map	198p. B

Shopping

라스베이거스 사우스 프리미엄 아웃렛
Las Vegas South Premium Outlets

스트립의 남쪽 끝, 라스베이거스 공항 가는 길에 공항을 조금 더 지나쳐 자리하고 있다. 노스 프리미엄 아웃렛보다 매장이 많지 않아 이곳은 주로 현지인들이 들른다. 총 140여 개의 다양한 의류, 아동용, 생필품 매장이 있어 가족 단위의 방문객들이 많다.

Address	7400 S Las Vegas Blvd
Tel	702-896-5599
Web	www.premiumoutlets.com/outlet/las-vegas-south
Open	월~토 09:00~21:00, 일 09:00~20:00
Access	듀스 LV South Premium Outlets역 하차
Map	198p. F

Shopping

라스베이거스 패션 아웃렛
Fashion Outlets of Las Vegas

최고급 명품에서부터 중저가 매장, 그리고 백화점까지 모두 자리하고 있으며 특히 비 오는 날 가기 좋다. MGM 그랜드, 플래닛 할리우드, 패션쇼 몰에서 아웃렛까지 가는 셔틀버스가 운행해 방문하기 편리하다. 라스베이거스에서 남쪽으로 40km 떨어져 있어 LA를 갈 때 들르기 좋은 위치이기도 하다. 마이클 코어스, 홀리스터, 바나나 리퍼블릭, 코치 등의 브랜드와 니만 마커스 백화점의 할인 매장인 니만 마커스 라스트 콜 또한 인기가 많다.

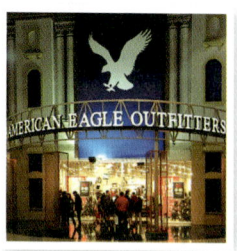

Address	32100 S Las Vegas Blvd
Tel	702-874-1400
Web	www.fashionoutletlasvegas.com
Open	10:00~20:00
Map	198p. E

다운타운
Downtown

스트립에 비해 다운타운 쪽은 물가가 많이 저렴한 편이나 아쉽게도 한물간 느낌은 지울 수가 없다. 다만 라스베이거스의 역사를 느껴볼 수 있는 곳이니 참고하여 여행 일정을 짜도록 하자. 스트립과 다운타운은 차가 안 막힐 땐 10분이면 이동할 수 있는 거리지만 만약 차 막히는 시간에 버스를 탄다면 오가는 데 40분 이상이 소요되니 기억해둘 것.

Sightseeing ★★★

프리몬트 스트리트 익스피어리언스
Fremont Street Experience

거대한 천장의 전구 쇼가 유명하지만 이 외에도 다양한 거리 공연과 퍼포먼스가 자주 펼쳐져 보고 즐길 것이 많다. 또한 눈길을 끄는 것은 달라붙은 옷을 입고 바의 무대 위에 올라가 춤을 추는 언니들! 섹시하게 춤추는 그들을 바라보는 것만으로도 눈이 즐겁다.

비바 비전 라이트 쇼 Viva Vision Light Show
460m 길이의 LED 천장에 250만 개의 전구와 200개가 넘는 스피커로 펼쳐지는 화려한 쇼이다. 여러 음악에 맞춰 영상이 바뀌며 마치 천장이 춤을 추는 듯 현란하게 보인다. 1995년 라스베이거스의 다운타운 부흥을 위해 시작했고 우리나라의 기업 LG가 제작한 것으로도 유명하다. 공연은 매일 저녁 6시 혹은 8시부터(시기에 따라 달라짐) 매일 밤 12시(여름엔 새벽 1시)까지 매시 정각에 6분간 진행된다. 음악에 맞춰 온 가족이 즐길 수 있어 누구나 인정하는 다운타운 최고의 볼거리이다.

Address Fremont St
Tel 702-678-5600
Web vegasexperience.com
Open 24시간
Access 듀스 Fremont Street Experience역 하차
Map 198p. B

Sightseeing ★☆☆

다운타운 컨테이너 공원 Downtown Container Park

말 그대로 컨테이너 박스들을 모아서 만든 무료 시민 공원이다. 어린이 놀이터와 야외 영화관, 다양한 기념품 숍과 레스토랑, 작은 야외 공연장 등이 자리해 있다. 버려진 화물 컨테이너를 재활용해 꾸민 것에 의의가 있으며 미국 최대 온라인 신발 쇼핑몰인 자포스Zappos의 창업자 토니 셰이Tony Hsieh가 주도하여 만들어졌다.

Address 707 Fremont St
Tel 702-359-9982
Web downtowncontainerpark.com
Open 월~목 11:00~21:00,
금 10:00~01:00, 토·일 11:00~19:00
Access 듀스 Fremont Street Experience역 하차
Map 198p. B

Sightseeing ★★☆ : 4성급

골든 너깃 호텔 Golden Nugget Hotel & Casino

다운타운에서 가장 유명한 호텔 중 하나로 야외 수영장에는 식인 상어가 살고 있는 거대한 수족관과 이를 관통하는 파이프 슬라이드가 있어 많은 이들이 즐겨 찾는다. 또 다른 볼거리는 호텔 내에 전시되어 있는 거대한 금덩이이다. 27kg이나 되는 세계 최대의 금덩어리로 'The Hand of Faith Nugget'이라는 이름으로도 유명하다.

Address 129 Fremont St
Tel 702-385-7111
Web www.goldennugget.com/lasvegas
Access 듀스 Fremont Street Experience역 하차
Map 198p. B

Sightseeing ★☆☆

네온 박물관 Neon Museum

밤이 되면 더욱 화려하게 빛나는 라스베이거스의 상징인 네온사인! 이 모든 것에 대한 역사를 알 수 있는 곳으로 과거에 사용하던 여러 가지 조명과 네온사인 등이 전시되어 있어 그 산 역사라 할 수 있다. 현재의 라스베이거스와 비교해볼 수 있는 장소.

Address 770 N Las Vegas Blvd
Tel 702-387-6366
Web www.neonmuseum.org
Open 월~목 09:30~23:00,
금~일 09:30~24:00
Cost 성인 $20, 그 외 모두 $15
Access 버스 113번 Bonanza역 하차
Map 198p. B

Special Page

🔍 특별하고 값진 경험

라스베이거스의 쇼 관람하기
Las Vegas Show

라스베이거스에 가면 기본적으로 한두 개 정도의 쇼를 봐야 이곳을 여행했다고 인정이 될 만큼 라스베이거스는 쇼를 위한 도시이다. 최고의 자리를 원한다면 몇 개월 전 미리 예약은 필수이나 일정상 그러지 못했다면 당일 박스 오피스에서 대기 좌석을 기다리는 방법도 있다. 판매처는 주븐스 이터널, 패션쇼, 프리몬트 스트리트 익스피어리언스, 카지노 로열, 더 크롬웰, 서커스 서커스, 플래닛 할리우드, 밸리스 호텔 등이다.
공연 예약은 호텔 웹 사이트에서 진행할 경우 숙박과 공연을 묶어서 판매하기도 한다. 투숙객에게는 좋은 자리가 우선 배정되므로 참고하자. 또한 티켓마스터 사이트(www.ticketmaster.com)는 공연 1년 전부터 티켓을 판매하는데 구매 완료 후 티켓 수령 방법을 프린트나 우편 등으로 선택할 수 있어 편리하다.
틱스4투나잇(tix4tonight.com)이란 티켓 부스는 당일 판매가 안 돼 남은 좌석만을 모아 저렴하게 판매하며 총 10개의 부스가 도시 내 여기저기에 흩어져 있다. 좌석 지정이 없으므로 구입 후 공연장에 가서 티켓을 교환한 후 입장이 가능하다(부스 위치 : 주븐스 이터널, 패션쇼, 코카콜라 스토어, 카지노 로열, 서커스 서커스, 플래닛 할리우드, 그랜드 바자 숍스, 슬롯 오브 펀, 포 퀸스, 타운 스퀘어 등). 티켓을 수령할 땐 결제했던 신용카드나 신분증(여권)을 미리 준비해 가는 것이 좋다.
우아하고 클래식하면서도 버라이어티한 퍼포먼스를 보고 싶다면 오 쇼, 노래를 따라 부르고 싶고 특히 비틀스의 팬이라면 비틀스 러브 쇼를 추천한다.

Las Vegas Show

마이클 잭슨 ONE Michael Jackson ONE

영원한 팝의 황제인 마이클 잭슨의 일대기를 공연으로 승화했다. 무대 위에서 펼쳐지는 다채로운 댄스와 귀에 익숙한 노래, 화려한 조명 등을 즐기다 보면 실제로 그의 콘서트를 즐기는 듯한 착각에 빠질 만큼 매력적이다. 특히 최첨단 서라운드 환경에서 제공되는 고품질 사운드와 63명의 출연진이 보여주는 열정 가득한 무대는 누구라도 시간 가는 걸 잊을 만큼 충분히 흥겹다.

Web   mandalaybay.mgmresorts.com/en.html

Las Vegas Show

카 쇼 KÀ Show

태양의 서커스팀에서 제작한 공연으로, 전쟁으로 헤어진 쌍둥이 남매의 모험과 재회를 그렸다. 지구Earth, 물Water, 공기Air, 불Fire 이렇게 4개의 장면이 연결되는 구조로 진행되고 80여 명에 가까운 연기자들은 멋진 전통 의상을 차려 입고 아름다운 음악에 맞춰 춤을 추며 노래한다. 특히 공연 중 무대가 바닷속으로 변해 연기자들이 몇 십 미터 높이에 매달려 바로 바닥으로 떨어지는 장면 등은 잠시도 긴장을 늦출 수 없게 만든다. MGM 그랜드 호텔에서 진행 중.

Web   www.mgmgrand.com

Las Vegas Show

오 쇼 O Show

2005년 시작해 여전히 라스베이거스의 인기 공연 중 하나인 오 쇼는 세계 최초의 수중 쇼이다. 무대 한복판에서 싱크로나이즈와 다이빙 등의 공연이 펼쳐지고 어마어마한 양의 물이 쏟아졌다가 사라지곤 한다. 이 모든 것은 최첨단 기술을 이용한 극장의 시설이 있었기에 가능했리라. 공연을 보는 내내 마치 물속에 빠진 채 감상을 하는 듯한 느낌을 받게 된다. 벨라지오 호텔에서 진행 중.

Web   www.bellagio.com

Las Vegas Show

어웨이크닝 Awakening

뉴욕의 인기 뮤지컬 <라이언 킹Lion King>의 무대 연출가가 선두 지휘하는 공연으로, 360도 무대에서 버라이어티한 스케일의 무대 장식을 선보이며 공연 중이다. 아주 오래전 빛과 어둠이 서로 사랑했고, 빛이 마법의 힘에 빠져선 어둠을 등한시했는데 어둠은 이 마법을 3개의 조각으로 나누어 숨겨두고 여자 주인공이 친구들과 마법의 조각들을 찾아가는 과정의 이야기이다.

Web   www.wynnlasvegas.com

Las Vegas Show

블루 맨 그룹 Blue Man Group

2008년 한국에도 내한한 적이 있는 공연으로 과거 뉴욕이나 시카고, 그리고 유럽의 여러 나라에서도 공연을 했었다. 파란색으로 온통 칠한 남자 3명이 공연 내내 다양하고 재미난 퍼포먼스를 벌이는데 특히 팬터마임 연기가 압권이다. 공연이 끝난 뒤에는 출연자와 관객이 함께 기념 촬영을 할 수 있는 시간이 주어져 인기가 많다. 룩소르 호텔에서 진행 중.

Web   www.luxor.com

Las Vegas Show

비틀스 러브 The Beatles LOVE

한 시대를 풍미했던 그룹 비틀스의 다양한 히트 곡을 감상할 수 있는 공연이다. 태양의 서커스팀에서 제작하였으며 각 좌석마다 설치된 고급 스테레오 스피커 시설이 압권이다. 공연은 콘서트와 서커스가 함께 진행되는데 다양한 특수효과와 멋진 조명이 더해져 공연 시간 내내 지루할 틈이 없다. 특히 뛰어난 음향 장치 덕분에 한마음 한 목소리로 누구나 목청껏 노래를 따라 부르게 된다. 공연의 마지막엔 'All you need is love'를 합창하며 마무리하는데 공연 분위기가 최고조에 달한다. 미라지 호텔에서 진행 중.

Web   www.mirage.com

Special Page 3 가벼운 마음으로 즐기기

카지노, 이렇게 즐겨보자!
Casino Game

라스베이거스의 상징은 뭐니 뭐니 해도 카지노! 그 누구라도 카지노의 매력을 그냥 지나칠 수는 없을 터. 여러 가지 게임과 다양한 머신들이 있으니 기본적인 것은 알고 시작해보도록 하자. 카지노는 공식적으로 21세 이상부터 이용할 수 있으며 카지노 내에는 창문이 없는 것이 특징이다(최근 생긴 일부 호텔 제외). ATM 기계와 칩 교환 센터(Cashier)가 있어서 현금을 뽑아 바로 칩으로 교환해 게임을 즐기면 된다. 게임 중 마시는 술값은 모두 무료이나 담당 웨이트리스에게 팁을 주는 것이 관례이다. 프라이버시를 보호하기 위해 카지노 내 모든 사진 촬영은 금지이며 게임에서 이겼을 땐 딜러에게 10~15%를 팁으로 지불하는 것이 관례. 흡연구역이 많아 카지노 내에 있다 보면 담배 냄새가 옷에 배는 경우도 많으니 주의하자. 마지막으로 당부할 말, 오늘 내가 카지노에서 쓸 금액을 정한 후 그 지출 금액까지만 게임을 즐기고 미련 없이 자리를 뜨도록 하자. 카지노에 올인했다가 여행 전체를 망칠 만큼 후회할 수도 있으니까.

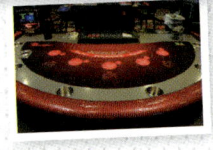

Casino Game 01
슬롯 Slot

카지노 초보자가 가장 쉽게 익힐 수 있는 게임으로 기계 좌측에 설치된 레버를 앞으로 잡아당긴 뒤 같은 그림을 몇 개 맞추는지에 따라 기계 안에서 돈이 오르락내리락한다. 소소한 돈으로 즐길 수 있어 아무 생각 없이 그저 카지노의 맛보기만 즐기고 싶을 때 좋다. 같은 그림을 여러 개 맞출수록, 가로와 세로 그리고 대각선으로 맞추면 내가 받게 되는 배당금이 올라간다. 게임이 끝나면 교환 센터에 가서 교환증을 현금과 맞바꾸면 된다.

Casino Game 02
룰렛 Roulette

초보자가 쉽게 접근해볼 수 있는 게임으로 0과 00, 1~36까지 총 38개의 숫자 칸이 나누어진 회전판에 구슬을 넣고 돌려서 어느 숫자에서 멈추는지를 알아맞히는 원리이다. 숫자, 색깔, 홀짝 등 다양하게 베팅할 수 있으며 정확한 숫자를 맞히면 내가 걸었던 돈의 36배를 가질 수 있고 검은색과 빨간색 중에서 맞히면 내가 건 돈의 2배를 가질 수 있다.

Casino Game 03
바카라 Baccarat

고액 베팅이 많아 카지노 게임의 왕이라고 불리는 게임으로 뱅커Banker와 플레이어Player의 한쪽을 택해 9 이하의 높은 점수로 승부하는 카드 게임이다. 즉 합계가 9에 가까우면 이기는 게임인데 비슷한 숫자가 안 나올 땐 추가 카드를 배포해 더 높은 숫자가 나오는 쪽이 이긴다.

Casino Game 04
포커 Poker

영화에서 자주 보던 그 게임으로 카드를 이용해 진행한다. 딜러 한 명과 참가자 여러 명이 5장의 카드를 나눠 가지는데 5장의 카드를 받을 때까지 돈을 걸고 마지막에 자신의 카드를 보여 주어 승패를 가르는 게임이다. 가장 높은 카드를 쥐고 있는 사람이 건 돈의 전부를 가진다. 로열 스트레이트 플러시 〉 스트레이트 플러시 〉 포카드 〉 풀하우스 〉 플러시 〉 스트레이트 〉 쓰리카드 〉 투페어 〉 원페어 순으로 등수가 매겨진다.

Casino Game 05
블랙잭 Blackjack

자신이 받은 카드의 숫자 합이 21 또는 21에 가장 가깝게 되는 사람이 이기는 방식으로 21을 넘으면 진다. A, 1, 11, J, Q, K는 10으로 계산하고 처음 받은 카드가 A나 10일 경우엔 건 돈의 1.5배를 받는 보너스가 있으며 게임 방식이 간단한 편이라 누구나 쉽게 즐긴다.

Around Las Vegas

레드 록 캐니언
Red Rock Canyon National Conservation Area

🔍 추천 근교 여행지

라스베이거스에서 서쪽으로 30km 떨어진 곳에 위치한 국립보호구역이다. 4억 년 전부터 지구에서 일어난 각종 지각 변동과 그로 인해 변형된 암석들이 바람과 온도, 그리고 세월의 흐름에 따라 높은 절벽을 이루었고 흙 속에 포함된 철 성분에 의한 붉은 사암층 때문에 지금의 이름을 갖게 되었다. 다양한 야생 동물들이 서식하고 있어 볼거리가 많으며 도전을 좋아하는 모험가들에게는 트레킹이나 암벽 타기를 하기에 안성맞춤이다. 또한 이 근처에 거주하는 현지인들에게는 가족 혹은 연인과 함께 즐길 수 있는 캠핑 장소로도 인기를 얻고 있다. 독특한 모양의 바위들을 감상하며 드라이브하기에도 좋아 라스베이거스를 여행할 때 부담 없이 방문할 수 있는 곳이다.

Address	1000 Scenic Loop Dr
Tel	702-515-5350
Web	www.redrockcanyonlv.org
Open	11~2월 06:00~17:00, 3·10월 06:00~19:00, 4~9월 06:00~20:00
Cost	차량당 $20
Access	대중교통으로는 방문이 어렵고 라스베이거스 중심가에서 차로 30분 소요, I-15 S → Hughes Park Dr E → Co Rd 215 W/ Clark County 215 W → 26번 출구 → W Charleston Blvd 방면 직진
GPS	36.194431, -115.440485

Red Rock Canyon National Conservation Area

Western USA | Las Vegas

Around Las Vegas ★★★

🔍 추천 근교 여행지

후버 댐
Hoover Dam

1936년 완성된 댐으로 라스베이거스에서 남동쪽으로 40km 떨어진 곳에 위치하고 있어 당일치기로 방문하기 좋다. 이 댐이 건설된 후 세계 최대의 인공 호수인 미드 호 Mead Lake가 생겨나기도 했다. 댐의 높이는 221m, 길이 379m로 경비행기를 타고 그랜드 캐니언을 가다 보면 후버 댐이 보일 정도로 거대하다. 이 댐에서만 연간 40억 와트의 전력을 만들어 낸다고 하니 실로 어마어마한 규모라 할 수 있다. 댐 위에 위치한 비지터 센터에서는 댐의 내부를 돌아보는 파워플랜트 투어 Powerplant Tour와 후버 댐 전체를 둘러보는 투어를 신청할 수 있다. 댐이 만들어진 유래, 내부 공사의 흔적, 현장의 에피소드, 지금의 댐을 구성하고 있는 요소들에 대해 현지 가이드가 영어로 설명을 해주면서 댐의 내부 여기저기를 보여준다.

Address 89005 Nevada
Tel 702-494-2517
Web www.usbr.gov/lc/hooverdam
Open 09:00~17:00
Cost 파워플랜트 투어 성인 $15, 62세 이상 및 16세 이하 $12
Access 대중교통으로는 방문이 어렵고 라스베이거스 중심가에서 차로 40분 소요. I-15 S → I-215 E → US-93 S → Hoover Dam Access Rd 방면 진입
GPS 36.016069, -114.739921

Around Las Vegas ★

③
밸리 오브 파이어 주립공원
Valley of Fire State Park

추천 근교 여행지

1935년 네바다 주 최초의 주립공원에 선정되어 그림처럼 불타는 바위와 수려한 풍경을 자랑하는 전망대로 유명한 곳이다. 긴 세월 여러 번의 침식과 풍화를 겪으며 만들어진 붉은 바위들이 햇빛을 받으면 마치 불꽃처럼 보인다고 해서 지금의 이름을 갖게 되었고, 그러한 이유로 라스베이거스 6대 즐길 거리 중 하나에 선정되기도 했다.

특히 해가 지는 오후 시간에 가장 붉게 타오른 아름다운 풍경을 볼 수 있는데 각 바위마다 레인보우 비스타, 파이어 캐니언, 발란싱 록, 화이트 돔 등의 이름이 있으니 시간이 된다면 하나씩 찾아보며 다니는 것도 좋은 추억이 될 것이다. 또한 이곳에서 3천 년 전 인디언들이 사용했던 암석 조각이 발견되어 고고학적인 가치가 높은 곳이기도 하다. 다만 전형적인 사막의 기후를 보이는 곳이라 평균 기온이 40도를 넘으니 가능한 한 여름철의 방문은 피하도록 하자.

Address	Valley of Fire Hwy, Moapa Valley
Tel	702-397-2088
Web	www.valley-of-fire.com
Cost	차량당 $10
Access	대중교통으로는 방문이 어렵고 라스베이거스 중심가에서 차로 1시간 소요. I-15 N 후 Vally of Fire E/lake Mead 방면 75번 출구로 직진
GPS	36.507336, -114.537429

San Francisco 샌프란시스코

San Francisco
샌프란시스코

바람과 햇살이 가득한 미국 캘리포니아 주의 대표 도시 샌프란시스코는 로스앤젤레스에 이어 제2의 미국 서부 대표 도시이다. 스페인 선교사들이 전도기지를 세운 것으로 시작하여 멕시코 독립과 함께 멕시코령이 되었고, 지금도 간혹 그 문화를 찾아볼 수 있다. 이후 미군에 점령되어 현재의 이름을 얻었으며, 금광을 캐던 시절에 부를 쌓은 사람들이 여러 기업체를 만들면서 지금의 대도시가 탄생하게 되었다.

일 년 내내 안개가 자욱한 금문교를 중심으로 태평양 연안에 자리하고 있는 덕분에 국제적인 항구 도시로 발돋움할 수 있었으며 수많은 히피와 동성연애자들의 성지로도 유명하다. 그들의 영향을 받은 다양한 분야의 예술가들이 모여 그 전통을 이어가며 도시를 지키고 있다. 1906년 대지진의 아픔이 있었지만 그 후 재건에 성공하였고 가파른 언덕 위에 세워진 빅토리아풍 건축물과 그림처럼 펼쳐지는 항구의 조화가 매우 아름답다. 이러한 풍경과 자유로운 문화가 어우러져 미국인이 가장 살고 싶어 하는 도시에 손꼽히는 그곳, 샌프란시스코로 행복한 여행을 떠나보자.

연관검색어
#바람 #케이블카 #금문교 #히피
#동성애자 #언덕 #바다 #휴양
#기라델리 #바다사자

Writer's Story

구불구불한 언덕 위의 그림 같은 집, 영화 〈더 록〉의 배경, 야자수와 햇살이 주는 평화로움, 힙스터들의 집결지인 미션 디스트릭트, 다양한 거리 벽화… 샌프란시스코를 대변하는 여러 키워드들이 있겠지만 내게 샌프란시스코의 첫 번째 매력은 뭐니 뭐니 해도 케이블카이다. 특히 밤바람을 맞으며 케이블카의 뒷자리에 서서 난간에 기댄 채 샌프란시스코의 언덕길을 오르락내리락하다 보면 절로 그 노래가 흥얼거려진다. "If you're going to San Francisco~" 단, 바람이 많이 부는 곳이니 반드시 바람막이 옷을 입고 케이블카에 올라타도록 하자!

추천 애플리케이션
San Francisco Travel Guide
Metro San Francisco-Muni Bart
Super BART

추천 웹 사이트
미국 여행 정보 www.gousa.or.kr
캘리포니아 여행 정보 www.visitcalifornia.com/kr
샌프란시스코 여행 정보 www.sftravel.com

오리엔테이션

✚ 시차
한국보다 17시간 느리고, 서머타임 적용 시에는 16시간 차이가 난다(서머타임 : 3월 둘째 주부터 11월 첫째 주까지).

✚ 기후
바다를 끼고 있고 언덕이 많은 도시라 늘 바람이 많이 불고 아침저녁의 기온차가 크다. 일 년 중 주로 겨울철에 비가 오는 편이지만 안개는 일 년 내내 자욱하다. 지중해성 기후라 여름에는 비가 안 오니 봄에서 가을까지가 여행하기 가장 좋은 계절이다.

	1월	2월	3월	4월	5월	6월	7월	8월	9월	10월	11월	12월
평균 기온(℃)	11	10	8	5	4	12	25	20	19	13	5	12
평균 강수량(mm)	1000	900	850	300	200	50	0	50	50	250	700	650

✚ 한국에서 샌프란시스코까지 가는 방법
인천국제공항에서 샌프란시스코까지는 국적기와 유나이티드항공이 매일 직항을 운항하고 있다. 약 11시간 소요되며 LA나 시애틀을 경유해 도착하는 경우 14~16시간 정도 소요된다.

✚ 샌프란시스코국제공항
미국 서부를 대표하는 공항 중 하나이며 터미널은 5개(국제선 2개, 국내선 3개)로 구성되어 있다. 시내에서 25km 떨어져 있는데 택시로 30분 정도면 이동 가능하다. 언제 가도 붐비지만 안내가 잘되어 있는 편이므로 크게 걱정하지 않아도 된다. 공항코드는 SFO이다.

Address San Francisco International Airport
Tel 650-821-8211
Web www.flysfo.com/kr

✚ 공항에서 시내까지 가는 방법
어느 공항과 마찬가지로 택시나 셔틀을 이용할 수도 있지만 고속 철도 시스템인 바트를 통해 시내까지 갈 수 있어 매력적이다. 특히 다운타운에 숙소가 있다면 이동이 더욱 편리하다. 거리에 따라 다르지만 요금은 $8.95~12이며 안내 표지판을 따라 국제선 터미널로 이동하면 바트 탑승 역까지 갈 수 있다. 셔틀은 회사마다 조금씩 다르지만 대략 $15~18이며 왕복 티켓 구매 시 조금 더 저렴해진다. 택시는 $40 이상 나오고 여기에 팁을 추가해서 지불하면 된다.

🚩 시내 교통

뮤니로 통칭되는 여러 교통수단이 존재하며 대중교통만으로 관광하기에 충분히 편리하다. 뮤니 버스MUNI Bus는 시내 곳곳을 이동하는데 1회 탑승 시 $2.50(클리퍼 카드 $2.25)이며 버스에선 따로 거스름돈을 주지 않으니 이를 감안해 잔돈을 가지고 다닐 것을 권한다. 환승 시 90분 이내 1회 추가 탑승이 가능하다.

케이블카Cable Car로 불리는 트램은 샌프란시스코의 상징으로, 워낙 많은 관광객들에게 인기인지라 누구나 1회 이상은 탑승하게 될 것이다. 노선은 크게 세 가지이고 파월-하이드, 파월-메이슨, 캘리포니아 라인으로 구분돼 있으며 앞의 2개 노선이 관광객들에게 인기가 많은 노선이다. 인포메이션 센터에서 티켓을 구매하거나 탑승 후 운전사에게 현금으로 지불하면 된다. 1회 탑승 시 $8, 1일 패스는 $24(종이 카드 구매 시. 뮤니 앱 혹은 클리퍼 카드 사용 시엔 $13). 워낙 사람이 많이 타고 내리는 게 수월하지 않고 긴 줄을 기다렸다가 타야 하는 경우가 많으니 붐비는 시간은 피해서 탑승하도록 하자.

뮤니 메트로MUNI Metro는 지상으로 다니는 지상철과 같다고 생각하면 된다. J·K·L·M·N·T 이렇게 6개의 노선이 운행하고 있고 일부 구간의 몇 노선을 제외하면 모두 지상으로만 다녀 관광객이 타기 좋다. 1회 탑승 시 $3(클리퍼 카드, 뮤니 앱 $2.50)이며 역 안에 설치된 머신을 통해 티켓 구입이 가능하다.

뮤니 스트리트 카MUNI Street Car는 뮤니 메트로와 또 다른 노선으로 마켓 스트리트 & 카스트로 스트리트에서 피셔맨스 워프까지 운행되는데 전기로 움직인다. 1회 탑승 시 $3(클리퍼 카드, 뮤니 앱 $2.50). 운치 있는 모습으로 거리에서 항상 눈에 띄어 이 역시 관광객에게 인기 많은 교통수단 중 하나이다.

바트BART는 고속 철도로 최고 속도 130km를 자랑한다. 샌프란시스코국제공항과 시내를 오가는 노선 이외에도 근교 도시인 오클랜드와 버클리까지 연결되어 있어 다른 도시를 오갈 때 이용이 편리하다.

Tip 저렴하고 편리하게 여행하기, 뮤니모바일
Munimobile

샌프란시스코의 대중교통을 이용할 때 편리한 앱으로 탑승 구간의 티켓 요금을 미리 결제한 후 탑승 시 보여주는 방식이라 간편하고 현장에서 결제하는 비용보다 저렴해 인기이다. 대중교통 1회 요금 기준 $2.50, 뮤니 패스포트는 1일권 $13, 3일권 $31, 7일권 $41.

Tip 뮤니 패스포트 & 클리퍼 카드 MUNI Passport & Clipper Card

샌프란시스코를 여행하는 이들에게 가장 많이 사랑받는 패스는 뮤니 패스포트와 클리퍼 카드이다. 뮤니 패스포트는 정해진 기간에 메트로, 버스, 스트리트 카를 무제한 이용할 수 있어 편리하다. 1일권, 3일권, 7일권으로 나뉘고 가격은 $24, $36, $47이다. 티켓을 사용하기 전 사용할 날짜를 복권처럼 긁은 후 운전사에게 보여 주어 탑승하면 된다. 잃어버리면 재발행이 안 되니 주의할 것. 클리퍼 카드는 충전해서 그 금액만큼 차감해서 쓰는 교통카드이다. 바트 역에서 구매가 가능하며 카드 값 $3는 별도.

Web 뮤니 패스포트
www.sfmta.com
클리퍼 카드
www.clippercard.com

뮤니 메트로 노선도

케이블카 노선도

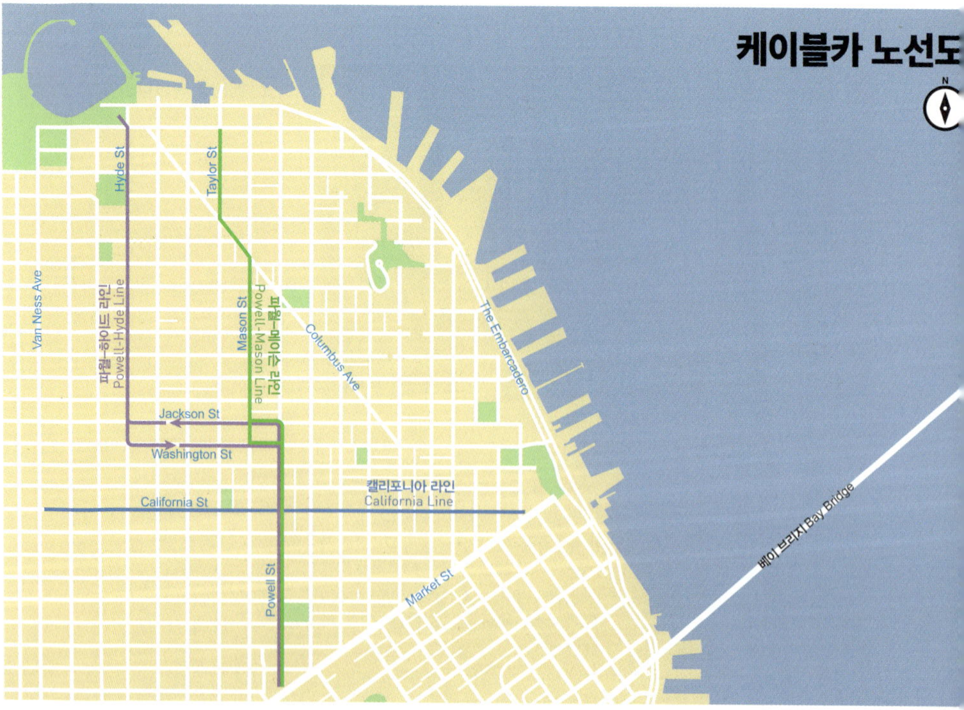

✚ 샌프란시스코 4박 5일 추천 일정

미국 내 어느 도시보다 대중교통이 잘 발달되어 있어 여행하기 편하고 근교 여행지 또한 갈 곳이 많아 시간적인 여유만 된다면 얼마든지 다양한 테마로 즐기기 좋은 곳이 샌프란시스코이다. 요세미티 국립공원에서 아름다운 자연과 좋은 공기를 마실 수도 있고, 와인 마니아라면 빼놓을 수 없는 나파 밸리, 한적하고 로맨틱한 풍경을 보고 싶다면 소살리토, 미국의 지성이 궁금하다면 UC 버클리 대학이나 스탠퍼드 대학의 캠퍼스 투어를, 아름다운 수목원을 산책하고 싶다면 뮤어 우즈 국립공원을 방문하면 된다.

1일 차
호텔 체크인 ➡ 유니언 스퀘어 ➡ 태즈 스테이크하우스에서 저녁식사

2일 차
코스별 케이블카 즐기기 ➡ 소토 마레에서 점심식사 ➡ 피셔맨스 워프 ➡ 기라델리 스퀘어 ➡ 롬바드 스트리트 ➡ 인 앤 아웃 버거에서 저녁식사 ➡ 스타라이트 룸에서 캘리포니아 와인 한잔 즐기기

3일 차
금문교 ➡ 블루 보틀 커피에서 커피 한잔 ➡ 페리 빌딩 & 점심식사 ➡ 샌프란시스코 현대미술관 ➡ 미슐랭 레스토랑인 블러바드에서 저녁식사 ➡ 베이 브리지 야경 감상

4일 차
리추얼 커피에서 커피 한잔 ➡ 미션 돌로레스 디 아시스 주변 산책 ➡ 타르틴 베이커리에서 점심식사 ➡ 바이라이트 크리머리에서 아이스크림 즐기기 ➡ 헤이스 밸리 산책 ➡ 주니 카페에서 저녁식사

5일 차
라 불랑주리에 들러 점심식사용 샌드위치 구매하기 ➡ 골든 게이트 공원 내 드 영 박물관, 온실 식물원, 스토 호수 산책하며 피크닉 즐기기 ➡ 만달레이에서 저녁식사

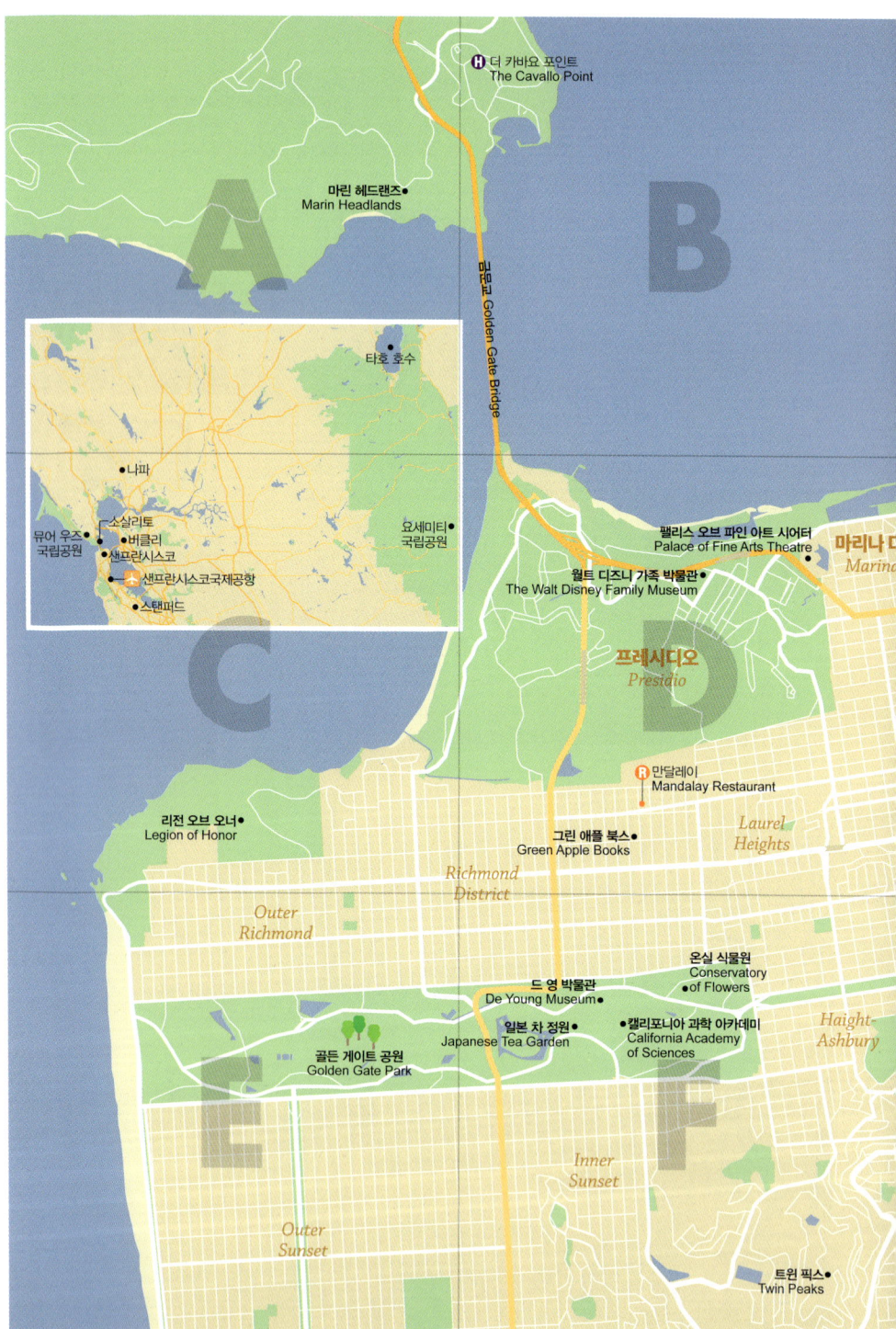

Western USA | San Francisco

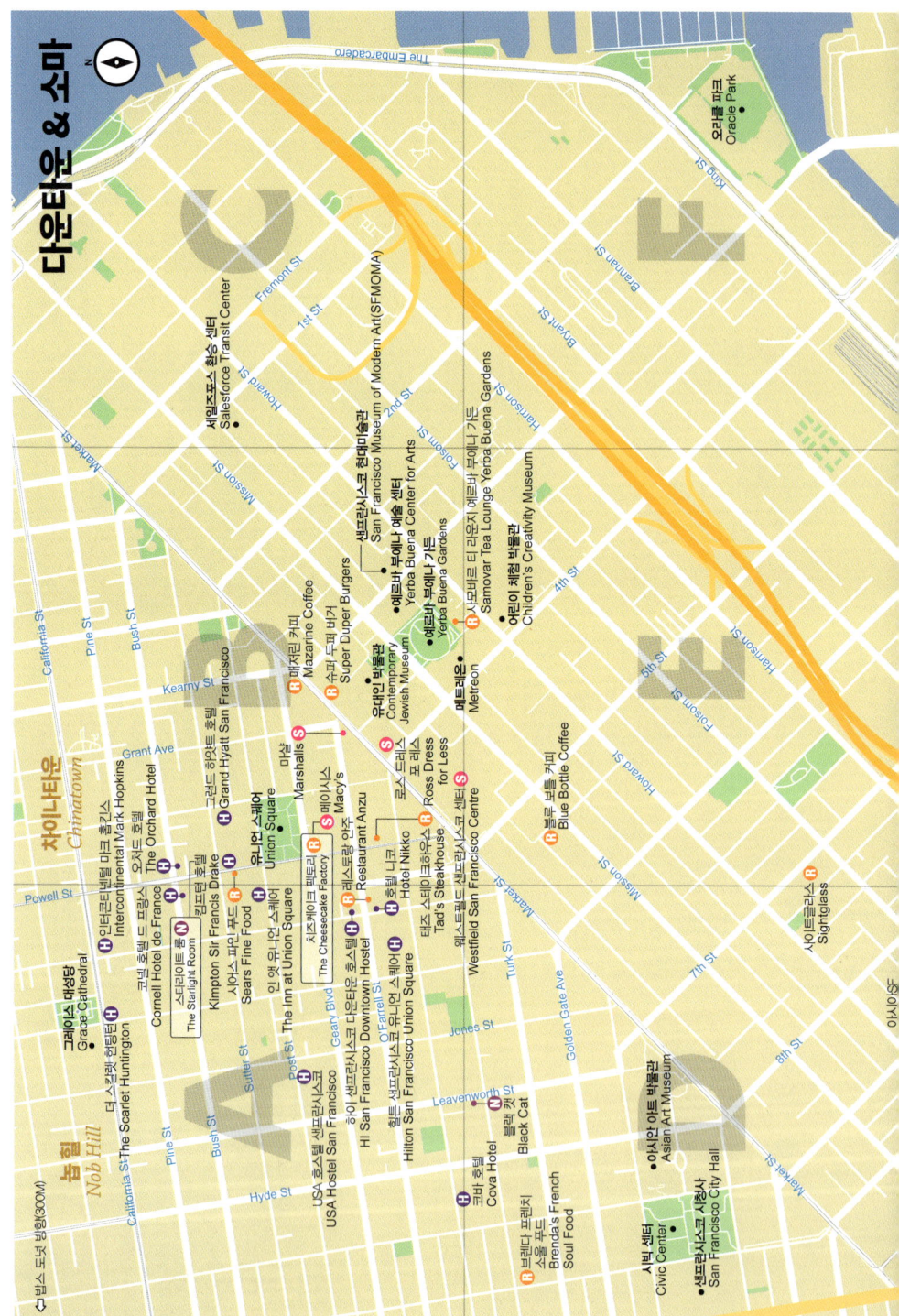

다운타운
Downtown

샌프란시스코의 다양한 대중교통이 교차하는 곳으로 수많은 언덕을 오르내리는 케이블카와 전기로 가는 스트리트 카를 체험할 수 있다. 유니언 스퀘어를 기준으로 남쪽으로는 소마, 동쪽으로는 파이낸셜 디스트릭트, 북쪽으로는 차이나타운이 연결되는 샌프란시스코의 최고 중심 지역이므로 이 도시의 과거와 현재를 모두 느껴 볼 수 있다.

Sightseeing ★★★

유니언 스퀘어 Union Square

파월Powell, 포스트Post, 스톡턴Stockton, 기어리Geary 스트리트의 중심에 있는 직사각형 형태의 광장으로 1850년부터 샌프란시스코의 중심지 역할을 하고 있다. 광장의 정중앙에는 29m 높이의 하얀 전쟁 기념탑이 광장을 지켜주며 그 주변은 백화점과 쇼핑 숍, 호텔 등이 둘러싸고 있다. 유럽풍 건물들이 많아 상당히 운치가 있으며 유니언 스퀘어의 입구 4곳에는 하트 모양의 조각이 세워져 있는데 모두 샌프란시스코의 풍경이 그려져 있어 눈길을 끈다. 언제 가도 다양한 거리 공연과 주말의 벼룩시장을 만나 볼 수 있으며 현지인들에게는 없어선 안 될 소중한 약속 장소이다. 광장 지하의 주차장에는 3천 대의 차량 주차가 가능하다.

Address 333 Post St
Tel 415-559-9579
Web www.visitunionsquaresf.com
Access 뮤니 메트로 J·K·L·M·N·T 라인 Powell역 하차
Map 254p. B

Western USA | San Francisco

샌프란시스코의 명물, 케이블카

1873년부터 지금까지 샌프란시스코를 대표하는 명물로 굳건히 자리를 지키고 있는 케이블카는 샌프란시스코의 지형 및 기후 특성인 많은 언덕과 잦은 안개 덕분에 오랜 세월 인기를 누릴 수 있었다. 과거 말을 타고 다니기 힘든 급한 경사의 언덕길이 많았기에 대체할 운송 수단으로 케이블카가 개발되기 시작했고 현지 시민들에겐 이동 수단, 여행자에게는 최고의 볼거리가 되었다.

케이블카 운행은 과거와 마찬가지로 사람이 직접 수동으로 작동시키며 땅에 심어져 있는 커다란 원형 나무판 위에서 운행 방향을 바꾸는 방식을 고수한다. 차량 밖의 손잡이를 잡고 난간에 서서 언덕길의 바람을 맞으며 즐기는 것. 그것이 야말로 케이블카를 가장 제대로 즐길 수 있는 방법이니 샌프란시스코를 간다면 무조건 탈 것을 권한다. 참고로 샌프란시스코에서 통용되는 케이블카란 단어는 우리가 아는 트램(노면 전차)의 명칭이니 헷갈리지 말 것.

운영 노선

❶ 파월-하이드 라인 Powell-Hyde Line
가장 인기 많은 노선으로 마켓 스트리트에서 노스 포인트를 운행하며 유니언 스퀘어, 롬바드 스트리트, 놉 힐, 피셔맨스 워프 등을 운영

❷ 파월-메이슨 라인 Powell-Mason Line
마켓 스트리트에서 베이 스트리트까지 다운타운을 중심으로 코이트 타워, 노스 비치 등을 운영

❸ 캘리포니아 라인 California Line
캘리포니아 스트리트와 마켓 스트리트의 교차로를 출발해 캘리포니아 스트리트와 반 네스 스트리트의 교차로를 연결하며 차이나타운, 파이낸셜 디스트릭트 등을 운영

운행 정보

보통 06:00~01:30까지 운행하며 편도 1회 이용 티켓보다는 1일권 이용을 추천한다. 티켓은 출발지에서 구입하거나 승차 후 직접 케이블카 안에서 구매할 수 있다. 뮤니 패스포트나 시티 패스 소지자는 무료. 단 케이블카의 대단한 인기 덕분에 대부분 만원이므로 차 몇 대를 보내고 나서야 탑승하는 경우가 흔하다. 가격은 1회권 $7, 1일권 $21, 3일권 $32, 7일권 $42.

Sightseeing ★☆☆

②

시빅 센터 Civic Center

마켓 스트리트와 반 네스 애비뉴가 만나는 지역으로 샌프란시스코의 대표 행정기관들이 모여 있는 곳을 뜻한다. 연방정부, 주정부, 법원, 도서관 등이 자리하고 있는데 특별한 관광명소가 있다기보다 전체적인 분위기를 느끼며 지나가면 될 듯하다.

Web sfciviccenter.org
Access 뮤니 메트로 J·K·L·M·N·T 라인 Civic Center역 하차
Map 254p. D

Sightseeing ★☆☆

③

샌프란시스코 시청사 San Francisco City Hall

1906년의 대지진 당시 붕괴되었다가 1915년 건축가 아서 브라운 주니어Arthur Brown Jr 의 설계로 재건축되었다. 멀리서부터 눈에 띄는 거대한 중앙의 돔은 바티칸의 성 베드로 대성당을 모델로 지어졌으며 밤에는 조명이 빛나 왕궁 느낌이 난다. 시청 내부에는 섬세한 조각들이 천장까지 이어져 있어 외관만 큼이나 아름다운데 이 덕분에 현지인들에게는 결혼식 장소로 인기가 많고 영화 〈더 록〉에 등장하기도 했다. 평일에는 내부 관람 투어도 가능하다.

Address 1 Dr Carlton B Goodlett Pl
Tel 415-554-4000
Web sfgov.org/cityhall
Open 월~금 08:00~20:00
Close 토·일요일
Access 스트리트 카 F 라인 9th St & Market St역 하차
Map 254p. D

Sightseeing ★☆☆

④

아시안 아트 박물관 Asian Art Museum

시청 맞은편에 위치한 이곳은 이종문 센터Chong-Moon Lee Center라고도 불린다. 종근당 창업주인 이종근 회장의 동생이자 미국에서 성공한 기업가 이종문 박사의 후원으로 지어졌다. 1999년 재정 악화로 인해 삼성 그룹의 후원을 받아 지금의 미술관을 유지하고 있다. 건물 1~3층엔 다양한 아시아 관련 유물들이 1만 7천여 점 이상 전시되어 있어 아시아 문화권을 이해하기 가장 좋은 박물관으로 손꼽힌다.

Address 200 Larkin St
Tel 415-581-3500
Web www.asianart.org
Open 목 13:00~20:00, 금~월 10:00~17:00
Close 화·수요일
Cost 성인 $20, 65세 이상 $17, 13~17세 및 학생 $14, 12세 이하 무료(매월 첫 번째 일요일 무료입장)
Access 뮤니 메트로 J·K·L·M·N·T 라인 Civic Center역 하차
Map 254p. D

Sightseeing ★☆☆
⑤
놉 힐 Nob Hill

언덕에 자리한 샌프란시스코 부자들의 고급 주택지로, 산책하며 쉬기 좋은 헌팅턴 공원과 뷰가 좋기로 소문난 인터콘티넨털 마크 홉킨스 호텔이 위치해 있다. 대부호라는 뜻의 'Nabob'이라는 말에서 유래되어 이름 지어졌다. 1906년 대지진 때 많은 건물이 부서졌으나 거의 다 복구되어 현재는 고급스럽고도 우아한 건물과 호텔, 저택들이 많다.

Access 케이블카 파월-메이슨 라인
Mason St & Jackson St역 하차
Map 254p. A

Sightseeing ★☆☆
⑥
그레이스 대성당 Grace Cathedral

놉 힐의 정상에 위치한 샌프란시스코에서 가장 유명한 성당으로 프랑스 파리의 노트르담 대성당과 샤르트르 대성당을 모델로 지어졌다. 1906년 대지진 때 화재로 소실되었다가 현재는 재건축이 된 상태인데 그러한 이유로 성당 내부의 벽에는 대지진을 주제로 한 슬픈 벽화가 있으며 가이드 투어로 참관이 가능하다(한국어로 된 안내 책자와 지도 배포 중). 2개의 뾰족한 첨탑과 화려하고도 강렬한 내부의 스테인드글라스, 주말 미사 때 볼 수 있는 파이프 오르간과 성가대가 특히 유명하다.

Address 1100 California St
Tel 415-749-6300
Web www.gracecathedral.org
Access 케이블카 캘리포니아 라인
California St & Taylor St역 하차
Map 254p. A

Sightseeing ★☆☆

케이블카 박물관 Cable Car Museum

샌프란시스코의 최고 명물인 케이블카에 대한 모든 것을 알 수 있는 곳으로 가파른 언덕을 힘차게 오르내리는 케이블카의 원리와 역사, 초창기 모습과 모형 등을 볼 수 있다. 교육적인 자료가 많아 어린이를 동반했을 때 특히 더 방문 가치가 높다. 입구의 기념품 숍에서 여러 가지 귀여운 기념품 구입도 가능하다.

Address	1201 Mason St
Tel	415-474-1887
Web	www.cablecarmuseum.org
Open	4~10월 10:00~18:00, 11~3월 10:00~17:00
Close	1월 1일, 추수감사절, 크리스마스
Cost	무료
Access	케이블카 파월-하이드 · 파월-메이슨 라인 Jackson St & Mason St역 하차
Map	268p. E

Sightseeing ★☆☆

차이나타운 Chinatown

유니언 스퀘어의 북쪽인 그랜트 애비뉴 Grant Ave 주변을 일컫는 지역으로 1906년 샌프란시스코 대지진 이후 생겨났다. 금문교를 제작하던 당시 중국에서 이주한 노동자들이 많아지면서 형성된 곳인데 지금은 세계에서 가장 큰 영향력과 최대 규모를 자랑하는 차이나타운이 되었다. 가볼 만한 곳으로는 틴 하우 사원 Tin How Temple 과 차이니스 역사박물관 Chinese Historical Society of America Museum 이 있으며 거대한 중국의 지역별 베스트 요리를 맛보고 싶다면 방문을 추천한다.

Web	www.sanfranciscochinatown.com
Access	케이블카 파월-하이드 · 파월-메이슨 라인 Powell St & Bush St역 하차
Map	254p. B

> **Tip 미식의 도시 샌프란시스코**
> 샌프란시스코는 다양하고도 고급스러운 식재료가 풍부해 미식가들의 사랑을 받고 있다. 바다에서 갓 잡아 올린 신선한 해산물과 캘리포니아의 햇살을 받고 자란 과일과 야채, 나파 밸리 와이너리에서 건너온 와인 등 원하는 음식을 흡족하게 맛볼 수 있는 곳이니 실컷 즐겨보자!

Food ❶

시어스 파인 푸드 Sears Fine Food

유니언 스퀘어에 위치한 스웨덴식 팬케이크 레스토랑으로 1938년 스웨덴 이민자가 오픈한 이후 지금까지 그 유명세를 유지하고 있다. 얇고 작은 18장의 팬케이크 위에 이곳에서 직접 만든 딸기잼과 메이플 시럽, 버터가 서비스된다. 그 외 프렌치토스트, 에그 베네딕트 등 인기 있는 미국식 브런치 메뉴를 맛볼 수 있다.

Address 439 Powell St
Tel 415-986-0700
Web www.searsfinefood.com
Open 일~목 06:30~21:30, 금·토 06:30~22:00
Cost $10~
Access 뮤니 버스 91번 Stockton St & Sutter St역 하차
Map 254p. B

Food ❷

레스토랑 안주 Restaurant Anzu

호텔 니코 2층의 모던 일식 레스토랑으로, 좋은 서비스에 훌륭한 음식을 제공한다. 분위기도 좋아 언제 가도 단골들로 북적인다. 스시와 캘리포니아 롤도 맛있지만 필레 미뇽 스테이크는 샌프란시스코에서 단연 최고!

Address 222 Mason St
Tel 415-394-1100
Web restaurantanzu.com
Open 06:30~14:00, 17:30~20:00
Cost $20~
Access 케이블카 Powell St & O'Farrel St역 하차
Map 254p. A

Food ❸

태즈 스테이크하우스 Tad's Steakhouse

저렴한 가격으로 푸짐한 한 끼 식사를 해결할 수 있어 많은 이들이 즐겨 찾는다. 대표 메뉴는 태즈 페이머스 스테이크와 치킨 석쇠구이인데 둘 다 숯불을 이용해 즉석에서 구워 주어 맛도 좋다. 아침, 점심, 저녁 각각 다양한 메뉴를 판매하며 그릴드 치즈 샌드위치와 태즈 치즈 버거 또한 인기가 많다.

Address 120 Powell St
Tel 415-982-1718   Web tadssteaks-sf.com
Open 07:00~23:30
Cost $15~
Access 뮤니 버스 91번 Mason St & Geary Blvd역 하차
Map 254p. B

Food ❹

팜하우스 키친 타이 퀴진 Farmhouse Kitchen Thai Cuisine

태국 북부 스타일의 음식을 제공하는 곳으로, 야외 좌석까지 갖추었다. 생일이면 직원들이 노래를 불러주어 기분 좋은 시간을 보낼 수 있다. 음식은 기름에 튀긴 종류가 많은 편이니 적당히 자신의 취향에 맞는 메뉴를 고르면 된다. 인기 메뉴인 코코넛 음료까지 함께 즐긴다면 더욱 완벽한 식사가 될 것이다.

Address 710 Florida St
Tel 415-814-2920   Web farmhousesf.com
Open 월~금 11:00~14:00, 17:00~22:00, 토·일 12:00~22:00
Cost $20~
Access 뮤니 버스 90번 Potrero Ave & 19th St역 하차
Map 253p. K

Food
❺ 브렌다 프렌치 소울 푸드
Brenda's French Soul Food

시빅 센터에서 가장 인기 있는 브런치 레스토랑으로 뉴올리언스 출신의 셰프가 과거 프랑스 식민지 시절 즐겨 먹던 요리들을 주로 내놓는다. 기본적인 미국식 브런치 메뉴 외에도 프랑스 요리를 접목한 퓨전 요리가 많아 고르는 재미가 있다. 새우와 생선을 빵 사이에 끼워 넣은 포보이라는 샌드위치가 특히 인기가 많다.

Address	652 Polk St
Tel	415-345-8100
Web	frenchsoulfood.com
Open	월·화 08:00~15:00, 수~토 08:00~22:00, 일 08:00~20:00
Cost	$10~
Access	뮤니 버스 90번 Van Ness Ave & Eddy St역 하차
Map	254p. D

Food
❻ 밥스 도넛
Bob's Donuts

오리지널 글레이즈드가 대표 도넛이며 그 외에도 애플 프리터, 베이컨을 얹은 메이플시럽 도넛 등이 인기이다. 허름한 곳이지만 한곳에서 오래 장사한 오너의 내공이 느껴진다. 묵직하고 쫄깃한 이곳만의 도넛 맛은 다른 집과 비교할 수 없으니 꼭 찾아가서 맛보기를!

Address	1621 Polk St
Tel	415-776-3141
Web	bobsdonutssf.com
Open	24시간
Cost	$5~
Access	뮤니 버스 90번 Van Ness Ave & Clay St역 하차
Map	254p. A

Food
❼ 치즈케이크 팩토리 The Cheesecake Factory

미국의 유명 패밀리 레스토랑이기 때문에 굳이 샌프란시스코가 아닌 다른 도시에서도 맛볼 수 있지만 이곳을 꼭 가봐야 하는 이유는 아름다운 전망 때문이다. 유니언 스퀘어의 메이시스 백화점 8층에 자리하고 있는데 샌프란시스코의 중심부를 한눈에 내려다볼 수 있어 언제나 인기이다.

Address	251 Geary St, Macy's 8th Floor
Tel	415-391-4444
Web	www.thecheesecakefactory.com
Open	월~목 11:00~23:00, 금·토 11:00~00:30, 일 10:00~23:00
Cost	$10~
Access	뮤니 버스 91번 Mason St & Geary Blvd역 하차
Map	254p. B

Food
❽ 주니 카페 Zuni Café

시빅 센터의 대로변에 위치해 찾기 쉬운 곳으로 야외 테이블의 노란색 파라솔이 눈에 띈다. 굴, 버거, 샌드위치 메뉴가 유명하며 화덕을 갖추고 있어 갓 구워낸 화덕 피자 또한 인기 메뉴이다. 와인 리스트도 훌륭해 기분 좋은 한 끼 식사를 즐길 수 있다. 천장이 높고 통유리로 된 실내 인테리어는 현지인들에게 인기가 많은데 동성 커플이 유난히 많이 방문한다고!

Address	1658 Market St
Tel	415-552-2522
Web	zunicafe.com
Open	화~목 11:30~23:00, 금·토 11:30~24:00, 일 11:00~23:00
Close	월요일
Cost	$10~
Access	스트리트 카 F 라인 Market St & Gough St역 하차
Map	253p. K

Night Life

스타라이트 룸 The Starlight Room

유니언 스퀘어의 킴프턴 호텔Kimpton Sir Francis Drake 내에 위치한 바로, 공간은 그리 크지 않지만 음악 감상을 하거나 춤을 추는 클럽이 되기도 한다. 언덕길에 자리하고 있어 유니언 스퀘어를 내려다보며 나파 밸리 와인 한잔을 즐기기 좋다. 서비스 또한 친절한 편.

Address	450 Powell St
Tel	415-395-8595
Web	www.starlightroomsf.com
Open	화~목 18:00~24:00, 금 · 토 17:00~02:00, 일 10:30, 14:00
Close	월요일
Cost	$12~
Access	뮤니 버스 45·91번 Stockton St & Sutter St역 하차
Map	254p. B

Shopping

마샬 Marshalls

미국인들이 일상용품을 가장 저렴하게 구매하는 곳이다. 먹거리에서부터 주방용품과 생활용품까지 다양한 품목을 종류별로 대폭 할인한 가격에 판매하고 있어 실용적인 쇼핑이 가능하다.

Address	760 Market St
Tel	415-395-9068
Web	www.marshallsonline.com
Open	월~토 09:00~21:30, 일 10:00~20:00
Access	케이블카 파월-하이드 · 파월-메이슨 라인 Powell St & Market St역 하차
Map	254p. B

Night Life

블랙 캣 Black Cat

1층은 드링크를 마실 수 있는 바, 지하는 라이브 공연 무대가 있는 공간으로 꾸며져 있다. 언제 가도 현지인들로 가득이라 방문 전 예약을 추천한다. 무대가 가까워 공연을 좀 더 생생하게 즐길 수 있어 좋다. 음식과 음료 및 커버 차지는 비싼 편.

Address	400 Eddy St
Tel	415-358-1999
Web	blackcatsf.com
Open	화 · 일 06:00~24:00, 수~토 05:30~01:30
Close	월요일
Cost	$40~
Access	뮤니 버스 19번 Hyde St & Turk St역 하차
Map	254p. D

Shopping

메이시스 Macy's

미국을 대표하는 대중적인 백화점으로 유니언 스퀘어 한복판에 있어 찾기도 쉽다. 언제나 다양한 프로모션과 할인 행사 등이 진행되고 있기 때문에 별 생각 없이 갔다가 의외의 소득을 얻어 올 수도 있다. 인포메이션 센터에 여권을 가지고 방문하면 할인 쿠폰도 받을 수 있으니 쇼핑이 더욱 즐거워진다.

Address	170 O'Farrell St
Tel	415-397-3333
Web	www.macys.com
Open	월~목 10:00~21:00, 금 · 토 10:00~22:00, 일 11:00~19:00
Access	뮤니 버스 45·91번 Stockton St & Sutter St역 하차
Map	254p. B

소마
SOMA

유니언 스퀘어 남쪽 다운타운에 자리한 소마는 과거 공장 지대였지만 오랜 시간 투자하고 재개발하여 지금의 샌프란시스코를 대표하는 문화 공간으로 탈바꿈하였다. 여러 종류의 박물관과 영화관, 갤러리 등이 가득해 특히 문화 예술에 관심 있는 사람들의 방문이 끊이질 않는다.

Sightseeing ★★★

샌프란시스코 현대미술관
San Francisco Museum of Modern Art(SFMOMA)

'SFMOMA'라고 불리는 이곳은 미국 내 최대 규모를 자랑하는 대표적인 현대미술관이다. 기존의 건물은 스위스 출신의 건축가 마리오 보타Mario Botta가 설계했으며, 약 3년간의 증축 공사 끝에 지난 2016년 10층짜리 건물로 확장해 재개관하였다. 미술관 내에선 조각, 사진, 건축 등 다양한 작품들을 만나 볼 수 있는데 앙리 마티스, 피카소, 파울 클레, 앤디 워홀 등의 작품 1만 5천 점과 6만 2천여 권의 도서 및 잡지가 전시되어 있다.

Address 151 3rd St
Tel 415-357-4000
Web www.sfmoma.org
Open 금~화 10:00~17:00, 목 10:00~21:00
Close 수요일, 추수감사절, 크리스마스
Cost 성인 $25, 65세 이상 $22, 19~24세 $19, 18세 이하 무료
Access 뮤니 버스 91번 3rd St & Howard St역 하차
Map 254p. B

Sightseeing ★★★

세일즈포스 환승 센터
Salesforce Transit Center

2019년 오픈한 이곳은 대규모 복합 환승 센터이자 도심 속 생태공원으로 샌프란시스코와 근교 및 미국 전역을 연결하는 11개 버스 노선이 지난다. 뮤니 버스, 그레이하운드 버스 등을 탑승할 수 있고 추후 바트와 칼트레인 노선까지 확장될 예정이다. 각 건물은 공중정원으로 연결되어 있는데 전망대가 있는 세일즈포스 타워는 2017년 오픈한 샌프란시스코 최고 높이의 빌딩(326m)으로 61층 전망대까지 곤돌라를 타고 30초면 도착한다(편도 운행(무료), 내려올 때는 에스컬레이터 이용). 전망대에서 바로 이어지는 곳은 약 21,853㎡의 넓이를 자랑하는 세일즈포스 환승 센터 공원Salesforce Transit Center Park으로 푸드 트럭 등과 다양한 식물들이 있어 도심 속에서 자연과 전망을 즐길 수 있다.

Address 425 Mission St
Web salesforcetransitcenter.com
Access 뮤니 메트로 J 라인 Embarcadero역 하차
Map 254p. C

Sightseeing ★★☆

예르바 부에나 가든 Yerba Buena Gardens

현대미술관 건너편에 위치한 도심 속 문화 예술 공간으로 주변은 온통 잔디로 채워져 있고 무료 공연과 전시, 콘서트 등 시민들을 위한 행사가 자주 열린다. 그 주변으로 쇼핑몰과 영화관이 자리한 메트레온Metreon, 예르바 부에나 예술 센터Yerba Buena Center for Arts가 있고, 어린이들을 위한 어린이 체험 박물관Children's Creativity Museum, 유대인 박물관Contemporary Jewish Museum 및 인공 폭포, 갤러리, 아이스링크, 컨벤션 센터, 정원 등이 자리한다. 현지인들에겐 보석과도 같은 곳으로 사랑받고 있으며 '예르바 부에나'라는 이름은 중남미에서 자라는 허브나무의 이름에서 유래되었다고!

Address 750 Howard St
Tel 415-820-3550
Web yerbabuenagardens.com
Open 06:00~22:00
Access 뮤니 버스 91번
5th St & Howard St역 하차
Map 254p. B

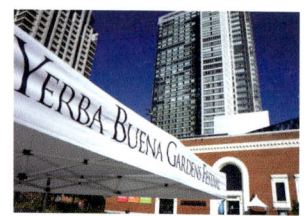

Sightseeing ★☆☆

메트레온 Metreon

쇼핑몰 체인인 메트레온은 최신 영화관과 푸드 코트, 레스토랑, 서점, 쇼핑 숍, 게임 룸, 바 등이 있는 세계 최초의 복합 엔터테인먼트 공간으로 1999년 소니가 주인이었지만 2006년 웨스트필드 그룹The Westfield Group이 인수해 운영 중이다. 미션 스트리트와 예르바 부에나 가든 사이에 위치하고 있으며 건물은 3개 층으로 구성되어 있는데 수많은 사람들의 약속 장소이자 즐거운 놀이터로 인기이다.

Address 135 4th St
Tel 415-369-6000
Web www.shoppingmetreon.com
Open 월~수 11:00~19:30, 목~토 11:00~20:30
Access 뮤니 버스 14번 Mission St & 4th St역 하차
Map 254p. B

Sightseeing ★☆☆

오라클 파크 Oracle Park

메이저리그 야구팀인 샌프란시스코 자이언츠의 홈구장으로 2000년 3월 31일 개장했다. 경기장은 4만 명이 넘는 인원을 수용할 수 있는데 다른 구장에 비해 대규모는 아니지만 관람석에서 바다가 보인다는 포인트 때문에 많은 이들에게 인기를 얻고 있다. 우리나라의 박찬호 선수가 이 구장에서 경기를 펼치기도 했다. 샌프란시스코국제공항에서 차로 20분 거리.

Address 24 Willie Mays Plaza
Tel 415-972-2000
Web mlb.com
Access 뮤니 메트로 N·T 라인 2nd & King역 하차
Map 254p. F

Food

소토 마레 Sotto Mare

맛 좋은 해산물 식당으로 이미 정평이 나 있는 곳이다. 특히 저녁에 가면 대기 줄이 길어 입장하기 어려울 정도. '치오피노'라는 캘리포니아식 스튜는 기본으로 꼭 맛볼 것. 한국인이라면 토마토소스에 들어간 다양한 해산물과 국물의 조합을 누구나 좋아하게 될 것이다. 그 외 다양한 요리들이 골고루 맛있다. 방문 인원이 3인 이상 되어야 예약이 가능하다.

Address 552 Green St
Tel   415-398-3181   Web   sottomaresf.com
Open 일~목 11:30~21:00, 금 · 토 11:30~22:00
Cost $40~
Access 뮤니 버스 91번 Stockton St & Columbus Ave역 하차
Map 268p. E

Food

슈퍼 두퍼 버거 Super Duper Burgers

요즘 뜨고 있는 버거 브랜드로 시내에 여러 지점이 있지만 어디를 가도 긴 줄이 늘어서 있을 만큼 인기가 많다. 이곳 햄버거가 인기인 이유는 좋은 식재료를 사용하고 음료는 무한 리필인 데다가 가격까지 저렴해서이다.

Address 721 Market St
Tel   415-538-3437
Web   superdupersf.com
Open 월~수 08:00~23:00, 목 · 금 08:00~23:30,
      토 10:30~23:30, 일 10:30~22:00
Cost $8~
Access 뮤니 버스 5·9·21·38번 Market St & Kearny St역 하차
Map 254p. B

Cafe

사이트글라스 Sightglass

샌프란시스코의 여러 인기 커피 브랜드 중 하나로 진하고도 깊은 맛의 라테가 특히 압권이다. 이곳의 오너는 커피 또한 과일 고르듯 골라 먹어야 한다는 주의. 독일산 프로바트의 게르트루드 Gertrude 로스팅 머신을 사용하고 있으며 매장 내부에서 로스팅 과정을 지켜볼 수 있도록 꾸며져 있다. 소마와 페리 빌딩 외에도 시내 여러 곳에 지점이 있다.

Address 270 7th St
Tel   415-861-1203
Web   sightglasscoffee.com
Open 07:00~19:00
Cost $6~
Access 스트리트 카 F선 Market St & 7th St역 혹은
       뮤니 버스 9번 Market St & 7th St역 하차
Map 254p. E

Cafe

매저린 커피 Mazarine Coffee

커피와 간단한 식사가 가능한 곳으로, 진하면서도 부드러운 커피 맛이 일품이라 언제나 현지인들로 가득이다. 내부 공간도 멋스럽고 종이컵 디자인 또한 감각적인데 프랑스 최초의 공공도서관에서 영감을 받았다고.

Address 720 Market St
Tel   415-398-7700
Web   mazarinecoffee.com
Open 월~금 07:00~18:00, 토 · 일 08:00~18:00
Cost $3~
Access 뮤니 버스 5·9·21·38 Market St & Kearny St역 하차
Map 254p. B

Cafe
③

블루 보틀 커피 Blue Bottle Coffee

샌프란시스코 근교인 오클랜드에서 처음 시작해 샌프란시스코는 물론 미국 전역으로 퍼져나간 인기 커피 브랜드이다. 2만 달러가 넘는 사이폰 커피 기기를 수입해 커피를 만드는 것으로 유명하며 2일 이내 갓 볶은 원두와 유기농 우유만을 사용해 커피를 제조한다. 주문을 하면 바로 그 자리에서 드리퍼에 커피를 내려주는 방식이다. 에스프레소에 우유 거품을 넣은 스페인식 커피인 지브랄타 Gibraltar, 뉴올리언스 아이스커피 New Orleans Iced Coffee 가 대표 인기 메뉴이다.

Address	66 Mint St
Tel	510-653-3394
Web	bluebottlecoffee.com
Open	06:30~19:00
Cost	$6~
Access	케이블카 파월–하이드 · 파월–메이슨 라인 Powell St & Market St역 하차

Map 254p. E

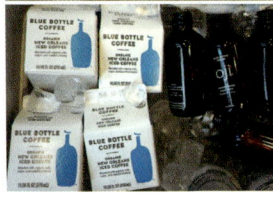  

Cafe
④

사모바르 티 라운지 예르바 부에나 가든
Samovar Tea Lounge Yerba Buena Garden

딱히 맛이 좋다기보다 테라스에서 보는 뷰가 최고인 차 전문점으로 시내 다른 곳에도 지점이 있지만 이 지점의 야외 테라스 자리가 가장 인기이다. 수십 가지의 티 종류 외에도 애프터눈 티 또한 즐길 수 있어 오후 시간 즈음 출출할 때 방문하면 좋다.

Address	730 Howard St
Tel	415-227-9400
Web	samovartea.com
Open	09:00~20:00
Cost	$6~
Access	뮤니 버스 45번 5th St & Howard St역 하차

Map 254p. B

Night Life
①

아시아SF AsiaSF

다양한 퍼포먼스가 진행되는 클럽으로 지루할 틈 없이 흥겨운 밤을 보낼 수 있다. 여러 나라의 음식이 믹스된 퓨전 요리도 맛있고 현지인들의 생일이나 기념일 등의 파티 또한 자주 열려 언제 가도 즐겁다.

Address	201 9th St
Tel	415-255-2742
Web	asiasf.com
Open	수 · 목 19:15~23:00, 금 · 일 19:15~02:00, 토 17:00~02:00
Close	월 · 화요일
Cost	$10~
Access	뮤니 버스 9번 9th St & Market St역 하차

Map 254p. D

Shopping

웨스트필드 샌프란시스코 센터
Westfield San Francisco Centre

지하 1층, 지상 9층의 총 10개 층으로 운영하고 있는 종합 쇼핑몰로 노드스트롬, 블루밍데일즈 등 미국을 대표하는 백화점과 한국인이 좋아하는 GNC, 마크 제이콥스, 마이클 코어스, 토리 버치, 포에버21, 갭, 유니클로 등이 입점해 있다. 쇼핑하다 지칠 때는 지하의 푸드 코트를 방문하면 되는데 한국 음식을 비롯해 여러 브랜드의 음식점을 갖추고 있어 고르기 쉽다. 자연 채광이 그대로 전해지는 천장의 유리 돔이 인상적이며 지하에서 메트로 Powell역과 연결되어 쇼핑이 더욱 편리하다. 1층의 안내데스크 혹은 웹 사이트에서 여권을 등록하면 여행자용 할인 쿠폰 카드Traveler Privileges Card를 받을 수 있다.

Address	865 Market St
Tel	415-512-6776
Web	www.westfield.com
Open	월~토 10:00~20:30, 일 11:00~19:00
Access	케이블카 파월-하이드 · 파월-메이슨 라인 Powell St & Market St역 하차
Map	254p. B

Shopping

로스 드레스 포 레스 Ross Dress for Less

이월된 물건들을 저렴하게 판매하는 전문 할인 몰이다. 의류와 신발에서부터 각종 생활용품까지 모든 제품을 최대 90%까지 할인하여 상상했던 것 이상으로 훨씬 저렴하게 쇼핑을 즐길 수 있다.

Address	799 Market St	Tel	415-957-9222
Web	rossstores.com	Open	07:30~22:30
Access	케이블카 파월-하이드 · 파월-메이슨 라인 Powell St & Market St역 하차		
Map	254p. B		

샌프란시스코 근교 아웃렛

샌프란시스코 프리미엄 아웃렛
San Francisco Premium Outlets

대중교통으로 방문이 가능해 더욱 인기인 아웃렛으로 니만 마커스, 블루밍데일즈, 삭스 피프스 애비뉴 등의 미국 대표 백화점과 백화점 이월 상품들을 판매해 실속파들이 즐겨 찾는다. 특히 삭스 피프스 애비뉴 백화점의 럭셔리한 명품 브랜드 이월 상품을 저렴하게 구입할 수 있는 삭스 피프스 애비뉴 오프 피프스가 인기다. 이 외에도 샘소나이트, 아디다스, 토리 버치, 나스, 베네피트, 크리니크, 쥬시 꾸뛰르, 배스 앤 보디 웍스 등이 입점해 있으며, 웹 사이트에서 VIP 쿠폰을 출력한 후 안내데스크에 제출하면 쿠폰 북으로 교환해준다.

Address	2774 Livermore Outlets Dr, Livermore
Tel	925-292-2868
Web	www.premiumoutlets.com/outlet/san-francisco
Open	월~토 10:00~21:00, 일 10:00~19:00
Access	뮤니 버스 14번 Jack London Blvd & Outlets EB역 하차

파이낸셜 디스트릭트
Financial District

샌프란시스코의 월 스트리트라 불리는 곳으로 수많은 빌딩들이 운집해 있고 그 안에는 증권, 은행 등의 금융계 기업들과 회사들이 모여 있어 언제나 바쁘게 오가는 현지 직장인들을 만나 볼 수 있다. 유니언 스퀘어 동쪽에 위치한다.

Sightseeing ★☆☆

엠바카데로 센터 Embarcadero Center

르 메르디앙 호텔, 하얏트 리젠시 호텔 및 여러 상업용 빌딩 5개가 모여 있는 지역을 일컫는다. 건물 사이사이로 레스토랑, 로컬 브랜드 숍, 영화관, 갤러리 등이 있어 시민들의 편안한 휴식처이자 약속의 장소로 애용된다. 다양한 이벤트 또한 항상 진행되는데 겨울엔 아이스링크장이 오픈해 더욱 인기가 많다. 크리스마스 데커레이션 또한 훌륭해 기념사진 촬영을 하기에도 좋다.

Address 94111 California, San Francisco
Tel 415-772-0700
Web embarcaderocenter.com
Open 월~금 10:00~19:00,
토 10:00~18:00, 일 12:00~17:00
Access 스트리트 카 F 라인
Market St & Main St역
혹은 바트 Embarcadero역 하차
Map 268p. F

Sightseeing ★☆☆

더 플라이어 스릴 존 The Flyer Thrill Zone

2019년 1월에 오픈한 어트랙션으로 피어 39에 위치하고 있다. 드론과 헬기를 동원해 영화처럼 촬영한 영상을 보며 내가 실제 바닷가 절벽에서 금문교, 알카트라즈, 마린 헤드랜즈, 코이트 타워 등 샌프란시스코의 주요 명소를 직접 날아다니는 듯한 스릴감을 체험할 수 있다. 20분간 탑승.

Address Pier 39, 2 Beach St Bldg Q
Web theflyer-sanfrancisco.com
Open 10:00~22:00
Cost The Flyer $14, 7D Experience $14
Access 스트리트 카 F 라인
The Embarcadero &
Stockton St역 하차
Map 268p. B

Sightseeing ★★★

페리 빌딩 Ferry Building

스페인 세비야 대성당의 히랄다 종탑을 모델로 만들어진 71m 높이의 탑이 우뚝 서 있는 아름다운 빌딩이다. 본래 선착장이었던 곳을 건물로 개조해 페리로 출퇴근하는 현지인들의 행복한 쉼터가 되었다. 페리 빌딩 뒤로 보이는 베이 브리지를 같이 감상하는 것도 중요 포인트! 여러 레스토랑과 현재 샌프란시스코에서 가장 잘나가는 로컬 브랜드 매장들이 많으며 매주 화·목·토(화·목 10:00~14:00, 토 08:00~14:00)에는 페리 플라자 파머스 마켓이 열린다. 100개 이상의 농장에서 직접 재배한 채소, 고기, 치즈, 과일, 음식 등을 판매하는데 샌프란시스코의 다양한 음식을 구경하고 맛볼 수 있어 언제나 인기가 많다. 파머스 마켓은 시빅 센터, 민트 플라자, 마리나 디스트릭트, 포트 메이슨 센터에서도 운영 중이니 방문 전 웹 사이트(www.cuesa.org)를 통해 위치와 시간을 참고하자.

Address	Ferry Building
Tel	415-983-8030
Web	www.ferrybuildingmarketplace.com
Open	07:00~22:00
Access	스트리트 카 F 라인 The Embarcadero/Ferry Building역 하차
Map	268p. F

프리마베라 Primavera
멕시코 요리인 칠라킬레스 Chilaquiles가 유명한 곳으로 나초, 살사소스, 사워크림, 아보카도, 스크램블드 에그의 조화가 환상적이다. 가격 $10~.

고츠 로드사이드 Gott's Roadside
유명 수제 버거 맛집으로 본점인 나파 밸리에서 진출했다.

단델리온 초콜릿 Dandelion Chocolate
정성 가득한 재료들을 이용해 매일 수작업으로 만드는 고급 초콜릿 브랜드이다. 아이스 초콜릿 음료, 초코바 등을 구매할 수 있다. 선물용으로 특히 안성맞춤.

호그 아일랜드 오이스터 Hog Island Oyster
싱싱한 굴로 유명세를 떨치고 있는 곳이지만 클램 차우더나 튀김도 함께 파니 식사대용으로 맛보기 좋다. 주중 오후 5시부터 7시 사이는 해피 아워로 굴 1개를 $1에 판매한다.

애크미 브레드 컴퍼니 Acme Bread Company
샌프란시스코의 여러 유명 레스토랑에 빵을 납품하고 있는 인기 브랜드로 유기농 밀가루만을 사용해 만든다. 현금 결제만 가능.

블루 보틀 커피 Blue Bottle Coffee
샌프란시스코를 대표하는 인기 커피 브랜드로 페리 빌딩에서도 매장을 찾을 수 있다.

Sightseeing ★☆☆

베이 브리지 Bay Bridge

1936년 개통된 13.5km 길이의 다리로 이곳을 통해 버클리나 오클랜드, 나파 밸리에 갈 수 있다. 다리를 배경으로, 혹은 다리 위에서 보는 샌프란시스코의 멋진 풍경을 사진 찍을 수 있으며 특히 일몰이나 야경이 아름다워 많은 이들이 방문한다. 페리 빌딩을 갔다면 함께 볼 수 있으니 놓치지 말고 꼭 들를 것!

Address	San Francisco-Oakland Bay Bridge
Web	baybridgeinfo.org
Access	스트리트 카 F 라인 The Embarcadero/Ferry Building역 하차

Map 253p. J

Sightseeing ★☆☆

트랜스아메리카 피라미드 Transamerica Pyramid

샌프란시스코에서 가장 높은 뾰족한 삼각형의 48층 빌딩으로 256m 높이를 자랑한다. 영화 〈스타 트렉〉과 그 외 다양한 CF에도 여러 차례 등장해 낯설지 않다. 27층에 전망대가 있으나 9.11 테러 이후 입장이 불가하게 되었다. 낮에는 빌딩 외벽의 알루미늄이 햇빛을 받아 반사하고 밤이면 유리창에 도시의 불빛이 반사되어 하루 종일 반짝이는 샌프란시스코의 랜드 마크 중 하나이다.

Address	600 Montgomery St
Web	www.pyramidcenter.com
Open	**방문자 센터** 월~금 10:00~15:00
Close	토 · 일요일
Access	뮤니 버스 8번 Kearny St & Clay St역 하차

Map 268p. F

Western USA I San Francisco   271

Sightseeing ★☆☆

노스 비치 North Beach

바다를 매립하여 땅을 만든 곳으로 차이나타운 북쪽의 러시안 힐과 텔레그래프 힐 사이에 위치하고 있다. 언덕 위에는 코이트 타워와 파이오니어 공원, 워싱턴 스퀘어 공원, 리틀 이태리 등이 있어 산책하기 좋다. 이태리 이민자들이 많이 거주하면서 그들의 터가 되었으며 거리 곳곳에 노천카페가 많아 유럽식 여유와 낭만을 느낄 수 있다. 2개의 하얀 기둥이 아름다운 세인트 피터 앤 폴 성당Saints Peter and Paul Church 역시 많은 이들이 기념 촬영을 하는 인기 스팟이다.

Web	www.sftravel.com/explore/neighborhoods/north-beach
Access	케이블카 파월-메이슨 라인 Mason St & Filbert St역 하차
Map	268p. B

Sightseeing ★★☆

코이트 타워 Coit Tower

샌프란시스코의 대표 언덕 중 하나인 텔레그래프 힐의 정상에 위치한 전망대로 이곳에 오르면 도심 풍경이 한눈에 들어온다. 타워의 높이는 64m이고 흰색으로 칠해져 있어 멀리서 보면 마치 등대 같기도 하다. 어릴 때 화재로 목숨을 잃을 뻔했다가 소방관 덕분에 살아난 릴리 히치콕 코이트 여사가 시에 헌정해 1933년 만들어졌다. 타워의 디자인은 샌프란시스코 시청과 오페라하우스를 설계한 아서 브라운 주니어가 진행했다. 좁은 공간이긴 하지만 1층에는 작은 기념품 숍과 미국 근대화를 표현한 벽화들을 관람할 수 있다.

Address	1 Telegraph Hill Blvd
Tel	415-249-0995
Web	sfrecpark.org/destination/telegraph-hill-pioneer-park/coit-tower
Open	4~10월 10:00~18:00, 11~3월 10:00~17:00
Cost	성인 $10, 62세 이상 $7, 5~11세 $3
Access	뮤니 버스 39번 Coit Tower역 하차
Map	268p. E

Sightseeing ★★☆

시티 라이트 북스토어 City Lights Bookstore

포틀랜드의 파웰 북스와 함께 미국 서부를 대표하는 독립 서점이며 1953년 사회학자인 피터 D. 마틴과 시인 로렌스 퍼링게티Lawrence Ferlinghetti에 의해 문을 열었다. 건물은 지하 1층부터 지상 2층까지 총 3개의 층으로 운영되고 있으며 대중적인 것보다는 여러 계층의 다양한 소수 문화와 미국의 비트 문화, 만화책, 인디 관련 서적이 주류를 이룬다. 독립 서적 또한 직접 제작하고 판매하며 서점의 직원들이 손으로 직접 쓴 추천사가 붙어 있는 책들도 눈길을 끈다. 2층에는 공동 창업자인 로렌스 퍼링게티의 작업실이 전시되어 있어 볼 만하다.

Address	261 Columbus Ave
Tel	415-362-8193
Web	www.citylights.com
Open	10:00~24:00
Access	뮤니 버스 41번 Columbus Ave & Broadway역 하차
Map	268p. E

Sightseeing ★☆☆

리바이스 플라자 Levi's Plaza

리바이 스트라우스Levi Strauss가 만든 청바지가 금을 캐던 광부들에게 인기를 얻으면서 '리바이스'를 알리게 되었고 미국을 대표하는 브랜드 중 하나로 자리를 잡았다. 리바이스 플라자는 공원과 본사 건물, 리바이스 매장 1호점이 함께 있는 복합 공간이다. 리바이스 모든 라인의 제품을 만나 볼 수 있어 마니아들에게 인기이며 이곳에서만 파는 한정판도 많은데 건물 지하에서 수선 또한 가능해 쇼핑이 더욱 편리하다. 이 외에도 리바이스의 오랜 역사를 알 수 있는 시대별 제품 전시관과 청바지가 만들어지는 과정을 영상으로 보여 주어 브랜드의 진가를 제대로 느껴볼 수 있다.

Address	1155 Battery St
Tel	415-677-9927
Web	global.levi.com
Open	월~금 09:00~19:00, 토·일 12:00~17:00
Access	스트리트 카 F 라인 The Embarcadero & Greenwich St역 하차
Map	268p. F

Sightseeing ★☆☆

러시안 힐 Russian Hill

샌프란시스코를 대표하는 여러 언덕 중 가장 대표적인 곳으로 러시아 선원들의 무덤이 있던 것에서 이름이 유래되었다. 지금은 다양한 빛깔의 빅토리아풍 건물과 독특하고도 개성 강한 현대적 빌딩들이 조화를 이루고 있다. 여러 예술가들이 모여 사는 동네라서 현지인들을 구경하는 재미도 쏠쏠하다.

Access 케이블카 파월-하이드 라인 Hyde St & Lombard St역 혹은 뮤니 버스 41·45번 Lombard St역 하차
Map 268p. D

Sightseeing ★★★

롬바드 스트리트 Lombard St

샌프란시스코를 대표하는 사진에 언제나 등장하는 명소인 롬바드 스트리트는 러시안 힐 지역의 인기 관광지이다. 1920년에 만들어졌지만 여전히 많은 사람들의 방문으로 인산인해를 이룬다. 급한 경사로 굽이굽이 급커브가 이어지는 코스의 양쪽 길가엔 그림처럼 아름다운 화단이 가꾸어져 다양한 꽃들이 만개한 모습을 볼 수 있으며, 세계 최고의 경사 길에서 꽃과 만날 수 있다는 건 상당히 독특한 풍경이다. 케이블카를 타고 언덕에서 내려 양쪽 길가의 계단을 따라 내려오며 사진을 찍으면 좋다. 도로의 가장 밑에서 위를 올려다보며 찍는 사진 또한 멋지니 이를 놓치지 말 것.

Address Lombard St
Web www.sftravel.com/article/sf-icons-lombard-street
Access 케이블카 파월-하이드 라인 Hyde St & Lombard St역 혹은 뮤니 버스 41·45번 Lombard St역 하차
Map 268p. D

오르락내리락 언덕길과 친해지기

영화나 드라마, 각종 CF에 늘 등장하는 샌프란시스코의 언덕은 이 도시의 상징이 되어버린 지 오래다. 보는 각도에 따라 여러 가지 착시현상도 느낄 수 있어 더욱 이국적인데 이 길을 시원한 바람과 함께 케이블카로 달린다고 생각해보라. 상상만으로도 충분히 짜릿해질 것이다. 사진을 촬영하면 집과 언덕이 사선으로 찍혀 색다른 재미를 느낄 수 있으며 걷거나 케이블카를 타면서 샌프란시스코의 속살을 제대로 파헤쳐 보자. 이 도시가 더욱 사랑스러워질 테니까. 추천할 만한 대표 언덕길은 롬바드 스트리트, 놉 힐, 텔레그래프 힐이 있다.

Sightseeing ★☆☆

샌프란시스코 아트 인스티튜트
San Francisco Art Institute

롬바드 스트리트에서 5분 거리에 있는 샌프란시스코 아트 인스티튜트는 미국 서부에서 가장 오래된 아트 스쿨이다. 멕시코 화가 디에고 리베라^{Diego Rivera}가 그린 벽화가 유명한데 1930년대 분위기를 잘 전하고 있다. 아름다운 정원과 가슴이 뻥 뚫리는 옥상까지 갖추고 있으며 특히 이곳에서 바라보는 태평양의 전망은 잊을 수 없는 추억이 될 것이다. 학교 내의 디에고 리베라 갤러리는 무료로 입장이 가능하며 반드시 들러야 할 곳은 교내의 카페이다. 통유리로 된 창문으로 보이는 바다 뷰가 환상이다.

Address 800 Chestnut St
Tel 415-771-7020
Web www.sfai.edu
Access 케이블카 파월-하이드 라인
Hyde St & Chestnut St역 하차
Map 268p. A

Sightseeing ★★★

피셔맨스 워프 Fisherman's Wharf

'어부들의 선창가'라는 뜻의 이곳은 과거 이태리 이민자들의 고기잡이배가 드나들던 선착장이었으나 1980년대부터 개발이 되기 시작하면서 수족관, 놀이시설 등이 생기고 여러 해산물 전문 레스토랑들도 자리를 잡으며 관광명소가 되었다. 늘 다양한 거리 공연이 펼쳐지고 여러 길거리 음식 또한 맛볼 수 있으며, 입구에 있는 커다랗고 동그란 게 모양의 간판이 언제 가도 반겨 준다. 이곳에서 알카트라즈 섬으로 가는 투어가 출발한다.

Web	www.fishermanswharf.org
Access	스트리트 카 F 라인
	Jefferson St & Powell St역 하차
Map	268p. A

Sightseeing ★★★

피어 39 Pier 39

거리의 악사들과 다양한 퍼포먼스를 구경할 수 있으며 눈앞 바다에서 알카트라즈 섬의 감옥이 보이기도 한다. 항구에는 언제나 바다사자들이 있어 이곳을 방문하는 수많은 관광객들의 인기를 독차지하는데 엄청난 소음과 냄새는 감안해야 한다. 1978년 선착장이었던 곳을 2층짜리 목조 건물로 개조하면서 여러 해산물 전문 레스토랑과 기념품 숍 등이 들어와 많은 관광객들로 북적이게 되었다. 또한 입구에는 샌프란시스코 베이 수족관과 회전목마가 설치되어 있어 어린이들의 사랑을 한 몸에 받고 있다. 블루 & 골드 플리트 베이 크루즈가 이곳에서 출발한다.

Address	Beach St &
	The Embarcadero
Tel	415-705-5436
Web	www.pier39.com
Access	스트리트 카 F 라인
	The Embarcadero &
	Stockton St역 하차
Map	268p. B

Sightseeing ★☆☆

샌프란시스코 해양 국립역사공원
San Francisco Maritime National Historical Park

배 모양의 해양 박물관으로 내부에는 18~19세기 오대양의 바다를 호령하던 여러 배들이 자리를 차지하고 있다. 미국 서부를 운항하던 다양한 배와 루트, 그리고 그 역사에 관해 소개를 해준다.

Address	900 Beach St
Tel	415-447-5000
Web	www.nps.gov/safr/index.htm
Open	24시간
Cost	성인 $15
Access	뮤니 버스 90번 Van Ness Ave & North Point St역 하차

Map 268p. A

샌프란시스코에서 즐기는 크루즈! 블루 & 골드 플리트 vs 혼블로어 크루즈

샌프란시스코를 가장 낭만적으로 기억할 수 있는 방법은 배 위에서 바다 바라보기. 베이 브리지와 알카트라즈 섬을 지나 금문교까지 통과할 때면 저마다 사진을 촬영하느라 바쁘다. 어디를 배경으로 놔도 엽서 속 풍경처럼 아름다운 파노라마 전경이 눈앞에 펼쳐지기 때문. 탑승시간과 탑승지, 테마가 다르지만 아래 두 회사가 가장 인기가 있으니 자신의 취향과 일정에 맞는 곳으로 선택해 체험해보자. 샌프란시스코를 더욱 낭만적으로 기억할 수 있는 좋은 방법이 될 것이다.

1시간으로 끝내는 바다 위 탐험 : San Francisco Bay Cruise
야외 데크에 앉아 햇살을 받으며 사진 촬영하는 재미.
Web www.blueandgoldfleet.com
Cost 성인 $37, 65세 이상 및 12~18세 $31, 5~11세 $26, 시티패스 소지자 무료

라이브 음악과 뷔페 음식이 함께하는 바다 위 탐험 : Hornblower
생일이나 결혼 등 축하할 일이 있다면 기쁨 2배.
Web www.hornblower.com
Cost 샴페인 브런치 2시간 성인 $116.29, 4~12세 $83.89

Sightseeing ★☆☆

베이 수족관 Aquarium of the Bay

피셔맨스 워프의 끝, 피어 39의 초입에 자리한 베이 수족관은 1978년 오픈해 샌프란시스코에 서식하는 다양한 해양 생물들이 모두 전시되어 있다. 여러 종류의 상어들이 많아 볼거리가 풍부하고 반원형의 유리 터널은 아이들에게 특히 인기이다.

Address	2 Beach St
Tel	415-623-5300
Web	www.aquariumofthebay.org
Open	10:00~18:00
Cost	성인 $29.75, 65세 이상 $24.75, 4~12세 $19.75
Access	스트리트 카 F 라인 The Embarcadero & Stockton St역 하차
Map	268p. B

Sightseeing ★☆☆

기라델리 스퀘어 Ghirardelli Square

미국의 유명 초콜릿 브랜드 기라델리의 공장이었던 곳을 개조해 현재는 대규모 초콜릿 타운으로 운영 중이다. 예쁘게 포장된 선물용 기라델리 초콜릿 모음과 제조 과정을 보여주는 기계 장치, 그리고 기라델리 초콜릿이 들어간 셰이크 및 아이스크림을 파는 숍이 있어 늘 인기이다.

Address	900 North Point St
Tel	415-775-5500
Web	www.ghirardellisq.com
Open	11:00~21:00
Access	뮤니 버스 90번 Van Ness Ave & North Point St역 하차
Map	268p. A

Sightseeing ★☆☆

캐너리 The Cannery

빨간 벽돌의 3층 건물이 인상적인 캐너리는 유명 식품 델몬트의 통조림 공장이었던 곳을 개조해 인기 관광지가 되었다. 1907년엔 세계에서 가장 큰 복숭아 통조림 공장이었지만 지금은 세계 각국의 음식 재료를 판매하는 식료품점과 레스토랑, 슈퍼마켓 등이 입점하여 현지인과 관광객 모두가 즐겨 찾는다. 특히 주말엔 다양한 무료 공연도 많아 지루할 틈이 없다. 건물 3층에는 샌프란시스코의 역사를 알 수 있는 각종 자료까지 전시되어 있다.

Address	2801 Leavenworth St
Tel	415-771-3112
Open	12:00~19:00
Access	뮤니 버스 90번 Van Ness Ave & North Point St역 하차
Map	268p. A

Sightseeing ★★☆

알카트라즈 섬 Alcatraz Island

스페인어로 '펠리컨'이란 뜻의 알카트라즈는 영화 〈더 록〉의 배경지였으며, 샌프란시스코의 해안에서 2.4km 떨어져 있다. 과거 미국의 국방 관련 기구로 사용되다가 무장 강도, 납치범, 은행 강도 등의 흉악범들을 가두기 위한 형무소로 바뀌면서 1963년까지 운영했다. 현재는 관광객을 위한 국립공원으로 지정되었고, 피어 33에서 페리를 타고 접근할 수 있다. 알카트라즈의 교도소에선 헤드폰과 셀프 오디오 투어 장비(한국어 안내 제공)를 빌려주는데 각자 안내 방송을 들으면서 바닥에 적혀 있는 화살표와 벽의 숫자를 보며 이동하면 된다. 그 당시 최고의 흉악범이었던 마피아 두목 알 카포네의 독방과 도서관, 식당 등의 시설을 직접 볼 수 있다. 이곳은 수온이 낮고 물살이 빨라 탈옥하기 힘든 곳으로 알려져 있지만 1962년 3명의 수감자가 탈주한 후 지금껏 발견이 안 돼 미스터리로 남아 있다. 내부 위치를 설명한 안내 지도가 있으면 관람이 더욱 편리한데 $1에 판매 중이다. 내부에는 음식을 먹을 공간이나 레스토랑이 없으므로 간식이나 생수를 미리 준비해 가면 편하다.

Address	Alcatraz Island
Tel	415-561-4900
Web	www.alcatrazcruises.com
Cost	성인 및 12~17세 $42.15, 62세 이상 $39.80, 5~11세 $25.80
Access	피어 33에서 크루즈를 타고 이동, 약 15분 소요
Map	253p. G

Food

블러바드 Boulevard

1993년 오픈한 레스토랑으로 미슐랭 1스타를 유지하고 있어서인지 언제 가도 빈 테이블을 찾기가 어렵다. 친절한 직원들의 서비스와 신선한 식재료 덕분에 무엇을 시켜도 실망하지 않는다. 식사 후 베이 브리지나 페리 빌딩 주변을 걸으면서 산책하기도 좋은 위치다.

Address	1 Mission St
Tel	415-543-6084
Web	boulevardrestaurant.com
Open	월~목 11:30~14:15, 17:30~21:30 (금 22:00까지), 토 17:30~22:00, 일 17:30~21:30
Cost	$30~
Access	스트리트 카 F 라인 Don Chee Way/Steuart St역 하차
Map	268p. F

Food

오샤 Osha

샌프란시스코에서 가장 잘나가는 태국 음식점으로 자극적이지 않고 무난하게 이것저것 맛볼 수 있어 부담이 없다. 엠바카데로 센터 이외에도 시내 중심인 유니언 스퀘어 등에 지점이 있어 방문하기도 편리하다.

Address	4 Embarcadero Center
Tel	415-788-6742
Web	oshathai.com
Open	월~금 11:00~14:30, 17:00~21:30, 토·일 12:00~21:30
Cost	$15~
Access	스트리트 카 F 라인 Market St & Main St역 혹은 바트 Embarcadero역 하차
Map	268p. F

Food

토니스 피자 나폴레타나 Tony's Pizza Napoletana

리틀 이태리 지역에 위치한 대표 인기 화덕 피자로 현지인들 사이에서 유명하다. 미국 10대 피자로 뽑히기도 했고, 마르게리타 피자 대회에서 1등을 한 셰프가 있기도 하다. 예약 불가.

Address	1570 Stockton St
Tel	415-835-9888
Web	tonyspizzanapoletana.com
Open	수~월 12:00~23:00
Close	화요일
Cost	$25~
Access	케이블카 Powell St & Jackson St역 하차
Map	268p. E

Food

블루 머메이드 Blue Mermaid

신선한 해산물을 맛볼 수 있는 최고의 식당이다. The Argonaut 호텔 1층에 위치하는데 야외 테이블은 The Canary와 연결되는 구조. 천장의 카누 장식이 인상적이며, 여러 해산물 중 특히 치오피노^{Cioppino}를 적극 추천한다. 던지니스 크랩, 홍합, 새우 등의 해산물에 토마토와 마늘 소스로 국물을 낸 음식이라 한국인의 입맛에 딱이다.

Address	471 Jefferson St
Tel	415-771-2222
Web	argonauthotel.com
Open	07:00~22:30
Cost	$20~
Access	케이블카 Hyde St & Beach St역 하차

Map 268p. A

Food

마마스 Mama's on Washington Square

전형적인 미국 요리를 선보이는데 마마스를 특히 널리 알린 것은 브런치 메뉴이다. 언제 가도 긴 줄이 늘어서 있어 1시간 이상 기다려야 하지만 그럼에도 현지인과 관광객 모두가 샌프란시스코의 베스트 브런치 레스토랑으로 손꼽는다. 몬테크리스토와 에그 베네딕트가 대표 메뉴이며 오픈 키친 구조에서 매일 직접 구운 빵으로 요리를 해 더욱 인기가 좋다. 현금 결제만 가능.

Address	1701 Stockton St	Tel	415-362-6421
Web	www.mamas-sf.com		
Open	화~일 08:00~15:00	Close	월요일
Cost	$10~		
Access	뮤니 버스 91번 Columbus Ave & Union St역 하차		

Map 268p. E

Food

부에나 비스타 The Buena Vista

스페인어로 '좋은 전망'이란 뜻의 이곳은 1952년부터 아이리시 커피를 만들어 파는데, 추운 날 몸을 따뜻하게 녹이기 위해 개발되었다. 아이리시 커피를 주문하면 따뜻한 물로 데운 유리잔에 커피와 위스키를 넣고 휘핑크림으로 마무리를 해준다. 첨가되는 위스키는 이곳에서 직접 만든 것이며 진하고도 강렬한 커피 맛에 묘하게 중독된다. 커피 외에도 여러 가지 식사와 안주 메뉴도 함께 판매하고 있으며 피셔맨스 워프와 샌프란시스코 베이가 내려다보이는 언덕길에 위치해 전망 또한 좋은 편이다.

Address	2765 Hyde St
Tel	415-474-5044
Web	www.thebuenavista.com
Open	월~금 09:00~02:00, 토·일 08:00~02:00
Cost	$10~
Access	케이블카 파월-하이드 Hyde St & Beach St역 하차

Map 268p. A

Food
❼
포그 하버 피시 하우스 Fog Harbor Fish House

고급스러운 분위기에서 바다를 바라보며 식사할 수 있는 곳이다. 꽤 넓은 공간이지만 언제나 손님들로 가득 차 있는 편이다. 다양한 해산물 요리(관자, 게, 굴 등)를 맛있게 즐길 수 있고 다른 곳에 비해 음식 맛이 덜 짠 편이라 한국 사람 입맛에도 비교적 잘 맞는다. 모처럼 기분내어 아름다운 뷰를 보며 식사를 즐기고 싶다면 추천!

Address	Pier 39, San Francisco
Tel	415-969-2010
Web	fogharbor.com
Open	11:00~21:00
Cost	$50~
Access	뮤니 버스 91번 Columbus Ave & Union St역 하차
Map	268p. B

Food
❽
부댕 베이커리 Boudin Bakery

시큼한 맛의 사워 도우 빵을 만드는 유명 브랜드로 1849년 처음 문을 열었다. 매장에서 악어나 게 모양의 사워 도우 빵을 만드는 직원의 모습을 볼 수 있어 많은 사람들이 구경을 한다. 빵 혹은 부엌용품과 관련된 여러 가지 물건들을 판매하며 2층에는 간단히 음식을 먹을 수 있는 공간도 마련되어 있어 간식을 즐기기에 좋다. 베이커리 박물관 투어 또한 신청이 가능하다.

Address	160 Jefferson St
Tel	415-928-1849
Web	boudinbakery.com
Open	일~목 08:00~21:30, 금·토 08:00~22:00
Cost	$5~
Access	스트리트 카 F 라인 Jefferson & Taylor역 하차
Map	268p. B

Cafe
❶
레벌리 커피 코 Reveille Coffee Co.

모던하고 쿨한 내부 인테리어와 위치 덕분에 늘 사람들로 북적인다. 화이트 벽과 벽돌, 식물로 장식된 공간이 멋스럽다. 커피는 산미가 강한 편이라 호불호가 갈리지만 진하고 달달한 녹차 라테는 누구나 좋아한다.

Address	200 Columbus Ave
Tel	415-789-6258
Web	reveillecoffee.com
Open	08:00~17:00
Cost	$5~
Access	버스 10·12번 Pacific Ave & Powerll St역 하차
Map	268p. E

미션 디스트릭트 & 카스트로
Mission District & Castro

남미에서 이주해온 이주민들과 다양한 예술가들이 많이 거주하고 있어 거리마다 그라피티가 가득하고 동성애자들 또한 많은 자유분방한 지역이다. 거리 곳곳에 걸린 무지개 깃발이 그 의미를 말해준다. 거리를 걷다가 동성 커플과 눈이 마주치더라도 너무 의식하진 말자. 그곳에선 그들이 주인공이니까!

Sightseeing ★★★

미션 돌로레스 공원 Mission Dolores Park

현지 주민들이 가장 사랑하는 공원으로 시내가 한눈에 내려다보이는 것이 상당히 매력적이다. 공원은 드넓은 잔디로 이루어져 있고 곳곳에서 삼삼오오 모여 피크닉을 즐기거나 강아지와 산책하는 현지인들을 볼 수 있다. 도시락으로 점심을 즐긴 후 도심을 내려다보면서 휴식을 취하는 것도 추천한다. 공원을 기준으로 주변에는 타르틴 베이커리Tartine Bakery, 리추얼 커피Ritual Coffee, 바이라이트 크리머리Bi-Rite Creamery 등이 있어 함께 들르기 좋다.

Address 19th St & Dolores St
Tel 415-554-9521
Web sfrecpark.org/destination/mission-dolores-park
Open 06:00~22:00
Access 뮤니 메트로 J 라인
Church St & 18th St역 하차
Map 253p. K

Sightseeing ★★★

처치 에이트 휠스 Church 8 Wheels

오래된 교회를 개조해 매 주말이면 흥겨운 롤러스케이트 장으로 변신한다. DJ가 디제잉을 하는 음악에 맞춰 누구든 신나게 롤러스케이트를 즐길 수 있는데 $15(입장료 $10, 롤러 스케이트 대여비 $5)가 주는 행복을 제대로 느낄 수 있다.

Address	554 Fillmore St
Tel	415-752-1967
Web	churchof8wheels.com
Open	화 16:00~22:00, 금 17:00~23:00, 토 11:00~23:00, 일 18:00~22:00
Close	월·수·목요일
Cost	$50~
Access	뮤니 버스 38번 Geary Blvd & Fillmore St역 하차
Map	253p. K

Sightseeing ★☆☆

미션 돌로레스 디 아시스 Mission Dolores de Asis

1776년 프란시스코 팔로우와 주니페로 세라 신부에 의해 건설이 되었으며 1906년 샌프란시스코 대지진 때에도 굳건히 살아남은 교회이다. 이 지역에서 가장 오래된 건물로 뒤편에는 성직자들의 묘지가 마련되어 있다. 샌프란시스코 로마 가톨릭의 역사를 증명하는 장소이며 이곳 전체가 샌프란시스코의 보호해야 할 역사유적지 1호로 등록되어 있다.

Address	3321 16th St
Tel	415-621-8203
Web	missiondolores.org
Access	뮤니 메트로 J 라인 Church St & 16th St역 하차
Map	253p. K

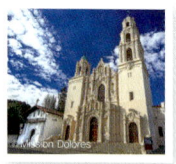

Sightseeing ★★☆

알라모 스퀘어 & 페인티드 레이디스 Alamo Square & Painted Ladies

샌프란시스코를 대표하는 엽서나 사진에 단골로 등장하는 곳이며 아이폰 CF의 배경에도 등장해 더욱 친숙해지기도 했다. 페인티드 레이디스는 스타이너 거리에 위치한 파스텔 톤의 빅토리아풍 집 7채를 뜻하며, 샌프란시스코의 소중한 역사와 전통을 지키기 위해 관리비의 일정 부분을 캘리포니아 주에서 지급하고 있다. 이 집들을 바로 앞에서 볼 수 있는 공터가 알라모 스퀘어이다.

Address	Hayes & Steiner St
Tel	415-218-0259
Web	alamosquare.org
Open	24시간
Access	뮤니 버스 21번 Hayes St & Steiner St역 하차
Map	253p. K

Sightseeing ★☆☆

재팬타운 Japantown

1860년대부터 이주한 일본인들이 정착하기 시작하여 1906년 대지진 이후 지금의 타운이 형성되었다. 입구에는 재팬타운의 상징이라 할 수 있는 평화의 탑이 방문자들을 반겨준다. 이곳엔 일본계 식당이나 상점 외에도 다양한 한식당이 많이 자리하고 있다. 매년 4월에 진행되는 벚꽃 축제가 유명하고 그 외에도 재팬타운에서 주최하는 다양한 거리 퍼레이드가 있다.

Address 1610 Geary Blvd
Tel 415-567-4573
Web sfjapantown.org
Access 뮤니 버스 38번
       Geary Blvd & Laguna St역 하차
Map 253p. I

Sightseeing ★☆☆

카스트로 Castro

1970년대 최초로 커밍아웃한 샌프란시스코 의원 하비 밀크 Harvey Milk에 의해 이곳에서부터 동성애자에 대한 인권 운동이 시작되었다. 마켓 스트리트의 남쪽에 위치하며 골목마다 무지개 깃발이 걸려 있어 그들을 지지하는 이들의 수가 얼마나 많은지 알 수 있다. 100년이 넘도록 명성을 유지하고 있는 카스트로 극장 Castro Theatre에서는 다채로운 동성애 관련 영화가 상영되고 있으며 매년 6월 진행되는 게이 퍼레이드에는 거리 전체가 들썩들썩해진다. 늦은 밤에 다니는 것은 위험하니 자제할 것.

Web www.sfgate.com/
     neighborhoods/sf/castro
Access 뮤니 메트로 K·L·M·T 라인
       Castro역 하차
Map 253p. K

Sightseeing ★☆☆

트윈 픽스 Twin Peaks

샌프란시스코가 한눈에 내려다보이는 해발 270m 낮은 산의 정상을 뜻하며 쌍둥이 같은 봉우리의 산 2개가 나란히 있어 도심 속에서 이 언덕의 모습이 보이기도 한다. 정상에 서면 금문교와 알카트라즈 섬, 베이 브리지까지 보여 샌프란시스코를 모두 들여다보는 느낌이 든다. 해가 질 때가 특히 아름다운데 거센 바람이 부는 곳이니 긴팔 옷 준비는 필수!

Address 501 Twin Peaks Blvd
Tel 415-831-2700
Web sfrecpark.org/destination/
     twin-peaks
Open 05:00~24:00
Access 뮤니 버스 37번 74 Crestline Dr역
       하차
Map 252p. F

Special Page

🔍 현지인처럼 생활해보기

사부작사부작 걷기 좋은 거리
Best Streets to Walk

산들바람을 맞으며 가볍게 걷고 싶은 날이 있다. 비록 여행 중이지만 관광지가 내키지 않는 날엔 이런 거리를 거닐며 잠시 현지인 놀이를 즐겨보는 건 어떨까? 어쩜 유명 관광지를 방문했던 날보다 더 행복한 추억이 남을지도!

Street 01
필모어 스트리트 & 체스트넛 스트리트 Fillmore St & Chestnut St

재팬타운 옆에 위치한 필모어 스트리트는 샌프란시스코의 가로수길로 불린다. 유니크하고도 트렌디한 숍과 레스토랑, 재즈 바, 애견 센터 등이 줄줄이 늘어서 있기 때문! 베네피트와 라 불랑주리 등의 매장도 멋스러워 거리 자체가 빛이 난다. 부티크 숍인 선희 문Sunhee Moon은 여성들이 좋아할 만한 세련된 아이템들이 모여 있어 구경하는 재미가 쏠쏠하다. 쇼핑을 즐기고 난 후엔 체스트넛 스트리트까지 이동해 식사를 즐겨보자. 세련된 분위기의 멋진 레스토랑이 많아 언제 가도 행복하다.

Street 02
헤이트 & 애시버리 Haight & Ashbury

샌프란시스코 히피의 탄생지이자 미국에 히피 문화를 확산시킨 곳으로 샌프란시스코 내에서도 가장 자유분방한 모습을 보여주는 동네이다. 일렬로 나열된 파스텔 톤의 빅토리아풍 건물과 상상을 초월하는 파격적인 그라피티들이 거리를 가득 메우고 있다. 또한 여러 중고 음반점 등 다양한 음악 관련 매장들이 있어 음악 마니아들의 사랑을 한 몸에 받고 있다. 거리를 걷다 보면 스타킹 신은 여자의 다리가 건물 밖으로 튀어나온 간판이 있는데 이 동네의 상징처럼 유명해 누구나 사진 촬영을 하기 위해 방문하는 인기 명소이기도 하다.

Street 03
유니언 스트리트 Union St

프랭클린 스트리트 Franklin St 와 스타이너 스트리트 Steiner St 사이의 고급 주택가에 자리하고 있는 곳으로 샌프란시스코에서 가장 패셔너블한 거리로 알려져 있다. 특히 다른 지역보다 좀 더 멋스럽고도 유니크한 로컬 숍들이 많아 우리나라의 서래마을과도 같은 느낌이다. 현지인들이 즐겨 찾는 레스토랑들을 찾아내는 재미 또한 남다르니 숨겨진 보석 같은 곳이라 할 수 있다.

Street 04
헤이스 밸리 Hayes Valley

요즘 샌프란시스코에서 가장 뜨는 동네로 유행을 앞서가는 현지인들을 가장 많이 만나 볼 수 있다. 현지에서는 영화감독이 배우를 캐스팅하러 가는 곳이라고! 이곳의 가장 큰 특징은 유명 대기업의 브랜드 매장은 하나도 없고 로컬 숍 브랜드로만 거리가 가득 채워져 있다는 사실이다. 이런 분위기 덕분에 세련되고도 감각적인 숍들이 많아 쇼핑하기 좋다. 주말이면 플리 마켓과 각종 거리 공연이 넘쳐 나고 블루 보틀, 리추얼 카페 또한 모두 만날 수 있다.

미션 디스트릭트의 그라피티 탐험하기!

SNS를 통해 매일 새로 그려진 벽화의 소식이 업데이트될 만큼 벽화를 위한 지역이라 할 수 있는 미션 디스트릭트! 미국과 스페인, 멕시코 등 과거 이곳을 스쳐 지나갔던 각 나라의 역사들이 혼합되어 있어 묘한 색채를 띠고 있다. 400여 개가 넘는 벽화가 그려져 있는 이곳에서는 벽화를 그리는 작가들의 재능을 인정해주고 그들이 작가로서 살 수 있게끔 여러 기회도 제공해준다. 미션 디스트릭트에서 가장 유명한 벽화 거리 두 곳을 소개하는데 늦은 밤에는 치안이 안 좋을 수 있으니 가능한 낮에 방문하도록 하자.

클라리온 앨리 Clarion Alley

과거 약물중독과 노상방뇨로 가득한 거리였으나 1992년부터 시작된 자발적 공동 작업을 통해 지역의 커뮤니티들이 힘을 합쳐 지금의 벽화 마을이 탄생했다. 가장 유명한 벽화로는 여성 센터의 마에스트라 피스 Maestra Peace이다. 1994년, 여러 인종과 문화 출신의 여성 예술가 7명(Yvonne Littleton, Meera Desai, Irene Perez, Susan Kelk Cervantes, Juana Alicia, Miranda Bergman, Edythe Boone) 이 공동으로 작업해 완성한 것이다. 그들은 벽화를 통해 전 세계 여성의 힘과 능력, 지혜에 대한 메시지를 전달하고자 했다. 세계적으로 유명한 여성들이 그려져 있으니 건물을 둘러볼 때 한 번쯤 찾아볼 것.

발미 앨리 Balmy Alley

남미 이민자들의 사회적인 투쟁이 끊임없이 이어지던 곳이었는데 1972년 2명의 남미 출신 여성 이민자에 의해 공동 벽화 작업이 시작되어 지금에 이르렀다. 사회적으로 약자이면서 그간 자신들의 아픔이었던 전쟁과 노동, 가난 등을 주제로 1985년까지 30여 개 가까이 벽화를 완성하였고 계속해서 그 개수가 늘어나고 있다. 지금은 그 범위를 넓혀 학교, 교회, 신문사, 레스토랑 등 여러 장소에서 그들의 창작 능력이 돋보이는 벽화를 볼 수 있다.

Food
❶
스테이트 버드 프로비전 State Bird Provisions

계절에 따라 메뉴가 바뀌는 곳으로, 얼마 전 미슐랭 식당에도 선정되어 예약하기가 더욱 힘들어졌다. 다양한 식재료와 맛을 조합해서 만드는 특이한 요리들이 많은 편. 그중 생선과 닭 요리가 가장 인기가 많다. 와인 한잔과 함께 저녁식사를 하기에 적당한 곳이다.

Address	1529 Fillmore St
Tel	415-795-1272
Web	statebirdsf.com
Open	수~토 17:00~22:00
Close	일~화
Cost	$50~
Access	뮤니 버스
	Fillmore St & O'Farrel St역 하차
Map	253p. I

Food
❷
라 불랑주리 La Boulangerie

파랑 혹은 연둣빛 외관에 오렌지색 의자가 인상적인 프랑스 체인 베이커리로, 바게트와 크루아상이 맛있어 아침식사나 브런치를 즐기기 좋다. 함께 마실 음료로는 차이 라테가 유명한데 옵션 선택 시 스위트보다는 스파이시를 추천한다. 작은 사이즈를 주문해도 상당히 큰 컵에 나오니 참고. 시내 곳곳에 지점이 있지만 노천카페 분위기의 필모어 스트리트나 헤이스 밸리 지점이 가장 분위기가 좋다.

Address	500 Hayes St
Tel	415-400-4451
Web	www.laboulangeriesf.com
Open	07:00~18:00
Cost	$10~
Access	뮤니 버스 21번
	Grove St & Gough St역 하차
Map	253p. K

Western USA | San Francisco

Food ③
스미튼 아이스크림 Smitten Ice Cream

스탠퍼드 경영대학원 출신의 로빈 수 피셔 Robyn Sue Fisher가 개발한 브랜드로 어릴 적부터 좋아한 아이스크림을 만들고자 기계를 개발해 특허를 받았다. 액화 질소로 90초 만에 아이스크림을 만들어 내는 기술을 보유하고 있으며 아이스크림의 원료는 로컬 재료만 사용한다. 또한 남은 아이스크림은 더 이상 사용하지 않아 가장 신선한 아이스크림이라는 평을 받는다. 솔티드 캐러멜 클래식 바닐라가 가장 인기이며 시내 여러 곳에 매장이 있다.

Address	904 Valencia St
Tel	415-636-9852
Web	www.smittenicecream.com
Open	월~목 13:00~21:30,
	금 13:00~22:30, 토 12:00~22:30,
	일 12:00~21:30
Cost	$5~
Access	버스 14·49번
	Mission St & 20th St역 하차
Map	253p. K

Food ④
타르틴 베이커리 Tartine Bakery

《뉴욕 타임스》 등에서 유명 셰프들이 미국 최고의 베이커리로 극찬한 곳이다. 유기농 밀가루와 설탕, 지역 농가의 달걀로만 빵을 만드는데 바나나 타르트와 크루아상이 특히 유명하다. 언제 방문해도 빈자리가 없을 만큼 현지인들에게 인기이며 미션 돌로레스 공원에 들렀다가 타르틴 베이커리에서 크루아상과 커피 한 잔을 즐기면 완벽한 한나절을 보낼 수 있다.

Address	600 Guerrero St
Tel	415-487-2600
Web	tartinebakery.com
Open	월 08:00~19:00,
	화·수 07:30~19:00,
	목·금 07:30~20:00,
	토·일 08:00~20:00
Cost	$5~
Access	버스 14·49번
	Mission St & 18th St역 하차
Map	253p. K

Food ⑤
바이라이트 크리머리 Bi-Rite Creamery

미션 돌로레스 공원의 끝에 위치하고 있어 공원을 오가다 한 번쯤 들르면 좋은 곳이다. 100% 유기농 우유로만 아이스크림을 만들어 판매하고 있으며 가장 인기가 많은 건 솔티드 캐러멜. 작은 매장이지만 바이라이트 크리머리 관련 다양한 기념품도 판매해 줄서서 기다리는 동안 구경하기 좋다. 종종 시내 중심가에서 팝업 스토어 매장을 만날 수 있기도 하다.

Address	3692 18th St
Tel	415-626-5600
Web	biritecreamery.com
Open	11:00~22:00
Cost	$5~
Access	뮤니 버스 22번
	16th St & Dolores St역 하차
Map	253p. K

Food

포린 시네마 Foreign Cinema

미션 디스트릭트에 위치한 인기 레스토랑으로 야외에서 영화를 보며 식사를 즐길 수 있는 곳이다. 덕분에 데이트를 즐기러 온 샌프란시스코 현지인들이 자주 찾는데 사전에 예약을 해야 입장이 가능하다.

Address	2534 Mission St
Tel	415-648-7600
Web	www.foreigncinema.com
Open	화~금 17:30~23:00, 토 11:00~14:30, 17:30~23:00 (일 22:00까지)
Close	월요일
Cost	$25~
Access	뮤니 버스 14·49번 Mission St & 22nd St역 하차
Map	253p. K

Cafe

리추얼 커피 Ritual Coffee

2005년 오픈한 리추얼 커피는 주로 남미와 아프리카에서 그해 수확한 신선한 커피 원두를 판매한다. 붉은 별의 로고가 인상적인데 미션 디스트릭트에 위치해 개성 강한 현지인들이 자주 찾는다. 카페 내부는 높은 천장과 넓은 좌석 테이블을 갖추었으며 무료 와이파이를 제공해 인기다.

Address	1026 Valencia St
Tel	415-641-1011
Web	www.ritualroasters.com
Open	월~금 06:00~20:00, 토·일 07:00~20:00
Cost	$5~
Access	뮤니 버스 14·49번 Mission St & 22nd St역 하차
Map	253p. K

Cafe

포 배럴 커피 Four Barrel Coffee

진하고 고소한 맛이 일품인 포 배럴은 리추얼 커피의 창업자 중 한 명이 새로 만든 브랜드이다. 거대한 매장의 카운터 바로 뒤에는 커피 로스팅 공간이 함께 있어 손님들의 즐거운 눈요기가 되어 준다. '슬로 커피'라는 슬로건을 내세우고 있으며 시내에 매장이 계속해서 늘고 있는 중이다.

Address	375 Valencia St
Tel	415-896-4289
Web	www.fourbarrelcoffee.com
Open	07:00~20:00
Cost	$6~
Access	뮤니 버스 49번 Mission St & 16th St역 하차
Map	253p. K

샌프란시스코 웨스트
San Francisco West

아름다운 공원과 바다가 펼쳐지는 전망 좋은 곳들이 많다. 골든 게이트 공원과 금문교, 프레시디오 등을 산책하면서 잔디와 바다, 골프를 즐길 수 있는 자연 친화적인 동네이다. 잠시나마 여행자의 신분을 잊고 현지인들 틈에서 또 다른 이방인이 된 기분을 만끽하며 산책하듯 걸어보자.

Sightseeing ★★★

골든 게이트 공원 Golden Gate Park

뉴욕에 센트럴 파크가 있다면 샌프란시스코에는 골든 게이트 공원이 있다고 할 만큼 그에 견주어 전혀 뒤처지지 않는 거대한 직사각형의 공원이다. 원래 아무것도 없던 땅을 정원사 존 매클레인이 공원으로 조성하여 지금에 이르렀다. 동서 5km, 남북 1km의 길이로 공원 내에 캘리포니아 과학 아카데미, 드영 박물관, 일본 차 정원, 식물원 등 여러 가지 부대시설을 갖추고 있으며 연간 1천만 명 이상이 방문하고 있다. 언제 가도 야외 공연이나 조깅 등의 운동을 즐기는 시민들을 쉽게 만나 볼 수 있으며 공원이 워낙 커서 걸어서는 하루에 다 보지 못할 정도이므로 자전거를 타거나 무료 셔틀버스를 이용할 것을 권한다. 공원 중간에 위치한 스토 호수 Stow Lake에서 피크닉을 즐기거나 공원 내 부대시설을 방문해도 행복할 것이다. 그러니 반드시 여정 중 반나절쯤은 시간을 내어 들러보자.

Address Golden Gate Park
Tel 415-831-2700
Web sfrecpark.org
Open 24시간
Access 뮤니 버스 5번 Fulton St & 40th Ave역 하차
Map 252p. E

Golden Gate Park

캘리포니아 과학 아카데미
California Academy of Sciences

1853년에 생긴 미국 서부 최초이자 최대 과학박물관으로 골든 게이트 공원에서 가장 인기 있는 곳이기도 하다. 프랑스 퐁피두 센터를 디자인한 건축가 렌조 피아노Renzo Piano가 2008년 재건축하였으며 기존 건물에 있던 강철과 콘크리트를 재사용한 최첨단 친환경 박물관으로 더욱 이름을 날렸다. 지금도 건물 외관의 광전지 패널 6만 장으로 전력을 충당하고 빗물을 다시 받아 재활용하는 것으로도 유명하다. 박물관 내부는 수족관, 열대우림 식물관, 자연사 박물관 등으로 나뉘어져 있고 모리스 플라네타륨Morrison Planetarium 천문관이 가장 인기이다.

Address	55 Music Concourse Dr
Tel	415-379-8000
Web	www.calacademy.org
Open	월~토 09:30~17:00, 일 11:00~17:00
Cost	성인 $38.25, 65세 이상 및 18세 이상 학생 $33.25, 3~17세 $29.75
Access	뮤니 버스 5번 Fulton St & 8th Ave역 하차
Map	252p. F

Golden Gate Park

드 영 박물관 De Young Museum

올림픽 성화대 같은 외관이 독특한 이곳은 언론인 드 영M. H. de Young을 기념해 1895년 오픈한 박물관이다. 스위스의 유명 건축가 2명이 설계했고 캘리포니아 과학 아카데미와 마주 보고 있는 위치이다. 내부에는 16세기부터 지금까지의 근·현대미술과 유물, 조각 등이 대륙별로 전시되어 있다. 가장 인기가 좋은 곳은 9층의 전망대. 높이만 44m에 이르며 이곳에 서면 금문교와 골든 게이트 공원이 한눈에 보여 더욱 가치가 있다. 카페와 기념품 숍이 같이 있어 선물을 구입하면서 커피 한잔하기에도 좋다. 1층 야외에 자리하고 있는 어셔 조각 가든은 잔디 위에 다양한 조각품들이 전시되어 있어 평화롭게 휴식할 수 있다. 당일 입장권으로 드 영 박물관 외에 리전 오브 오너Legion of Honor 미술관도 입장이 가능하다.

Address	50 Hagiwara Tea Garden Dr
Tel	415-750-3600
Web	deyoung.famsf.org
Open	화~일 09:30~17:15
Close	월요일, 추수감사절, 크리스마스
Cost	성인 $15, 65세 이상 $10, 학생 $6, 17세 이하 무료
Access	뮤니 버스 5·91번 Fulton St & Park Presidio Blvd역 하차
Map	252p. F

Golden Gate Park

일본 차 정원 Japanese Tea Garden

1894년 만들어져 미국에서 가장 오래된 일본 정원으로 자리매김한 이곳은 연못과 다리, 일본식 집과 카페 등으로 이루어져 있다. 아름다운 여러 종류의 꽃들로 장식되어 있어 들어가는 순간부터 감탄하게 된다. 월·수·금은 09:00~10:00 사이에 무료입장이 가능하다. 미국에서 체험해보는 일본식 정원은 또 다른 느낌으로 다가올 것이다.

Address 75 Hagiwara Tea Garden Dr
Tel 415-752-1171
Web japaneseteagardensf.com
Open 3~10월 09:00~18:00, 11~2월 09:00~16:45
Cost 성인 $13, 65세 이상 및 12~17세 $7, 5~11세 $3
Access 뮤니 버스 5·91번 Fulton St & Park Presidio Blvd역 하차
Map 252p. F

Golden Gate Park

온실 식물원 Conservatory of Flowers

흰색의 빅토리아풍 건물이 저 멀리에서부터 눈에 띄는 이곳은 1879년 개원하였다. 전 세계 2천 종 이상의 식물이 자라나고 있고 꽃과 나무들을 향해 찾아오는 수많은 나비들 또한 장관을 이룬다. 무성한 숲과 연못의 조화가 아름다워 언제나 많은 이들의 방문이 끊이질 않는다. 무료 가이드 투어에 참여하면 식물원에 대한 좀 더 깊이 있는 설명을 들을 수 있다.

Address 100 John F. Kennedy Dr
Tel 415-831-2090
Web conservatoryofflowers.org
Open 화~일 10:00~16:30
Close 월요일, 1월 1일, 추수감사절, 크리스마스
Cost 성인 $10, 65세 이상 및 12~17세 $7, 5~11세 $3 (매월 첫 번째 화요일 무료입장)
Access 뮤니 버스 5번 Fulton St & 4th Ave역 하차
Map 252p. F

Sightseeing ★★☆

②
리전 오브 오너 Legion of Honor

바다가 내려다보이는 링컨 공원의 언덕에 위치해 있어 세계에서 가장 아름다운 미술관으로 손꼽히는 이곳은 제1차 세계대전 중 프랑스에서 전사한 미국의 병사 3,600명을 기념하기 위해 만들어졌다. 프랑스 파리의 레지옹 도뇌르 궁을 모델로 지어 건물 자체가 궁전처럼 고급스러운 느낌이며 그 덕분에 현지인들의 웨딩 촬영 장소로도 인기가 많다. 미술관 입구에는 로댕의 〈생각하는 사람〉 동상이 있고 내부로 들어가면 여러 유럽 예술 작품을 구경할 수 있는데 모네의 〈수련〉이 가장 인기이고 렘브란트, 드가, 마네 등 다양한 인상주의 유럽 작품들을 볼 수 있어 흥미롭다. 미술관 내에서 보이는 금문교의 풍경 또한 환상적이다.

Address	100 34th Ave
Tel	415-750-3600
Web	legionofhonor.famsf.org
Open	화~일 09:30~17:15
Close	월요일, 추수감사절, 크리스마스
Cost	성인 $15, 65세 이상 $10, 학생 $6 (매월 첫 번째 화요일 무료입장)
Access	뮤니 버스 38번 Geary Blvd & 39th Ave역 하차
Map	252p. C

Sightseeing ★★☆

③
그린 애플 북스 Green Apple Books

책 냄새로 가득한 서점으로 오래된 추억의 향이 느껴지는 공간이다. 신규 서적과 중고 서적을 함께 판매하고 있으며 샌프란시스코 시민들이 가장 즐겨 찾는 서점으로 유명하다. 동네 책방이 주는 특유의 편안함을 느끼며 몇 시간씩 사색할 수 있다. 여러 분야의 다양한 책들이 곳곳에 숨어 있어 책을 찾으며 구경하는 재미가 쏠쏠하다.

Address	506 Clement St
Tel	415-387-2272
Web	www.greenapplebooks.com
Open	일~목 10:00~22:30, 금·토 10:00~23:00
Access	뮤니 버스 44번 Clement St & 6th Ave역 하차
Map	252p. D

Sightseeing ★★★

금문교 Golden Gate Bridge

세계에서 가장 아름다운 현수교로 널리 알려져 있는 금문교는 천재 건축가 조지프 스트라우스 Joseph Strauss가 바람에도 흔들리지 않도록 안전하게 설계하여 시공한 지 4년 만인 1937년 개통하였다. 샌프란시스코 북부의 마린 카운티 사이를 오가기 위해 제작되었는데 걸어서 건너면 1시간 이상이 소요될 정도로 거대한 규모이다. 길이 2,800m, 넓이 27m, 기둥 높이 67m로 다리의 디자인은 아르 데코 스타일이며 안개가 자주 끼는 사고 다발 지역이라 특수 부식방지 처리가 된 붉은색이 주를 이룬다. 다리 공사를 하는 동안 거센 조류와 안개 때문에 수많은 중국인 노동자들이 희생되었다. 지금은 차량, 도보, 자전거를 통해 오갈 수 있어 편리한데 다리 위에서 바라보는 샌프란시스코의 전경은 가히 압권이다. 바람이 많이 불고 다리가 흔들리는 듯한 느낌이 들어 온전히 서 있기는 힘들지만 그래도 반드시 멈춰 서서 기념사진을 촬영하고 와야 할 만큼 매력적이다. 남과 북 두 곳에 전망대가 있어 다리와 도시, 바다를 한 번에 조망할 수 있다.

Address Golden Gate Bridge
Tel 415-921-5858
Web goldengatebridge.org
Access 뮤니 버스 28번 Golden Gate Bridge/Parking Lot역 하차
Map 252p. B

Sightseeing ★★★

마린 헤드랜즈 Marin Headlands

관광객보다는 자전거 하이킹을 즐기는 현지인들이 주로 찾는 전망대로, 시내의 반대쪽으로 금문교와 연결되고 소살리토 뒤편으로 이어지는 길에 위치해 있다. 가슴이 뻥 뚫리게 멋스러운 도시와 바다가 한눈에 보이는 전망이 압권이다.

Access 대중교통으론 방문하기 어렵고 렌터카나 우버를 이용
Map 252p. A

금문교의 베스트 뷰 포인트 추천

비스타 포인트 Vista Point
금문교 북단의 소살리토 쪽에 위치한 비스타 포인트는 샌프란시스코와 알카트라즈, 금문교가 한눈에 보이는 최고의 명당자리이다. 브리지를 건너면 바로 오른편에 위치하고 있는데 언제 가도 많은 인파로 인해 사진 찍기가 힘들다. 일몰 시간에 그 아름다움이 더욱 빛을 발하니 가능한 한 일정 중 꼭 한 번은 들러서 샌프란시스코의 상징을 사진으로 담아보자.

Access 뮤니 버스 30번 Us101 Offramp Alexander Drive역 하차

포트 포인트 Fort Point
금문교 남단의 포인트로 다리 바로 밑에 위치하고 있어 파도치는 바다와 다리의 구조를 함께 촬영하기 좋다. 비스타 포인트에 비해 덜 알려져 있어 조용하게 즐기며 사진 촬영을 할 수 있는 건 또 하나의 장점이다. 포트 포인트에서 다리를 건너면 비스타 포인트까지는 차로 10분, 도보 1시간 10분이면 도착한다.

Access 뮤니 버스 28번 Golden Gate Bridge/Parking Lot역 하차

베이커 비치 Baker Beach

주말엔 누드 비치가 되는 현지인들의 인기 휴식처로 비치의 끝부분에서 금문교를 바라볼 수 있다. 주말에는 피크닉을 즐기러 온 현지인들도 많고 강아지가 뛰놀 수 있는 공간까지 마련되어 있어 애견인들의 사랑을 많이 받는다.

Access 뮤니 버스 29번 Bowley St & Lincoln Blvd역 하차

Sightseeing ★☆☆

월트 디즈니 가족 박물관 The Walt Disney Family Museum

금문교가 한눈에 내려다보이는 아름다운 언덕인 프레시디오^{Presidio}에 위치한다. 기존에 육군 군사 시설로 활용되던 곳을 개조해 디즈니의 딸인 디즈니 밀러가 아버지의 업적을 기리고자 만들었다. 박물관 입구에는 아카데미를 비롯해 여러 시상식에서 받은 트로피들이 전시되어 있고 그 뒤로는 1901~1966년 디즈니의 일대기를 탄생부터 죽음까지 소개하고 있다. 어린 시절을 보낸 캔자스와 시카고 이야기, 단편 만화를 그리면서 캐릭커쳐를 그리기 시작한 과정, 미키 마우스와 백설공주의 탄생 등이 묘사되어 있어 흥미롭다. 월트 디즈니사의 캐릭터와 애니메이션을 사랑한다면 방문 필수.

Address	104 Montgomery St
Tel	415-345-6800
Web	waltdisney.org
Open	수~월 10:00~18:00
Close	화요일, 1월 1일, 추수감사절, 크리스마스
Cost	성인 $25, 65세 이상 및 학생 $20, 6~17세 $15
Access	뮤니 버스 43번 Presidio Blvd & Letterman Dr역 하차
Map	252p. D

Food

만달레이 Mandalay Restaurant

1984년 오픈한 이래 맛집 평가 사이트에 언제나 이름을 올리며 명성을 유지하고 있는 이곳은 흔치 않은 버마 음식을 제공한다. 적당히 조리된 양념의 조화, 좋은 식재료, 내부의 깔끔한 시설 덕분에 언제나 긴 줄이 늘어서 있다. 손님 접대용 혹은 가족 간의 외식 장소로도 손색이 없다. 어떤 걸 시켜도 맛이 좋으니, 자신의 취향에 맞춰 추천을 받아 주문할 것을 권한다.

Address	4348 California St
Tel	415-386-3896
Web	mandalaysf.com
Open	월·수~목 16:00~20:30, 금·토 11:30~21:00, 일 11:30~20:30
Close	화요일
Cost	$30~
Access	뮤니 버스 38번 Geary Blvd & 6th Ave역 하차
Map	252p. D

마리나 디스트릭트
Marina District

많은 관광객이 가지는 않지만 그만큼 한적하고 여유 있게 즐길 수 있는 지역이다. 현지인들의 일상을 가장 리얼하게 느껴볼 수 있는 곳이기도 하다. 그러니 이곳에서는 한가롭게 산책하며 현지인들의 삶을 들여다보자. 샌프란시스코가 또 다르게 느껴질 것이다.

Sightseeing ★☆☆

팰리스 오브 파인 아트 시어터 Palace of Fine Arts Theatre

1915년 파나마 운항 개통과 엑스포를 준비하기 위해 세운 건축물을 현재까지 그대로 보존하고 있다. 인공 호수의 중심에 우뚝 서 있는 거대한 기둥과 돔 지붕이 인상적인데 걷기 좋은 길이라 산책로로 인기가 많다. 또한 현지인들의 단골 야외 결혼식 촬영과 TV나 영화 속 촬영지로도 유명하다. 영화 〈더 록〉의 숀 코네리가 딸을 만나는 장면이 이곳에서 촬영되기도 했다.

Address 3301 Lyon St
Tel 415-563-6504
Web palaceoffinearts.org
Access 뮤니 버스 91번 Richardson Ave & Francisco St역 하차
Map 252p. D

샌프란시스코의 숙소
San Francisco Accommodations

인기 관광 도시답게 숙박비가 저렴하진 않은 편이나 2~5성급의 세계 여러 체인 호텔과 개성 강한 부티크 호텔들을 고루 갖추고 있어 숙소를 선택하기는 쉬운 편이다. 다만 전 세계에서 찾아오는 관광객들로 인해 인기 호텔은 빨리 마감이 되므로 서둘러 예약해둘 것을 권한다.

Stay : 호스텔
❶
USA 호스텔 샌프란시스코 USA Hostels San Francisco

좋은 평가를 받고 있는 거대한 규모의 호스텔로 4인용 룸이 대부분이며 일부는 혼숙이다. 놉 힐에 위치하고 있어 주요 명소까지 대부분 걸어서 이동이 가능하다. 리셉션은 24시간 운영 중이며, 세탁실에서는 무료로 세제를 제공한다.

Address	711 Post St
Tel	415-440-5600
Web	www.hostelworld.com
Cost	$47~
Map	254p. A

Stay : 호스텔
❷
그린 토터스 호스텔 샌프란시스코
Green Tortoise Hostel San Francisco

미국 내 여러 곳에 지점이 있는 인기 호스텔 브랜드이다. 침대마다 개별 칸막이가 있어 사생활 보호가 되는 장점이 있고 공용 공간이 다채롭게 마련되어 있어 여행 중 친구를 사귀기에 좋다. 위치도 좋아 도보로 주변을 여행하기에도 안전하다.

Address	494 Broadway Kearny St
Tel	415-834-1000
Web	greentortoisesf.com
Cost	$150~
Map	268p. E

Stay : 호스텔
❸
하이 샌프란시스코 다운타운 호스텔
HI San Francisco Downtown Hostel

유니온 스퀘어에서 한 블록 떨어져 있어 위치가 좋다. 아침식사와 와이파이가 무료로 제공되고 각 룸마다 세면대와 화장실이 딸려 있어 가격대비 최고라는 평가를 받고 있다. 자체적으로 운영하는 현지투어를 신청할 수 있고 파티와 이벤트도 많아 이를 즐길 여행자에게 적극 추천!

Address	312 Mason St
Tel	415-788-5604
Web	hiusa.org
Cost	$50~
Map	254p. A

Stay : 4성급

힐튼 샌프란시스코 유니언 스퀘어
Hilton San Francisco Union Square

객실 수만 2천여 개인 거대한 규모의 호텔로 유니언 스퀘어 근처에 위치한 덕분에 언제나 인기이다. 체크인과 체크아웃을 하는 투숙객들로 1층의 로비는 언제나 붐비는 편. 로비까지만 와이파이가 무료로 제공되고 그 외의 층과 주차장은 유료로 운영된다. 1층엔 스타벅스 매장도 있어 커피 한잔하기 좋다. 시간 여유가 된다면 옥상의 수영장을 이용해보자. 도심 속에서 휴양지에 온 기분을 낼 수 있을 것이다.

Address	333 O'Farrell St
Tel	415-771-1400
Web	hilton.com
Cost	$210~
Map	254p. A

Stay : 3성급

코바 호텔 Cova Hotel

유니언 스퀘어 근처에 위치해 여행하기 편리하며 매일 무료로 제공되는 옥상에서의 아침식사가 인상적인 곳이다. 시내를 내려다보며 식사할 수 있어 여행의 즐거움이 배가 된다. 호텔 주변에는 베트남 레스토랑이 많으니 시간 내어 한 번쯤 맛볼 것.

Address	655 Ellis St
Tel	415-771-3000
Web	covahotel.com
Cost	$150~
Map	254p. A

Stay : 4성급

인터콘티넨털 마크 홉킨스 Intercontinental Mark Hopkins

놉 힐의 상징과도 같은 이곳은 언덕에 위치하고 있는 덕분에 훌륭한 전망을 자랑한다. 호텔 외관은 물론 내부 인테리어가 상당히 클래식하면서도 고풍스러운 분위기이다. 그래서 그런지 나이대가 높은 분들의 방문이 많은 편. 무료 와이파이가 제공되긴 하지만 주차비는 비싼 편이다. 호텔의 19층에는 톱 오브 더 마크 Top of the Mark 라는 루프톱 바가 있는데 언덕 위에서 내려다보는 도시의 뷰가 아름다워 인기가 많다.

Address	999 California St
Tel	415-392-3434
Web	ihg.com
Cost	$200~
Map	254p. A

Stay : 4성급

호텔 비탈레 Hotel Vitale

호텔 5층의 테라스에서 보이는 베이 브리지가 환상적인 호텔로 모던하게 꾸며진 룸과 부대시설의 인테리어가 멋스럽다. 호텔 바로 앞에 페리 빌딩이 자리해 관광과 식사를 해결할 수 있어 일석이조인데 주로 젊은 커플들의 방문이 많다. 호텔에 투숙하지 않더라도 1층에 위치한 바에서 칵테일 한잔하며 창밖으로 보이는 베이 브리지를 감상해보자. 특히 일몰 시간 추천!

Address	8 Mission St
Tel	415-278-3700
Web	www.jdvhotels.com
Cost	$340~
Map	268p. F

Stay : 4성급

호텔 니코 Hotel Nikko

넓은 룸은 고급스럽고도 모던하며, 수영장은 천장이 유리로 되어 있어 채광이 좋다. 정성 가득한 조식은 반드시 즐겨볼 것. 매일 오후 5~7시까지 뷰 좋은 라운지에서 와인과 스낵을 제공한다.

Address	222 Mason St
Tel	415-394-1111
Web	hotelnikkosf.com
Cost	$230~
Map	254p. A

Stay : 4성급

더 스칼렛 헌팅턴 The Scarlet Huntington

1924년 오픈해 2012년 리노베이션했다. 놉 힐에 위치하고 있어 룸에서 내려다보이는 도시의 풍경이 파노라마처럼 펼쳐진다. 호텔 내의 스파 또한 유명해 많은 현지인들이 즐겨 찾는다.

Address	1075 California St
Tel	415-474-5400
Web	huntingtonhotel.com
Cost	$340~
Map	254p. A

Stay : 4성급

더 카바요 포인트 The Cavallo Point

과거 요새였으나 1999년 군대가 철수하면서 호텔로 개조된 곳으로 국립공원 내에 있다. 넓은 잔디와 언덕을 갖추고 있는 호텔 내에서는 금문교가 보이고 마린 헤드랜즈 전망대까지 걸어갈 수 있어 이색적이고 밤이면 쏟아지는 별들까지 감상할 수 있어 낭만적이다. 소살리토까지는 택시로 10분 소요. 호텔 내 식당 'Murray Circle'은 클래식한 분위기에 걸맞게 제공되는 음식 또한 훌륭하니 꼭 맛볼 것.

Address	601 Murray Cir, Sausalito
Tel	415-339-4700
Web	cavallopoint.com
Cost	$650~
Map	252p. B

Stay : 4성급

더 아르거넛 The Argonaut

피셔맨스 워프에 위치해 관광이 편리하다. 룸 내부는 배에 승선해 있는 느낌으로 꾸며져 있어 이국적. 호텔 이름은 그리스 신화에 나오는 황금 양털을 찾아 떠난 아르고호 원정대에서 영감을 얻었다고.

Address	495 Jefferson St
Tel	415-563-0800
Web	argonauthotel.com
Cost	$320~
Map	268p. A

기타 호텔

3성급
인 앳 유니언 스퀘어 The Inn at Union Square
유니언 스퀘어에 위치한 부티크 호텔로 룸은 많지 않지만 무료 와이파이와 아침식사가 포함되어 있고 로비에서 매일 무료 커피가 제공되어 인기가 많다. 직원들의 서비스 또한 좋은 편이라 작은 규모의 호텔에서 오붓함을 즐기며 여행하고 싶다면 추천한다.

Address	440 Post St
Tel	415-397-3510
Web	www.unionsquare.com
Cost	$200~

3성급
오처드 호텔 The Orchard Hotel
유니언 스퀘어에서 두 블록 떨어진 곳에 위치해 접근성이 좋은 호텔로 모던한 화이트풍의 넓은 룸이 특히 인상적이다. 차이나타운과 케이블카 타는 정류장도 가까워 모두 도보로 이동이 가능하다.

Address	665 Bush St
Tel	415-362-8878
Web	www.theorchardhotel.com
Cost	$220~

3성급
코넬 호텔 드 프랑스 Cornell Hotel de France
1910년 건축된 호텔로 전 세계에서 수집해온 유명한 미술 작품들이 고풍스럽게 꾸며져 있어 볼거리가 많다. 유니언 스퀘어는 물론 차이나타운과 놉 힐과도 가까워 여행이 편리하다. 호텔 내에 프랑스 요리 레스토랑인 잔 다르크 Jeanne d'Arc는 맛집으로 이름나 있다.

Address	715 Bush St
Tel	415-421-3154
Web	cornellhotel.com
Cost	$185~

Around San Francisco ★★☆

소살리토
Sausalito

금문교 건너편으로 연결되는 한적하고 아름다운 예술가 마을로 샌프란시스코를 방문하는 여행자들이 가장 많이 찾는 근교 여행지이다. 페리 빌딩이나 피셔맨스 워프의 피어 41에서 페리를 타고 30분이면 도착할 수 있으며 중심가인 브리지웨이 로드Bridgeway Rd를 기준으로 대략 1km 안에 현지인들이 사는 예쁜 주택가와 요트, 상점, 호텔, 레스토랑들이 바다를 향해 줄지어 있다. 산책을 하며 걷거나 페리로 자전거를 싣고 와 자전거를 타는 여행자들도 많은데, 샌프란시스코와 달리 안개가 거의 없어 또 다른 분위기를 만들어 낸다. 브리지웨이 로드의 끝에는 보트하우스라는 바다 위 집들이 즐비하게 늘어서 있어 독특한 분위기이다. 1960년대에 세금을 피하고자 배 위에 집을 지은 것을 시초로 지금도 그 형태를 유지하고 있다. 하루쯤 시간 내어 항구 마을을 산책한 후 피쉬Fish나 아바타Avatar's 레스토랑에서 푸짐한 해산물로 한 끼 식사를 즐기기 좋은 곳이다.

Web www.sausalito.org
Access 샌프란시스코 페리 터미널 혹은 피어 41에서 소살리토행 페리 이용
GPS 37.858416, -122.511092

Around San Francisco ★★★

2
뮤어 우즈 국립공원
Muir Woods National Monument

샌프란시스코에서 북쪽으로 20km 떨어진 곳에 위치하고 있는 국립공원이다. 거대한 크기의 이 공원에는 샌프란시스코 해안 지역에서 살아남은 100m 이상의 레드우드^{Redwood} 나무들이 4km의 산책로에 보존되어 있다. 이곳에서 자라는 나무들은 평균 수령만 해도 2천 년이 넘는다고. 이른 아침 방문하면 자욱한 물안개와 함께 나무들이 뿜어내는 신선한 향기를 맡으며 삼림욕을 즐길 수 있어 샌프란시스코에서 당일치기 여행으로 강력 추천한다.

Address	1 Muir Woods Rd, Mill Valley
Tel	415-388-2595
Web	www.nps.gov/muwo
Open	08:00~일몰 시간
Cost	성인 $15
Access	버스 61번 Panoramic Hwy & Bayview Dr역 하차
GPS	37.897024, -122.583306

Around San Francisco ★★☆

스탠퍼드 대학교
Stanford University

뉴욕의 센트럴 파크를 설계한 건축가 프레더릭 로 옴스테드에 의해 1891년 설계된 학교로 로마네스크 양식 건물로 지어져 고풍스럽고도 지중해풍의 이국적인 캠퍼스를 자랑한다. 미국의 상원의원 스탠퍼드가 죽은 아들을 기리고자 학교를 건립하였는데 지금은 미국 서부를 대표하는 명문 사립대학교로 발돋움했다. 학생 수 3만 명에 교수 수만 2천 명이 넘으며 세계적인 포털 사이트 구글이 탄생한 곳으로도 유명하다. 학교 내에서 가장 돋보이는 곳은 87m의 탑이다. 후버 타워Hoover Tower라는 이름의 이곳은 1941년 개교 50주년을 기념해 오픈하였다. $2를 내면 엘리베이터를 타고 올라갈 수 있는데 학교 교정이 내려다보이는 것은 물론 저 멀리 호수와 도시가 한눈에 들어와 상당히 멋스럽다. 그 외에도 메인 쿼드Main Quad의 거대한 광장과 교회, 도서관, 아트 센터, 미술관, 로댕 조각 등도 볼 만하다. 1시간가량 소요되는 무료 캠퍼스 투어가 하루 2회(11:00, 15:15) 진행되니 참가해볼 것. 단 이 투어에서 후버 타워는 들르지 않으니 별도로 방문하면 좋다.

 추천 근교 여행지

Address 450 Serra Mall, Stanford
Tel 650-723-2300
Web stanford.edu
Access Cal Train(2층 기차/좌석 지정 없음)을 타고 Palo Alto역 하차 → 스탠퍼드행 Marguerite Shuttle (무료 셔틀)로 이동(1~6존 중 Palo Alto는 3존으로 구매)
GPS 37.427478, -122.171907

Around San Francisco ★★★

UC 버클리 대학교
University of California, Berkeley

1873년 아일랜드 출신의 철학자 조지 버클리의 뜻에 따라 미국 동부에 있던 예일대 교수들이 미국 서부의 캘리포니아로 건너와서 설립한 학교로 수많은 노벨상 수상자를 배출한 명문 사립대학이다. 캠퍼스가 여러 곳에 흩어져 있는 캘리포니아 대학교의 본교이며 남문으로 들어가면 인포메이션 센터가 있는데 이곳에서 캠퍼스 투어가 출발한다(교내 캠퍼스 지도 무료 배포). 스튜던트 스토어The Student Stores에서는 UCB 로고가 들어간 기념품을 구매할 수 있다. 교내는 워낙 넓어 학교만을 도는 무료 셔틀버스가 있을 정도. 캠퍼스 내에는 3개의 도서관과 15개 단과대학, 2개의 운동장이 있는데 이 중 가장 유명한 곳을 소개한다.

추천 근교 여행지

Web www.berkeley.edu
Access 바트 Downtown Berkeley역 하차
GPS 37.871903, -122.260728

University of California, Berkeley

❶
새더 타워 Sather Tower

1914년 종탑 건축에 크게 기여한 후원자 제인 새더Jane Sather의 이름을 따서 완공되었다. 푸른빛 청동의 이탈리아 르네상스 양식으로 세워졌는데 93m의 높이로 교내 어디에서든 쉽게 눈에 띄며 이곳 전망대에 오르면 버클리는 물론 저 멀리 샌프란시스코까지 훤히 보이는 아름다운 풍경이 펼쳐진다. 타워 안에는 61개의 종이 있는데 평일 07:50, 12:00, 18:00에 아름다운 종소리가 10분간 교내에 울려 퍼진다.

Address	The Campanile, Berkeley
Tel	510-642-5215
Web	visit.berkeley.edu/campus-tourscampanile-tour
Open	월~금 10:00~15:45, 토 10:00~16:45, 일 10:00~13:30, 15:00~16:45
Cost	성인 $5, 65세 이상 및 17세 이하 $4, 3세 이하 무료
GPS	37.872065, -122.260001

University of California, Berkeley

❷
인류학 박물관 Phoebe A. Hearst Museum of Anthropology

미국 서부에서 최고라고 손꼽힐 만큼 인정받는 인류학 박물관으로 고대 이집트와 아프리카에서부터 아시아, 아메리카 대륙 등 전 세계 각국에서 모은 인류학 관련 자료들이 충실하게 전시되어 있다.

Address	103 Kroeber Hall, Berkeley
Tel	510-642-3682
Web	hearstmuseum.berkeley.edu
Open	수·금·일 11:00~17:00, 목 11:00~20:00, 토 10:00~18:00
Close	월·화요일
Cost	성인 $6, 65세 이상 및 학생 $3, 18세 이하 무료
GPS	37.869858, -122.257476

University of California, Berkeley

❸
버클리 미술관 Berkeley Art Museum and Pacific Film Archive

미국 내에서도 최고로 손꼽히는 대학 내 미술관으로 1970년 개관하였다. 건축가 마리오 참피Mario Ciampi가 설계하였는데 1970년대에 이토록 모던하면서도 현대적인 느낌의 건축이 진행되었다는 사실이 파격적이다. 미술관에는 20세기 미국 화가들의 회화와 조각, 그리고 세잔이나 르누아르 등 인상파 화가들의 작품 또한 전시되어 있어 다채롭다.

Address	2155 Center St, Berkeley
Tel	510-642-0808
Web	bampfa.org
Open	수·목·일 11:00~19:00, 금·토 11:00~21:00
Close	월·화요일
Cost	성인 $14, 65세 이상 및 학생 $12
GPS	37.870739, -122.268672

University of California, Berkeley

텔레그래프 애비뉴 Telegraph Ave

버클리 대학 남쪽의 새더 게이트^{Sather Gate}에서 시작되는 텔레그래프 애비뉴는 학교와 학생들의 사랑방과 같은 곳이다. 히피스러우면서도 개성 강한 레스토랑과 카페, 로컬 숍 및 음반 판매점, 타투 매장, 스포츠 용품점 등 볼거리가 가득해 어딜 가도 학생들로 붐빈다. 거리에서 판매하는 물품 또한 다양하므로 지나치지 말고 구경해보자.

GPS 37.86853, -122.261326

버클리의 인기 맛집!

버클리 대학교에 가면 한 손에 아이스크림이나 아이스크림 샌드위치를 들고 다니는 사람들을 볼 수 있을 것이다. 콘에 담아 먹거나 쿠키나 빵 사이에 아이스크림을 넣어 먹는데 상당히 맛이 좋다. 바삭한 도우와 유기농 재료를 이용한 피자 또한 학생들에게 인기이다. 아래의 두 곳 중 어디서 맛볼지는 당신의 선택!

크림 Cream
저렴한 가격에 즐길 수 있는 간식으로 원하는 종류의 아이스크림을 선택하면 종업원이 즉석에서 아이스크림 위아래에 쿠키를 붙여 샌드위치를 만들어 준다. 몇 개씩 먹어도 질리지 않는 묘한 중독성이 있어 언제나 학생들에게 인기이다. 현금 결제만 가능.
Address 2399 Telegraph Ave, Berkeley
Tel 510-649-1000
Web creamnation.com
Open 일~목 12:00~23:00, 금·토 12:00~24:00
GPS 37.867035, -122.258725

치즈 보드 피자 Cheese Board Pizza
버클리에서 가장 인기 많은 피자집으로 얇고 바삭한 피자 도우가 특징. 종종 라이브 음악 연주까지 진행돼 늘 많은 이들이 즐겨 찾는다.
Address 1512 Shattuck Ave, Berkeley
Tel 510-549-3183
Web cheeseboardcollective.coop
Open 화~토 11:30~15:00, 16:30~20:00
Close 일·월요일
Cost $20~
GPS 37.879876, -122.271668

Around San Francisco ★★★

나파 밸리
Napa Valley

🔍 추천 근교 여행지

샌프란시스코에서 북쪽으로 60km 떨어져 있어 차를 타고 29번 국도를 따라 1시간 정도 달리면 나오는 나파 밸리는 세계적으로 손꼽히는 포도 생산지이자 미국 최고의 와인 생산지이다. 계곡에 드넓게 펼쳐진 포도밭에는 현재 나파 201개, 세인트 헬레나 170개 등 총 501개의 와이너리가 자리하고 있고 온천과 골프장, 아웃렛 등이 함께 있어 휴양을 위한 여행지로도 인기가 많다. 1860년대에 미국 서부에서 금광이 발견되며 유럽에서 많은 이민자들이 몰려와 나파 밸리의 와이너리가 발달하기 시작했다. 그 후 1976년 파리 블라인드 테이스팅에서 프랑스 와인을 누르고 나파 밸리 와인이 1등을 차지하며 세계적으로 인정받게 되었다. 40km에 걸쳐 펼쳐지는 포도밭과 언덕의 풍경은 유럽의 그 어느 전원 풍경에 비추어도 뒤지지 않을 만큼 아름다워 샌프란시스코에서 당일치기나 며칠의 여정으로 자동차나 자전거 여행을 하는 것이 적합하다. 키아누 리브스 주연의 영화 〈구름 속의 산책〉 또한 이곳에서 촬영되기도 했다.

나파 밸리를 지나다가 보이는 수많은 와이너리에 들어가면 와인 종류 몇 가지를 시음할 수 있는데 자신의 입맛에 맞는 와인을 골라 맛을 보는 것도 훌륭한 와인 교육이 될 것이다. 나파 밸리 와이너리 주변에는 여러 미슐랭 레스토랑이나 맛집도 많으므로 시간이 된다면 여유 있게 둘러볼 것을 권하고, 그렇지 않다면 샌프란시스코 시내에서 버스 투어를 통해 와이너리를 방문해 점심식사까지 해결할 수도 있다.

Access 대중교통으로는 방문이 어렵고 샌프란시스코 다운타운에서 차로 1시간 20분 소요.
I-80 E → 41번 출구 → Suisun Valley Rd → CA-128 W 방향으로 직진
※와이너리 방문 시 신분증 지참은 필수!
GPS 38.430005, -122.560914

Napa Valley

로버트 몬다비 와이너리 Robert Mondavi Winery

하얀색 지중해풍 건물이 인상적인 이곳은 캘리포니아의 나파 밸리 와인을 전 세계에 알린 대표적인 와이너리로 나파 밸리의 인기 와이너리인 만큼 방문 전 미리 예약하는 것이 좋다. 1966년 설립되어 그 당시 혁신적인 와인 제조 기술로 전 세계의 주목을 받았으며 지금도 그 명성을 유지 중이다. 나파 밸리에서 와이너리 투어를 최초로 만든 곳이기도 하다.

Address	7801 St Helena Hwy, Oakville
Tel	888-766-6328
Web	www.robertmondaviwinery.com
Open	10:00~17:00
Close	1월 1일, 부활절, 추수감사절, 크리스마스 연휴
Cost	테이스팅 60분 $75, 75분 $125
GPS	38.441272, -122.411991

Tip 와인 시음 시 알아두세요!

1. 와인 시음 전에는 혀끝의 감각이 살아 있는 것이 좋으므로 자극적인 음식이나 향이 강한 음식은 안 먹는 것이 좋다.
2. 와이너리에 가면 여러 가지 와인을 계속 권유받게 되는데 소량으로 따라주긴 하지만 술이 약한 경우 취할 수가 있으니 마시기 불편하다면 주변의 빈 통에 남은 와인을 따라 붓고 새 와인을 마시면 된다.
3. 새로운 와인을 시음하기 전에는 물을 마셔 입안을 깨끗이 헹구는 것이 좋다.
4. 디저트 와인은 단맛이 강하므로 가장 마지막에 맛보는 것을 추천한다.

Napa Valley

프란시스 포드 코폴라 와이너리
Francis Ford Coppola Winery

1970년대를 풍미했던 영화 〈대부〉의 감독이자 영화배우 니콜라스 케이지의 삼촌인 프란시스 포드 코폴라가 운영하는 소노마 지역의 인기 와이너리다. 와이너리 내부에는 각종 영화 소품과 함께 영화 갤러리, 박물관, 레스토랑 등이 마련되어 있고 야외에는 수영장이 있어 마치 고급 리조트에 머무는 듯한 느낌이다.

Address	300 Via Archimedes, Geyserville
Tel	707-857-1400
Web	www.francisfordcoppolawinery.com
Open	투어 11:00~18:00, 레스토랑 11:00~21:00
Cost	$30~
GPS	38.679609, -122.890153

Napa Valley

그르기치 힐스 이스테이츠 Grgich Hills Estates

크로아티아에서 이민 온 오너 마이크 그르기치Mike Grgich에 의해 만들어진 와이너리로 1976년 프랑스 파리에서 있던 전설의 블라인드 테이스팅에서 나파 밸리 와인을 승리로 이끈 주역이다. 지금도 그 명성에 걸맞게 역대 미국 대통령들이 백악관에서 즐겨 마시는 유기농 와인으로도 유명하다.

Address	1829 St Helena Hwy, Rutherford
Tel	707-963-2784
Web	www.grgich.com
Open	09:30~16:30
Close	1월 1일, 부활절, 추수감사절, 크리스마스
Cost	와인 5잔 포함 $60
GPS	38.465192, -122.431661

Napa Valley

카스텔로 디 아모로사 Castello di Amorosa

13세기 양식의 유럽 고성을 그대로 재현해 만든 곳으로, 내부의 장식품은 이탈리아에서 공수해왔다. '사랑의 성'이란 뜻에서 느껴지듯 내부에는 성당과 긴 테이블, 철갑 옷 등이 설치되어 있어 특별한 분위기이고 2층에서 내려다보는 와이너리와 주변의 풍경이 멋스럽다. 입장권을 구매하고 들어가면 지하에서 5가지 와인 시음이 가능한데 한국인에게 가장 인기 있는 와인은 'La Fantasia'로 살짝 달달하면서도 톡 쏘는 맛이 일품이다.

Address	4045 St Helena Hwy
Tel	707-967-6272
Web	castellodiamorosa.com
Open	10:00~17:00
Cost	와인 5잔 포함 $50, $60, $80, $85
GPS	38.558585, -122.544941

Napa Valley

베링거 빈야드 Beringer Vineyards

독일에서 이민 온 베링거 형제에 의해 1876년부터 와인을 제조하기 시작한 이곳은 나파 밸리 내에서도 가장 오래된 와이너리로 명성이 높다. 세인트 헬레나 지역의 화산 분출로 인해 화산 토양으로 와인을 만드는 것이 적합하다고 판단한 이후 이곳에 자리를 트고 지금껏 와인을 제조해 오고 있다. 화이트 진판델이 최초로 개발된 곳으로도 널리 알려져 있으며 이 와이너리 자체가 국가의 역사적 장소이자 캘리포니아의 랜드 마크로 지정되어 있다. 유럽의 고성 같은 느낌의 건물은 벨기에의 것을 모티브로 했다고 전해지며 내부는 아름다운 스테인드글라스와 다양한 나무 소재의 조합이 눈에 띄는데 와이너리 입구의 테이블은 유럽의 노천카페를 연상시킬 만큼 분위기가 좋다.

Address	2000 Main St, St Helena
Tel	707-257-5771
Web	www.beringer.com
Open	09:30~16:30
Close	1월 1일, 추수감사절, 크리스마스
Cost	90분 $120, $150
GPS	38.511127, -122.483047

기차 타고 즐기는 와이너리, 나파 밸리 와인 기차 투어

와이너리를 방문해 와인을 시음하고 구매해 오는 것도 좋지만 좀 더 색다른 투어에 참여해보는 것은 어떨까? 나파 밸리 와인 기차 투어는 미국 초창기 클래식 기차를 타고 나파 밸리의 포도밭을 둘러보며 와이너리에 방문한다. 기차는 매일 2회 10:30, 17:30에 출발하며 나파의 다운타운에서 세인트 헬레나까지 이동하는데 기차 안에서 유기농 식재료로 만든 점심 또는 저녁식사를 코스로 즐길 수 있다. 왕복까지는 총 3~4시간이 소요되고 주로 은퇴한 노부부와 신혼여행 온 커플 등이 많다. 낭만적인 와이너리의 추억을 만들고 싶다면 참여해볼 것. 가격은 코스나 와이너리, 점심과 저녁 메뉴 선택에 따라 다르다.

Tel	707-253-2111
Web	winetrain.com
Cost	HALF DAY $350~420, FULL DAY $550~645

미슐랭의 성지, 욘트빌 즐기기

와인이 있는 곳엔 언제나 맛 좋은 안주가 발달되기 마련이고 이를 증명이라도 하듯 나파 밸리 안의 작은 마을인 욘트빌Yountville은 전 세계에서 미슐랭을 가장 많이 보유하고 있는 곳이다. 라 토크La Toque, 부숑Bouchon, 보테가Bottega, 프렌치 론드리French Laundry, 애드 혹Ad Hoc 등이 있으니 나파 밸리를 간다면 한 곳쯤 방문하여 모처럼 입이 호강하는 여행을 계획해보는 건 어떨까?!

Stay : 3성급

시더 게이블스 인 Cedar Gables Inn

1892년 지어진 이곳은 주인장 켄과 수지가 운영하며 찾아오는 투숙객 한 명 한 명을 가족처럼 대해준다. 룸은 고급스러운 침구로 장식되어 있고 숙소 여기저기에 직접 구운 쿠키가 놓여 있다. 저녁이면 기타를 잘 치는 켄과 함께 다 같이 노래를 부르며 대화하는 시간도 가질 수 있다. 아침식사로 제공되는 모든 음식은 주인장 수지가 유기농 현지 재료를 이용해 직접 만든 요리라 더욱 맛이 좋다.

Address 486 Coombs St, Napa
Tel 707-224-7969
Web www.cedargablesinn.com
Cost $350~
GPS 38.293166, -122.286943

Stay : 4성급

메종 플뢰리 Maison Fleurie

나파에서 차로 10분이면 도착하는 욘트빌의 전형적인 프랑스 스타일 숙소로 포도밭 한가운데 자리하고 있다. 빈티지한 유럽형 스타일의 집은 언제 가도 인기가 많으며 아늑하고 포근한 공간에서 쉬면서 즐기고픈 여행자에게 적합하다. 자전거를 무료로 빌려주어 숙소 주변을 둘러볼 수 있으며 조식은 유럽식으로 제공된다.

Address 6529 Yount St, Yountville
Tel 707-944-2056
Web www.maisonfleurienapa.com
Cost $249~
GPS 38.402617, -122.363656

Around San Francisco ★★★

타호 호수
Lake Tahoe

추천 근교 여행지

유명 작가 마크 트웨인이 미국에서 가장 아름답고 평화로운 호수라고 극찬했던 곳으로 캘리포니아 주와 네바다 주의 경계에 위치해 있는 거대한 호수이다. 호수의 가장 깊숙한 곳 최대 수심은 501m인데 놀랍게도 육안으로 20m 안까지 보인다고 알려져 있다. 호수지만 워낙 커서 차로 한 바퀴 도는 데만 1시간 이상이 걸리며 호수의 길이만 35km, 둘레는 110km가 넘는다.

호수 주변에는 여러 전망대와 관광 스폿이 있고 요트도 많이 정박해 있어 마치 항구 같은 풍경인데 호수가 크다 보니 파도가 계속 쳐서 바다처럼 느껴진다. 타호 호수가 널리 이름을 날린 또 하나의 포인트는 바로 스키다. 스키를 타고 내려올 때 보이는 호수의 뷰가 세계적으로 유명해 많은 이들이 겨울철 스키를 타러 이곳을 찾는다.

Web	www.zephyrcove.com
Access	대중교통으로는 방문이 어렵고 샌프란시스코에서 차로 4시간 소요. I-80 E → US-50 E → I-5 N → US-50 E 순으로 고속도로를 탄 후 타호 호수로 진입
GPS	39.092984, -120.185051

Lake Tahoe 01
인스피레이션 포인트 Inspiration Point

타호 호수에서 가장 유명하고도 아름다운 뷰 포인트로 에메랄드 베이 Emerald Bay 중심의 파네트 섬 Fannette Island 을 볼 수 있어 신비롭다. 호수 반대편에 위치한 타호 호수 최고의 트레일 코스인 바이킹홀름 성 Vikingsholm Castle 이 보이기도 한다.

Lake Tahoe 03
헤븐리 마운틴 리조트 곤돌라
Heavenly Mountain Resort Gondola

리조트 안에 있는 곤돌라를 타고 타호 호수 위로 올라가 전망을 보고 돌아오는 코스가 유명하다. 눈이 가득 덮인 설경을 내려다보며 즐기는 곤돌라는 그 어디에서와도 비교할 수 없을 만큼 매력적이다.

Lake Tahoe 02
타호 퀸 에메랄드 베이 크루즈
Tahoe Queen Emerald Bay Cruise

2시간 30분간 배를 타고 호수의 가장 중심까지 다녀오는 코스다. 배는 3층까지 구성되어 있는데 간식을 미리 준비해서 배를 타는 것이 좋다. 배 위에서 바람을 맞으며 그림처럼 펼쳐지는 호수의 구석구석을 볼 수 있어 전혀 지루하지 않다.

Lake Tahoe 04
에메랄드 베이 주립공원
Emerald Bay State Park

인스피레이션 포인트의 맞은편에 위치하고 있으며 비록 파네트 섬은 멀리 보이지만 인스피레이션 포인트에 비해 시야를 가리는 나무들이 없어 좀 더 시원시원한 뷰를 감상할 수 있다. 또한 이곳은 트레킹 출발지이자 이름난 피크닉 장소이기도 하다.

Food

비치 하우스
Beach House

호숫가 백사장의 노천 레스토랑으로 식사와 음료, 주류 등 모든 것이 주문 가능하다. 특히 석양을 바라보며 라이브 음악과 함께 즐기는 흥겨운 음주는 누구라도 기분 좋게 취할 수 있을 만큼 매력적이다. 음식보다는 분위기에 점수를 더 줄 것.

Address	4081 Lakeshore Blvd, South Lake Tahoe
Tel	533-544-4050
Web	beachhousetahoe.com
Open	화~토 10:00~23:00, 일·월 10:00~22:00
Cost	$20~
GPS	38.960015, -119.951657

Food

스프라우츠 카페 Sprouts Cafe

캐주얼하게 이용할 수 있는 곳으로 건강한 재료를 이용해 만드는 간단한 샌드위치나 멕시칸 음식을 맛볼 수 있다. 다양한 건강 음료 또한 인기리에 판매 중이다.

Address	3123 Harrison Ave, South Lake Tahoe
Tel	530-541-6969
Web	www.sproutscafetahoe.com
Open	09:00~17:00
Cost	$20~
GPS	38.942127, -119.979864

Stay :4성급

하얏트 레이크 타호 리조트 Hyatt Lake Tahoe Resort

트립어드바이저에서 언제나 좋은 평가를 받고 있는 이곳은 422개의 룸을 가진 숙소이자 북미 지역의 50대 스키 리조트 중 하나로 손꼽힌다. 호수의 북쪽에 위치하고 있는데 리조트 내에서 보이는 주변 풍경이 가히 압권이다. 거대한 침엽수림과 맑은 공기가 주변을 감싸고 있고 걸어서 5분이면 호숫가에 도착한다. 부대시설 또한 훌륭한데 야외 수영장과 카지노, 자쿠지, 기념품 숍, 매점 등이 있어 이용이 편리하고 특히 리조트 내 레스토랑인 시에라 카페Sierra Cafe의 테라스에 앉아 즐기는 주변 경치는 최고이다. 룸 내부는 모던하면서도 편안한데 나무로 만든 가구와 액자 사진들로 멋지게 장식되어 있다. 리조트 내에서 무료 와이파이가 제공된다.

Address	111 Country Club Dr, Incline Village
Tel	775-832-1234
Web	laketahoe.regency.hyatt.com
Cost	$280~
GPS	39.240240, -119.945344

Around San Francisco ★★★

요세미티 국립공원
Yosemite National Park

미국의 3대 국립공원 중 하나로 손꼽히며 미국의 환경운동가였던 존 뮤어John Muir가 가장 애착을 갖고 개발한 국립공원으로 1984년 유네스코 세계문화유산에 등재되었다. 시에라 네바다 산맥의 서쪽에 위치하고 있어 다양한 야생 동물과 식물이 서식하고 있으며 오래된 빙하의 침식작용으로 인해 생겨난 요세미티 폭포와 자이언트 메타세쿼이아 숲길, 그리고 세계 최대 화강암인 엘 캐피탄 바위와 하프 돔 바위 등이 빚어내는 아름다운 자연의 향연에 누구나 감탄하게 된다. 공원 내에는 종류별 트레킹과 암벽 등반 코스가 있으므로 일반인과 산악인 모두 일 년 내내 즐길 수 있어 미국 내 국립공원 중 연간 방문자 수 기준으로 그레이트스모키마운틴 국립공원과 그랜드 캐니언의 뒤를 이어 4백만 명 이상이 방문한다. 해발 4,000~6,000m에 위치하고 있는 덕분에 언제 방문해도 늘 향긋한 나무와 풀 향기가 코끝을 맴도는데, 이런 이유로 많은 이들이 죽기 전 꼭 가봐야 할 곳으로 손꼽기도!

이곳은 공원 내 최고 인기 장소인 요세미티 밸리 지역과 끝이 보이지 않는 나무들이 늘어서 있는 마리포사Mariposa, 해발 3,000m의 만년설이 압권인 투올럼니Tuolumne 고원 지대로 나뉘는데 요세미티 밸리 지역의 경우 무료 셔틀버스를 이용해 요세미티 폭포나 글레이셔 포인트, 하프 돔 등을 둘러볼 수 있다.

추천 근교 여행지

Address	Yosemite National Park, CA 95389
Tel	209-372-0200
Web	www.nps.gov/yose
Cost	차량당 $35(유효 기간 7일) ※ 투어 버스 이용 시 차량 좌석 수에 따라 요금이 달라진다.
Access	대중교통으로는 방문이 어렵고 샌프란시스코에서 차로 4~5시간 소요. I-580 → I-205 → 120번 순으로 고속도로를 탄 후 요세미티 국립공원으로 진입
GPS	37.853519, -119.831891

요세미티 국립공원

요세미티 국립공원을 여행하는 방법

세 가지 방법으로 공원을 둘러볼 수 있는데 렌터카, 셔틀버스, 투어 참여이다. 그중 셔틀버스는 누구든지 무료로 탈 수 있고 루트별로 시스템도 잘 갖추고 있기 때문에 이곳을 방문하는 대부분의 관광객들이 이용한다. 셔틀은 익스프레스를 포함해 3개의 노선으로 일 년 내내 운행하니 언제 가도 요긴하게 이용할 수 있다. 비지터 센터에서 지도를 받아 루트별 버스 노선을 체크하도록 하자.

공원을 순환하는 버스의 종류

❶ 밸리 셔틀 Valley Shuttle
공원 안을 순환하는 무료 셔틀버스로 일 년 내내 운영해 이용이 편리하다. 주요 방문지인 비지터 센터, 미러 호수, 요세미티 폭포, 하프 돔 외에도 캠핑장, 호텔 및 편의시설 등 21곳의 정류장을 거친다. 버스는 그린과 브라운 라인이 있으며 매일 07:00~22:00(15분 간격) 운행한다.

❷ 익스프레스 셔틀 Express Shuttle
요세미티 국립공원 주차장과 하프 돔 빌리지를 왕복하는 버스로 차를 주차하고 공원을 구경하러 갈 때 이용하기 좋다.

❸ 엘 캐피탄 셔틀 El Capitan Shuttle
캠핑장과 엘 캐피탄의 피크닉 장소까지 오가는 버스로 6~10월, 09:00~18:00에 운행된다. 매년 운행 날짜가 조금씩 달라지니 사전에 웹 사이트를 통해 확인하는 것이 좋다.

❹ 코치 버스 Coach Bus
일 년 내내 매일 운영하는 버스 투어 프로그램으로 공원의 주요 관광지를 방문한다. 기본적인 곳 외에 엘 캐피탄, 요세미티 폭포, 브라이들베일 폭포, 하프 돔 등 밸리 셔틀이 운행하지 않는 곳이 포함돼 있어 요세미티 국립공원의 구석구석을 볼 수 있다.

Yosemite National Park 01
비지터 센터 & 시어터 Visitor Center & Theater

요세미티 국립공원에서 반드시 가장 먼저 들러야 할 곳으로 공원 지도와 셔틀버스 등을 확인한 후 여행을 어떻게 할 것인지 계획하는 것이 좋다. 내부에서는 공원의 역사와 가치, 유물에 대해 전시하고 있으며 소극장까지 자리해 있어 요세미티 국립공원이 발견된 계기와 존 뮤어에 대한 다큐멘터리가 상영된다. 공원 내에서 자전거 여행을 원할 경우 직원에게 문의하면 대여가 가능하다.

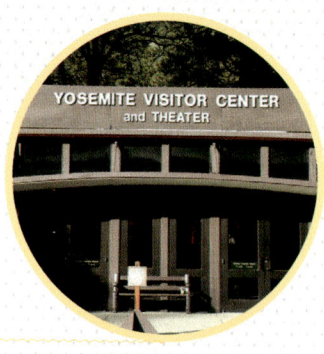

Yosemite National Park 02
요세미티 폭포 Yosemite Falls

요세미티 국립공원은 1천 미터가 훌쩍 넘는 절벽들에 둘러싸여 있는 덕분에 폭포가 많이 생겼는데 그중 가장 크고 유명한 곳이 요세미티 폭포이다. 미국 서부에서 가장 긴 폭포로 총 3단으로 되어 있어 독특한데 규모 자체가 워낙 거대해 낙차 폭만도 800m가 넘으며 그 모습 자체가 장관이다.

Yosemite National Park 03
엘 캐피탄 El Capitan

요세미티 밸리의 입구에 자리 잡고 있는 화강암 바위로 1,078m 높이에 이르는 거대한 규모라 바라보는 것만으로도 그 스케일에 압도될 만큼 위압적이다. 전 세계 암벽 등반 산악인들에게 늘 동경의 대상인데 60개가 넘는 트레킹 코스가 있어 선택의 폭이 다양하다.

Yosemite National Park 04
글레이셔 포인트 Glacier Point

높이 2,194m 절벽의 전망대로 요세미티를 가장 넓게 내려다볼 수 있는 곳이라 매력적이다. 미국에서 시작된 아웃도어 브랜드인 노스페이스The North Face의 로고에도 드러난 하프 돔Half Dome이 가장 선명하게 보이는 곳이기도 하다. 시간이 된다면 요세미티 밸리 로지에서부터 3시간 정도 걸어 이곳까지 방문할 것을 추천한다.

Yosemite National Park 05
브라이들베일 폭포 Bridalveil Falls

요세미티 국립공원에서 가장 먼저 만날 수 있는 폭포로 높이만 198m에 이른다. 멀리서 보면 그리 커 보이지 않지만 가까이 다가가면 그 규모를 실감할 수 있다. 거대한 물줄기가 땅으로 떨어질 때 보이는 물보라가 신부가 쓰는 면사포와 같다고 해서 지금의 이름이 지어졌다.

Yosemite National Park 06
마리포사 그로브 Mariposa Grove of Giant Sequoias

평균 수령만 2천 년이 넘는 끝이 안 보이는 나무들이 200그루 이상 있는 지역으로 세계에서 가장 거대한 나무들이 모인 숲길을 걸을 수 있다. 나무와 나무 사이로 걷는 산책길도 환상이지만 더욱 좋은 건 코끝을 스치는 향기이다. 나무에서 나오는 피톤치드가 절로 기분을 상쾌하게 해준다.

Yosemite National Park 07
하프 돔 Half Dome

둥근 공 형태의 바위를 누군가 반으로 뚝 잘라 버린 것 같은 모양의 거대한 암벽으로 요세미티를 대표하는 사진에 늘 등장하기도 한다. 이곳 또한 엘 캐피탄처럼 전 세계 암벽 전문가들의 방문이 일 년 내내 끊이질 않는다. 높이 2,695m로 공원 내 어디서나 쉽게 눈에 띄니 이를 배경으로 기념사진 촬영을 꼭 해둘 것.

Yosemite National Park 08
터널 뷰 Tunnel View

터널 앞에서 보는 뷰가 유명하다. 와워나 터널 Wawona Tunnel 이란 이름의 이곳은 엘 캐피탄과 하프 돔, 브라이들베일 폭포가 한눈에 보여 말 그대로 절경을 이룬다. 터널 뷰를 중심으로 여러 갈래의 트레킹 코스가 개발되어 있으므로 주변의 길을 걸으며 공원을 제대로 느껴보자.

Yosemite National Park 09
미러 호수 Mirror Lake

동쪽 끝에 위치하여 이름 그대로 거울처럼 깨끗한 수면이 그대로 비치는데 테나야 캐니언 Tenaya Canyon 이 호수에 비치는 모습은 그야말로 장관이다. 호수 주변은 걷기 좋은 산책로로 되어 있어 사색과 산책을 즐기기 좋다. 사계절 내내 다른 색과 풍경을 보여주는 최고의 관광지이자 기념사진 촬영 장소이다.

Stay 2성급

요세미티 밸리 로지 Yosemite Valley Lodge

총 250개의 객실을 갖추고 있는 이곳은 요세미티 폭포의 트레일 입구에 위치해 많은 이들이 즐겨 찾는다. 공원 내를 도는 무료 셔틀버스 이용이 편리하고 호텔 내에는 레스토랑과 수영장 등의 다양한 부대시설이 있어 국립공원과 함께 즐기며 쉴 수 있다.

Address	9006 Yosemite Lodge Dr
Tel	888-413-8869
Web	www.travelyosemite.com/lodging/yosemite-valley-lodge
Cost	$350~
GPS	37.743480, -119.600440

Stay 4성급

테나야 로지 앳 요세미티
Tenaya Lodge at Yosemite

공원 남쪽을 대표하는 대규모의 숙소로 여러 가지 부대시설과 계절별 다양한 투어 프로그램이 있어 특히 가족 여행자에게 안성맞춤이다.

Address	1122 CA-41, Fish Camp, CA 93623
Tel	888-514-2167
Web	www.tenayalodge.com
Cost	$300~
GPS	37.475220, -119.637743

Stay 2성급

하우스키핑 캠프 Housekeeping Camp

요세미티 국립공원 내에서 저렴하게 체류할 수 있는 숙박 시설로 넓은 공간에 텐트가 세팅되어 있어 더욱 편리한 캠핑이 가능하다. 총 250개의 텐트가 설치되어 있다.

Address	9005 Southside Dr, Yosemite Village
Tel	209-372-8338
Web	www.travelyosemite.com/lodging/housekeeping-camp
Cost	$190~
GPS	37.740905, -119.581724

Seattle 시애틀

Seattle
시애틀

호수와 강이 많고 바다를 끼고 있는 자연친화적인 도시이며, 로맨틱 영화의 정수로 손꼽히는 톰 행크스, 멕 라이언 주연의 사랑스러운 영화 〈시애틀의 잠 못 이루는 밤〉이란 제목 때문에 누구에게나 친숙하게 느껴지는 도시 시애틀! 시애틀은 미국 내 평균 연봉이 가장 높은 도시로 보잉과 마이크로소프트, 코스트코, 스타벅스, 아마존 등 세계적으로 잘나가는 기업의 본사를 두고 있기도 하다.

도시 한복판에 우뚝 서서 시애틀을 지키는 듯한 스페이스 니들의 모습은 마치 우주선을 닮았는데 바닷가로 가면 아름다운 해변 풍경이 그림처럼 펼쳐지는 반전의 도시이기도 하다. 동성결혼과 마리화나가 합법이기도 한 개방적인 도시, 그 어느 곳보다 세련된 시애틀로 여행을 떠나보자.

Writer's Story

영화의 제목 때문만이 아니더라도 시애틀은 늘 나에게 낭만적인 도시로 기억된다. 특히 커피가 상당히 발달되어 있어 시애틀을 방문할 때마다 하루 종일 이곳저곳 유명한 카페들을 다니며 커피를 맛보던 기억이 생생하다. 시애틀이 유난히 커피가 발달할 수 있었던 건 거의 일 년 내내 내리는 비와 흐린 하늘 때문이라고. 그러니 바닷가를 거닐다가 스타벅스 1호 매장에서 커피 한잔하며 유유자적 산책을 즐기고 싶은 사람이라면 시애틀로의 여행을 추천한다. 한여름 시애틀을 방문한다면 레이니어 산의 야생화와 노랗고도 붉은 체리를 잊지 말 것. 필자가 시애틀에서 1순위로 추천하고픈 명물이다.

추천 애플리케이션
Seattle City Guide-Trip.com
Seattle Map and Walks

추천 웹 사이트
미국 여행 정보 www.gousa.or.kr
시애틀관광청 www.visitseattle.org
시애틀 여행 정보 www.travelandleisure.com/travel-guide/seattle

연관검색어
#낭만 #스타벅스 #스타벅스1호점 #미서부
#미국서부여행 #비 #흐린날 #커피 #카페
#레이니어 #체리 #시애틀의잠못이루는밤

오리엔테이션

✚ 시차
한국보다 17시간 느리고, 서머타임 적용 시에는 16시간 차이가 난다(서머타임 : 3월 둘째 주부터 11월 첫째 주까지).

✚ 기후
사계절이 존재하지만 우리나라보다 대체적으로 따뜻한 편이다. 겨울에도 우리나라의 봄가을 같은 날씨를 느낄 수 있으며, 가을에서부터 봄까지는 비가 자주 오는 편이라 여행이 살짝 우울해질 수도 있으니 가능한 한 이 시기를 피해서 방문할 것을 권한다.

	1월	2월	3월	4월	5월	6월	7월	8월	9월	10월	11월	12월
평균 기온(℃)	4	6	6	11	11	20	22	21	18	11	10	6
평균 강수량(mm)	1200	900	800	650	450	400	350	150	450	800	1300	1300

✚ 한국에서 시애틀까지 가는 방법
인천국제공항에서 시애틀까지는 국적기(대한항공, 아시아나항공)와 델타항공이 매일 출발하고 있으며 직항으로 10시간 30분 소요된다.

✚ 시애틀국제공항
시애틀–타코마국제공항 Seattle-Tacoma International Airport은 시애틀 시내에서 19km 떨어져 있으며 시택 Sea-Tac이라고도 불린다. 공항 내에는 메인 터미널과 2개의 새틀라이트 터미널이 있는데 트레인 루프 Train Loop를 타고 이동할 수 있다. 공항코드는 SEA이다.
Addresss 17801 International Blvd, Seattle
Tel 206-787-5388
Web www.seattle-airport.com

✚ 공항에서 시내까지 가는 방법

공항에서 시내까지는 킹 카운티 메트로 버스King County Metro Bus나 다운타운 공항버스Downtown Airporter를 가장 많이 이용한다. 킹 카운티 메트로 버스 124번과 174번, 194번은 다운타운 이외에도 시내 여러 곳을 방문해 이용이 편리하다. 요금은 피크 시간(06:00~09:00, 15:00~18:00) $3.25, 그 외 시간에는 $2.75이다. 다운타운 공항버스는 시내의 여러 주요 호텔들 위주로 방문하니 다운타운 주변의 호텔을 예약했다면 이를 이용하는 것이 편리하다. 가격은 편도 $19, 왕복 $35.

✚ 시내 교통

다운타운 한복판은 걸어서 이동이 가능하지만 주변을 오가는 경우 링크 라이트 레일이나 버스, 모노레일, 스트리트 카를 이용하면 된다. 링크 라이트 레일은 공항에서 워싱턴 대학교까지 운행하는 열차로 시애틀 다운타운을 경유한다. 월~토 05:00~01:00, 일 05:00~24:00 사이에 6~15분 간격으로 운행하며 성인 편도 요금은 $2.25~3.25이다. 킹 카운티 메트로 버스는 시애틀 다운타운과 킹 카운티 내의 외곽 지역을 운행한다. 타임 테이블 및 노선도는 웨스트레이크 센터Westlake Center의 터널에 자리한 대중교통 정보 센터Transit Information Centre에서 구하거나 웹 사이트를 방문하자. 휴대폰용 애플리케이션도 갖추고 있다. 시애틀의 시내 중심은 1구역과 2구역으로 요금이 구분되어 있고 출퇴근 시간인 피크 타임과 오프 피크로 나누어지는데, 다운타운에서 아침 6시부터 저녁 7시까지는 무료 버스가 운행된다(다운타운의 Jackson St 일대와 6th Ave, 워터프런트). 요금은 $2.25~3.50이다.

모노레일의 경우 웨스트레이크 센터와 시애틀 센터를 오가며 창밖으로 도시의 풍경을 볼 수 있어 관광객들에게 특히 인기가 많다. 월~금 07:30~23:00, 토·일 08:30~23:00(시기에 따라 다름)까지 운행하고 요금은 $2.25이다.

스트리트 카는 워터프런트의 피어 70에서 인터내셔널 디스트릭트까지 달린다. 창밖을 볼 수 있으며 교통 체증이 없어 관광객들이 좋아한다. 월~목 06:00~21:00, 금·토 06:00~23:00, 일 10:00~19:00까지 운행하며 요금은 1회 $2.25이다.

Web 링크 라이트 레일 www.soundtransit.org
킹 카운티 메트로 트랜싯 kingcounty.gov/depts/transportation/metro.aspx
모노레일 www.seattlemonorail.com
스트리트 카 seattlestreetcar.org

Tip ORCA 교통카드 이용하기

시애틀의 대중교통을 이용할 수 있는 카드이며 충전한 만큼 사용하거나 월 단위로 구입하는 방법이 있다. 링크 라이트 레일, 버스, 워터 택시 등을 이용할 수 있어 자유 여행 시 편리하며 구입 및 충전은 정류장에 있는 단말기를 활용하면 된다(모노레일은 불포함).
Cost $5

✚ 시애틀 4박 5일 추천 일정

LA나 뉴욕처럼 관광지가 많은 대도시가 아니므로 취향에 맞춰 여유롭게 여정을 구상하기 좋다. 시내 외에도 근교에 볼거리가 있으니 시간을 내어 근교까지 방문한다면 시애틀 여행을 더욱 알차게 보낼 수 있다.

1일 차
파이크 플레이스 마켓 ➡ 스타벅스 1호점 ➡ 파이크 플레이스 차우더에서 점심식사 ➡ 시애틀 미술관 ➡ 더 크랩 팟에서 저녁식사

2일 차
파이오니어 스퀘어 ➡ 언더그라운드 투어 참가 ➡ 시애틀 센터 푸드 코트에서 점심식사 ➡ 치훌리 가든 앤 글라스 ➡ 팝 컬처 뮤지엄 ➡ 스페이스 니들 ➡ 라디에이터 위스키에서 저녁식사 겸 술 한잔 즐기기

3일 차
워싱턴 대학교(점심식사 포함) ➡ 유니버시티 빌리지에서 쇼핑 ➡ 카페 모슬에서 커피 한잔 ➡ 퀸 앤 지역 산책 ➡ 틸리컴 플레이스 카페에서 저녁식사 ➡ 케리 공원 야경 관람

4일 차
레이니어 산 국립공원 1일 투어 참가

5일 차
보잉사 투어 참가

스페이스 니들 부근

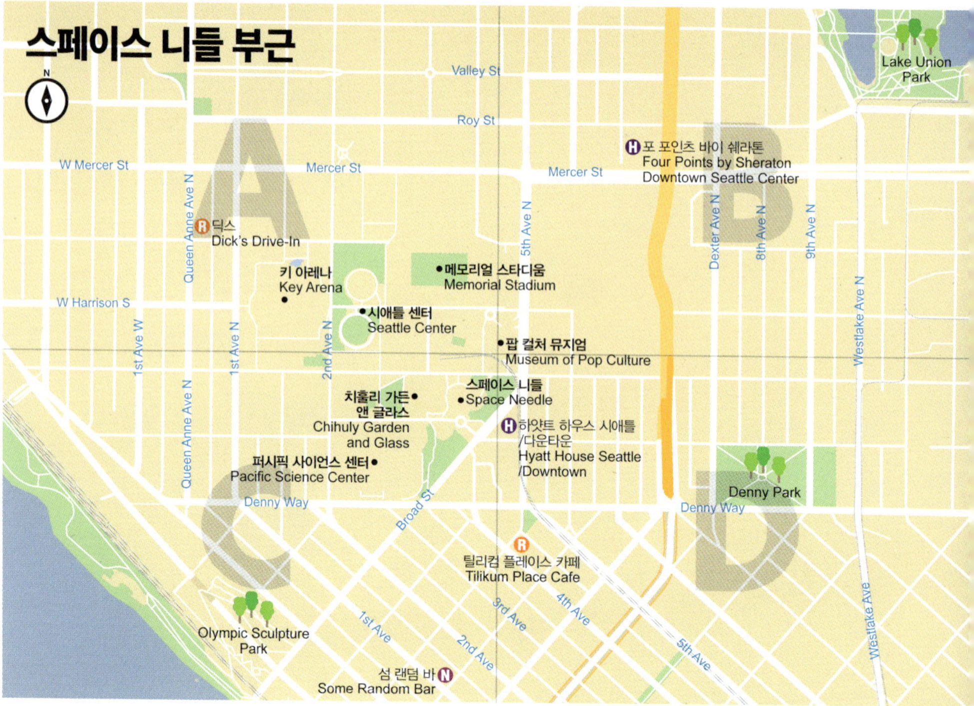

N
Valley St
Roy St
W Mercer St
Mercer St
Mercer St
Lake Union Park
포 포인츠 바이 쉐라톤
Four Points by Sheraton
Downtown Seattle Center
Queen Anne Ave N
딕스
Dick's Drive-In
5th Ave N
Dexter Ave N
8th Ave N
9th Ave N
키 아레나
Key Arena
메모리얼 스타디움
Memorial Stadium
W Harrison S
시애틀 센터
Seattle Center
1st Ave W
1st Ave N
2nd Ave N
Westlake Ave N
팝 컬처 뮤지엄
Museum of Pop Culture
스페이스 니들
Space Needle
치훌리 가든 앤 글라스
Chihuly Garden and Glass
하얏트 하우스 시애틀 /다운타운
Hyatt House Seattle /Downtown
퍼시픽 사이언스 센터
Pacific Science Center
Queen Anne Ave N
Denny Way
Broad St
Denny Way
Denny Park
틸리컴 플레이스 카페
Tilikum Place Cafe
3rd Ave
4th Ave
1st Ave
2nd Ave
5th Ave
Westlake Ave
Olympic Sculpture Park
섬 랜덤 바
Some Random Bar

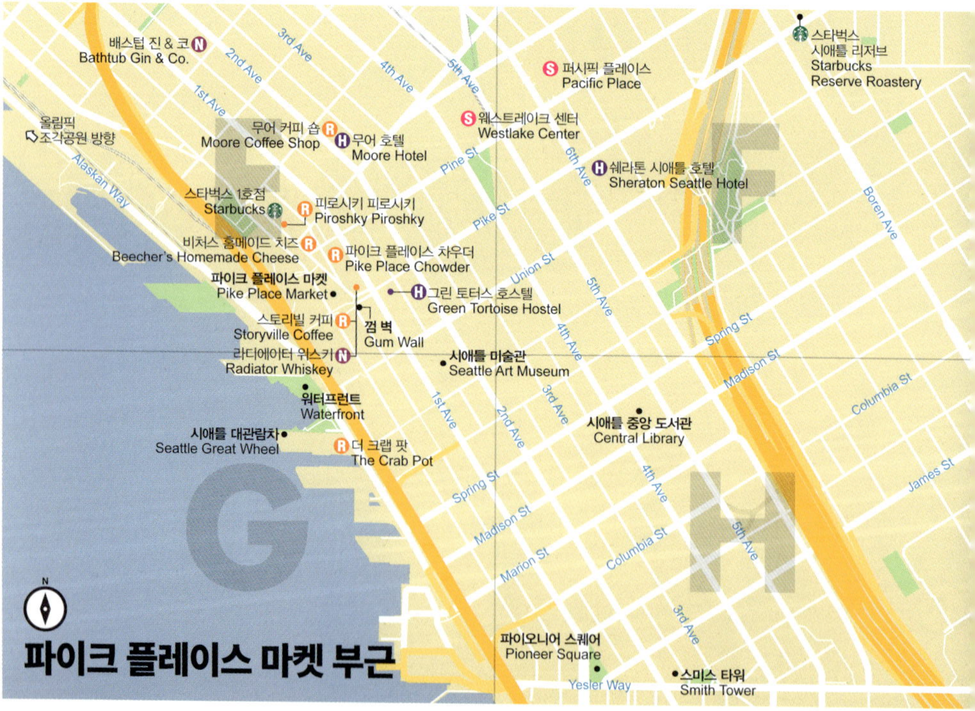

배스텁 진 & 코
Bathtub Gin & Co.
3rd Ave
2nd Ave
4th Ave
5th Ave
1st Ave
스타벅스 시애틀 리저브
Starbucks Reserve Roastery
퍼시픽 플레이스
Pacific Place
올림픽 조각공원 방향
무어 커피 숍
Moore Coffee Shop
무어 호텔
Moore Hotel
웨스트레이크 센터
Westlake Center
Alaskan Way
Pine St
6th Ave
쉐라톤 시애틀 호텔
Sheraton Seattle Hotel
스타벅스 1호점
Starbucks
피로시키 피로시키
Piroshky Piroshky
Pike St
Boren Ave
비처스 홈메이드 치즈
Beecher's Homemade Cheese
파이크 플레이스 차우더
Pike Place Chowder
Union St
파이크 플레이스 마켓
Pike Place Market
그린 토터스 호스텔
Green Tortoise Hostel
5th Ave
스토리빌 커피
Storyville Coffee
껌 벽
Gum Wall
4th Ave
Spring St
라디에이터 위스키
Radiator Whiskey
시애틀 미술관
Seattle Art Museum
Madison St
Columbia St
워터프런트
Waterfront
1st Ave
2nd Ave
3rd Ave
시애틀 중앙 도서관
Central Library
시애틀 대관람차
Seattle Great Wheel
더 크랩 팟
The Crab Pot
4th Ave
James St
Spring St
Madison St
5th Ave
Marion St
Columbia St
3rd Ave
N
파이오니어 스퀘어
Pioneer Square
Yesler Way
스미스 타워
Smith Tower

파이크 플레이스 마켓 부근

다운타운
Downtown

시애틀은 초보 여행자가 여행하기 편리한 도시이다. 공항과 도심이 가깝고 주요 볼거리는 다운타운 및 그 외 지역에 떨어져 있지만 대중교통이 잘되어 있어 이동이 자유로운 편이다. 특히 다운타운은 그리 크지 않은 데다가 한가로워 여행하기 쉽다.

Sightseeing ★★★

파이크 플레이스 마켓 Pike Place Market

미국에서 가장 오래된 재래시장으로 1907년에 8명의 상인들이 문을 열었다. 노천이 아닌 실내 시설로 만들어진 덕분에 비 오는 날에도 구경하기 편리하다. 여러 생활용품과 신선한 먹거리를 주로 판매하는데 특히 생선 가게가 가장 유명하다. 큰 생선이 들어오면 생선을 집어 던지며 주고받는 상인들의 모습을 구경하기 위해 많은 사람들로 북적인다. 현재 210여 개가 넘는 상점이 자리해 있으며 다양한 거리의 연주자들도 많아 눈과 입은 물론 귀까지 즐거운, 시애틀의 No.1 관광지이다.

Address 85 Pike St
Tel 206-682-7453
Web pikeplacemarket.org
Open 06:00~18:00 ※ 매장에 따라 다름
Close 추수감사절, 크리스마스
Access 버스 113·121·122·123번
1st Ave & Pike St역 하차
Map 332p. E

Sightseeing ★★★

스타벅스 1호점 Starbucks

언제나 인산인해를 이루는 곳으로 내부에는 테이블이나 의자가 없어 테이크 아웃 음료만 주문할 수 있다. 스타벅스 1호점은 오픈 초기 남미 커피 판매 도매상이었으나 오랜 세월을 거쳐 지금의 거대한 브랜드로 성장하게 되었다. 그 과거를 기억하고자 1호점만 오픈 당시의 스타벅스 로고와 1976년부터 이어진 매장의 외관을 그대로 유지하고 있다. 스타벅스 1호점의 로고가 박힌 원두, 머그컵, 텀블러 등 다양한 기념품도 인기리에 판매 중이다.

Address	1912 Pike Place
Tel	206-448-8762
Web	www.starbucks.com
Open	06:00~20:00
Cost	$4~
Access	버스 113·121·122·123번 1st Ave & Pike St역 하차
Map	332p. E

Sightseeing ★★☆

워터프런트 Waterfront

시애틀의 바다를 한눈에 담을 수 있는 조용하고도 아름다운 산책로이다. 파이크 플레이스 마켓과 이어지는 길에는 여러 가지 상점들과 레스토랑, 호텔, 기념품 숍, 카페 등이 줄지어 늘어서 있어 낮과 밤 모두 즐겁다. 언제 가도 데이트하는 현지인 커플들이 많은 로맨틱한 곳이기도 하다.

Address	1401 Alaskan Way
Tel	206-499-8040
Web	waterfrontseattle.org
Access	버스 10·47·99·113·121·122번 1st Ave & Union St역 하차
Map	332p. G

시애틀의 속살 엿보기, 추천 현지 투어 BEST

1. 언더그라운드 투어 Bill Speidel's Underground Tour

1889년 시애틀 대화재가 발생한 이후 도시 재개발 사업이 진행되었는데, 워낙 지대가 낮았던 터라 침수가 잦았었기 때문에 원래 도시의 높이보다 3m 높게 새로운 도시를 건설하였다. 그리고 과거의 지하 도시를 그대로 보존하여 시애틀의 역사를 엿볼 수 있는 기념비적인 장소로 만들었는데 이를 둘러보는 것이 언더그라운드 투어이다. 투어를 통해서만 입장이 가능하고 영어로 75분간 진행된다.

Address	614 1st Ave, Pioneer Place Park, Pioneer Square
Tel	206-682-4646
Web	www.undergroundtour.com
Open	4~9월 09:00~19:00, 10~3월 10:00~18:00
Cost	성인 $22, 60세 이상 및 13~17세 $20, 7~12세 $10

2. 세이버 시애틀 푸드 투어 Savor Seattle Food Tours

시애틀은 산 좋고 물 맑은 곳에 위치한 덕에 자연스럽게 해산물을 비롯한 다양한 식재료가 발달했다. 푸드 투어는 시내 최고 중심가인 파이크 플레이스 마켓 주변의 인기 음식점들을 방문하여 대표 메뉴를 맛보는 것으로 치즈, 수프, 도넛, 요구르트, 파이 등 다양한 인기 음식을 체험해볼 수 있다. 주요 방문지는 Daily Dozen Donuts, Ellenos Real Greek Yogurt, Pike Place Chowder, Chukar Cherries, Beecher's Handmade Cheese, Piroshky Piroshky, Etta's Seafood Restaurant, Jonboy Caramels, Pear Delicatessen, Oriental Mart이다.

Address	1st Ave & Pike St
Tel	206-209-5485
Web	www.savorseattletours.com
Open	10:00, 13:30, 14:00, 14:30 출발(2시간 소요)
Cost	$58.99

Sightseeing ★★☆

파이오니어 스퀘어 Pioneer Square

시애틀의 역사적인 장소이자 누구나 첫 번째로 방문하게 되는 다운타운의 중심가이다. 1889년 발생한 대화재 때 잿빛 폐허가 되었던 곳으로 현재는 올드 타운 Old Town 이란 이름으로 불린다. 기하학적인 형태의 토템폴들이 광장의 중심에 자리하고 있고 과거와 현대의 건물들이 어우러져 독특한 분위기를 자아내는 시애틀의 사랑방과 같은 곳이다. 인기 관광 상품인 언더그라운드 투어의 시작점이기도 하다.

Address 100 Yesler Way
Tel 206-667-0687
Web www.pioneersquare.org
Access 버스 62·99번
1st Ave & Yesler Way역 하차
Map 332p. H

Sightseeing ★☆☆

스미스 타워 Smith Tower

1914년 42층짜리 건물로 건설되어 그 당시에는 미국 서부를 대표하는 가장 높은 빌딩이었다. 지금은 그 자리에서 내려왔지만 오랜 역사를 시애틀과 함께한 덕에 35층의 전망대는 여전히 관광객들의 발길로 붐빈다. 파이오니어 스퀘어 근처에 위치하고 있어 찾기 쉬우며 꼭대기는 뾰족한 삼각형의 탑 형태라 쉽게 눈에 띈다. 전망대에 오르면 도시와 바다, 그리고 저 멀리 캐스케이드 산맥과 레이니어 산까지 한눈에 들어와 웅장한 풍경을 볼 수 있다.

Address 506 2nd Ave
Tel 206-624-0414
Web www.smithtower.com
Open 일~수 10:00~23:00,
목~토 10:00~24:00
Cost 성인 $20,
65세 이상 및 6~12세 $16
Access 버스 62·99번
1st Ave & Yesler Way역 하차
Map 332p. H

Sightseeing ★☆☆

올림픽 조각공원 Olympic Sculpture Park

바다에 인접한 평화로운 공원으로 관광객보다는 현지인들이 좋아하는 소풍 장소다. 상록수가 많아 싱그러운 느낌이 가득해 도심 속 평화로운 휴식을 원한다면 추천.

Address 2901 Western Ave
Tel 206-654-3100
Web seattleartmuseum.org
Open 24시간
Access 버스 2·24·33번
1st Ave & Broad St역 하차
Map 332p. E

Sightseeing ★★☆

시애틀 미술관 Seattle Art Museum

1992년 개관한 시애틀을 대표하는 미술관으로 과거 인디언들의 작품에서부터 근·현대미술 작품까지 대륙별로 총 2만여 점 이상이 전시되어 있다. 미술관 입구의 〈해머링 맨〉이 이곳의 상징처럼 유명한데 미국 보스턴 출신의 세계적인 조각가 조나단 보로프스키의 작품으로 높이만 14m에 이른다. 한국의 광화문과 미국 서부의 샌디에이고에서도 같은 작가의 작품을 만나 볼 수 있어 더욱 친숙하고 반갑다.

Address	1300 1st Ave
Tel	206-654-3100
Web	www.seattleartmuseum.org
Open	수·금~일 10:00~17:00, 목 10:00~21:00
Close	월·화요일, 추수감사절, 크리스마스
Cost	성인 $24.95, 62세 이상 $22.95, 학생 및 13~19세 $14.95
Access	버스 10·47·99·113·121·122번 1st Ave & Union St역 하차
Map	332p. G

Sightseeing ★★☆

시애틀 중앙 도서관 Central Library

눈에 띄게 독특한 외관이 멀리서부터 시선을 잡아끈다. 유리로 이루어진 다각면체의 이 건물은 일자 형태가 아니라 엇갈린 채 쌓아 올린 느낌인데 하버드대 건축학부 교수이자 세계적인 건축가인 렘 콜하스Rem Koolhaas가 설계했으며 총 3개의 층으로 이루어져 1만여 개 이상의 유리와 철로 만들어졌다. 이는 자연광을 100% 활용하기 위함이라고. 미국이나 시애틀 시민이 아니더라도 도서관 입장이 가능하다. 낮에는 환하게 자연광이 들어오는 도서관에서 책을 보고 저녁엔 멋진 조명과 함께 더욱 빛을 발하는 유리로 된 빌딩을 보는 것이야말로 이 도서관을 가장 알차게 즐길 수 있는 방법이다.

Address	1000 4th Ave
Tel	206-386-4636
Web	www.spl.org
Open	월~목 10:00~20:00, 금·토 10:00~18:00, 일 12:00~18:00
Access	버스 15·19·21·24·26·33·55·116·118번 3rd Ave & Seneca St역 하차
Map	332p. H

Sightseeing ★★★
⑨
스페이스 니들 Space Needle

시애틀의 상징으로 늘씬하고도 기다란 몸통이 마치 바늘과 같다고 해 이름에도 '바늘Needle'이 들어가 있다. 영화 〈시애틀의 잠 못 이루는 밤〉에 등장하기도 했는데 멀리서 보면 타워의 꼭대기에 동그란 우주선이 달려 있는 듯해 멋스러운 데다가 184m 높이에 강진에도 견딜 수 있게끔 특수 설계가 되어 있어 안전하기까지 하다. 회전이 되는 유리바닥과 통유리를 갖춘 전망대에서는 유니언 호수와 레이니어 산 등을 볼 수 있으며 아트모스 카페, 아트모스 와인 바에서는 360도 회전하는 시애틀의 전망을 즐기며 간단한 음식과 음료를 즐길 수 있다.

Address	400 Broad St
Tel	206-905-2100
Web	www.spaceneedle.com
Open	월~목 10:00-19:00, 금~일 09:00-19:00
Cost	성인 $35, 65세 이상 $30, 5~12세 $26
Access	모노레일 Seattle Center역 하차
Map	332p. C

Sightseeing ★☆☆
⑩
껌 벽 Gum Wall

파이크 플레이스 마켓에서 바다 쪽으로 걸어 내려가는 계단에 위치하고 있다. 1990년 초 사람들이 심심풀이로 벽에 붙였던 껌들이 모여 이 벽 자체가 관광지로 변한 특이한 케이스다. 이곳에 붙어 있는 껌만 현재 100만 개가 넘는다고. 시애틀 시에서는 아무리 제거하려고 해도 사람들이 계속 껌을 붙이고 있어 현재까지 이어지고 있다. 가까이에서 보면 조금 지저분하긴 하지만, 이곳을 방문하기 전 일부러 껌을 사서 씹곤 이곳에 형형색색의 껌을 붙이려는 관광객들로 인해 늘 붐빈다.

Address	1428 Post Alley
Open	24시간
Access	버스 113·121·122·123번 1st Ave & Pike St역 하차
Map	332p. E

Sightseeing ★★☆

시애틀 센터 Seattle Center

1962년 세계 박람회가 열렸던 장소였다가 공원으로 탈바꿈하여 현재는 대규모 복합 문화 공간이 되었다. 스페이스 니들과 퍼시픽 사이언스 센터, 미술관, 팝 컬처 뮤지엄, 키 아레나, 분수대, 레스토랑 등이 자리하고 있어 가족 단위의 방문객으로 일 년 내내 붐빈다. 한겨울에는 아이스링크가 설치되어 더욱 운치가 있다.

Address	305 Harrison St
Tel	206-684-7200
Web	www.seattlecenter.com
Access	모노레일 Seattle Center역 하차
Map	332p. A

Seattle Center
퍼시픽 사이언스 센터
Pacific Science Center

시애틀의 공상 과학 박물관이라 할 수 있다. 아이들이 좋아할 만한 각종 과학 현상을 재현해두어 인기가 많고 실제 크기의 고래 및 공룡, 로봇, 박제동물 등이 있어 흥미롭다. 그 외에도 인체기관, SF 영화의 배경 등도 전시되어 있으며 놀이기구와 특별 전시회, 아이맥스 영화관 및 레이저 쇼 등을 추가로 선택해 관람할 수 있다.

Address	200 2nd Ave N
Tel	206-443-2001
Web	www.pacificsciencecenter.org
Open	월~금 10:00~17:00, 토·일 10:00~18:00
Cost	성인 $23.95, 65세 이상 $21.95, 6~15세 $17.95, 3~5세 $13.95
Access	모노레일 Seattle Center역 하차
Map	332p. C

Seattle Center
키 아레나 Key Arena

1995년에 오픈한 농구 경기장으로 시애틀의 여자 프로 농구팀 시애틀 스톰 Seattle Storm의 홈구장이다. 경기 외에도 세계적인 스타들의 대규모 콘서트 및 이벤트가 자주 진행되니 스케줄만 맞는다면 해외 유명 가수의 공연을 관람할 수도 있다.

Address	305 Harrison St
Tel	206-684-7200
Web	www.keyarena.com
Access	모노레일 Seattle Center역 하차
Map	332p. A

Seattle Center

치훌리 가든 앤 글라스 Chihuly Garden and Glass

시애틀의 옆 도시인 타코마 출신이자 미국이 낳은 세계적인 유리 공예가 데일 치훌리의 작품들이 전시되어 있다. 반원형의 거대한 유리 온실로 되어 있어 외관에서부터 시선을 잡아끌며 주로 꽃이나 바닷속 생물을 소재로 하는 자연 친화적이면서도 몽환적인 작품들이 실내는 물론 야외 정원까지 이어져 있다. 독특하고도 이국적인 느낌을 자아내는 그의 작품들은 라스베이거스의 벨라지오 호텔 로비를 비롯해 전 세계 200여 곳에 전시되어 있다.

Address 305 Harrison St
Tel 206-753-4940
Web www.chihulygardenandglass.com
Open 월~금 11:00~18:00,
토·일 10:00~18:00
Cost 성인 $32, 65세 이상 $27,
5~12세 $19
Access 모노레일 Seattle Center역 하차
Map 332p. C

Seattle Center

팝 컬처 뮤지엄 Museum of Pop Culture

현대 대중문화에 관한 박물관으로 시애틀 출신 기타리스트 지미 헨드릭스의 열렬한 팬이자 마이크로소프트 창업자 중 한 명인 폴 앨런이 2000년 오픈했다. 세계적인 건축가 프랭크 게리의 건축 디자인이 시선을 잡아끌고 또 다른 시애틀 출신의 아티스트 트림핀이 600개의 기타를 이용해 만든 작품은 박물관의 3층까지 솟아 있어 눈길을 끈다. 지미 헨드릭스를 비롯해 다양한 미국 문화를 만나 볼 수 있는 전시관과 자신이 직접 연주하고 녹음할 수 있는 사운드 랩의 공간도 마련돼 있다.

Address 325 5th Ave N
Tel 206-770-2700
Web www.mopop.org
Open 목~화 10:00~17:00
Close 수요일, 추수감사절, 크리스마스
Cost 성인 $26.75,
65세 이상 및 학생 $23.75
Access 모노레일 Seattle Center역 하차
Map 332p. B

Sightseeing ★☆☆

⓬
티-모바일 파크 T-Mobile Park

1999년 개장한 야구장으로 시애틀 매리너스Seattle Mariners의 홈구장이기도 하다. 5만 명 이상 수용이 가능하며 천장은 개폐식 돔 지붕으로 이루어져 있고 바닥은 천연 잔디로 꾸며져 있어 늘 인기이다. 경기가 없을 때에는 스타디움 투어를 신청할 수 있다.

Address	1250 1st Ave S
Tel	206-346-4000
Web	seattle.mariners.mlb.com
Open	스타디움 투어 4~10월 10:30, 12:30, 14:30
	11~3월 화~토 10:30~12:30, 일 12:30~14:30
Cost	스타디움 투어 성인 $12, 65세 이상 $11, 3~12세 $10
Access	버스 21·116·118·119·131·132번
	4th Ave S & Edgar Martinez Dr S역 하차
Map	331p. F

Sightseeing ★☆☆

⓭
루멘 필드 Lumen Field

2002년 지어진 경기장으로 지붕의 개폐식 돔이 인상적이다. 7만 명 이상 수용 가능한 공간이라 풋볼이나 축구 등의 경기 이외에도 콘서트나 특별한 행사 등이 진행되곤 한다. 미식축구팀인 시애틀 시호크스Seattle Seahawks와 시애틀 사운더스Seattle Sounders 축구팀의 홈구장이기도 하다. 일 년 내내 다양한 경기가 열리지만 경기가 없는 날에는 스타디움 투어에 참여가 가능하다.

Address	800 Occidental Ave S
Tel	206-381-7555
Web	www.lumenfield.com
Open	스타디움 투어 11:00, 12:45, 14:30(10~5월은 금~일만 진행)
Cost	스타디움 투어 성인 $18, 62세 이상 및 3~11세 $15
Access	버스 21·24·26·28·33·37·40·116·118·124번
	4th Ave S & S Royal Brougham Way역 하차
Map	331p. D

Sightseeing ★★☆

⓮
더 엘리엇 베이 북 컴퍼니 The Elliott Bay Book Company

캐피틀 힐 지역에 위치한 이곳은 작지만 위대한 서점이라 할 수 있다. 2층짜리 공간에 장서 15만 권을 보유하고 있는데 가장 인상적인 건 직원들이 자필로 책의 추천사를 적어 붙여 놓는다는 것. 비록 영어로 되어 있지만 책 구경보다 이 글을 찾아보는 재미가 더 쏠쏠하다. 서점은 오래된 나무들로 지어져 더욱 운치가 있다. 서점 내엔 카페도 겸하고 있어 간단한 식사와 커피 한잔하며 책을 읽는 사람들과 카드나 엽서 등의 선물을 고르는 이들로 언제나 북적인다.

Address	1521 10th Ave
Tel	206-624-6600
Web	www.elliottbaybook.com
Open	일~목 10:00~20:00,
	금·토 10:00~21:00
Access	버스 11·84번
	E Pine St & 10th Ave역 하차
Map	331p. D

Sightseeing ★★★

케리 공원 Kerry Park

퀸 앤 지역에 위치한 공원으로 시애틀을 대표하는 야경 사진이 가장 많이 찍히는 곳이며 언제 가도 카메라를 들고 촬영하는 사람들로 북적인다. 시애틀의 다운타운 건너편이라 할 수 있는 알카이 비치와 유니언 호수, 레이니어 산 등이 한눈에 보이며 스페이스 니들이 가장 아름답게 보이는 포인트이기도 하다. 케리 부부가 시애틀 시에 이 공간을 기증하여 공원이 탄생했다.

Address	211 W Highland Dr
Tel	206-684-4075
Web	www.seattle.gov/parks/find/parks/kerry-park
Open	04:00~23:00
Access	버스 2·13번 Queen Anne Ave N & W Highland Dr역 하차
Map	331p. D

Sightseeing ★★☆

시애틀 대관람차 Seattle Great Wheel

바다에 인접한 시애틀의 상징으로 천천히 거대한 원을 그리며 몇 바퀴를 돌았다가 내리는 기구이다. 스페이스 니들, 알카이 비치, 키 아레나 농구장, 세이프코 필드 야구장 등 도시의 전경과 바다까지 한눈에 보여 천천히 도시를 감상하고 싶다면 추천.

Address	1301 Alaskan Way
Tel	206-623-8607
Web	seattlegreatwheel.com
Open	월~목 11:00~21:00, 금·토 10:00~23:00, 일 10:00~22:00
Cost	성인 $16, 65세 이상 $14, 3~11세 $11
Access	버스 4번 3rd Ave & Union St역 하차
Map	332p. G

Food
①
비처스 홈메이드 치즈 Beecher's Homemade Cheese

시식을 할 수 있는 큼직한 치즈 조각들이 늘 마련되어 있어 반갑고, 투명한 유리창을 통해 치즈를 만드는 과정 또한 볼 수 있어 더욱 신뢰가 간다. 직접 제조한 치즈를 넣어 만드는 파니니 샌드위치와 미국 최고의 맛으로 인정받은 맥 & 치즈는 비처스의 베스트셀러이니 꼭 맛볼 것. 시애틀에 이어 뉴욕의 매장에서도 성황리에 영업 중이다.

Address	1600 Pike Place
Tel	206-956-1964
Web	www.beechershandmadecheese.com
Open	09:00~18:00
Cost	$11~30
Access	버스 113·121·122·123번 1st Ave & Pike St역 하차

Map 332p. E

Food
②
딕스 Dick's Drive-In

시애틀을 대표하는 햄버거 체인 브랜드로 시애틀의 명사인 빌 게이츠 또한 이곳의 단골로 알려져 있다. 메뉴는 간단한데 딕스 디럭스, 딕스 스페셜, 치즈버거, 햄버거 그리고 사이드 메뉴인 감자튀김이 전부다. 감자튀김은 다른 곳과 달리 자체 양념이 별도로 되어 있는데 중독성이 강한 맛이다. 음료로 바닐라 셰이크를 주문해 감자튀김을 찍어 먹어 보자. 색다른 맛을 느끼게 될 것이다. 시애틀 센터 근처의 매장에는 테이블이 있지만 그 외에는 대부분 드라이브 스루 매장이다.

Address	500 Queen Anne Ave
Tel	206-285-5155
Open	10:30-02:00
Cost	$8~
Access	버스 8번 1st Ave N & Republican St역 하차

Map 332p. A

Food
❸
더 크랩 팟 The Crab Pot

알래스카에서 건너온 킹크랩과 관자, 게, 생선 등의 다양한 해산물을 푹 쪄서 거대한 바가지에 담아 준다. 테이블에는 앞치마와 망치, 그리고 넓은 도마가 준비되어 나오는데 망치로 직접 해산물을 부수면서 먹는 재미를 느낄 수 있다. 해산물과 함께 옥수수나 감자 등도 곁들여져 나온다.

Address	1301 Alaskan Way
Tel	206-624-1890
Web	www.thecrabpotseattle.com
Open	일~목 11:00~21:00, 금·토 11:00~21:30
Cost	Seafeasts $20-45
Access	버스 10·47·99·113·121번 1st Ave & Union St역 하차
Map	332p. G

Food
❹
틸리컴 플레이스 카페 Tilikum Place Cafe

시애틀에서 가장 인기 있는 브런치 레스토랑 중 하나. 밝고 환한 분위기와 친절한 서버들 덕에 언제 가도 기분이 좋아진다. 미국의 브런치 기본 메뉴라 할 수 있는 에그 베네딕트는 물론이고 독일식 팬케이크, 프랑스식 어니언 수프 등이 유명하다. 긴 줄을 서서 기다리지 않으려면 미리 예약할 것을 권한다. 저녁이면 멋진 와인 바로 변신하니 브런치를 놓쳤다면 저녁 시간을 노려볼 것.

Address	407 Cedar St
Tel	206-282-4830
Web	www.tilikumplacecafe.com
Open	월~금 11:00~15:00, 17:00~22:00 토·일 08:00~15:00, 17:00~22:00
Cost	$15~
Access	버스 3·4·82번 Cedar St & Denny Way역 하차
Map	332p. D

Food
❺
파이크 플레이스 차우더 Pike Place Chowder

미국 서부에 가면 한 번 이상은 꼭 맛보게 되는 수프로 시애틀에서 가장 유명한 클램 차우더 가게이다. 뉴잉글랜드 클램 차우더, 스모크 살몬 차우더가 가장 유명한데 수프 외에도 해산물 비스크, 크랩 롤, 슈림프 롤 등으로 요기를 할 수 있어 인기가 많다. 파이크 플레이스 마켓의 바로 맞은편에 위치해 찾기도 쉽다.

Address	1530 Post Alley
Tel	206-267-2537
Web	www.pikeplacechowder.com
Open	11:00~17:00
Cost	$10~
Access	버스 113·121·122·123번 1st Ave & Pike St역 하차
Map	332p. E

Food
⑥
피로시키 피로시키 Piroshki Piroshki

러시아 스타일의 파이를 일컫는 말로 1992년부터 영업 중이다. 이 파이에 대한 레시피 책이 출간되었을 정도로 인기이며 사과나 복숭아 등의 과일이 잔뜩 올라간 파이가 특히 맛이 좋다. 금방 구운 파이를 바로바로 판매하는 형식이며 매장은 작고 평범하나 언제나 긴 줄이 늘어서 있다. 애플 시나몬 롤, 비프 앤 치즈, 살몬 파테 이렇게 세 가지가 베스트 메뉴이다.

Address	1908 Pike Place
Tel	206-441-6068
Web	www.piroshkybakery.com
Open	월~금 08:00~19:00, 토·일 07:30~20:00
Cost	$7~
Access	버스 113·121·122·123번 1st Ave & Pike St역 하차
Map	332p. E

Food
⑦
하우 투 쿡 어 울프 How to Cook a Wolf

M.F.K. 피셔의 책 제목과 같은 레스토랑 이름이 눈에 띄는데 피셔가 오너 셰프인 이선 스토월Ethan Stowell의 어머니라는 사실도 재미있다. 시애틀에서 가장 유명한 셰프로 해산물과 이태리식 레스토랑을 10여 곳 이상 가지고 있으며 독학으로 요리를 공부했다는 것 또한 놀랍다. 제철에 나는 신선한 재료를 이용하고 인공 조미료는 쓰지 않는 것이 철칙. 매일 만드는 수제 파스타와 스테이크가 특히 맛있다. 야외 오픈 테이블도 운치 있지만 나무와 돌로 장식된 내부 인테리어를 감상하는 것도 유쾌한 경험이 될 것이다.

Address	2208 Queen Anne Ave N
Tel	206-838-8090
Web	www.ethanstowellrestaurants.com/locations/how-to-cook-a-wolf
Open	17:00~23:00
Cost	$25~
Access	버스 3·4·82번 Boston St & Queen Anne Ave N역 하차
Map	331p. B

Cafe
①
스타벅스 시애틀 리저브 Starbucks Reserve Roastery

스타벅스의 프리미엄 버전 매장으로 1호점보다 훨씬 넓고 규모가 큰 공간에 다양한 굿즈 상품, 확대된 메뉴 및 베이커리, 디저트 등을 판매하고 있어 인기이다. 1호점에서는 앉을 수 있는 좌석이 없어 불편하지만 이곳에서는 여유롭게 커피 한잔하면서 쉬어갈 수 있다.

Address	1124 Pike St
Tel	206-624-0173
Web	starbucksreserve.com
Cost	$7~
Open	07:00~23:00
Access	버스 10번 Pike St & Boren Ave역 하차
Map	332p. F

Cafe
❷
스토리빌 커피 Storyville Coffee

고급스러우면서 세련된 카페로 현재 시애틀 시내에서도 지점이 계속 늘고 있는 추세이다. 여행자가 방문하기 가장 좋은 지점은 파이크 플레이스 마켓으로 돼지 동상이 있는 맞은편 건물 2층에 자리하고 있어 한가롭게 커피 한잔 즐기기 좋다. 단, 언제 방문해도 빈자리를 찾기 힘들 정도로 인기가 많다. 인기 메뉴는 솔티드 캐러멜 번과 콜드 브루 라테, 프렌치 프레스이다.

Address	94 Pike St #34
Tel	206-780-5777
Web	www.storyville.com
Open	07:00~18:00
Cost	$5~
Access	버스 113·121·122·123번 1st Ave & Pike St역 하차
Map	332p. E

Cafe
❸
무어 커피 숍 Moore Coffee Shop

라테 아트가 특히 유명한 곳으로 하트에서부터 귀여운 동물이나 캐릭터까지 다양한 작품을 그려 주어 주문한 커피를 받을 때마다 설레게 한다. 커피 외에 와플과 샌드위치 메뉴도 판매하고 있다.

Address	1930 2nd Ave
Tel	206-883-7044
Web	www.moorecoffeeshop.com
Open	월~금 06:30~16:30, 토 08:00~16:30, 일 08:00~14:30
Cost	$5~
Access	버스 4·82번 3rd Ave & Virginia St역 하차
Map	332p. E

Cafe
❹
카페 베살루 Café Besalu

전형적인 프랑스 스타일의 베이커리 겸 카페이다. 크루아상과 데니시가 가장 인기 있는 메뉴이며 커피 혹은 티와 함께 가벼운 식사나 간식을 즐기기 좋은 곳이다.

Address	5909 24th Ave NW
Tel	206-789-1463
Web	www.cafebesalu.com
Open	월~금 06:30~14:00, 토·일 06:30~15:00
Cost	$5~
Access	버스 40번 24th Ave NW & NW 61st St역 하차
Map	331p. A

Night Life

라디에이터 위스키 Radiator Whiskey

위스키나 칵테일을 맛있는 안주와 함께 즐길 수 있어 언제나 현지인들에게 인기이다. 활기차게 즐거운 밤을 보내고 싶다면 추천.

Address	94 Pike St #30
Tel	206-467-4268
Web	www.radiatorwhiskey.com
Open	월~토 16:00~24:00
Close	일요일
Cost	$10~
Access	버스 113·121·122·123번 1st Ave & Pike St역 하차
Map	332p. E

Night Life

섬 랜덤 바 Some Random Bar

독특하면서도 맛있고 저렴한 안주 덕분에 늘 인기가 많은 펍이다. 크랩 나초, 치킨 윙, 돼지고기볶음 등을 찾는 사람들로 언제 가도 북적인다.

Address	2604 1st Ave
Web	www.somerandombar.com
Open	월~금 16:00~01:00, 토·일 10:00~01:00
Cost	$10~
Access	버스 99번 1st Ave & Cedar St역 하차
Map	332p. C

Night Life

배스텁 진 & 코 Bathtub Gin & Co.

벽돌과 나무로 장식된 실내는 클래식한 미국의 과거를 느낄 수 있는 전형적인 장소이다. 지극히 미국스러운 분위기를 한껏 느껴보고 싶다면 추천.

Address	2205 2nd Ave
Tel	206-728-6069
Web	bathtubginseattle.com
Open	17:00~02:00
Cost	$10~
Access	버스 111·113·114·121·122번 2nd Ave & Bell St역 하차
Map	332p. E

Shopping

퍼시픽 플레이스 Pacific Place

시애틀의 중심가인 다운타운에 위치한 복합 쇼핑몰이다. 우리가 아는 미국의 유명한 브랜드 숍은 물론이고 레스토랑과 카페, 영화관, 백화점까지 모두 모여 있어 이곳에서라면 올 스톱 쇼핑이 가능하다. 시간적 여유가 없어 단 한 곳에서만 쇼핑을 해야 한다면 이곳으로 가면 된다.

Address	600 Pine St
Tel	206-405-2655
Web	www.pacificplaceseattle.com
Open	월~토 10:00~20:00, 일 11:00~19:00
Access	버스 7·10·11·43·47·49·84번 Pine St & 5th Ave역 하차

Map 332p. F

Shopping

웨스트레이크 센터 Westlake Center

시애틀 다운타운에 위치한 쇼핑몰로 미국의 로컬 브랜드들이 대거 입점해 있어 특히 젊은 층의 선호도가 높은 편이다. 또한 저렴하고 간편하게 먹을 수 있는 푸드 코트도 자리해 있어 실속 있는 쇼핑을 즐기기에 좋다. 현지인들의 만남의 장소이기도 하다.

Address	400 Pine St
Tel	206-467-1600
Web	www.westlakecenter.com
Open	월~토 10:00~20:00, 일 11:00~18:00
Access	버스 7·10·11·43·47·49·84번 Pine St & 5th Ave역 하차

Map 332p. E

시애틀 외곽에서 쇼핑 즐기기

벨뷰 스퀘어 Bellevue Square

시애틀 동부의 부촌인 벨뷰에 있는 고급 쇼핑몰이다. 미국을 대표하는 백화점인 노드스트롬, 메이시스, JC페니 등은 기본이고 럭셔리 명품 브랜드 숍과 로컬 숍, 다양한 레스토랑들이 함께 있어 먹고 쇼핑하면서 하루를 보내기에 좋다. 유명 스테이크 레스토랑인 루스 크리스 스테이크 하우스 Ruth's Chris Steak House 에서의 식사를 추천!

Address 575 Bellevue Way NE, Bellevue
Tel 425-454-2431
Web bellevuecollection.com
Open 월~토 09:30~21:30, 일 11:00~19:00
Access 버스 550번 NE 4th St & 105th Ave NE역 하차

시애틀 프리미엄 아웃렛
Seattle Premium Outlets

시애틀의 북쪽인 툴레이립에 위치한 아웃렛으로 캐나다 밴쿠버 쪽으로 이동할 일이 있다면 일정에 넣어 같이 방문해도 좋다. 미국의 유명한 명품 브랜드에서부터 중저가까지 쇼핑을 즐기는 데 필요한 모든 브랜드들을 만날 수 있다.

Address 10600 Quil Ceda Blvd, Tulalip
Tel 360-654-3000
Web www.premiumoutlets.com/outlet/seattle
Open 월~토 10:00~21:00, 일 10:00~19:00
Access 버스 222번 105th St NE & 30th Ave NE역 하차

유니버시티 디스트릭트
University District

워싱턴 대학교가 크게 자리하고 있는 덕분에 유니버시티 디스트릭트라는 이름이 생겨났다. 학교를 기준으로 주변에는 학생들과 교직원들이 주로 거주하여 어딜 가도 한가롭고 평화롭다. 산책하듯 걸으면서 대학 캠퍼스와 쇼핑몰을 즐기기 좋다.

Sightseeing ★★☆

워싱턴 대학교 University of Washington

1861년 개교한 미국 서부의 명문 대학으로 드넓은 지대에 여러 단과대학 건물이 흩어져 있는 대규모의 종합 사립대학교이다. 법학, 해양학, 항공, 치의학 등이 유명하며 마이크로소프트의 창시자인 빌 게이츠 아버지가 이곳 출신이라 마이크로소프트의 정기적인 지원을 받고 있기도 하다. 캠퍼스 내에는 왕벚나무가 특히 많은데 꽃이 피는 봄이 오면 꽃구경을 하러 오는 시민들로 늘 붐빈다. 도서관을 비롯해 아트 갤러리 등도 갖추고 있으니 시간적 여유가 된다면 방문해보자.

Address 4060 George Washington Lane Northeast, Seattle
Tel 206-543-9198
Web www.washington.edu/visit
Access 링크 라이트 레일 University of Washington역 하차
Map 331p. B

Tip 트렌드세터라면 주목, 시애틀의 요즘 가장 뜨는 곳은 여기!

가끔 시애틀이 볼 것 없다고 치부하는 분들에게 고한다. 시애틀은 절대 그렇지 않다는 것을! 요즘 가장 뜨는 HOT한 지역은, 캐피탈 힐 Capital Hill/프리몬트 Fremont/발라드 Ballard이다. 우리가 흔히 알고 있는 파이크 플레이스 마켓 근처에서 모두 윗동네에 자리하고 있다. 한적하고 평화로우며 관광객이 덜한 까닭에 고급스럽고도 우아한 로컬 숍, 카페, 서점, 레스토랑 등이 많아 요즘 시애틀의 가장 잘나가는 분들은 이곳으로 향하고 있다는 사실. 시애틀 여행 중 유행이나 트렌드에 관심이 있다면 꼭 기억해두었다가 방문해보길!

Food
❶
모슬 Morsel

부담 없이 간단하게 요깃거리를 해결할 수 있는 곳으로 수제 잼과 버터 등도 구매할 수 있다. 워싱턴 대학교를 방문한 김에 들러 비스킷 한 조각과 커피 한잔을 즐겨도 좋다. 오후 일찍 문을 닫으니 시간을 확인한 후 찾아가도록 하자. 시내 2곳에서 영업 중이다.

Address	4754 University Way NE
Tel	206-268-0154
Web	www.morselseattle.com
Open	08:00~15:00
Cost	$5~10
Access	버스 2·3·24·36·70번 NE 50th St & University Way NE역 하차

Map 331p. B

Food
❷
빅 타임 브루어리 앤 에일하우스 Big Time Brewery & Alehouse

맥주를 직접 제조해 판매하는 대학가 앞 인기 펍이자 양조장이다. 오래된 내부는 학생들이 늘 친근감을 느끼며 애용 중이라 저녁에 가면 빈자리가 없을 정도. 직접 구워 내주는 얇은 피자는 맥주와 환상 궁합.

Address	4133 University Way NE
Tel	206-545-4509
Web	bigtimebrewery.com
Open	토~수 11:30~00:30, 목 11:30~01:00, 금 11:30~01:30
Access	버스 31·49·62·70·71번 15th Ave NE & NE 42nd St역 하차

Map 331p. B

Shopping

유니버시티 빌리지 University Village

워싱턴 대학교 바로 뒤편에 위치해 있어 대학교와 함께 방문할 것을 권한다. 복합 쇼핑몰은 어디에서나 쉽게 볼 수 있긴 하나 유니버시티 빌리지는 오픈된 노천카페와 레스토랑이 많아 마치 유럽에 온 듯하다. 우리가 흔히 알고 있는 미국 브랜드 이외에도 다양한 로컬 브랜드 숍이 거리를 가득 메우고 있어 더욱 활기차고 젊은 분위기이다.

Address	2623 NE University Village St #7
Tel	206-523-0622
Web	uvillage.com
Open	월~토 09:30~21:00, 일 11:00~18:00
Access	버스 32·75번 Montlake Blvd NE & NE 45th St역 하차

Map 331p. B

웨스트 시애틀
West Seattle

다운타운의 반대 방향으로 바다를 끼고 있어 한껏 멋스럽다. 바닷가를 거닐며 낚시를 즐기고 다양한 해산물 음식을 먹으면서 쉬엄쉬엄 한가롭게 머물면 좋을 곳이다. 그러니 전체 여행 일정에 여유가 있다면 방문해보길 추천한다.

Sightseeing ★★☆

 ❶

알카이 비치 Alki beach

시애틀 다운타운에서 택시를 타고 20여 분 정도 이동하면 도착하는 한적한 바닷가로 이곳에서 보는 시애틀의 마천루 풍경은 환상적으로 아름답다. 주변에는 현지인들이 낚시를 하거나 소풍을 즐기는 모습도 쉽게 볼 수 있어 낭만적인 분위기를 느낄 수 있다. 다만 늦은 밤에는 인적이 드물어지니 혼자 방문하는 것은 추천하지 않는다.

Address	1702 Alki Ave SW
Tel	206-684-4075
Web	www.seattle.gov/parks/find/parks/alki-beach-park
Open	04:00~23:30
Access	버스 37번 Alki Ave SW & 59th Ave SW역 하차
Map	331p. E

Food

 ❶

솔티스  Salty's

가격이 저렴하진 않지만 도시와 바다를 한눈에 볼 수 있는 전망 좋은 레스토랑이기 때문에 방문할 만한 가치가 있다. 다양한 해산물 요리를 메인으로 하며 최고의 뷰 덕분에 언제나 빈자리가 없다. 일몰 시간대로 예약해 같은 자리에서 야경까지 감상하며 식사를 즐기고 오자.

Address	1936 Harbor Ave SW
Tel	206-937-1600
Web	saltys.com/seattle
Open	월~금 17:00~21:00, 토·일 10:00~21:00
Cost	$31~
Access	버스 37번 Harbor Ave SW & Fairmount Ave SW역 하차
Map	331p. E

시애틀의 숙소
Seattle Accommodations

다운타운에 머물면 시애틀 주요 관광지로의 이동이 편리하다는 장점이 있으나 숙소 가격이 꽤 비싼 편이다. 그럼에도 불구하고 여정 중 동선을 최소화하여 시간을 아끼고 싶다면 무조건 다운타운 쪽에 숙소를 잡는 것을 추천한다.

Stay : 호스텔

그린 토터스 호스텔 Green Tortoise Hostel

파이크 플레이스 마켓 바로 앞에 위치해 시애틀을 처음 방문한 사람이라면 이보다 좋은 위치의 숙소는 없을 터. 1박 가격에 조식이 포함되어 있고 주 2~3회는 무료 저녁식사가 제공되기도 한다. 4인실 이상의 룸 침대에는 녹색의 개별 커튼이 설치되어 있어 사생활 보호에 유용하다.

Address	105 Pike St
Tel	206-340-1222
Web	greentortoise.net
Cost	$60~
Map	332p. E

Stay : 호스텔

호스텔링 인터내셔널 시애틀 앳 더 아메리칸 호텔
Hostelling International Seattle at the American Hotel

다운타운 우측에 있는 차이나타운에 자리하고 있으며 특히 조식이 풍성하게 나와 인기가 많다. 선풍기와 전기 콘센트도 개별로 설치되어 있어 이용이 편리하고 시설 또한 깨끗한 편이다.

Address	520 S King St
Tel	206-622-5443
Web	www.americanhotelseattle.com/en-us
Cost	$80~
Map	331p. D

Stay : 4성급

쉐라톤 시애틀 호텔 Sheraton Seattle Hotel

다운타운의 중앙에 위치하고 있어 여행하기에 최적의 입지 조건을 갖추었다. 파이크 플레이스 마켓이나 스타벅스 1호점, 쇼핑몰 등을 모두 걸어서 이동할 수 있어 편리하다. 룸은 넓고 깨끗하며 호텔 내의 레스토랑 또한 만족도가 높은 편이다. 다만 객실 내 와이파이가 유료이고 성수기엔 가격이 한없이 올라간다는 것이 단점.

Address	1400 6th Ave
Tel	206-621-9000
Web	www.sheratonseattle.com
Cost	$300~
Map	332p. F

Stay : 3성급

하얏트 하우스 시애틀/다운타운
Hyatt House Seattle/Downtown

오픈한 지 오래되지 않은 레지던스 스타일 숙소로 스페이스 니들 바로 옆에 위치해 찾기가 쉽다. 다만 모노레일이 주변을 지나가기 때문에 룸에 따라 자칫 소음이 들릴 수도 있다. 숙박비에 조식이 포함되며 시애틀에서 시작된 유명 커피 브랜드 중 하나인 시애틀 베스트 커피도 함께 제공된다. 시내를 오가는 무료 셔틀 또한 운행되고 있어 인기가 많다.

Address	201 5th Ave N
Tel	206-727-1234
Web	seattledowntown.house.hyatt.com/en/hotel/home.html
Cost	$250~
Map	332p. D

Stay : 3성급

워터타운 호텔 Watertown Hotel - A Staypineapple Hotel

시내에서 떨어져 있지만 호텔에서 제공하는 무료 셔틀버스를 이용할 수 있으며 호텔 근처에 시장도 자리해 있어 여행자에게 인기가 많다. 룸 크기 또한 다른 호텔에 비해 넓은 편이며 룸 안에는 커피메이커와 팝콘, 전자레인지까지 갖추고 있다.

Address	4242 Roosevelt Way NE
Tel	206-826-4242
Web	staypineapple.com
Cost	$270~
Map	331p. B

Stay : 3성급

포 포인츠 바이 쉐라톤
Four Points by Sheraton Downtown Seattle Center

실속파를 위한 무난한 미국식 호텔로 건물은 오래되었지만 사용하는 데 큰 불편은 없다. 스페이스 니들까지 걸어서 15분, 대형 마트까지도 5분이면 가능하다. 직원들도 상당히 친절한 편.

Address	601 Roy St
Tel	206-282-2600
Web	www.fourpointsdowntownseattlecenter.com
Cost	$220~
Map	332p. B

Stay : 2성급

무어 호텔 Moore Hotel

파이크 플레이스 마켓 근처에 위치하고 있어 걸어서 여행을 다니기에 좋다. 호텔 주변에는 맛있는 레스토랑과 바가 많아 매일 미식 탐험을 할 수 있을 정도. 빠른 속도의 무선 인터넷과 큰 욕조, 아침마다 제공되는 무료 커피가 포인트.

Address	1926 2nd Ave
Tel	206-448-4851
Web	www.moorehotel.com
Cost	$180~
Map	332p. E

Around Seattle ★★★

레이니어 산 국립공원
Mount Rainier National Park

시애틀 남부의 캐스케이드에서 가장 높은 산맥으로 4,392m 높이다. 1899년에 국립공원으로 지정되었으며 미국 내에서 가장 큰 빙하를 지닌 국립공원으로도 유명하다. 산봉우리에 만년설이 있는 휴화산이며 시애틀 시내에서 차를 타면 약 3시간 정도 소요된다.

레이니어 산은 겨울의 설정도 멋지긴 하지만 방문하기 가장 좋은 때는 6~9월이다. 야생화가 가득 피어 있고 뾰족한 나무들의 푸름이 더해져 환상의 풍경을 자아낸다. 또한 한밤중에는 별도 많이 볼 수 있어 낮이나 밤이나 두 눈이 호강한다.

공원에는 4개의 입구가 있으며 가장 많이 이용되는 곳은 남서쪽의 니스퀄리 입구이다. 겨울에는 니스퀄리 입구를 제외한 나머지 입구들이 폐쇄되므로 주의하자. 레이니어 산을 탐사하는 데 기점이 되는 지역은 다음과 같다. 롱마이어(Longmire : 남서쪽), 파라다이스(Paradise : 남쪽), 오하나피코시(Ohanapecosh : 남동쪽), 선라이즈(Sunrise : 동쪽), 카본 리버/모위치 레이크(Carbon River/Mowich Lake : 북서쪽). 이곳의 대표 장소는 파라다이스 포인트인데, 로지 Paradise Inn(5~9월 운영)까지 갖추고 있어 여유롭게 휴가를 즐기는 현지인들도 많다. 숙박하진 못하고 잠시 방문하는 여행자들 또한 리조트 내의 레스토랑에서 식사를 하거나 카페테리아에서 커피를 즐긴다. 실내에서 연결된 야외 데크 테이블에 자리를 잡고 앉으면 레이니어 산의 아름다운 풍경이 파노라마처럼 펼쳐진다.

하이킹은 자신의 취향과 일정에 맞춰 다양한 코스를 선택할 수 있는데 중간중간 나타나는 폭포와 나무숲, 전망대, 호수 등을 보다 보면 절로 대자연의 경치에 심취하게 된다.

추천 근교 여행지

Address	55210 238th Ave E, Ashford
Tel	360-569-2211
Web	www.nps.gov/mora/index.htm
Cost	차량당 $30(유효 기간 7일)
Access	대중교통으로는 방문이 어렵고 차로 이동 시 3시간 소요. I-5 S → WA-167 S → WA-161 S → Alder Cutoff Rd E → WA-7 S/Mountain Hwy E → WA-706 방면으로 직진
GPS	46.860256, -121.855005

Mount Rainier National Park 01
파라다이스 Paradise

레이니어 산 국립공원 관광의 기점이다. 비지터 센터는 물론 로지와 레스토랑 등이 있다. 이곳 주차장에 차를 주차하고 트레일을 따라 산을 오르면 된다. 난이도와 소요시간에 따른 다양한 코스 선택이 가능하다.

Mount Rainier National Park 02
롱마이어 Longmire

1883년 레이니어 산에 오른 제임스 롱마이어가 이곳에서 광천을 발견하면서 개발이 진행되었다. 현재는 레이니어 산의 초기 역사와 자연 등의 전시물이 있는 박물관과 안내 센터가 자리해 있다.

Mount Rainier National Park 03
나라다 폭포 Narada Falls

파라다이스 지역에서 서쪽으로 1.6km 거리에 있으며, 파라다이스 강의 물줄기가 50m 높이에서 떨어진다. 전망대가 있어 주변 경관을 둘러보기 좋은데 여름철에는 무지개가 피어오른 모습이 특히 압권이다.

Mount Rainier National Park 04
선라이즈 Sunrise

레이니어 산 국립공원 북쪽에 위치하고 있는 1,950m 높이의 포인트로 공원 내에서 자동차로 올라갈 수 있는 가장 높은 지점이다. 이곳에서 정상을 바라보면 레이니어 산의 빙하 중 가장 큰 면적을 차지하는 에몬스 빙하 Emmons Glacier가 보인다. 특히 여름철 빙하와 야생화가 어우러진 환상적인 풍경은 그림처럼 아름답다.

Mount Rainier National Park 05
원더랜드 트레일 Wonderland Trail

레이니어 산을 일주하는 코스로 전체 길이는 약 150km이며 한 바퀴 도는 데 10~14일 정도 소요된다. 여러 각도에서 바라보는 레이니어 산의 다양한 매력을 발견할 수 있어 인기이다.

Mount Rainier National Park 06
박스 캐니언 Box Canyon

스티븐스 캐니언 로드를 달리다 보면 만나게 되는 협곡이다. 눈이 녹는 것에 따라 6~9월에만 개방되며 그 깊이는 45m 정도로 용암이 흘러내리면서 만들어졌다. 협곡 위에 걸린 다리를 건너면서 보는 것이 전망 포인트.

Mount Rainier National Park 07
니스퀄리 빙하 Nisqually Glacier

파라다이스에서 니스퀄리비스타트레일(총2km, 왕복1시간 소요) 선택 시 만나 볼 수 있다. 레이니어 산에 있는 26개의 빙하 중 여섯 번째로 크다.

> **Tip 믿고 가는 현지 투어, 시애틀 여행사!**
>
> 레이니어 국립공원과 올림픽 국립공원은 대중교통으로 방문이 불가능하고 워낙 방대한 지역이라 현지 한인 여행사를 통해 방문할 것을 추천한다. 국립공원의 주요 포인트를 한국인 가이드의 설명과 함께 차로 편히 오갈 수 있어 최고!
>
> **Web** www.seattletour.net 블로그 www.seattlelee.com
> **Cost** $150(숙소 픽업/드롭, 차량, 가이드, 팁, 입장료 포함/식사 불포함)
> **카톡 ID** aroma401

Around Seattle ★★★

올림픽 국립공원
Olympic National Park

1938년 루스벨트 대통령에 의해 지정된 국립공원으로, 미국에서 두 번째로 큰 국립공원(3,600㎢, 서울의 6배 크기)를 자랑한다. 해발 2,428m인 올림푸스 산을 중심으로 60여 개의 빙하가 있는 산들과 산 위의 빙하가 녹아 흐르는 11개의 강으로 구성되어 있다. 울창한 침엽수림과 고산 식물, 그림 같은 해변과 에메랄드빛 호수가 빚어내는 풍경은 지상천국과도 같아 1981년 유네스코 세계자연유산으로 등재되었다. 주요 방문지로는 허리케인 릿지Hurricane Ridge, 크레센트 호수Lake Crescent, 리알토 해변Rialto Beach, 호 레인 포레스트Hoh Rain Forest, 2008년 개봉해 히트친 크리스틴 스튜어트와 로버트 패틴슨 주연의 영화 〈트와일라잇〉의 촬영지로도 유명한데 폭스 마을The City of Forks에 방문하면 영화 촬영 장소가 표기된 지도를 받을 수 있으며 지금도 폭스 고등학교, 벨라의 집 등이 그대로 보존되어 있어 많은 영화 팬들의 지지를 받고 있다.

🔍 추천 근교 여행지

Address	3002 Mt Angeles Rd, Port Angeles
Tel	360-565-3130
Web	nps.gov
Cost	차량당 $30 (유효 기간 7일)
Access	대중교통으론 방문이 어렵고, 렌터카 혹은 현지 투어 조인 추천

GPS 47.785915, -123.920371

Western USA | Seattle

Around Seattle

보잉사 투어
Future of Flight Aviation Center & Boeing Tour

> 추천 근교 여행지

항공기 역사를 이야기할 때 가장 많이 듣게 되는 그 이름, 바로 보잉사의 공장을 견학할 수 있다. 시애틀의 북쪽에 위치하여 차를 타고 30~40분 정도 이동하면 도착한다. 항공사가 설립된 이래 과거부터 현재까지의 항공기 관람이 가능하며 항공기의 조립과 제작 과정까지 직접 볼 수 있어 흥미롭다. 총 1시간 30분 동안 진행되며 먼저 30분간 영상을 관람한 후 1시간 동안 현지 가이드의 영어 설명을 듣게 된다. 워낙 넓은 공간이라 내부에서도 차를 타고 이동하며 내부 사진 촬영은 불가이다. 인터넷으로 투어 시간을 미리 정할 수 있어 편리한데 성수기의 경우 반드시 예약을 하고 가야 허탕을 치지 않으니 참고! 단, 어린이의 경우 신장 122cm 이상이 되어야 투어에 참여할 수 있다. 2002년 본사가 시카고로 이전했으나 현재 이곳의 공장에서 2만 명의 직원들이 근무 중이다.

Address	8415 Paine Field Blvd, Mukilteo
Tel	800-464-1476
Web	www.futureofflight.org
Open	08:30~17:30 (보잉 투어 09:00~15:00)
Close	1월 1일, 추수감사절, 크리스마스
Cost	성인 $20, 65세 이상 및 15세 이하 $20 (백스테이지 패스 포함)
Access	버스 512번을 타고 Everett역에서 하차 후 버스 113번으로 갈아탄 후 Mukilteo역에서 하차하여 도보 13분
GPS	47.921232, -122.292348

Around Seattle ★★★

독일마을
Leavenworth

🔍 추천 근교 여행지

로키 산맥과 이어지는 캐스케이드 산맥의 동쪽으로 2시간을 가면 나오는 마을로 과거 1900년대 이후 독일 이민자들이 벌목과 농사의 목적으로 땅을 찾아 나섰다가 이곳에 정착해 1950년대부터 지금의 마을 모습을 갖추고 발전하게 되었다. 커다란 산맥이 병풍처럼 마을을 감싸고 있고 나무와 숲으로 우거진 주변 환경 덕에 전형적인 유럽 분위기를 자아내고 있으며, 마을 안의 집과 분위기 또한 유럽식 스타일이라 어딜 둘러봐도 동화 속 혹은 영화 속 풍경 같다. 크고 작은 500여 개의 상점을 둘러보며 기념품을 고르고 사진 촬영을 하고 독일식 소시지와 맥주를 즐길 수 있어 근교의 여행지로 적합하다.

시애틀에서 레벤워스 마을까지 오가는 길은 워싱턴 주의 광활한 대자연을 느끼기 좋을 만큼 아름답지만 꼬불꼬불한 산길을 달려야 하므로 출발 전 날씨 체크는 필수. 산이 많고 눈이 녹지 않은 곳이 곳곳에 많으므로 한여름을 제외하고는 반드시 이를 주의해야 한다.

Address 940 US-2, Leavenworth
Web leavenworth.org
Access 대중교통으로 방문이 어렵고, 렌터카 혹은 현지 투어 조인 추천
GPS 47.589545, -120.677992

Portland 포틀랜드

포틀랜드
Portland

미국 북서부의 오리건 주에 산과 강으로 둘러싸인 포틀랜드는 도시 위쪽으로 워싱턴 주, 아래쪽으로는 캘리포니아 주 사이에 위치하고 있어 훼손되지 않은 자연환경과 여행하기 적당한 날씨를 갖추고 있다. 도시에는 수십 개의 산과 폭포가 있어 물과 공기가 좋으며 이 덕분에 '퍼시픽 원더랜드'라는 별칭으로도 불린다. 또한 기존의 미국 내 대도시와는 달리 소규모의 실험정신과 다양성을 존중하는 도시라 요즘 더욱 주목을 받고 있다. 소소한 일상과 빈티지한 삶을 추구하는 덕분에 《킨포크》라는 트렌디한 잡지가 탄생했고 미국에서 가장 인기 있는 커피 브랜드 스텀프타운이 만들어지기도 했다. 대형 브랜드보다는 소소한 로컬 브랜드를 더욱 가치 있게 인정해 주는 곳이기도 하다. 이러한 이유로 미국인들이 가장 살고 싶어 하는 도시에 매년 손꼽히고 있으며 실제로 매해 미국 내 다른 도시에서 포틀랜드로 이주해오는 이주민 또한 무척 많아지고 있는, 요즘 가장 뜨고 있는 인기 도시이다.

연관검색어
#킨포크 #킨포크스타일 #포틀랜디아
#세금없는도시 #쇼핑천국 #빈티지
#인기도시 #트렌드 #쇼핑여행
#푸드카트 #와이너리 #크래프트비어
#수제맥주 #로컬브랜드

Writer's Story

언제부턴가 유니크하고도 트렌디한 표현을 할 때 '킨포크' 혹은 '킨포크 스타일'이란 말이 대세로 떠올랐다. 포틀랜드에서 시작된 잡지의 이름에서 비롯돼 이 유행은 몇 년째 이어지고 있고, 여러 여행 잡지에서도 수년째 소개되고 있어 그 실체가 궁금해 떠나본 포틀랜드 여행 직접 가보고 나서야 그곳의 매력에 빠지고야 말았다. 미국 내 다른 도시와는 다르게 여행자에게 따뜻한 말 한마디 건넬 줄 알던 현지인들, 물과 공기가 좋은 덕분에 매일 최고급 커피와 수제 맥주, 와인을 즐길 수 있어 입이 고급스러워졌던 날들, 세금이 없는 주이기 때문에 쇼핑을 외면하는 건 예의가 아니니 결국 캐리어 하나를 추가로 더 산 다음 2개를 꽉꽉 눌러 채워 담고 나서야 포틀랜드를 떠날 수 있었던 일화 등, 어디 이뿐이랴. 지금 뜨고 있는 가장 세련된 트렌드와 문화를 매일 접하며 나 자신이 한층 업그레이드되는 듯한 행복한 착각에 빠질 수 있었으니, 그 누가 포틀랜드와 사랑에 빠지지 않을 수 있을까. 우연히 현지인과 친구가 되어 그분의 정원 딸린 아름다운 집에서 함께 파티를 즐겼던 기억 또한 내겐 포틀랜드를 가장 먼저 연상케 하는 행복한 추억이기도 하다.

추천 애플리케이션
Travel Portland
Portland City Guide-Trip.com

추천 웹 사이트
미국 여행 정보
www.gousa.or.kr
포틀랜드 여행 정보
www.travelportland.com
포틀랜드 대중교통 trimet.org

VOLUME TEN
KINFOLK
DISCOVERING NEW THINGS TO COOK, MAKE AND DO

오리엔테이션

➕ 시차
한국보다 17시간 느리고, 서머타임 적용 시에는 16시간 차이가 난다(서머타임 : 3월 둘째 주부터 11월 첫째 주까지).

➕ 기후
우리나라와 같이 사계절이 있어 봄과 가을에 여행 가기 가장 좋고 여름엔 습도가 낮아 쾌적한 데다가 밤 9시까지도 해가 지지 않아 여행하기에 유리하다. 가을에는 비가 많이 오고 겨울에는 눈이 거의 안 오는 편이다.

	1월	2월	3월	4월	5월	6월	7월	8월	9월	10월	11월	12월
평균 기온(℃)	4	7	9	11	14	18	22	22	18	14	9	5
평균 강수량(mm)	130	90	90	60	50	30	10	20	40	60	130	150

➕ 한국에서 포틀랜드까지 가는 방법
인천국제공항에서 시애틀까지 이동한 후 시애틀에서 국내선을 갈아타고 포틀랜드로 가는 길이 가장 편리하다. 시애틀까지는 국적기 및 델타항공이 매일 출발하고 있으며 약 10시간 30분, 시애틀에서 포틀랜드까지는 미국 항공사의 국내선으로 약 50분 소요된다. 암트랙 기차로 이동 시 4시간, 그레이하운드 버스로는 6시간 소요된다.

➕ 포틀랜드국제공항
포틀랜드 도심에서 약 18km 떨어진 곳에 위치한 포틀랜드국제공항Portland International Airport은 6개의 터미널, 3개의 활주로를 가진 공항으로 다른 미국 내 공항에 비해 그리 크진 않지만 깔끔한 시설을 자랑한다. 메인 주의 포틀랜드와 종종 헷갈리는 경우가 있으니 주의하자. 공항코드는 PDX이다.
Address 7000 NE Airport Way
Tel 503-460-4234
Web www.pdx.com/PDX

➕ 공항에서 시내까지 가는 방법
공항에서 다운타운까지는 대중교통인 맥스 레드 라인으로 30분이면 도착해 이동이 편리하다. 택시 탑승 시에는 대략 $45~55 정도로 비싼 편.
그 외 30년이 넘도록 포틀랜드를 대표하는 공항버스로 자리매김한 블루 스타를 이용하는 방법이 있다. 셔틀버스, 전세버스, 밴 등의 여러 가지 공항 운송 관련 서비스를 하고 있으며 중간 판매자 없이 직접 운영하기 때문에 가격이 저렴한 것 또한 장점이다.

◎ 공항 셔틀버스
Blue Star Airport Express
Web www.bluestarbus.com
Open 04:00~19:00
Cost 편도 $14, 왕복 $24

✚ 시내 교통

다운타운은 블록이 잘 정리되어 있고 길이도 짧아 걸어서 여행하기 편리한 구조이며 대중교통 또한 잘 갖춰져 있어 다른 주변 관광지로의 여행이 편리하다. 트라이메트TriMet는 대중교통 통합 시스템으로, 맥스Max, 스트리트 카Street Car, 통근열차로 이용되는 WES 커뮤터 레일WES Commuter Rail, 버스Bus를 포함한다. 하나의 티켓으로 이용·환승할 수 있으며 정류장에는 곧 도착할 다음 차편이 안내되어 더욱 편리하다.

다른 이동수단 간의 환승 또한 가능하고 가격은 동일하게 성인 1회권 $2.50, 1일권 $5이며 그 외에도 7일권 $26, 14일권 $51, 30일권 $100의 티켓이 있으니 장기간 여행한다면 이 티켓으로 구매하는 것이 유리하다(단 스트리트 카 전용 티켓은 1회권 $2, 30일권 $40). 갈아탈 땐 트랜스퍼 영수증이 필요하니 드라이버에게 "Transfer please."라고 말하며 영수증을 받으면 된다. 일부 도심의 경우 '프리 존Free Zone'이라는 이름으로 무료로 탑승이 가능하고 1일 이용권 구입은 파이오니어 코트하우스의 관광 안내소 혹은 각 정류장의 머신을 통해 직접 구입하면 된다.

가장 많이 이용하게 될 맥스의 경우 총 5개의 노선으로 나뉜다. 포틀랜드 주립대와 유니언 역을 오가는 그린 라인, 북쪽의 엑스포와 컨벤션 센터 등을 오가는 옐로 라인, 포틀랜드국제공항과 다운타운, 워싱턴 공원을 오가는 레드 라인, 오리건 동물원과 호이트 수목원, 워싱턴 공원 등을 오가는 블루 라인, 시티 센터와 밀워키 등을 오가는 오렌지 라인으로 구성되어 있다.

포틀랜드는 시내 중심을 기준으로 남서(사우스웨스트, SW), 북서(노스웨스트, NW), 남동(사우스이스트, SE), 북동(노스이스트, NE) 이렇게 4곳으로 구분된다. 여행자가 가장 많이 방문하게 될 다운타운의 경우 SW, 펄 디스트릭트의 경우 NW에 속한다. 윌래밋 강Willamette River을 기준으로 남북, 번사이드 스트리트를 기준으로 동서로 나뉜다. 포틀랜드 시민들에게 가장 인기가 많은 교통수단은 자전거인데 그만큼 자전거 도로가 발달해 있다. 또한 대부분의 호텔에서는 유·무료로 대여를 해주고 있으니 자전거를 좋아한다면 도전해보자.

◎ 자전거 대여

Everybody's Bike Rentals & Tours
Address 305 NE Wygant St
Tel 503-358-0152
Web www.pdxbikerentals.com
Open 10:00~17:00

Waterfront Bicycle
Address 10 SW Ash St #100
Tel 503-227-1719
Web www.waterfrontbikes.com
Open 10:00~18:00

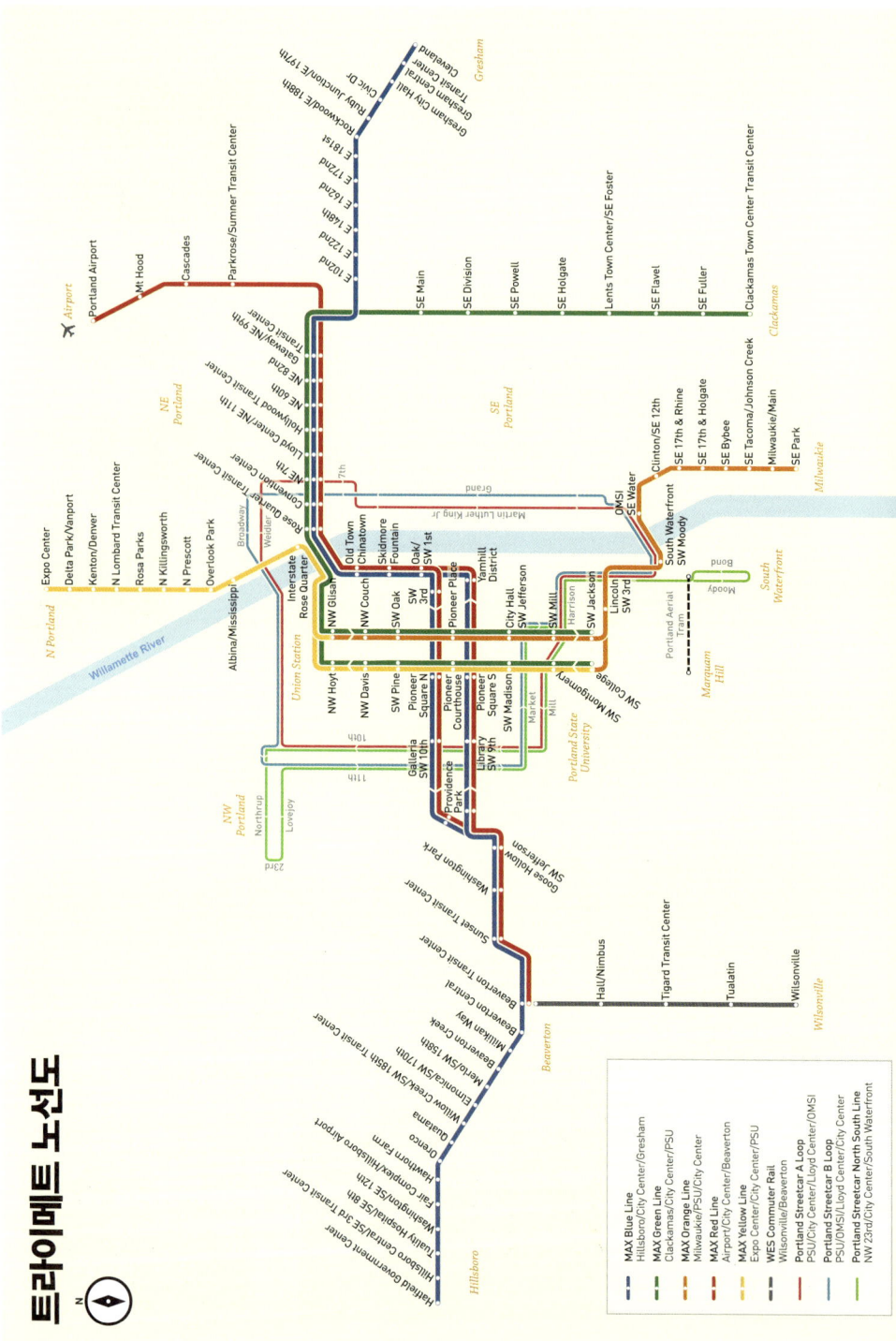

➕ 포틀랜드 4박 5일 추천 일정

시간적 여유가 있다면 강 건너에 위치하고 있는 빈티지한 동네, 알버티 스트리트를 추천한다. 장미가 피는 계절에 포틀랜드를 방문한다면 장미 정원을, 포틀랜드 근교인 캐넌 비치를 추가해도 좋다.

1일 차
스텀프타운 커피 로스터스에서 커피 한잔 ➡ 파월 북스 서점 구경 ➡ 마더스 비스트로 & 바에서 점심식사 ➡ 펄 디스트릭트 산책 및 아이쇼핑 ➡ 데슈트 브루어리에서 저녁식사 겸 수제 맥주 즐기기

2일 차
포틀랜드 미술관 ➡ 셰릴의 12번째 생일에서 점심식사 ➡ 오리건 역사박물관 ➡ 바리스타에서 커피 한잔 ➡ 파이오니어 코트하우스 스퀘어 ➡ 디파처 라운지에서 야경 보며 칵테일 한잔

3일 차
퍼블릭 도메인에서 커피 한잔 ➡ 노드스트롬 랙에서 쇼핑 ➡ 부두 도넛에서 도넛 맛보기 ➡ 거버너 톰 맥콜 워터프런트 공원 산책 ➡ 포틀랜드 시티 그릴에서 맛있는 식사와 포틀랜드 와인 한잔하며 도시 야경 관람

4일 차
멀트노마 폭포 & 후드 산 투어

5일 차
오리건 와이너리/윌래밋 밸리 와이너리 투어

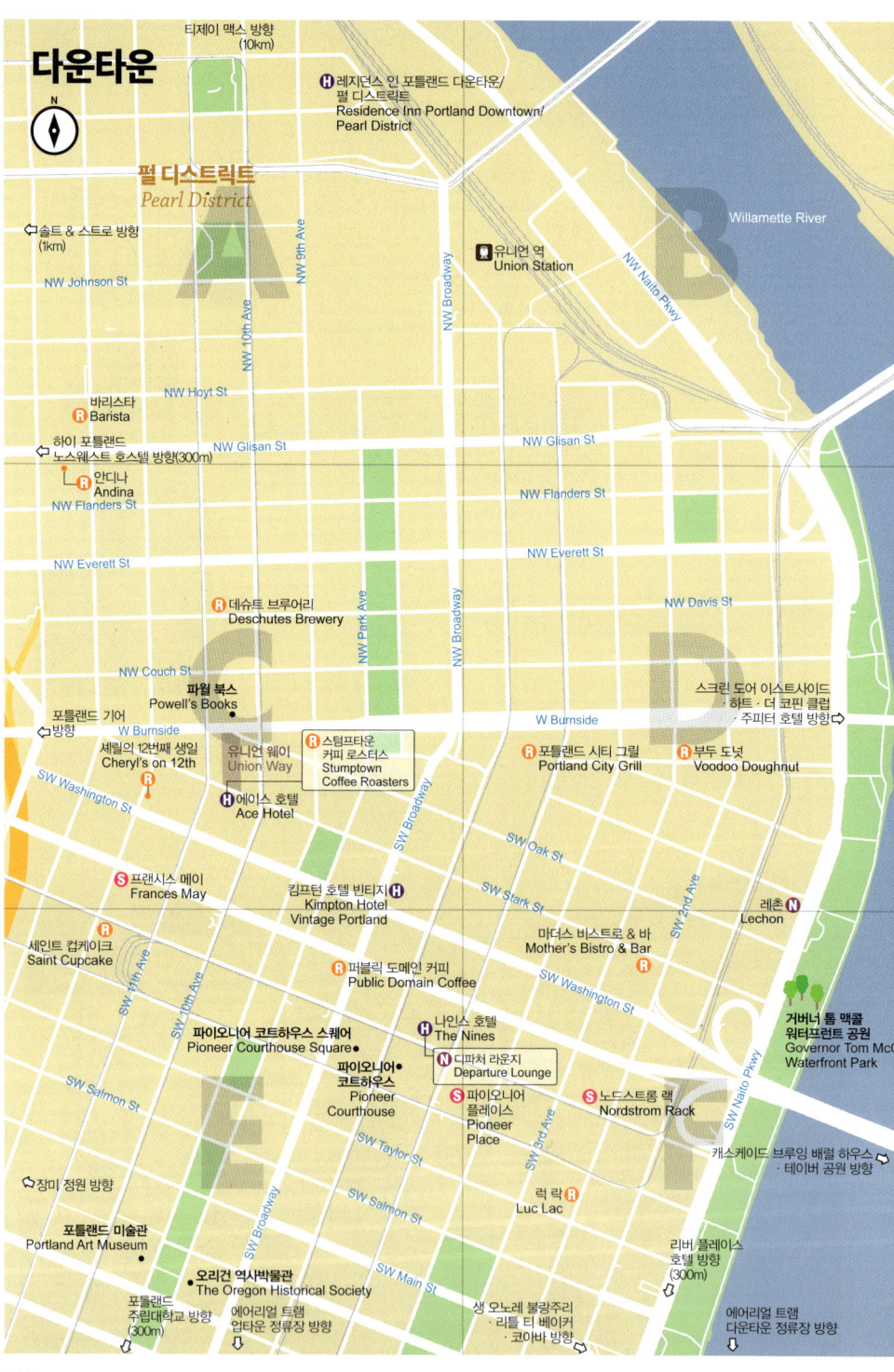

다운타운
Downtown

포틀랜드의 중심이자 대부분의 관광지와 맛집으로 유명한 레스토랑들이 모두 모여 있는 곳으로 대중교통 연결 또한 잘되어 있어 방문이 더욱 편리하다. 하지만 대중교통을 이용하기보다는 걸으면서 여행할 것을 추천한다. 현지인과 눈을 맞추며 그들의 삶을 잠시나마 들여다볼 수 있는 좋은 계기가 될 것이다.

Sightseeing ★★★

파이오니어 코트하우스 스퀘어
Pioneer Courthouse Square

파이오니어 광장은 '포틀랜드의 거실'로 불릴 만큼 포틀랜드의 사랑방과 같은 곳이다. 바닥에는 기부자들의 이름이 쓰여 있고, 원형 극장 형태의 야외무대가 있어 언제나 다양한 이벤트가 펼쳐진다. 포틀랜드의 중심인 이곳을 기준으로 주변에는 메이시스, 힐튼 호텔, 노드스트롬 백화점 등이 둘러싸고 있다. 언제나 많은 사람들로 북적이는 광장의 중심부에는 1980년대에 만들어진 우산을 든 신사의 조각상이 유명하다. 광장의 한쪽에는 이곳의 또 다른 상징이라 할 수 있는 파이오니어 코트하우스가 자리를 차지하고 있다.

Address 701 SW 6th Ave
Tel 503-223-1613
Web thesquarepdx.org
Access 맥스 레드·블루 라인
Pioneer Square N역
Map 368p. E

Tip 포틀랜드 여행의 시작점, 비지터 인포메이션 센터

파이오니어 코트하우스 스퀘어에 자리한 관광 안내소는 '트래블 포틀랜드'라는 비영리단체에서 운영 중이다. 포틀랜드 및 주변 도시로의 여행 정보를 안내해 주고 있으며 현지 투어의 예약도 도와주니 포틀랜드 여행 중 꼭 찾아가야 할 고마운 장소이다. 포틀랜드의 도보 여행 지도 또한 무료로 배포하고 있어 여행에 많은 도움이 되니 반드시 들러보자.

Address Pioneer Courthouse Square 701 SW 6th Ave
Tel 877-678-5263
Web www.travelportland.com
Open 월~금 08:30~17:30, 토 10:00~16:00   Close 일요일
Access 맥스 레드·블루 라인 Pioneer Square N역

Sightseeing ★★★

파월 북스 Powell's Books

포틀랜드를 상징하는 또 하나의 키워드로 포틀랜드 시내 거리의 기준이자 이정표 역할을 한다. 거리 한 블록이 통째로 서점인데 헌책과 새 책을 합해 100만 권이 넘는 양을 보유하고 있으며 모두 할인가로 판매 중이라 인기가 많다. 서점 내에는 카페도 자리하고 있는데 구매 전의 책도 반입이 가능하다는 것이 놀랍다. 커피 마시며 책 구경하고 누군가를 만나기에도 좋으며 다양한 기념품을 사기에도 그만인 곳이다.

Address	1005 W Burnside St
Tel	503-228-4651
Web	www.powells.com
Open	09:00~23:00
Access	맥스 레드 · 블루 라인 Galleria/SW 10th Ave역 혹은 버스 20번 W Burnside & NW 10th역
Map	368p. C

포틀랜드의 속살 파헤치기, 파머스 마켓

현지 주민들이 포틀랜드 인근 농장에서 직접 만들거나 키운 야채, 치즈, 살라미, 빵 등을 판매하는 시장이다. 신선하고 좋은 재료들을 내놓는 덕분에 현지인들에게 늘 인기가 많다. '포틀랜드 파머스 마켓'에서 운영하고 있으며 요일마다 다른 장소에서 장이 선다(겨울엔 운영을 안 하니 방문 전 오픈 여부 체크 필수). 월요일은 파이오니어 코트하우스 스퀘어Pioneer Courthouse Square, 수요일은 쉬먼스키 공원Shemanski Park과 켄턴Kenton, 목요일은 노스웨스트Northwest, 토요일은 포틀랜드 주립대학교Portland State University, 일요일은 킹King에서 열리고 장이 서는 위치와 시즌에 따라 운영시간이 달라진다.

Address	**쉬먼스키 공원** SW Park Ave & SW Main St
	켄턴 N Denver Ave & N McClellan St
	노스웨스트 NW 19th Ave & Everett St
	킹 NE Wygant St & 7th Ave
Web	www.portlandfarmersmarket.org

Sightseeing ★★☆

포틀랜드 주립대학교 Portland State University

포틀랜드에서 가장 알아주는 명문 종합대학으로 1945년 개교하여 현재는 인문대학, 경영학, 공학, 사회복지, 예술 등의 학과들로 구성되어 있다. 웹 사이트를 통해 재학생이 운영하는 캠퍼스 투어에 참여가 가능한데 다른 학교의 캠퍼스 투어와는 달리 학교의 기숙사와 커뮤니티 공간, 수영장과 농구장 등이 구비된 종합 체육관 시설을 보여주는 것이 신선하다.

Address 1825 SW Broadway
Tel 503-725-3000
Web www.pdx.edu
Access 맥스 그린·오렌지 라인 PSU Urban Center/SW 5th & Mill역
Map 368p. E

Sightseeing ★★★

에어리얼 트램 Aerial Tram

워터프런트와 OHSU 대학 및 병원을 연결하는 케이블카로 현지에서는 트램이라고 불린다. OHSU가 높은 언덕 위에 위치해 이동수단으로 개발이 되었지만 지금은 포틀랜드를 가장 아름답게 내려다볼 수 있는 좋은 관광지가 되었다. 주차는 가능하나 주말이나 피크 시간대엔 공간이 부족한 편이고 자전거는 무료 주차가 가능하다. 탑승 티켓은 동전 혹은 신용카드로만 결제 가능. 왕복 기준 $5.65.

Web www.gobytram.com
Open 트램 운행 월~금 05:30~21:30, 토 09:00~17:00(일요일, 공휴일 및 특정일은 운휴. 홈페이지 참고)
Access 에어리얼 트램 다운타운 정류장 (South Waterfront Lower Tram Terminal) 3303 SW Bond Ave
에어리얼 트램 업타운 정류장 (Portland Aerial Tram-Upper Terminal) 2-16 SW Campus Dr
Map 368p. E, F

Sightseeing ★★★

포틀랜드 미술관 Portland Art Museum

15세기부터 최신의 현대 작품까지 45,000점 이상의 작품을 구비하고 있는 명실공히 포틀랜드 최고의 미술관이다. 모네의 <수련> 작품이 특히 인기가 많고 르누아르, 피카소 등의 작품과 다양한 사진 작품들을 소장하고 있다. 일 년 내내 특별한 전시회가 진행되고 있어 언제 방문해도 지루할 틈이 없다. 미술관 내 카페와 기프트 숍 또한 작지만 알차게 꾸며져 있어 방문할 만하다. 매월 첫 번째 목요일 오후 5시부터는 무료입장이 가능하다.

Address 1219 SW Park Ave
Tel 503-226-2811
Web portlandartmuseum.org
Open 수~일 10:00~17:00
Close 월·화요일
Cost 성인 $25, 62세 이상 및 학생 $22, 17세 이하 무료
Access 맥스 레드·블루 라인 Library/SW 9th Ave역
Map 368p. E

Sightseeing ★☆☆

테이버 공원 Mt. Tabor Park

포틀랜드 도심에서 대자연의 품을 잠시나마 느낄 수 있는 곳이다. 화산암으로 이루어진 이곳은 저수지, 테니스장, 피크닉 테이블, 배구장, 농구장 등을 갖추고 있어 한나절 소풍을 즐기러 가기 좋다. 포틀랜드가 한 눈에 내려다보여 특히 멋스럽다.

Address	SE 60th Ave & SE Salmon St
Tel	503-823-7529
Web	portland.gov
Open	05:00~24:00
Access	버스 71번 SE 60th & Salmon역
Map	368p. F

Sightseeing ★★★

펄 디스트릭트 Pearl District

포틀랜드에서 제일 잘나가는 직사각형 형태의 지구로 윌래밋 강 밑 노스웨스트 14번가에서 웨스트 번사이드 스트리트 일대를 일컫는다. 현재 가장 뜨고 있는 각종 로컬 숍과 음식점, 바, 카페, 펍 등이 즐비하게 늘어서 있어 고르는 재미가 있다. 한가롭게 거닐고 산책하면서 하루쯤 보내기 좋은 곳으로 포틀랜드의 가장 물 좋은 동네이기도 하다.

Web	explorethepearl.com
Access	맥스 그린 · 옐로 라인 SW 6th & Pine역
Map	368p. A

Sightseeing ★★☆

거버너 톰 맥콜 워터프런트 공원
Governor Tom McCall Waterfront Park

전 오리건 주 주지사 톰 맥콜Tom McCall의 이름을 딴 곳으로 포틀랜드 시민들을 지켜주는 윌래밋 강에 위치한 아름다운 공원이다. 산책하고 조깅하거나 롤러스케이트를 타는 시민들로 가득한데 프랑스 파리의 센 강변과도 흡사한 분위기의 휴식처이다. 건물 위에 세워진 하얀색 수사슴과 Portland, Oregon 글씨가 들어간 직사각형의 간판이 이곳의 상징이기도 하다.

Address	SW Naito Pkwy
Tel	503-823-7529
Web	www.portlandoregon.gov/parks/finder/index.cfm?action=viewpark&propertyid=156
Open	05:00~24:00
Access	맥스 레드 · 블루 라인 Morrison/SW 3rd Ave역
Map	368p. F

Sightseeing ★☆☆

오리건 역사박물관 The Oregon Historical Society

오리건 주의 역사를 소개하는 박물관으로 1783년 개관했다. 총 3층으로 이루어진 건물 안에는 주로 오리건 주에서 서식하던 동물들과 과거의 생활상이 엿보이는 생활용품들, 의식주에 관련된 것 등이 전시되어 있다. 특히 오리건 주와 포틀랜드의 과거 모습과 현재를 그대로 재현해 놓아 그들의 변화된 생활상을 한눈에 확인할 수 있는 점이 흥미롭다. 이 외에도 인디언이나 서부 개척 시대의 모습, 오리건 주 출신 화가들의 작품들도 관람 가능하다.

Address	1200 SW Park Ave
Tel	503-222-1741
Web	ohs.org
Open	월~토 10:00~17:00, 일 12:00~17:00
Close	1월 1일, 현충일, 독립기념일, 추수감사절, 크리스마스 연휴
Cost	성인 $10, 60세 이상 및 6-18세 $8
Access	맥스 그린·오렌지 라인 City Hall/SW 5th & Jefferson역
Map	368p. E

Sightseeing ★★☆

장미 정원 International Rose Test Garden

미국 내에서도 오랜 역사와 전통을 자랑하는 정원으로 장미의 종류만도 550가지가 넘고, 7천 그루 이상의 장미나무가 심어져 있다. 장미가 개화하는 5~6월에는 이곳을 찾는 관광객이 더욱 많아진다. 장미 정원의 맞은편에는 일본 정원이 자리하고 있는데 이곳 또한 미국에서 가장 알아주는 일본 정원으로 통할 만큼 매력적이다. 내부는 총 5개의 정원으로 꾸려져 있다.

Address	400 SW Kingston Ave
Tel	503-823-3636
Open	07:30~21:00
Access	버스 63번 SW Rose Garden Blvd & Sherwood역
Map	368p. E

포틀랜드의 상징, 장미 축제

장미의 도시 포틀랜드에서는 매년 5월이면 화려한 장미 축제가 개최된다. 일년 중 가장 많은 관광객이 방문하는 이때에는 포틀랜드 어디를 가도 활기가 넘치는 들뜬 분위기이다. 축제는 6월 초까지 이어지며 축제 기간 중에는 '장미여왕 Rose Queen 선발 대회'가 열린다. 이 행사는 1904년부터 유래된 포틀랜드의 중요한 의식인데 장미 여왕으로 선발된 주인공은 워싱턴 공원의 동판에 그 이름을 새길 수 있다. 이 외에도 축제 기간 중에는 시내 퍼레이드와 푸드 코트 축제, 자동차 경주, 에어 쇼 등의 행사가 진행되므로 행사 시작 전 웹 사이트를 통해 내용을 확인해보자.

Web	www.rosefestival.org

Food ❶

부두 도넛 Voodoo Doughnut

핑크빛 트럭과 피 흘리는 도넛으로 유명한 포틀랜드의 상징과도 같은 곳이다. 공식 매장 이외에도 시내 곳곳에서 도넛을 판매하는 차량을 쉽게 발견할 수 있으며, 피 흘리는 귀신 모형의 도넛과 베이컨이 올라간 메이플 시럽 도넛이 가장 유명하다. 매장은 24시간 오픈이지만 언제 가도 많은 사람들로 인해 정신이 없을 만큼 포틀랜드 최고의 명물 중 하나이다. 실제로 포틀랜드에 여행을 온 사람들이 가장 많이 하는 질문 중 하나가 이 도넛에 대한 거라고! 맛은 그리 특별하지 않고 많이 단 편이다.

Address 22 SW 3rd Ave
Tel 503-241-4704
Web voodoodoughnut.com
Open 24시간
Close 1월 1일, 추수감사절, 크리스마스
Cost $3.5~(현금 결제만 가능)
Access 맥스 레드 · 블루 라인 Skidmore Fountain역
Map 368p. D

포틀랜드 거리 음식의 대명사, 푸드 카트

포틀랜드 거리 곳곳을 다니다 보면 쉽게 발견할 수 있는 푸드 카트 Food Carts는 작은 컨테이너 박스 여러 개가 거리에 나열되어 영업 중이다. 1980년대 도시 개발과 함께 시작되어 지금의 포틀랜드가 세계 최고의 거리 음식 도시로 손꼽히는데 일등공신이 되어 주기도 했다. 푸드 카트에는 미국이나 멕시코 요리 등도 있지만 태국, 베트남, 한국 음식을 판매하는 부스가 특히 인기가 많다. 그중 현지에서도 알아주는 코리안 트위스트 Korean Twist는 불고기와 고추장을 넣어 만든 부리토인데 푸드 카트 음식 중 언제나 인기 순위 상위권을 차지하고 있을 만큼 대단한 유명세를 타고 있다.

> **Tip 해피 아워 이용하기**
> 포틀랜드는 '해피 아워'가 상당히 발달되어 있어서 이 시간을 잘만 이용하면 맛있는 음식 여러 가지를 경제적으로 맛볼 수 있다. 혼자 간다 해도 부담 없이 먹기가 좋아 누구에게나 유용하다. 각 레스토랑마다 운영 시간이 다르니 사전에 확인 후 방문하자.

Food

셰릴의 12번째 생일 Cheryl's on 12th

분위기 좋고 직원들도 친절해 인기가 많은 브런치 식당이다. 기본으로 나오는 빵이 독특하고 맛있어 많은 이들이 즐겨 찾는다. 메뉴 중 포르투기스 볶음밥은 양도 많고 한국인의 입맛에도 잘 맞는다.

Address	1135 SW Washington St
Tel	503-595-2252
Web	cherylson12th.com
Open	월~금 07:00~16:00
	토·일 08:00~16:00
Cost	$40~
Access	스트리트 카 NS라인 SW 11th & Alder역
Map	368p. C

Food

생 오노레 불랑주리 St. Honoré Boulangerie

프랑스 사람이 운영하는 유명 베이커리로 빵, 견과류, 살라미, 치즈 등 최고의 풍미를 자랑하는 고급스러운 맛이다. 빵 이외에도 한 끼 식사로 간단하게 즐길 수 있는 요리 메뉴들 또한 훌륭하다.

Address	3333 SE Division St
Tel	971-279-4433
Web	www.sainthonorebakery.com
Open	07:00~20:00
Cost	$5~
Access	버스 4번 SE Divison & 34th역
Map	368p. F

Food

스크린 도어 이스트사이드 Screen Door Eastside

튀긴 닭가슴살에 메이플시럽을 뿌려 먹는 '치킨 와플'이 유명한 곳으로 바삭한 치킨과 어우러지는 단짠단짠의 조화가 환상이다. 문을 여는 시간에 가도 대기를 해야 하는, 진정한 현지인들의 맛집이다. 전반적으로 음식 양이 많고 치킨 자체 특유의 향이 있는 편이라 이 부분은 입맛에 안 맞을 수도 있다. 대기하는 동안 무료 커피를 즐길 수 있으나 커피를 가지고 자리에 앉으면 요금이 부과되니 참고할 것!

Address	2337 E Burnside St
Tel	503-542-0880
Web	screendoorrestaurant.com
Open	09:00~14:30, 17:00~21:00
Cost	$30~
Access	버스 20번 E Burnside & SE 24th역
Map	368p. D

Food
⑤
솔트 & 스트로 Salt & Straw

포틀랜드에서 반드시 가봐야 할 1순위로 손꼽히는 유기농 아이스크림 매장으로 오래 서서 기다려야 할 긴 줄을 각오해야 한다. 2011년 시작해 현재 포틀랜드에만 5개의 지점을 운영하고 있다. 바다소금이 들어간 맛과 술이 들어간 커피 맛 등 다양한 맛 20여 가지를 선택할 수 있으며 포틀랜드에서 나고 자란 과일과 우유를 쓰는 것을 원칙으로 한다. 아이스크림에는 유지방 17%가 함유되어 있고 아이스크림의 와플 콘 역시 매장에서 직접 구워 맛이 좋다.

Address	838 NW 23rd Ave
Tel	971-271-8168
Web	saltandstraw.com
Open	10:00~23:00
Cost	$7~
Access	스트리트 카 NS 라인 NW 23rd & Marshall역
Map	368p. A

Food
⑥
안디나 Andina

오랜 시간 한자리에서 페루 음식을 판매하고 있는 맛집이다. 육류, 해산물 중 어떤 걸 맛봐도 후회할 일이 없다. 직원들도 친절하고 내부 분위기도 이국적이라 늘 인기이다. 이런 이유로 단골인 현지 손님이 꽤 많은 편.

Address	1314 NW Glisan St
Tel	503-228-9535
Web	andinarestaurant.com
Open	수~일 17:00~21:00
Close	월·화요일
Cost	$40~
Access	버스 77번 NW Glisan & 14th역
Map	368p. C

Food
⑦
리틀 티 베이커 Little T Baker

치즈가 들어간 빵, 천연 효모 빵, 바게트 스타일의 투박한 유럽식 빵 등을 주로 판매한다. 매장 내에서 커피도 판매하는데 코아바Coava 커피를 제공한다. 오후 5시가 되면 그날 판매되고 남은 빵을 매장 밖에 내놓으며 필요한 사람은 무료로 가져가라고 푯말을 붙여 두는 훈훈한 빵집이다.

Address	2600 SE Division St
Tel	503-238-3458
Web	littletbaker.com
Open	월~토 07:00~17:00, 일 08:00~14:00
Cost	$6~
Access	버스 4번 SE Division & 26th역
Map	368p. F

Food

세인트 컵케이크 Saint Cupcake

보기만 해도 절로 식욕이 생기는, 파스텔 톤의 예쁜 컵케이크가 유명한 곳이다. 주로 현지인들이 선물하거나 축하할 일이 있을 때 주문해서 애용한다. 많이 달지 않은 프로스팅과 촉촉한 빵 맛 덕분에 많은 이들이 찾는다.

Address	1138 SW Morrison St
Tel	503-473-8760
Web	saintcupcake.com
Open	월~토 11:00~17:00
Close	일요일
Cost	$8~
Access	맥스 레드 · 블루 라인 Galleria/SW 10th Ave역

Map 368p. E

Food
럭 락 Luc Lac

분위기 좋고 맛도 좋아 늘 인기가 많다. 육수가 살짝 단맛이 나긴 하지만 포틀랜드에서 최고로 손꼽히는 베트남 음식점이다. 선불로 결제하는 시스템이고, 태국 음식도 같이 판매 중이니 동남아 음식 러버라면 반드시 들러보자. 대기 줄이 늘 있는 편이니 감안해서 방문해야 한다.

Address	835 SW 2nd Ave
Tel	503-222-0047
Web	luclackitchen.com
Open	11:00~14:30, 16:00~23:00
Cost	$20~
Access	버스 6번 SW Main & 2nd역

Map 368p. F

좋은 음식을 저렴하게 즐길 수 있는 기회, Portland Dining Month!

훌륭한 식재료로 맛있는 음식을 만들기로 유명한 포틀랜드에서는 2009년부터 매년 'Portland Dining Month'라는 이름의 행사가 펼쳐진다. 포틀랜드에 있는 우수 레스토랑으로 선정된 150~200여 개의 레스토랑에서 3가지 코스 요리를 단돈 $33에 맛볼 수 있는 좋은 찬스!
연중 여러 차례 행사가 진행되니 포틀랜드 방문 전 검색 후 참석해보자. 반값도 안 되는 가격에 좋은 음식을 맛볼 수 있는 소중한 기회이니 꼭 기억해둘 것.

Food
⑩
포틀랜드 시티 그릴 Portland City Grill

빌딩 30층에 위치하고 있어 포틀랜드 시내에서 가장 좋은 전망을 자랑하는 레스토랑이다. 워낙 인기가 많아 창가에 앉으려면 사전 예약은 필수이다. 전망 좋은 곳이니 음식이 맛없을 거라고 생각한다면 큰 오산! 다양한 식사 요리와 안줏거리, 와인 리스트를 갖추고 있는데 특히 해피 아워(웹 사이트 참조)에 방문하면 더욱 저렴하게 음식을 맛볼 수 있어 매력적이다.

Address	111 SW 5th Ave
Tel	503-450-0030
Web	www.portlandcitygrill.com
Open	월~목 11:00~24:00(금 01:00까지), 토 16:00~01:00, 일 09:30~23:00
Cost	$25~
Access	맥스 그린 · 옐로 라인 SW 6th & Pine역
Map	368p. D

Food
⑪
마더스 비스트로 & 바 Mother's Bistro & Bar

현지인들이 가장 먼저 추천해주는 동네 맛집이다. 이름 그대로 엄마가 집에서 직접 해준 것 같은 미국의 전형적인 가정집 스타일 요리를 만들어낸다. 벽돌로 된 벽 한 면이 사각 거울들로 채워져 있어 분위기마저 이국적이다. 1시간 이상 기다려야 하는 건 기본이니 사전 예약을 하고 방문할 것.

Address	212 SW Stark St
Tel	503-464-1122
Web	www.facebook.com/MothersBistro
Open	화~목 07:00~21:00(금 22:00까지), 토 08:00~22:00, 일 08:00~14:30
Close	월요일
Cost	$20~
Access	맥스 레드 · 블루 라인 Oak/SW 1st Ave역
Map	368p. F

Food
⑫
캐스케이드 브루잉 배럴 하우스
Cascade Brewing Barrel House

1998년 두 명의 맥주 전문가가 설립한 브랜드로 평생 만들어온 맥주의 노하우를 모두 쏟아부었다. 주변 와이너리의 오크통에 포틀랜드 과일을 사용한 사워 에일 맥주를 개발해 맥주 대회에서 수상을 했다. 현재 시판 중인 사워 맥주만도 20여 가지이고, 그 외 다른 종류들도 많아 고르기가 어려울 정도다.

Address 939 SE Belmont St
Tel 503-265-8603
Web cascadebrewingbarrelhouse.com
Open 일·월 12:00~22:00,
화~목 12:00~23:00,
금·토 12:00~24:00
Cost $20~
Access 스트리트 카 NS Line의 SE Belmont & 9th역
Map 368p. F

Food
⑬
데슈트 브루어리 Deschutes Brewery

현지에서도 알아주는 유명한 수제 맥주 펍으로 천장이 높고 매장이 넓어 술 마시기 좋은 분위기이다. 펄 디스트릭트의 초입이자 파월 북스의 다음 블록에 위치하고 있어 찾아가기도 쉽다. 수십 가지의 질 좋은 수제 맥주와 맛있는 안주를 만나 볼 수 있다.

Address 210 NW 11th Ave
Tel 503-296-4906
Web www.deschutesbrewery.com
Open 일~목 11:00~22:00,
금·토 11:00~24:00
Cost $25~
Access 버스 77번 NW Everett & 11th역
Map 368p. C

맥주의, 맥주에 의한, 맥주를 위한 도시 포틀랜드

포틀랜드만큼 맥주를 사랑하는 미국의 도시도 흔치 않을 것이다. 도시 내에 100여 개의 브루어리가 있고 시민들의 반수 정도는 언제나 수제 맥주를 즐기기 때문. 포틀랜드에서 맥주란 유럽의 독일 혹은 체코만큼이나 시민들의 생수와도 같은 개념이라고 보면 된다. 이렇게 평상시에도 매일 맥주를 즐기지만 한여름인 7월이 되면 그 분위기는 더욱 고조된다. 1988년부터 시작된 '크래프트 비어의 달'이므로, 그러니 포틀랜드에 간다면 매일 1인 1맥주 이상은 체험해 볼 것. 그것이 가장 자연스럽게 포틀랜드와 친해지는 길이다.

Cafe ①

스텀프타운 커피 로스터스 Stumptown Coffee Roasters

포틀랜드를 대표하는 최고의 커피 맛을 자랑하며 세상 최고의 라테를 맛볼 수 있는 곳이기도 하다. 진하면서 강렬하고도 고소한 맛은 한번 맛본 사람은 누구라도 잊지 못할 만큼 매력적이다. 에이스 호텔 바로 옆에 자리하고 있어 찾아가기도 쉬운데 이른 아침부터 언제나 많은 사람들의 방문으로 문전성시를 이룬다. 주 1회 카페 투어를 진행하고 있으니 관심이 있다면 물어보자. 현재 포틀랜드 시내에만 10개가 넘는 지점이 성황리에 영업 중이다.

Address 1026 SW Stark St, Ace Hotel
Tel 855-711-3387
Web www.stumptowncoffee.com
Open 월~금 06:00~19:00,
토·일 07:00~19:00
Cost $2.50~
Access 맥스 레드·블루 라인 Galleria/SW 10th Ave역
Map 368p. C

Cafe ②

바리스타 Barista

모던하고도 클래식한 분위기를 자랑하는 바리스타는 숙련된 바리스타들을 통해 다양한 원두의 맛을 시도하고 판매한다. 시내에 몇몇 지점을 갖추고 있을 만큼 인기가 있다. 커피 맛은 깔끔한 편. 주로 매장 주변의 직장인들이 자주 방문한다.

Address 539 NW 13th Ave
Web baristapdx.com
Open 월~금 06:00~18:00,
토·일 07:00~18:00
Cost $2.50~
Access 버스 77번 NW Glisan & 14th역
Map 368p. A

Cafe
③
하트 Heart

통유리로 장식된 매장의 외관이 특히 세련된 곳으로 현지인들이 이른 아침부터 방문해 커피를 마시며 담소를 나누는 장면을 쉽게 볼 수 있다. 커피 맛은 너무 진하거나 흐리지도 않은, 무난한 맛을 내는 편이다.

Address	923 SE Hawthorne Blvd
Tel	503-235-8276
Web	heartroasters.com
Open	08:00~15:00
Cost	$4~
Access	버스 12·19번 NE Sandy & Flanders역
Map	368p. D

Cafe
④
코아바 Coava

부드럽고도 고소한 맛을 자랑하는 코아바의 커피는 시내 여러 곳에서 매장을 쉽게 찾을 수 있을 만큼 인기가 많다. 카페 내에 로스팅 룸까지 갖추고 있어 이곳에서 직접 로스팅한 커피를 맛볼 수 있다는 게 가장 큰 매력이다.

Address	2631 SE Hawthorne Blvd
Tel	503-894-8134
Web	www.coavacoffee.com
Open	월~금 06:00~18:00, 토·일 07:00~18:00
Cost	$3~
Access	버스 14번 SE Hawthorne & 27th역
Map	368p. F

Cafe
⑤
퍼블릭 도메인 커피 Public Domain Coffee

시내 중심가에 위치해 방문하기 좋고 커피는 부드러운 맛을 자랑한다. 언제 가도 현지인들의 방문이 끊이질 않는 포틀랜드의 사랑방과도 같다. 창밖의 풍경을 바라보며 포틀랜드 시민들의 일상을 엿보기에도 좋은 장소이다.

Address	603 SW Broadway
Tel	503-243-6374
Web	www.publicdomaincoffee.com
Open	06:00~17:00
Cost	$2.75~
Access	맥스 레드·블루 라인 Pioneer Square N역
Map	368p. E

Night Life

디파처 라운지 Departure Lounge

파이오니어 코트하우스 옆의 나인스 호텔The Nines 15층에 위치한 모던한 루프톱 바로 데이트하는 현지 커플들을 쉽게 볼 수 있다. 위치가 위치인 만큼 아름다운 포틀랜드의 야경을 감상할 수 있어 매력적이다. 포틀랜드에서 나고 자란 좋은 식재료를 사용해 요리를 만들고 퓨전 아시안 스타일의 메뉴가 많은 것이 특징이다. 좋은 자리를 맡고 싶다면 예약은 필수.

Address	525 SW Morrison St
Tel	503-802-5370
Web	departureportland.com
Open	일~목 16:00~23:00,
	금·토 16:00~24:00
Cost	$30~
Access	맥스 레드·블루 라인
	Mall/SW 5th Ave역
Map	368p. E

Night Life

더 코핀 클럽 The Coffin Club

평일보다 주말이 더 재밌어지는 이곳은 80년대부터 현대에 이르는 음악을 틀고 밤 10시 이후에는 다 같이 댄스를 추기도 한다. 그로테스크한 내부 분위기에, 그에 어울리는 관까지 있어 분위기가 상당히 독특하다. 여성보단 남성들이 좋아할 만한 곳이다.

Address	421 SE Grand Ave
Web	thecoffinclubpdx.com
Open	목~토 20:00~02:15
Close	일~수
Cost	$50~
Access	버스 6번 SE Grand & Stark역
Map	368p. D

Night Life

레촌 Lechon

다양한 안주와 함께 맥주 혹은 칵테일 한잔 즐기기 좋은 타파스 바이다. 매장 내에 대형 수조가 있어 이국적이며 해피 아워가 있어 경제적으로 이용할 수도 있다. 고객의 생일이면 손카드를 써서 직접 축하를 해주기도 한다. 현지인들이 기쁜 일로 축하를 받거나 축하하고 싶을 때 즐겨 찾는 곳 중 하나이다.

Address	113 SW Naito Pkwy
Tel	503-219-9000
Web	lechonpdx.com
Open	월~목 16:00~21:00,
	금·토 16:00~22:00
Close	일요일
Cost	$50~
Access	맥스 레드 라인
	Oak St/SW 1st Ave Eastboud역
Map	368p. D

Shopping
①

노드스트롬 랙 Nordstrom Rack

고급 유명 백화점 노드스트롬의 품질 좋은 이월 상품을 저렴하게 판매하는 곳으로 무얼 사도 후회가 없다. 우리나라 직장 여성들이 선호하는 띠어리Theory와 연예인들이 TV에 자주 입고 등장하는 빈스Vince 제품이 특히 많으며 그 외에도 마이클 코어스, 마크 제이콥스, 폴로, 케이트 스페이드, 나이키, 세포라 제품까지 저렴하게 구매할 수 있다.

Address	245 SW Morrison St
Tel	503-299-1815
Web	www.nordstromrack.com
Open	월~토 10:00~21:00, 일 10:00~19:00
Access	맥스 레드・블루 라인 Morrison/SW 3rd Ave역

Map 368p. F

Tip 세금 없는 쇼핑 천국!
포틀랜드에서는 누구 할 것 없이 쇼핑을 해야 한다. 미국 내 어느 주에서나 붙는 무지비한 세금이 이곳 포틀랜드에선 붙지 않기 때문이다. 그러니 무엇이든 반드시 쇼핑을 해올 것! 어마어마한 가격의 이득을 두 눈으로 직접 확인하며 끊임없이 놀라게 될 것이다.

Shopping
②

티제이 맥스 T.J.MAXX

현지인들이 추천하는 할인매장으로 다양한 미국 브랜드를 접할 수 있다. 생활에 필요한 생필품은 거의 전부 있다고 생각하면 되는데 특히 추천하고 싶은 아이템으로는 액세서리, 속옷, 청바지, 여행용 캐리어, 운동복, 주방용품 등이다.

Address	12135 N Parker Ave		
Tel	503-240-9412	Web	tjmaxx.tjx.com
Open	월~토 09:30~21:30, 일 10:00~20:00		
Access	버스 60번 Jantzen Beach Main Stop역		

Map 368p. A

Shopping
③

파이오니어 플레이스 Pioneer Place

미국을 대표하는 인기 브랜드가 모여 있는 종합 쇼핑몰이다. 옷과 액세서리, 가방 외에도 각종 운동용품과 주방용품, 생활용품 등 미국 내외의 유명 브랜드 숍이 300개 이상 모여 있어 원스톱 쇼핑이 가능하다. 쇼핑몰 내에는 영화관과 레스토랑까지 마련되어 있어 더욱 편리하다.

Address	700 SW 5th Ave		
Tel	503-228-5800	Web	pioneerplace.com
Open	월~토 10:00~20:00, 일 11:00~18:00		
Access	맥스 레드・블루 라인 Mall/SW 5th Ave역		

Map 368p. E

Shopping

포틀랜드 기어 Portland Gear

매장도, 판매하는 물품 자체도 디자인이 한몫하는 그런 곳이다. 딱히 쇼핑을 하러 가지 않고 매장을 방문해 둘러보는 것만으로도 충분히 가볼 만하며 여행 중 힐링이 될 것이다. 포틀랜드를 향한 자부심이 가득한 사람들이 만들어낸 로컬 브랜드를 엿보는 건 꽤나 재미가 있다.

Address	627 SW 19th Ave
Tel	503-437-4439
Web	portlandgear.com
Open	11:00~19:00
Access	맥스 레드 라인 Providence Park역

Map 368p. C

Shopping

프랜시스 메이 Frances May

조금은 독특하고도 개성이 강하지만 진정한 멋쟁이라면 반드시 들러야 할 편집 숍이다. 종종 대대적인 세일을 하며 특가 상품들을 판매하는 경우가 있으니 이곳에 들른다면 찬찬히 아이템들을 둘러보면서 건질 만한 물건들을 찾아보자.

Address	1136 SW Alder St
Tel	503-227-3402
Web	www.francesmay.com
Open	12:00~18:00
Access	맥스 레드 · 블루 라인 Galleria/SW 10th Ave역

Map 368p. C

포틀랜드의 숙소
Portland Accommodations

포틀랜드다운 개성 강한 부티크 호텔들이 많아 선택하는 즐거움이 많다. 예산에 맞춰 자신이 원하는 스타일의 호텔을 골라보자. 너무 가고픈 곳이 많아 고르기 어렵다면 며칠씩 나눠서 각각 다른 호텔로 예약해보는 것도 좋은 경험이 될 것이다.

Stay : 호스텔

하이 포틀랜드 노스웨스트 호스텔
HI Portland Northwest Hostel

다운타운에서 멀지 않은 곳에 위치해 여행하기 편리한 편이다. 전형적인 미국 스타일의 일반 가정주택을 개조한 공간이라 더욱 운치가 있다. 조식도 평이 좋고 다양한 액티비티 또한 참여가 가능해 늘 인기가 많다.

Address 425 NW 18th Ave
Tel 503-241-2783
Web nwportlandhostel.com
Cost $35~
Map 368p. A

Stay : 3성급

에이스 호텔 Ace Hotel

빈티지하고도 스타일리시한 인테리어 덕분에 패셔니스타 피플들이 특히 열광한다. 룸은 LP판과 SMEG 냉장고 등으로 장식되어 있고 저마다 다른 콘셉트로 꾸며져 있다. 세계 여러 곳에 에이스 호텔이 있지만 그 1호점이라는 것에도 역사적 의의가 있다. 호텔 바로 옆에 나란히 자리한 스텀프타운 카페는 언제 가도 긴 줄이 늘어서 있을 만큼 인기이다.

Address 1022 SW Stark St
Tel 503-228-2277
Web www.acehotel.com/portland
Cost $300~
Map 368p. C

Stay : 3성급

레지던스 인 포틀랜드 다운타운/ 펄 디스트릭트
Residence Inn Portland Downtown/Pearl District

포틀랜드에서 가장 뜨고 있는 펄 디스트릭트에 위치한 레지던스 호텔로 최신식 시설과 훌륭한 조식이 장점이다. 객실 또한 넓은 편이며 벽난로와 부엌 시설이 있어 편리함을 더해준다.

Address	1150 NW 9th Ave
Tel	503-220-1339
Web	www.marriott.com/hotels/travel/pdxpd-residence-inn-portland-downtown-pearl-district/
Cost	$290~
Map	368p. A

Stay : 4성급

킴프턴 호텔 빈티지
Kimpton Hotel Vintage Portland

포틀랜드의 다운타운에 위치해 최상의 위치를 자랑하는 것이 최고의 장점이다. 로비에서는 매일 밤 라이브 음악을 들을 수 있어 더욱 운치가 있다. 다른 호텔에 비해 욕실은 조금 작은 편.

Address	422 SW Broadway
Tel	503-228-1212
Web	www.hotelvintage-portland.com
Cost	$280~
Map	368p. C

Stay : 4성급

리버 플레이스 호텔 River Place Hotel

윌래밋 강가에 위치한 아름다운 부티크 호텔로 트립어드바이저 사이트의 포틀랜드 호텔 중 인기 순위 1위를 차지하고 있다. 부엌이 딸린 룸을 선택할 수 있으며 자전거 또한 대여가 가능해 더욱 인기이다.

Address	1510 SW Harbor Way
Tel	503-228-3232
Web	www.riverplacehotel.com
Cost	$300~
Map	368p. F

Stay : 3성급

주피터 호텔 Jupiter Hotel

룸마다 다른 콘셉트로 꾸며진 부티크 호텔로 작은 규모이지만 깨끗하고 인기 있는 호텔이다. 자전거와 헬멧을 호텔 측에서 대여해주어 더욱 편리한 여행이 가능하다.

Address	800 E Burnside St
Tel	503-230-9200
Web	jupiterhotel.com
Cost	$160~
Map	368p. D

Around Portland ★★☆

후드 산
Mount Hood

고도 3,426m인 후드 산은 오리건 주의 가장 높은 산이며 포틀랜드 근교 여행지로 언제나 첫손에 꼽힌다. 12개의 빙하가 있어 일 년 내내 만년설을 볼 수 있는 곳이기도 하다. 여름에는 하이킹과 캠핑, 겨울에는 스키로 인기가 많은 이 산은 과거 1800년대에 화산 폭발이 있었으나 현재는 휴화산 상태이다. 여유가 있다면 후드 산 정상에서 영업 중인 팀버라인 로지Timberline Lodge에서의 숙박을 권한다. 오랜 역사를 자랑하는 로지로 눈 덮인 산의 모습을 바라보기 좋은 곳에 위치해 있어 여행자들의 방문이 끊이질 않는다. 후드 산을 방문하는 길에 비스타 하우스Vista House에 들러 컬럼비아 강Columbia River을 바라보자. 그림처럼 펼쳐지는 풍경에 절로 입이 벌어질 것이다. 다만 어마어마한 바람이 몰아치는 곳이니 두터운 외투는 필수. 비스타 하우스를 지나 멀트노마 폭포Multnomah Falls 또한 함께 보면 좋다. 컬럼비아 강에 있는 108개의 폭포 중 가장 큰 규모를 자랑하며 189m 높이에서 위아래로 나누어져 이중으로 내려오는 독특한 물줄기를 관람할 수 있다. 이는 포틀랜드를 대표하는 사진에 늘 등장할 만큼 인기이다.

Web	투어 예약처 www.americashubworldtours.com
Access	대중교통으로는 방문이 어렵고 포틀랜드 시내 중심가에서 차로 2시간 20분 소요. I-84 E/US-30 E … US-26 E … OR-35 N … US-26 E … State Route 35 N 방면 진입
GPS	45.371403, -121.723342

Around Portland ★☆☆
②
캐넌 비치
Cannon Beach

오리건 주에는 584km의 해안가가 이어져 있는데 그중 포틀랜드 근교의 캐넌 비치에는 높이 72m의 거대한 바위 '헤이스택 록Haystack Rock'이 우뚝 솟아 있다. 바닷새들의 소중한 터전이자 캐넌 비치의 상징이기도 한 이 바위를 촬영하기 위해 언제나 많은 관광객들이 찾아온다. 물이 빠지는 썰물 때에는 바위 쪽까지 걸어갈 수 있어 더욱 독특한 분위기를 느낄 수 있다. 특히 일몰이 아름다운 것으로 알려져 있어 근교 1일 투어 장소로도 인기가 많다. 아름다운 전경 덕분에 캐넌 비치 주변에는 다양한 분야의 예술가들이 많이 살고 있으며 그 덕분에 여러 콘셉트의 갤러리 또한 많다. 매년 5월이면 비치에서 진행되는 모래 조각 대회도 유명하다. 하루쯤 근교에서 평화로운 시간을 보내고 싶은 여행자에게 추천하는 여행지이다.

🔍 추천 근교 여행지

Web 투어 예약처
www.ecotours-of-oregon.com
Access 대중교통으로는 방문이 어렵고 포틀랜드 시내 중심가에서 차로 1시간 20분 소요. US-26 W 방면 Cannon Beach 방향 Sunset Blvd 방면 직진 → S Hemlock St 방면 직진
GPS 45.884946, -123.977428

Around Portland ★★★
③

오리건 와이너리/윌래밋 밸리 와이너리
Oregon Winery/Willamette Valley Winery

오리건 주에만 600개가 넘는 와이너리가 있을 만큼 포틀랜드는 와인의 천국이라 할 수 있다. 특히 오리건 주 와인은 맛이 좋고 저렴해 미국에서 최고로 쳐주는 나파 밸리의 와인보다 훨씬 더 좋은 퀄리티를 갖추었다는 평가를 받고 있다. 현지 투어에 참여하면 하루 동안 각기 다른 특징을 가진 와이너리 3곳을 방문하고 와인 시음 및 구매가 가능해 인기이다.

Web	투어 예약처 www.americashubworldtours.com
Access	버스 35번 SW Macadam & Hamilton Ct역 하차 혹은 스트리트 카 NS 라인 SW Lowell & Bond역 하차

Western USA | Portland   389

Special Course

Special 1 Course

캘리포니아 1번 도로
Pacific Coast Highway

캐나다에서 칠레까지 이어지는 해안도로 중 LA와 샌프란시스코 사이에 있는 길을 하이웨이 1 혹은 퍼시픽 코스트 하이웨이라고 부른다. 미국에서 완성된 첫 번째 국도란 것에 의미가 있으며 탁 트인 바닷가 풍경과 중간중간 들르게 되는 각기 다른 개성의 마을들을 보는 재미 또한 쏠쏠하다. 미국인들조차 이곳을 드라이브해보는 것이 일평생의 로망일 정도로 미국에서 가장 인기 있는 드라이브 코스이다. 절벽 밑으로 내려다보이는 바다를 감상하거나 바다를 보며 골프를 즐길 수도 있으니 여유롭게 일정을 잡아 떠나보도록 하자. 지도를 보고 자신의 취향에 맞춰 코스를 짤 수 있지만 가장 인기가 많은 코스는 샌프란시스코 〉 몬터레이 〉 카멜 〉 빅 서 〉 LA 순으로 이동하는 것이다. 워낙 아름다운 곳들이 다 보니 이에 걸맞은 다양한 형태의 숙소도 많으므로 자신의 상황과 취향에 맞는 곳을 골라보자.

연관검색어

#서핑 #허니문 #로맨틱 #일몰 #절벽
#바닷가 #낭만 #휴양지 #휴양여행
#미국의대자연 #드라이브여행
#드라이브

Writer's Story

워낙 바닷가 끝에 위치한 덕분에(?) 내비게이션이 인식을 못하는 경우도 있었고 길을 잃었던 적도 있지만 그럼에도 불구하고 필자가 지금껏 달려 본 바닷가 드라이브 코스 중 가장 아름다웠던 곳으로 손꼽는다. 이곳을 갈 때 필요한 건 그저 차에서 즐길 신나는 음악과 맛있는 간식뿐(주유소가 자주 나오지 않으니 미리 주유해둘 것만 잊지 말 것). 끝이 없는 감탄사가 연발해 나오는 아름다운 바닷길을 몇 시간씩 달릴 수 있는 일생일대의 기회를 꼭 한번 경험해보도록 하자. 고백하자면 필자의 미래 허니문 장소로 찜해둔 곳이 바로 이곳에 있기도 하다. ^^

추천 애플리케이션
미국의 지도

추천 웹 사이트
미국 여행 정보 www.gousa.or.kr
캘리포니아 관광청 www.visitcalifornia.com/kr

몬터레이
Monterey

옆 마을 카멜과 불과 15분 거리를 두고 떨어져 있는 작지만 아름다운 바닷가 마을로 1번 국도를 달리는 드라이브 여행자들이 꼭 들르는 곳 중 하나이다. 거대한 수족관과 공원, 오래된 주택들이 주는 편안함 덕분에 여유롭게 산책하며 걷기 좋다. 샌프란시스코를 떠나면 가장 먼저 들르게 되는 코스로 이곳의 하이라이트는 페블비치의 17마일 드라이브이다. 개인 사유지이긴 하지만 바다를 보며 골프를 즐길 수 있어 전 세계 골퍼들의 열렬한 지지를 받고 있다.

Sightseeing ★★★

17마일 드라이브 17-Mile Drive

27km에 걸쳐 있는 해안선의 바닷가 도로로 구불구불한 길 위에서 바다와 삼나무, 새들이 보이는 멋진 풍경을 자랑한다. 4개의 드라이브 코스 입구가 마련되어 있는데 퍼시픽 그로브 게이트, 하이웨이 1 게이트, 카멜 게이트, 컨트리 클럽 게이트이다. 17마일 드라이브에서 가장 유명한 곳은 페블 비치 골프 링크Pebble Beach Golf Links로 2010년부터 US 오픈 선수권 대회만 5회 이상 치렀다. 이런 이유로 전 세계 골퍼들의 꿈의 필드로 알려져 있으며 타이거 우즈가 이곳에서 경기를 펼치기도 했다. 차로 달리다 보면 포인트 조Point Joe, 차이나 록China Rock, 버드 록Bird Rock, 실 록Seal Rock, 론 사이프러스The Lone Cypress, 페블 비치Pebble Beach 등의 명소들이 쉴 새 없이 지나가니 잠시 차를 세우고 풍경을 감상해볼 것을 권한다.

Address Pacific Grove, CA 93950
Web www.pebblebeach.com/17-mile-drive
GPS 36.617018, -121.931713

Sightseeing ★☆☆

피셔맨스 워프 Fisherman's Wharf

1900년대까지는 고기잡이배들로 가득했으나 지금은 물류 저장 창고로 변했다. 각종 기념품 숍 등 쏠쏠한 구경거리가 있어 많은 관광객들이 방문한다. 주변에는 해산물 레스토랑도 많은데 지역의 특징에 맞게 클램 차우더가 유명하다. 이곳에서 종종 바다사자가 출몰하는 것으로도 알려져 있고, 고래를 보러 가는 유람선이 출발하기도 한다.

Address 1 Old Fishermans Wharf
Web www.montereywharf.com
GPS 36.603961, -121.893069

Sightseeing ★☆☆

캐너리 로 Cannery Row

미국의 소설가 존 스타인벡John Steinbeck의 《통조림공장 골목》과 《달콤한 목요일》의 배경지로 유명한 장소다. 오래된 목조 건물들이 늘어서 있는데 상당히 운치가 있다. 공장의 외관은 그대로 두고 내부를 관광지로 개발하여 많은 이들이 즐겨 찾는 명소가 되었다. 내부에는 레스토랑과 기념품 숍, 와인 테이스팅 룸 등을 갖추고 있다.

Address 65 Prescott Ave
Web canneryrow.com
GPS 36.615528, -121.900780

Sightseeing ★☆☆

몬터레이 베이 수족관 Monterey Bay Aquarium

1984년 교육과 연구 기관의 목적으로 오픈했으며 바닷속에 9m의 유리 수족관을 설치하여 마치 내가 잠수함을 탄 것 같은 느낌이 든다. 2개의 층으로 거대하게 꾸며져 있고 카페까지 마련되어 있어 수족관을 구경하다가 잠시 커피 한잔하며 쉬기 좋다. 거대한 상어에서부터 수달, 해파리 등의 다양한 바다 생·식물들을 관찰할 수 있어 아이들에게도 인기가 많다.

Address 886 Cannery Row
Tel 831-648-4800
Web www.montereybayaquarium.org
Open 월~금·일 10:00~17:00,
     토 09:30~18:00
Cost 성인 $49.94, 3~12세 $29.95,
     13~17세/대학생(ID 지참) $49.95,
     65세 이상 $39.95
GPS 36.618297, -121.901791

카멜
Camel

몬터레이와 이웃해 있는, 몬터레이보다 더 작고 앙증맞은 마을이다. 작지만 알찬 레스토랑과 갤러리, 로컬 브랜드 숍, 와인 숍 등이 많고 이 길의 끝에 17마일 드라이브가 연결되는 구조다. 1904년 샌프란시스코 대지진 때 많은 예술가들이 이곳으로 이주하여 지금의 예술가 마을이 형성되었고 미국의 유명 영화배우 클린트 이스트우드가 시장이 되면서 더욱 발달하게 되었다.

중심가인 오션 애비뉴Ocean Ave.를 기준으로 여러 볼거리들이 늘어서 있으며 페블 비치의 남쪽에는 카멜 미션Carmel Mission이라는 아름다운 예배당이 있어 많은 이들이 방문한다. 카멜 비치는 오션 애비뉴를 따라 걷다 보면 자연스럽게 연결되는데 바닷가까지 이어지는 길에 보이는 사이프러스 나무와 백사장의 조화가 그림처럼 아름답다.

세상 최고로 전망 좋은 곳에서 식사하고 가세요!

이곳의 니펜티Nepenthe라는 이름은 슬픔과 시름을 잊게 하는 약이란 뜻이다. 이와 같이 실제 이 장소를 가면 모든 근심과 걱정이 사라질 정도로 황홀하게 아름다운 전망을 자랑한다. 빅 서의 언덕 꼭대기에 바다가 한눈에 내려다보이는 곳에서 식사와 와인을 한 잔 즐길 수 있는 기회는 흔치 않으니 이곳을 간다면 잊지 말고 꼭 방문해보길! 현지인들에게는 이미 널리 알려진 유명한 곳이다.

빅 서
Big Sur

카멜에서 남쪽으로 44km쯤 떨어진 곳에 위치하는데 필자가 이제껏 경험한 곳 중 최고의 해안 드라이브 코스라 감히 일컫는다. 산타루치아 산맥을 따라 굽이굽이 절벽이 펼쳐지고 구불구불한 길을 달리며 차창 밖으로 보이는 풍경은 영화나 드라마 속 그것보다 훨씬 아름답고 웅장하다. 특히 빅 서의 하이라이트는 빅스비 크리크 브리지Bixby Creek Bridge이다. 워낙 유명해 미국 서부를 대표하는 사진에 항상 등장하며 다리 북쪽의 비스타 포인트Vista Point에서 기념사진 촬영을 잊지 말자. 마을 북쪽의 포인트 서Point Sur의 등대도 인기 있는 명소이다.
또한 현지인이 적극 추천하는 바닷가 절벽의 레스토랑 니펜티Nepenthe(396p)에서 꼭 한번 식사를 해보자. 아름다운 바다를 내려다보며 와인 한 잔과 함께 기분 좋은 식사를 즐길 수 있다.

평생의 로망, 포스트 랜치 인

가끔 호텔 1박의 요금을 조회하면 조회가 되지 않는 호텔이 있다. 룸 예약이 끝나서라기보다는 너무 고가여서 쉽사리 가격을 오픈하지 않는 곳인데, 빅 서의 포스트 랜치 인Post Ranch Inn 또한 그런 곳이다. 바닷가 절벽의 끝에 환경보호를 콘셉트로 지어졌으며 모든 건물은 통유리이고 룸에서 절벽 아래의 바다가 한눈에 보인다. 룸마다 인테리어가 다르지만 어느 룸에서건 태평양이 파노라마로 펼쳐져 누구나 감탄하게 된다. 우아한 욕조와 삼나무로 제작된 가구, 테라스와 벽난로, 고급스러운 스피커 시스템 또한 장착되어 있어 진정한 힐링이 가능한데 일부러 시계를 배치하지 않은 센스까지 돋보인다. 요가와 스파 또한 호텔에서 즐길 수 있는 기분 좋은 사치의 시간이 될 것이며 호텔 주변의 산책로를 따라 걷는 하이킹 코스도 다양하게 마련되어 있으니 무엇을 할지는 고민하지 않아도 되겠다.
물론 당장 이 고급스러운 호텔에서 숙박할 수 없다면 호텔 내에 있는 레스토랑인 시에라 마Sierra Mar에 들러보자. 통유리로 된 벽면 전체로 그림처럼 아름다운 바다가 보인다. 다양한 수상 경력을 지닌 셰프의 수준급 요리와 미국 서부의 대표적인 고급 와인들이 준비되어 있어 세상 최고로 완벽한 식사를 즐길 수 있다.

그랜드 서클
Grand Circle

미국 서부의 애리조나 주, 유타 주, 네바다 주, 콜로라도 주에 웅장하게 펼쳐져 있는 대자연을 차를 타고 하나의 원을 그리며 돌아볼 수 있는 코스가 있는데 이를 그랜드 서클이라 한다. 죽기 전에 꼭 가봐야 할 세계적인 명소로 손꼽히는 그랜드 캐니언을 기준으로 각각 이동 시 2~5시간 정도가 소요되며 자신의 취향이나 코스에 맞춰 시계 방향 혹은 반대 방향으로 여행하면 된다. 저마다 가진 개성과 아름다운 풍경은 아무리 봐도 질리지 않을 정도로 끝없이 펼쳐지고 시도 때도 없이 감탄사와 감동이 이어지니, 미국 서부 여행 중 반드시 빼먹지 말아야 할 중요 코스라 할 수 있다. 그랜드 서클의 총 16개 스폿 중 한국인들이 즐겨 찾는 곳들을 위주로 소개한다.

연관검색어
#대자연 #미국의아름다움
#미국의위대함 #국립공원
#그랜드서클 #지구의축소판

Writer's Story

"미국 여행이 뭐가 좋아?"라고 종종 질문을 받는다. 그럴 때마다 나는 가장 먼저 그랜드 서클에 대해 일장 연설을 시작하곤 한다. 우리가 상상하는 그 이상. 대자연이 주는 감동이란 바로 이런 것임을 제대로 알 수 있는 곳이기 때문이다. 끝없이 이어지는 도로와 그 도로가 끝나면 만나게 되는 웅장한 자연의 풍경 앞에 내가 한없이 작게만 느껴지던 그 느낌! 그래서 모처럼 겸손해지던 마음! 단언컨대 오직 그랜드 서클에서만 가능한 경험이다.

추천 애플리케이션
미국의 지도

추천 웹 사이트
미국 여행 정보 www.gousa.or.kr
그랜드 서클 여행 grandcircle.org

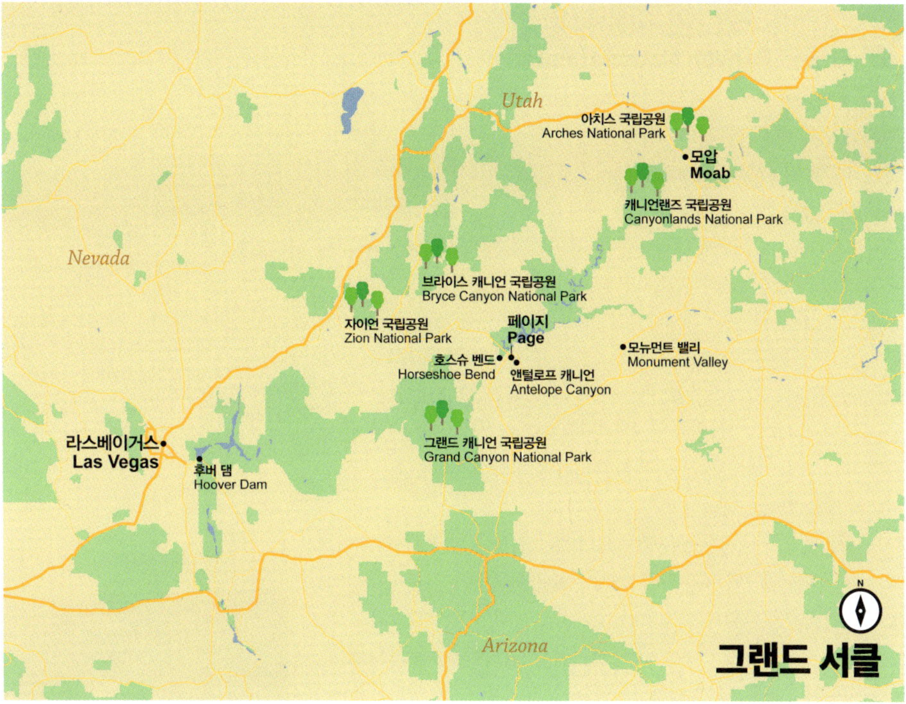

그랜드 서클

미국의 국립공원 알차게 이용하는 방법

1. 애뉴얼 패스를 구입하자!
그랜드 서클을 여행하다 보면 미국의 여러 국립공원을 방문하게 된다. 공원마다 다르지만 입장료는 대략 $30~40인데 애뉴얼 패스를 구입하면 $80로 1년간 미국의 국립공원 입장료를 대신할 수 있다. 4곳 이상을 간다 하면 이득이니 꼭 구입해서 여행을 시작하자. 구입처는 각 국립공원 입구의 부스이다.
Web www.nps.gov/planyourvisit

2. 시차를 잊지 말자!
여러 주를 오가는 여행이 되다 보니 주의해야 할 것이 하나 있다. 바로 주와 주 사이의 시차! 워낙 땅덩어리가 커서 네바다 주와 유타 주의 경우 1시간의 시차가 난다. 경비행기를 예약하는 일 등으로 여정 중 문제가 될 수 있으니 주와 주를 넘나들 땐 반드시 시차를 확인하자. 내비게이션이나 휴대폰은 위성을 통해 자동으로 변경이 되니 주와 주를 지날 시 수시로 확인해보는 것이 좋다.

3. 비지터 센터를 들르자!
미국에서는 어느 국립공원을 방문하든 비지터 센터가 마련되어 있다. 여러 나라의 말로 프린트된 안내 책자 등이 있으며 자원봉사를 하는 친절한 스태프들이 대기하고 있어 여행 일정 상담 또한 가능하다. 기념품 숍까지 겸하여 엽서나 관련 책자, 마그넷 등도 판매하니 이곳에 들러 여정을 점검받고 기념품도 구입하도록 하자.

4. 일교차에 대비하자!
건조한 사막 기후라 일교차가 상당히 크니 낮과 밤의 온도차를 감안해 옷(바람막이나 두툼한 외투)을 준비하는 것이 좋고 미스트나 마스크 팩, 마스크 등도 도움이 된다.

그랜드 캐니언 국립공원
Grand Canyon National Park

1979년 유네스코 세계문화유산에 등록된 미국의 대표 국립공원으로 연간 500만 명 이상이 다녀가는 세계에서 가장 거대한 협곡이며 루스벨트 대통령이 '인류가 보존해야 할 자연의 선물'이라 극찬하였다. 죽기 전 꼭 가봐야 할 곳에 언제나 그 이름이 등장하기도 하며, 20억 년 전의 지구를 상상해볼 수 있는 곳이기도 하다. 이곳에 거주하는 동식물과 조류, 파충류 등만 해도 2천여 종이 넘고 거대한 협곡 아래로 여전히 인디언 원주민들이 거주하고 있다. 총 길이 447km는 서울에서 부산 정도의 거리이며 이 중 국립공원은 대략 170km이다. 거대한 길이의 콜로라도 강과 주변의 고원이 수억 년간 지구의 지각 변동으로 바다가 융기되면서 침식작용을 거듭해 만들어졌으며 최대 폭은 30km, 평균 깊이 1.5km이다.

어느 계절에 가도 좋지만 햇빛을 받으면 보는 각도에 따라 시시각각 달라지는 거대한 협곡의 색깔을 관찰할 수 있어 이색적이다. 특히 일출과 일몰 시간대에는 바위가 핑크색에서 베이지, 갈색, 빨간색으로까지 변하는데 그 자체가 감동이다. 그랜드 캐니언을 즐기는 방법은 차를 타고 이동하며 마더 포인트, 야바파이 포인트, 야키 포인트, 데저트 뷰 전망대 등의 인기 포인트를 방문하는 것이 가장 일반적이고 주변의 캠핑장에서 숙박하면 밤하늘의 별들도 관찰할 수 있다. 관광객에게 가장 인기 있는 곳은 사우스 림이며, 인디언 원주민이 거주하는 웨스트 림 또한 많은 이들이 즐겨 찾는다. 투어의 시작은 그랜드 캐니언 빌리지에서 하는 것이 좋으며 노스 림의 경우 여름철에만 오픈하니 참고하자.

좀 더 머물 수 있는 여유가 있다면 여러 지역과 포인트를 추가 방문하여 더욱 다채로운 그랜드 캐니언을 만나 볼 수 있다. 이를 감안해 일정을 짜도록 하자.

Address	PO Box 129, Grand Canyon
Tel	928-638-7888
Web	nps.gov/grca
Cost	차량당 $35
Access	셔틀버스나 대중교통 이용이 가능하지만 계절마다 운행시간이 다르고 배차 간격이 긴 편이라 가장 편리한 건 렌터카를 이용하는 것이다. LA에서 차로 방문 시 9시간, 라스베이거스에서 방문 시 5시간 정도 소요된다.

그랜드 캐니언을 여행하는 7가지 방법

❶ 렌터카
라스베이거스에서 후버 댐을 지나 사우스 림 입구로 들어가 렌터카로 돌아보기

❷ 경비행기
경비행기를 타고 위에서 내려다보는 그랜드 캐니언 즐기기(45분 탑승 시 $150~200. 사우스 림에서 탑승, 운항 회사로는 Vision Air, Grand Canyon Airlines, Maverick Airlines, Scenic Airlines 등)

❸ 원-데이 버스 투어
버스로 이동해 그랜드 캐니언 즐기기(사우스 림의 포인트와 점심식사를 포함하며 라스베이거스 출발 & 호텔 픽업 가능)

❹ 래프팅
콜로라도 강을 따라 그랜드 캐니언의 협곡을 통과하는 투어(3~7일 코스) 즐기기

❺ 노새 트립
노새를 타고 가이드의 안내를 받으며 콜로라도 강변의 등산로와 협곡을 구경하는 투어(사우스 림은 일 년 내내 가능, 노스 림에선 10~5월까지 가능)

❻ 캠핑 여행
그랜드 캐니언의 캠핑장에서 밤하늘의 별들을 관찰하며 낮과 밤을 즐기기

❼ 경비행기로 즐기는 피크닉 투어
사우스 림까지 경비행기를 타고 이동해 샴페인을 마시며 피크닉을 즐긴 후 다시 헬기를 타고 라스베이거스로 돌아오는 럭셔리 투어
Web www.papillon.com

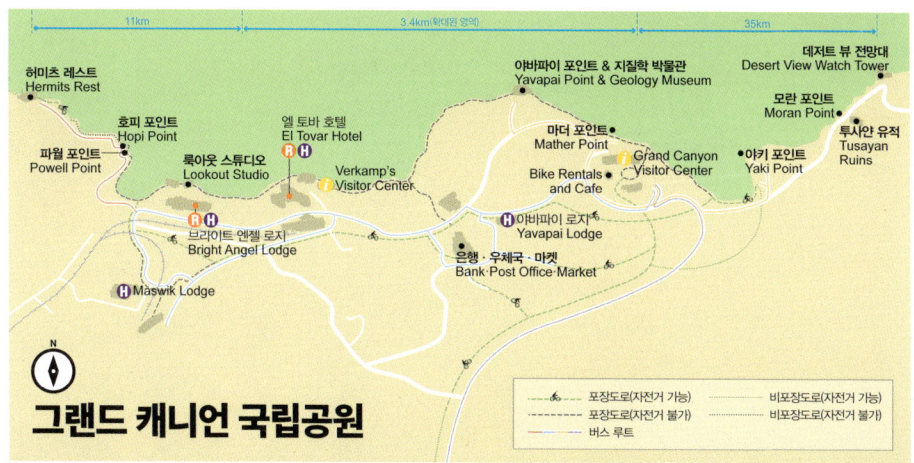

Sightseeing

사우스 림 South Lim

가장 많은 이들이 첫 번째로 방문하는 곳으로 일 년 내내 오픈한다. 방문객에게 필요한 비지터 센터와 여러 숙소 및 레스토랑, 병원 등의 시설을 갖추고 있는 그랜드 캐니언 빌리지가 자리한다.

마더 포인트 Mather Point
그랜드 캐니언의 3대 뷰 포인트 중 하나로 가장 대중적인 곳이다. 협곡 쪽으로 튀어나온 절벽 위의 전망대라 좀 더 가까이서 그랜드 캐니언을 관찰할 수 있다. 일몰과 일출 때 특히 아름다워 그랜드 캐니언을 대표하는 풍경 사진에도 자주 등장하며 노스 림이나 이스트 림으로 이동하기에도 편리하다.

야바파이 포인트 Yavapai Point
마더 포인트에서 서쪽으로 1km 거리에 있으며 야외와 실내 전망대를 갖추고 있다. 콜로라도 강과 사우스 카이밥 트레일의 현수교까지 보여 또 다른 느낌인데, 마더 포인트와는 달리 대형버스가 못 들어가 한적한 편이다. 1540년 스페인 탐험대가 처음 이곳을 발견했고, 바로 옆에 박물관이 있다.

룩아웃 스튜디오 Lookout Studio
브라이트 엔젤 트레일Bright Angel Trail이 가장 잘 보이는 전망대이다. 계곡 아래로 인디언 가든까지 보여 상당히 이색적이다. 절벽 위에 위치한 통나무집은 건축가 메리 콜터Mary Colter가 설계했다.

Sightseeing

노스 림 North Rim

사우스 림보다 고도가 더 높아 쌀쌀한 편이며 여름철에 방문하기 좋으나 사우스 림에서 차로 5시간이나 걸린다는 것이 유일한 단점이다. 여름과 가을에만 오픈하며 사우스 림과는 기후나 풍경이 전혀 달라 또 다른 느낌이다. 규모는 작지만 비지터 센터, 숙박시설, 레스토랑 등을 갖추고 있다.

케이프 로열 Cape Royal
해발 2,343m의 전망대로 굽이굽이 끝없이 펼쳐지는 거대한 협곡이 한눈에 들어와 멋지다.

포인트 임피리얼 Point Imperial
그랜드 캐니언에서 가장 높은 곳으로 2,684m 위치에 자리하고 있다. 콜로라도 강과 산, 협곡, 인디언 보호구역이 모두 보인다.

브라이트 엔젤 트레일 Bright Angel Trail
그랜드 캐니언의 남쪽(2,091m)에서 시작해 아래로 이어지는 16km의 트레일로 그랜드 캐니언의 깊은 속살을 들여다볼 수 있다.

Sightseeing ③
이스트 림 East Lim

마더 포인트에서 동쪽으로 40km 떨어진 곳에 위치하고 있으며 일 년 내내 차량 통행이 가능해 언제 방문해도 이동이 편하다.

야키 포인트 Yaki Point
계곡 쪽으로 튀어나온 지형이라 사진 촬영하기 좋으며 콜로라도 강까지 연결되는 카이밥 트레일의 시작점이기도 하다. 거센 바람과 물의 침식작용으로 오랜 세월에 거쳐 형성된 기이한 모양의 바위들이 많아 지루하지 않다.

데저트 뷰 전망대 Desert View Watch Tower
와치 타워라는 전망대로 이곳 꼭대기에 올라 경치 감상이 가능하다. 타워는 1932년 완공되었으며 인디언의 유적을 재현해 만들었다.

모란 포인트 Moran Point
화가 토마스 모란의 대표작인 〈Grand Canyon of the Colorado River〉를 통해 이곳의 아름다움이 세상에 알려졌으며 그의 이름을 따 지은 포인트이다.

투사얀 유적 Tusayan Ruins
800년 전 이곳에 살았던 푸에블로 부족의 유적지로 4층짜리 박물관이 있어 고대 인디언들의 생활상을 재현해두었다.

Sightseeing ④
웨스트 림 West Rim

그랜드 캐니언 빌리지에서 서쪽으로 11km 떨어진 곳에 위치하며, 비지터 센터에서 셔틀버스로 방문이 가능하다.

스카이워크 Skywalk
절벽 쪽으로 21m 튀어나온 U자형의 유리 바닥 전망대로, 1,200m 상공에서 허공을 걷는 듯한 느낌이다. 이곳은 미국 땅이 아닌 인디언 자치 구역으로 분리되는데 그들의 경제를 살리고자 2007년에 설치되었다. 개별적인 사진 촬영은 안 되고 주최 측에서 찍어주는 사진만 구입할 수 있다. 또한 별도의 입장료가 있으며 매우 비싼 편이다. grandcanyonwest.com 참조.

호피 포인트 Hopi Point
비지터 센터에서 서쪽으로 2km 거리에 위치한 포인트로 270도의 전경을 자랑한다. 쿠프 왕의 피라미드라 불리는 바위산과 콜로라도 강이 한눈에 펼쳐진다.

파월 포인트 Powell Point
퇴적작용으로 쌓인 특이한 지층들을 관람하기 좋은 곳으로 보트를 타고 그랜드 캐니언을 일주한 존 파월의 기념비가 있는 곳이기도 하다.

허미츠 레스트 Hermits Rest
돔 형태의 벽난로가 설치된 방문자들의 휴식처로 셔틀버스의 종점이기도 하다.

그랜드 캐니언 국립공원 내 무료 셔틀버스

환경 보존을 위해 천연가스로만 운행하는 버스가 4개의 코스로 순환한다. 3~11월에만 운행하는 허미츠 로드 루트와 3~9월 운행하는 투사얀 루트를 제외하면 나머지 버스는 일 년 내내 운행하니 뚜벅이 여행을 준비한다면 참고하자. 계절에 따라 운행시간이 달라지므로 방문 전 웹 사이트를 통해 시간을 체크한 후 가는 것이 좋다.
Web www.nps.gov/grca/planyourvisit/shuttle-buses.htm

빌리지 루트 Village Route (블루 라인)
허미츠 레스트 루트 트랜스퍼, 빌리지 이스트, 마더 캠프그라운드, 마켓 플라자, 그랜드 캐니언 비지터 센터 등 핵심 포인트를 왕복(50분 소요)한다.

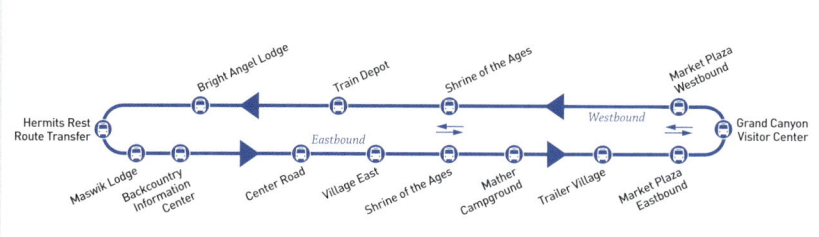

카이밥 림 루트 Kaibab Rim Route (오렌지 라인)
그랜드 캐니언 비지터 센터에서 출발해 마더 포인트, 야바파이 박물관, 야키 포인트 등에 정차한다. 왕복 50분 소요.

허미츠 로드 루트 Hermit's Road Route (레드 라인)
빌리지 루트 트랜스퍼 – 허미츠 레스트 사이를 왕복(80분 소요)하며 12~2월에는 운행하지 않는다.

투사얀 루트 Tusayan Route (퍼플 라인)
투사얀 마을의 아이맥스 영화관 – 그랜드 호텔 – 스테이크하우스를 지나 그랜드 캐니언 비지터 센터까지 곧장 간다. 왕복 40분 소요. 10~2월에는 운행하지 않는다.

> **Tip 그랜드 캐니언 국립공원에서의 식사**
> 레스토랑이 몇 곳 있긴 하지만 가격 대비 그리 만족스럽지 못할 것이다. 그러니 그랜드 캐니언에 들르기 전에 대형 마트에서 먹거리를 준비해 야외 피크닉을 즐길 것을 권한다.

Food

엘 토바 다이닝 룸 El Tovar Dining Room

창밖으로 그랜드 캐니언 뷰를 바라보며 식사와 와인을 즐길 수 있어 운치 있다. 특별한 곳에서 한 번쯤 식사를 해보고 싶다면 추천한다.

Address	El Tovar Hotel, Grand Canyon Village
Tel	928-638-2631
Web	www.grandcanyonlodges.com
Open	06:30~10:30, 11:30~14:00, 17:00~21:30
Cost	$20~
GPS	36.057404, -112.137573

Food

브라이트 엔젤 레스토랑
Bright Angel Restaurant

로지 안에 자리한 레스토랑으로 이른 아침부터 저녁까지 하루 세 끼를 즐길 수 있어 편리하다. 전형적인 미국 스타일의 요리를 제공한다.

Address	9 N Village Loop Dr, Grand Canyon Village
Tel	928-638-2631
Web	www.grandcanyonlodges.com
Open	06:30~22:00 Cost $20~
GPS	36.056715, -112.140443

Food

플라자 보니타 Plaza Bonita

음식이 맛있는 데다가 양도 많아 늘 인기인 멕시칸 음식점이다. 타코, 바비큐 립 등 모두 한국인 입맛에 잘 맞는다. 내부 인테리어도 알록달록 강렬한 원색을 사용해 테마파크에 와 있는 듯한 기분이 절로 든다.

Address	352 AZ-64, Grand Canyon Village
Tel	928-638-8900
Web	plazabonita.com
Open	일~목 07:00~22:00
	금·토 07:00~23:00
Cost	$30~
GPS	35.972852, -112.128019

> **Tip 그랜드 캐니언 국립공원의 숙소**
> 워낙 유명한 명소이다 보니 다양한 형태의 숙소가 존재한다. 호텔, 로지, 캠핑장 등 자신의 스타일에 맞춰 예약이 가능한데 인기 있는 숙소는 몇 달 전부터 예약 마감인 경우도 많으니 참고하자. 숙소에서 즐길 수 있는 그랜드 캐니언의 일출과 일몰 시간 또한 미리 체크해 여정을 계획하는 것이 좋으며 숙소로 들어가기 전 미리 먹거리를 사 가지고 가면 상당히 요긴할 것이다. 늦은 밤엔 야생 동물이 나올 수 있고 조명이 별로 없는 길을 걷다가 자칫 앞을 제대로 못 보고 부딪칠 수도 있으니 조심히 다니도록 하자.

Stay : 3성급

엘 토바 호텔 El Tovar Hotel

1905년에 세워진 유서 깊은 3성급 호텔로 공원 내 숙박 시설 중 가장 시설이 좋아 언제나 인기이다. 호텔 근처에는 작은 편의점도 있어 이용이 편리하며 룸은 총 78개이다. 룸 내부 시설은 대부분 나무로 되어 있어 편안한 느낌을 주는 편.

Address	1 El Tovar Rd, Grand Canyon Village
Tel	888-297-2757
Web	www.grandcanyonlodges.com
Cost	$220~
GPS	36.057423, -112.137579

ⓒEl Tovar Hotel

Stay : 2성급

야바파이 로지 Yavapai Lodge

총 358개의 룸을 갖추고 있는 2성급 산장의 형태로 그랜드 캐니언의 숙소 중 가장 큰 규모를 자랑하며 마더 포인트 바로 뒤쪽에 위치하고 있어 찾기도 쉽다. 마트와 비지터 센터도 가까워 여행이 편리하다.

Address	11 Yavapai Rd, Grand Canyon Village
Tel	877-404-4617
Web	www.visitgrandcanyon.com
Cost	$140~
GPS	36.054272, -112.119628

ⓒYavapai Lodge

Stay : 1성급

브라이트 엔젤 로지 Bright Angel Lodge

캐빈 형태의 시설로 좋은 위치에 자리하고 있어 인기다. 더구나 객실 수가 89개밖에 되지 않으므로 예약을 서두르는 것이 좋다. 로지 스타일은 공동욕실을 사용하고 캐빈 스타일은 룸마다 별도의 욕실이 있으니 예약 시 참고하자.

Address	9 Village Loop Drive, Grand Canyon Village
Tel	928-638-2631
Web	www.grandcanyonlodges.com
Cost	$140~
GPS	36.056912, -112.140651

ⓒBright Angel Lodge

ⓒBright Angel Lodge

브라이스 캐니언 국립공원
Bryce Canyon National Park

미국 서부를 대표하는 3대 캐니언 중 하나로 유타 주의 남서부에 위치하고 있으며 섬세한 느낌의 바위들이 가장 큰 특징인데 오랜 세월 풍화작용을 거치며 생겨난 후두라는 주황빛 돌기둥이 지금의 독특한 풍경을 만들어냈다. 계절별로 갖고 있는 매력 또한 다른데, 여름철엔 선명한 주황빛 바위를. 겨울철에는 이 바위들에 흰 눈이 쌓이며 신비로운 조화를 이룬다. 여러 전망대를 방문하며 등산을 하는 것도 좋고, 군데군데 피크닉 장소가 마련되어 있어 대자연 속에서 식사를 즐기기에도 좋다. 시간이 된다면 각 포인트마다 안내되어 있는 트레일을 따라 산책해보자. 깎아지른 듯한 절벽이 나왔다가 사막 같은 길이 나왔다가 나무숲이 나오기도 하는, 이 독특한 트레일은 브라이스 캐니언에서만 체험할 수 있는 귀한 경험이 될 것이다. 특히 위에서 내려다보는 캐니언과 아래에서 올려다보는 느낌이 완전히 다르다는 것도 기억하자.

자이언 국립공원과 135km 떨어져 있어 보통 이곳에서 자이언 국립공원으로 넘어가는 여행자가 많다.

Address	P.O Box 640201, Bryce
Tel	435-834-5322
Web	www.nps.gov/brca
Cost	차량당 $35
Access	대중교통으로는 방문이 어렵고 라스베이거스에서 차로 4시간 소요. I-15 N → UT-20 E → US-89 S → UT-12 E → UT-63 S 방향 직진

브라이스 캐니언 국립공원

- 비지터 센터 / Visitor Center
- 잡화점 / General Store
- 로지 앳 브라이스 캐니언 / The Lodge at Bryce Canyon
- 선라이즈 포인트 / Sunrise Point
- 퀸스 가든 트레일 / Queens Garden Trail
- 선셋 포인트 / Sunset Point
- 나바호 트레일 / Navajo Trail
- 인스피레이션 포인트 / Inspiration Point
- 브라이스 포인트 / Bryce Point

Sightseeing

나바호 트레일 Navajo Trail
사암으로 이루어진 원형 극장의 형태가 있는 트레일 코스로 유명하다. 남녀노소 누구나 쉽게 걸을 수 있는 걷기 편한 코스지만 경사가 있는 곳에선 조금 힘이 들 수 있다. 위를 올려다보면 아래를 내려다보는 풍경과는 또 다른 브라이스 캐니언의 멋진 풍경을 발견하게 된다.

선셋 포인트 Sunset Point
브라이스 포인트, 인스피레이션 포인트와 함께 브라이스 캐니언의 3대 뷰 포인트로 손꼽히며 일몰이 특히 아름다운 곳으로 알려져 있어 브라이스 캐니언을 대표하는 사진 촬영 명소이기도 하다. 나바호 트레일과 연결되어 있으며 이곳에서 계곡으로 내려가는 트레일 코스는 초보자들이 가기 쉬워 특히 인기가 많다. 비지터 센터에서 차로 10분 정도 달리면 도착한다.

브라이스 포인트 Bryce Point
360도로 펼쳐지는 공원의 전경이 장관을 이루며 마치 춤을 추듯 저마다의 모양과 기이한 형태로 자리하고 있는 바위들을 관찰할 수 있다. 브라이스 캐니언의 포인트 중 가장 멋진 풍경을 자랑한다.

선라이즈 포인트 Sunrise Point
일출이 특히 아름다운 곳으로 퀸스 가든 트레일의 시작점이기도 하다. 소나무와 바위들이 어우러진 풍경 또한 아름다워 기념사진을 찍기에도 좋다.

인스피레이션 포인트 Inspiration Point
발밑으로 펼쳐지는 다양한 돌들의 형태가 상당히 독특해 보면 볼수록 신기한 곳이다. 그림자가 지면 같은 바위라도 또 다른 모습을 나타내니 햇빛에 따라 바위의 형태와 색이 달라지는 특별한 포인트라 할 수 있다. 비지터 센터에서 차로 10분 거리에 있다.

퀸스 가든 트레일 Queens Garden Trail
선라이즈 포인트에서 연결되는 곳으로 브라이스 캐니언에서 가장 인기 있는 트레일 코스이다. 코너를 돌 때마다 예상치 못한 색다른 풍경이 눈앞에 나타나 계속 감탄하게 되는데 걷거나 말을 타는 것 중 선택이 가능해 더욱 인기이다. 이 길은 나바호 트레일과도 연결된다.

 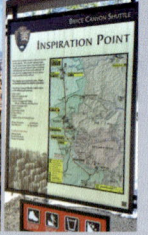

내추럴 브리지 Natural Bridge
오랜 세월 풍화와 침식작용을 거치면서 자연이 만들어낸 아치이다. 기념사진 촬영을 위해 많은 이들이 방문한다.

Stay : 3성급

로지 앳 브라이스 캐니언
The Lodge at Bryce Canyon

공원 내에 위치한 유일한 숙소라 그 의미가 크다. 로지 안에는 룸 이외에도 기념품 숍과 레스토랑, 피자 & 샌드위치 판매점 등이 있어 여행이 더욱 편리하다. 공원 내에서 맑은 공기를 마시며 아름다운 전망을 바라볼 수 있는 숙소라 늘 인기가 많다. 그러니 브라이스 캐니언 주변에서 숙박을 해야 한다면 반드시 서둘러 예약할 것을 권한다.

Address Box 640041, Bryce
Tel 435-834-8700
Web www.brycecanyonforever.com
Cost $300~
GPS 37.627023, -112.167950

Stay : 3성급

베스트 웨스턴 플러스 루비즈 인
Best Western Plus Ruby's Inn

브라이스 캐니언 국립공원 바로 앞에 위치하여 숙박하기에 최적의 장소이다. 실내 수영장과 마트, 기념품 숍 등이 있어 여행이 편리하다. 이러한 이유로 언제 가도 빈 방이 없을 만큼 인기가 많은 편이니 미리미리 예약해두는 것이 좋다.

Address 26 S Main St, Bryce Canyon
Tel 435-834-5341
Web www.rubysinn.com
Cost $100~
GPS 37.673558, -112.157396

자이언 국립공원
Zion National Park

애리조나 주와 이웃해 있고 유타 주의 남서부에 위치한 자이언 캐니언은 그랜드 캐니언의 북쪽으로 난 도로를 따라 180km 올라가면 나온다. 공원의 중심이라 할 수 있는 유타 주의 버진 강(Virgin River)이 오랜 세월 침식하여 만들어낸 수직 협곡을 기준으로 다양한 여행 루트를 만들 수 있다. 1919년 국립공원으로 지정되었으며 공원 내 가장 높은 곳인 호스 랜치 산(2,660m)에서 내려다보는 풍경이 특히 아름다운데 가을철의 단풍이 유명하다.

그랜드 서클의 포인트 중 라스베이거스와 제일 가까운 곳에 위치해 있어 라스베이거스를 방문한 관광객들이 많이들 찾는다. 자이언 국립공원을 좀 더 제대로 둘러보려면 가까운 도시인 스프링데일(Springdale)에서 숙박한 후 움직이는 것이 편리하며 공원 내를 도는 무료 셔틀버스를 타고 각 포인트에서 내려 트레일이나 피크닉을 즐기길 권한다. 또한 다른 곳에서는 쉽게 볼 수 없는 절벽 사이의 암벽 등반과 20여 개의 트레일 코스가 있어 과감한 액티비티를 즐기는 자에게 추천한다.

공원은 크게 콜롭 캐니언 지역과 자이언 캐니언 드라이브로 나뉘는데 인기 있는 주요 방문지는 자이언 캐니언 드라이브 쪽에 몰려 있다. 여행자가 자주 찾는 곳은 위핑 록, 에메랄드 풀 트레일 등이다.

Address 1 Zion Park Blvd, State Route 9, Springdale
Tel 435-772-3256
Web www.nps.gov/zion
Cost 차량당 $30
Access 대중교통으로는 방문이 어렵고 브라이스 캐니언에서 차로 2시간 소요. UT-12 W → US-89 S → UT-9 W → 스프링데일 방향 직진

Sightseeing

엔젤스 랜딩 트레일 Angels Landing Trail
자이언 캐니언에서 가장 멋진 전망대로 가는 길이지만 그만큼 험하고 위험한 데다 추락으로까지 이어질 수 있어 등산화는 필수로 준비해야 한다. 왕복 5시간이 소요되는 코스로 위핑 록과 폭포, 협곡 등 자이언 캐니언의 주요 포인트가 한눈에 내려다보여 아찔한 만큼 아름다운 곳이다.

파러스 트레일 Pa'rus Trail
비지터 센터 근방에 위치한 조용하고 평화로운 산책로이다. 작은 시냇물을 따라 조성된 길에는 자전거도로가 따로 마련되어 있어 자전거 여행자의 발길이 잦다. 또한 강아지와 함께 걷는 코스까지 있어 주인과 함께 나온 강아지들도 자주 보인다. 어린이에서부터 노인까지 부담 없이 걸을 수 있는 코스라 가족 여행자에게 추천한다. 걷는 중간중간 자이언 캐니언의 여러 봉우리들을 볼 수 있어 아름답다.

에메랄드 풀 트레일 Emerald Pools Trail
가장 인기 있는 트레일 코스 중 하나로 로어, 미들, 어퍼로 나누어져 있고 낮은 구간이 가장 쉽고 위로 올라갈수록 어렵다. 왕복 2시간 30분이 소요된다.

캐니언 오버룩 Canyon Overlook
해발 2,000m에 위치한 전망대로 1시간을 걸어야 도착할 수 있다. 시야를 가득 채우는 거대한 산과 협곡이 다양한 색으로 펼쳐지며 한시도 눈을 뗄 수 없을 만큼 멋스럽다.

빅 벤드 Big Bend
절벽이 말발굽같이 생겨 독특한데 그러한 이유로 사진 촬영 장소로 인기가 많다. 이곳에 오르면 협곡이 한눈에 내려다보여 상당히 아름답다.

카멀 터널 Carmel Tunnel
1.7km를 수작업으로 파내서 만든 곳으로 1930년 완공된 사암 터널이다. 터널 중간중간에는 커다란 창이 있어 바깥 풍경의 감상이 가능하다.

위핑 록 Weeping Rock
절벽에서 떨어지는 물줄기가 멋진 장관을 이루는 곳으로 정상에 가면 말발굽 모양의 협곡이 한눈에 내려다보여 더욱 멋스럽다.

콜롭 캐니언 로드 Kolob Canyon Road
허리케인 클리프 Hurricane Cliff와 콜롭 아치 Kolob Arch, 콜롭 캐니언 뷰 포인트 Kolob Canyon View Point 등이 모두 있어 자이언 캐니언에서 딱 한 곳만 들려야 한다면 이곳을 추천한다.

Food

①

타이 사파 Thai Sapa

태국 음식을 맛볼 수 있어 인기인데 미국 음식에 질렸을 때 한 번쯤 방문하면 좋다. 창밖으로 다양한 형태의 바위들이 보여 눈이 즐겁다. 서비스도 상당히 좋은 편.

Address	198 Zion Park Blvd, Springdale
Tel	435-772-0510
Web	www.thaisapazion.com
Open	11:00~21:30
Cost	$10~
GPS	37.198134, -112.991743

Cafe

디프 크리크 커피 Deep Creek Coffee

깊고 진한 맛의 커피가 그립다면 이곳으로 가자. 좋은 품질의 커피를 맛볼 수 있다. 특히 아이스 라테 강추!

Address	932 Zion Park Blvd, Suite 3
Tel	435-767-0272
Web	deepcreekcoffee.com
Open	06:30~14:00
Cost	$6~
GPS	37.188979, -112.999933

Stay : 3성급

자이언 로지 Zion Lodge

1924년 오픈한 2층 목조 건물로 1966년 한 차례 화재가 있었으나 이를 다시 복구해 사용 중에 있다. 자이언 캐니언이 내다보이는 아름다운 뷰 때문에 오래된 시설임에도 불구하고 언제나 인기가 많다. 한겨울엔 실내가 많이 추우니 감안하자.

Address	1 Zion Canyon Scenic Dr, Springdale
Tel	435-772-7700
Web	www.zionlodge.com
Cost	$240~
GPS	37.250164, -112.956466

앤털로프 캐니언
Antelope Canyon

세계적인 사진작가들이 가장 촬영하고 싶어 하는 곳, 전 세계에서 팔리는 사진 작품 중 가장 비싸게 팔리는 사진 촬영 배경지로 알려진 앤털로프 캐니언은 사암과 빛, 색의 조화가 환상적으로 아름다워 사람들의 방문이 끊이질 않는다.

좁은 균열의 틈을 타고 굽이굽이 8km가 이어지는 이 독특한 협곡은 어퍼와 로어로 나뉘며 인디언 원주민 투어 가이드와 동반 입장을 해야 구경이 가능하다. 어퍼는 도보로 방문이 가능하지만 로어는 사다리를 타고 내려가 좁은 협곡을 걸어야 구경할 수 있다. 장단점이 있으니 자신의 취향에 맞는 곳으로 투어를 선택하면 된다.

정오 즈음에 방문하는 것이 가장 좋은데 햇볕에 의해 사암의 색이 반사되어 환상의 풍경을 만들어낸다. 가이드의 설명을 들으면서 그가 알려주는 포인트를 잘 따라가는 것이 좋다. 기가 막힌 사진 촬영의 포인트 또한 잘 알고 있어 '작품 사진'을 건질 수 있기 때문이다.

땅 밑의 동굴을 1시간 이상 걸어 다녀야 해서 옷을 따뜻하게 입고 가는 것이 좋으며 내비게이션에 앤털로프 캐니언을 검색하면 나오지 않으니 현지 여행사 이름(Antelope Canyon Tours, Ken's Tour-Lower Antelope Canyon 등)으로 검색해 찾아가면 된다. 보다 전문적인 사진 촬영을 하고 싶다면 일반 투어가 아닌 사진 투어를 신청해보자. 입장료는 몇 배 더 비싸지만 사진 촬영하기 좋은 장소 위주로 방문하고 충분히 여유로운 촬영 시간과 소규모의 인원으로 진행되어 진정한 작품 사진을 건질 수 있다.

Open	매일 아침 07:00~17:00까지 여행사별로 정해진 시간에 투어 출발
Cost	1인당 $65~ (현금 Only, 투어 및 출발시간에 따라 요금 변동 있음)
Access	대중교통으로는 방문이 어렵고 라스베이거스에서 차로 4시간 30분 소요. I-15 N → 16번 출구 → UT-59 S AZ-389 E → US-89 S/E 300 S AZ-98 E → Lechee 방향 직진

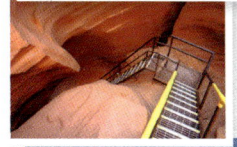

Food
①

빅 존스 텍사스 BBQ Big John's Texas BBQ

미국 내에서도 맛있기로 유명한 텍사스 스타일의 바비큐 맛집이다. 원하는 고기의 종류와 부위를 골라 무게를 달아 먹는 방식이며 고기 외에 다양한 사이드 메뉴 또한 많아 고기 러버라면 들러볼 만하다.

Address	153 S Lake Powell Blvd, Page
Tel	928-645-3300
Web	bigjohnstexasbbq.com
Open	화~토 11:00~21:00
Close	일 · 월요일
Cost	$25~
GPS	36.915319, -111.455660

©Big John's Texas BBQ

Food
②

피에스타 멕시카나 Fiesta Mexicana

전형적인 멕시칸 요리를 먹을 수 있는 레스토랑이다. 내부 인테리어 역시 멕시코 스타일로 꾸며져 있어 마치 멕시코에 온 듯한 착각을 일으킨다. 맛도 맛이지만 양도 푸짐해 인기이다.

Address	125 S Lake Powell Blvd, Page
Tel	928-645-4082
Web	www.fiestamexrest.com
Open	일~목 11:00~22:00, 금 · 토 11:00~23:00
Cost	$15~
GPS	36.916093, -111.456324

Stay : 3성급
①

베스트 웨스턴 플러스 앳 레이크 파월
Best Western Plus at Lake Powell

페이지 지역에서 저렴한 가격으로 깔끔하게 머물 수 있어 추천한다. 조식까지 포함되어 있어 좀 더 편안한 여행이 가능하다. 호텔 룸의 창밖으로 펼쳐지는 주황빛 흙과 선인장이 마치 우주에 도착한 듯한 이국적인 느낌을 주어 색다르다.

Address	208 N Lake Powell Blvd, Page
Tel	928-645-5988
Web	www.bestwestern.com
Cost	$110~
GPS	36.920562, -111.462561

more & more

페이지에 머물 때 반드시 들르세요!
세이프웨이 & 월마트

그랜드 서클을 여행하는 대부분의 사람들이 호스슈 벤드와 앤텔로프 캐니언을 들른다. 이 두 곳을 여행하면 거치게 되는 도시 페이지. 이곳 슈퍼마켓에서 여행에 도움이 되는 각종 살림살이와 먹거리를 저렴하게 득템할 수 있다! 추천하고픈 아이템으로는 커피포트(컵라면과 커피용), 미니 사이즈의 아이스박스(물, 과일 냉장용), 나파 밸리 와인이나 생수, 과자, 과일 등이다.

세이프웨이 Safeway
Address 650 Elm St, Page
Tel 928-645-8155
Web local.safeway.com
Open 05:00~23:00

월마트 Walmart
Address 1017 W Haul Rd, Page
Tel 928-645-2622
Web walmart.com
Open 06:00~24:00

호스슈 벤드
Horseshoe Bend

애리조나 주의 페이지라는 작은 도시에는 89번 국도를 타고 가다가 만날 수 있는 특별한 관광지가 있다. 거대한 말발굽이란 뜻의 호스슈 벤드는 300m 높이의 절벽에서 내려다보는 바위와 강의 물줄기가 놀라운 장관을 만들어낸다. 여러 각도에서 촬영하는 포인트에 따라 사진의 느낌이 전혀 다르게 나타나며 햇살의 강도에 따라서도 또 달라져 마치 영화 속 한 장면 혹은 우주의 한 풍경처럼 느껴지기까지 한다.

앤털로프 캐니언과는 차로 20분 정도 떨어진 곳에 위치하고 있어 두 곳을 하루에 모두 방문해도 좋다. 다만 절벽에는 그 어떤 안전장치도 없어 자칫 발을 잘못 디뎠다가는 큰일이 날 수 있으니 조심해야 한다. 이곳은 관리가 따로 되고 있지 않아 입장료 또한 없다.

내비게이션에서 호스슈 벤드로만 검색하면 위치를 못 찾는 경우가 많으니 호스슈 벤드 파킹Horseshoe Bend Parking으로 검색해 찾아가는 것이 편리하다. 실제로 주차장에 차를 대놓고 1km 정도 걸어야 호스슈 벤드에 도착할 수 있다. 사막의 기후가 잔뜩 느껴지는 곳이니 뜨거운 태양이 머리 위를 내리쬘 시간은 피해서 방문할 것을 권한다. 차에서 내리기 전 생수 한 통과 선글라스, 모자, 카메라는 필수 아이템!

Address	Hwy 89, Page
Tel	928-608-6200
Web	horseshoebend.com
Cost	무료
Access	대중교통으로는 방문이 어렵고 라스베이거스에서 차로 4시간 30분 소요. I-15 N → 16번 출구 → UT-59 S → AZ-389 E → US-89 S/E 300 S → US-89 S를 따라 페이지 방향 직진 혹은 앤털로프 캐니언에서 차로 20분

모뉴먼트 밸리
Monument Valley

영화 〈포레스트 검프〉에서 주인공 톰 행크스가 끝없이 달리던 바로 그 장소로, 붉은 사암들이 뾰족하게 솟아 독특한 지형을 이룬다. 공식 명칭은 모뉴먼트 밸리 나바호 트라이벌 공원Monument Valley Navajo Tribal Park이며 나바호 인디언 자치 구역에서 그들의 전통과 고유 문화유산을 지키고 유지하기 위해 노력하고 있다.

유타 주와 애리조나 주에 걸쳐 있는 남한의 3분의 2 크기인 이곳은 아무리 달려도 끝이 보이지 않는 길이 펼쳐지며 하늘로 솟은 거대한 돌기둥이 이국적인 느낌을 자아낸다. 입장료를 내고 들어가면 차로 28km 정도를 돌 수 있는 코스인데 밸리 드라이브Valley Drive라 불리는 이곳은 비포장도로로 되어 있어서 SUV 차량을 이용하는 것이 좋다(한 번 돌고 나오면 차가 온통 빨간 흙으로 뒤덮이니 가기 전에 절대 세차는 하지 말자). 특히 해가 질 때 거대한 바위산 사이로 해가 내려앉는 모습은 두고두고 기억에 남을 만큼 압권이다. 하늘을 향해 높게 솟은 여러 돌기둥을 만날 수 있지만 입구에 있는 3개의 뾰족한 돌기둥이 모뉴먼트 밸리의 대표 상징이다.

밸리 드라이브 코스를 달리다 보면 다양한 모양의 거대한 돌들이 나타나는데 더 미튼스The Mittens, 토템 폴Totem Pole, 존 포드 포인트John Ford Point, 쓰리 시스터즈Three Sisters 등 각각의 이름이 있어 확인하며 돌아보는 것도 재미난 경험이 된다.

렌터카를 이용하지 못할 경우 모뉴먼트 밸리 앞에서 나바호족 인디언들이 인솔하는 투어에 참여할 수도 있다. 투어는 1시간 30분용, 2시간 30분용으로 나뉘며 최소 인원이 모이면 출발한다.

Address	Monument Valley, UT 84536
Web	navajonationparks.org/tribal-parks/monument-valley
Open	비지터 센터 5~9월 06:00~20:00, 10~4월 08:00~17:00 (추수감사절 12:00까지)
	시닉 드라이브 5~9월 06:00~20:00, 10~4월 08:00~16:30
Close	1월 1일, 크리스마스
Cost	차량당 $20
Access	대중교통으로는 방문이 어렵고 라스베이거스에서 차로 6시간 30분 소요. I-15 N → 16번 출구 → UT-59 S → AZ-389 E → US-89 S/E 300 S → US-89 S를 따라 페이지 방향 AZ-98 E → US-160 E → US-163 N 방향으로 직진

Stay : 3성급

뷰 호텔 The View Hotel

모뉴먼트 밸리 안에 있는 유일한 숙소로 이곳이 방값을 하는 이유는 단 하나, 호텔의 룸에서 모뉴먼트의 일출과 일몰을 모두 감상할 수 있기 때문이다. 나바호 부족이 직접 지은 호텔이라 그 독특한 감성 또한 충분히 느낄 수 있다. 가격은 다소 비싼 편이지만 1박쯤은 즐겨볼 만하다.

Address	Indian Rte 42, Oljato-Monument Valley
Tel	435-727-5555
Web	monumentvalleyview.com
Cost	$200~
GPS	36.981819, -110.112109

Stay : 3성급

굴딩스 로지 Goulding's Lodge

모뉴먼트 밸리 바로 앞에 위치한 숙소로 여럿이 머물기 좋은 레지던스 형태이다. 밤하늘을 가득 채운 별 또한 감상할 수 있어 더욱 즐겁다. 부엌 시설을 훌륭하게 갖추고 있기 때문에 식재료를 사다가 요리를 직접 해 먹을 수도 있어 더욱 기억에 남는 여행의 추억을 만들 수 있다.

Address	1000 Main St, Oljato-Monument Valley
Tel	435-727-3231
Web	www.gouldings.com
Cost	$100~
GPS	37.007010, -110.203628

캐니언랜즈 국립공원
Canyonlands National Park

모압Moab이라는 작은 마을을 기준으로 우측은 아치스 국립공원, 좌측은 캐니언랜즈 국립공원이 위치해 있다. 콜로라도 강과 그린 강이 Y자 형태로 흐르고 크게 아일랜드 인 더 스카이Island In The Sky, 니들The Needles, 마제The Maze 이렇게 세 곳으로 이루어져 있다. 오랜 세월 융기와 침식을 거듭하며 풍화작용에 의해 지금의 지형들이 생겨났으며 사암과 지층이 반복적으로 쌓여 있어 상당히 독특한 풍경을 자랑한다. 또한 끝없이 펼쳐지는 협곡은 마치 우주를 탐험하는 듯한 느낌이 든다. 광활한 사막의 속살에 상상치 못한 신비로운 지형이 끝없이 펼쳐지는 곳. 그곳이 바로 캐니언랜즈 국립공원이다.

Address	2282 Resource Blvd, Moab
Tel	435-719-2313
Web	www.nps.gov/cany
Cost	차량당 $30
Access	대중교통으로는 방문이 어렵고 모압 중심가에서 차로 30분 소요. N Main St 방면 → US-191 N/N Main St → UT-313 W → Grand View Point Rd/Island in the Sky Rd 방향 직진

아치스 국립공원
Arches National Park

모압Moab의 우측에 위치하고 있는 국립공원으로 끝없이 펼쳐지는 사막 위에 오랜 세월 지구와 역사를 함께하며 만들어낸 독특한 바위들이 이어져 있어 누구나 감탄을 마지않는 곳이다.

Address	PO Box 907, Moab
Tel	435-719-2299
Web	www.nps.gov/arch
Cost	차량당 $30
Access	대중교통으로는 방문이 어렵고 모압 중심가에서 차로 20분 소요. N Main St 방면 → US-191 N/N Main St → Arches Entrance Rd 진입

Sightseeing

아치스 시닉 드라이브 Arches Scenic Drive
아치스 국립공원의 주요 포인트를 모두 돌아볼 수 있는 코스로 샌드 듄 아치Sand Dune Arch, 스카이라인 아치Skyline Arch 등이 포함되어 있다. 또한 랜드스케이프 아치Landscape Arch, 더블 오 아치Double O Arch 등 아치스 국립공원의 대표 상징들이 모여 있어 사진 촬영하기에도 좋다.

윈도 섹션 Windows Section
에덴의 정원이라는 별칭으로도 유명한 이곳은 더블 아치Double Arch와 사우스 윈도South Window로 향하는 트레일 코스가 만나게 되어 있어 산책하기 좋다. 기념사진 촬영을 하며 눈앞에 펼쳐지는 독특한 풍경들을 천천히 감상할 수 있어 인기가 많다.

캐나다 밴쿠버
Canada Vancouver

캐나다의 관문이자 대표 도시로 브리티시컬럼비아 주의 남서부에 자리하고 있으며 다양한 인종의 이민자들이 많아 글로벌 문화가 형성되어 있다. 특히 밴쿠버에는 캐나다를 대표하는 대학 중 하나인 UBC, 다운타운의 유명 미술관인 밴쿠버 아트 갤러리, 2010년 동계 올림픽의 메인 프레스 센터였던 밴쿠버 컨벤션 센터 등이 있어 볼거리가 많고 일 년 내내 날씨도 따뜻한 편이라(동부 지역에 비해) 언제나 많은 방문객들로 북적인다. 미국의 시애틀과는 차로 2시간 거리에 떨어져 있어 시애틀 여행과 연계해 방문하는 관광객이 대부분이니 시애틀 여행을 간다면 밴쿠버도 꼭 들러보자. 미국과 캐나다의 미묘한 차이들을 직접 느껴 볼 수 있는 좋은 기회이다.
한동안 엄청나게 회자되었던 인기 드라마 〈도깨비〉의 그 '단풍국'으로도 이름을 떨치고 있으니, 캐나다의 인기는 앞으로도 더욱 높아질 전망이다.

연관검색어
#캐나다의관문 #캐나다대표도시
#이민자 #이민자의도시 #베이글
#커피 #바다 #빅토리아 #단풍국
#도깨비 #공유 #김고은

Writer's Story
밴쿠버를 처음 여행한 오래전 그날이 지금도 잊히지가 않는다. 비행기가 착륙을 준비하는데 창밖으로 내 눈을 가득 메우던 진한 녹색의 나무들, 하늘 높이 솟아 있던 뾰족뾰족하고도 울창한 침엽수들이 파노라마처럼 끝없이 이어지던 그 아름다운 풍경. 거기에 비행기가 땅에 착륙하자마자 코끝으로 전해지던 첫 공기의 신선함까지! 무공해 청정의 나라가 진정 이곳이구나 하며 감동했던 것이 생생하다. 맑고 깨끗한 대자연이 무엇인지를 진정 느껴 보고 싶다면 캐나다로의 여행을 적극 추천한다.

추천 애플리케이션
캐나다여행
TransitDB Vancouver
Vancouver Travel Guide Triposo

추천 웹 사이트
캐나다관광청 kr-keepexploring.canada.travel
브리티시컬럼비아 주 www.hellobc.co.kr

오리엔테이션

➕ 시차
한국보다 17시간 느리고, 서머타임 적용 시에는 16시간 차이가 난다(서머타임 : 3월 둘째 주부터 11월 첫째 주까지).

➕ 기후
일 년 내내 온화한 편이지만 우기인 겨울철에는 비가 잦아 겨울철을 피해서 여행 일정을 잡는 것이 좋다.

	1월	2월	3월	4월	5월	6월	7월	8월	9월	10월	11월	12월
평균 기온(℃)	6	8	10	14	16	19	21	22	21	19	9	6
평균 강수량(mm)	153	123	110	85	69	55	40	40	55	115	180	179

➕ 한국에서 밴쿠버까지 가는 방법
대한항공과 에어캐나다가 9시간 30분의 직항으로 운항 중이고 그 외 여러 외국계 항공사들이 경유 1회를 포함해 밴쿠버까지 매일 운항한다. 시애틀에서 밴쿠버로 이동 시에는 그레이하운드 버스나 퀵 셔틀버스를 가장 많이 선택한다.

➕ 밴쿠버국제공항
1931년도부터 캐나다의 관문 역할을 맡고 있는 밴쿠버국제공항Vancouver International Airport은 24시간 언제 가도 붐비는 인기 공항 중 하나이다. 여객 터미널 2개와 화물 터미널 2개, 총 4개의 터미널로 구성되어 있으며 시내에서 약 15km 떨어져 있어 이동이 쉬운 편이다. 공항코드는 YVR이다.

Address 3211 Grant McConachie Way, Richmond
Tel 604-207-7077
Web www.yvr.ca

➕ 공항에서 시내까지 가는 방법
짐이 많지 않다면 스카이트레인(지하철)의 캐나다 라인Canada Line을 이용해 시내까지 가면 되고 짐이 많다면 택시 혹은 공항 내의 리무진 차량을 이용해 이동하면 된다.

Web www.yvr.ca/en/passengers/transportation

➕ 시내 교통
밴쿠버의 지하철이라 할 수 있는 스카이트레인SkyTrain의 경우 다운타운은 1~3존으로 구분된다. 1회 이용 시 1존 C$3.05, 2존 C$4.35, 3존 C$5.90, 데이 패스DayPasses C$10.75에 가능하다. 오프 피크 타임(평일 오후 6시 30분 이후 및 주말·공휴일)에는 모든 요금이 1존의 요금으로 동일하게 적용된다. 엑스포·밀레니엄·캐나다의 3개 노선이 있다.
버스는 존의 구별 없이 이용이 가능하다(C$3.05). 다운타운과 노스 밴쿠버를 연결하는 시버스SeaBus는 아름다운 경치를 감상하며 이동할 수 있어 인기가 많다. 버스와 스카이트레인, 시버스는 90분간 환승할 수 있으나 버스 티켓을 현금으로 구매한 경우에는 버스로의 환승만 가능하다. 현금 지불 시 거스름돈은 주지 않으니 주의!

> **Tip 밴쿠버 여행의 필수품, 컴퍼스 카드** Compass Card
> 우리나라의 티머니와 같은 형식으로, 카드 충전 후 사용 시 해당 금액만큼 차감된다(카드 보증금 C$6). 이용도 편리하고 현금 납부 시보다 저렴해 밴쿠버에 머문다면 꼭 구비해야 할 1순위 필수품이다.

밴쿠버에서 재스퍼까지, 기차에서 먹고 자는 비아레일!

기차 안에서의 낭만과 호사를 꿈꿔 본 적 있는 여행자라면 비아레일 여행을 떠나보는 것은 어떨까? 캐나다의 국영 기차 비아레일Via Rail은 안전하고 고급스러운 서비스로 명성이 자자하다. 캐나다의 관문 도시라 할 수 있는 밴쿠버에서 저녁 8시 반에 출발한 기차는 다음 날 오후 4시쯤 아름다운 로키 여행지인 재스퍼에 도착한다.

Web   www.viarail.ca

탑승을 위해 밴쿠버의 기차역에 도착하면 마치 공항에서처럼 탑승 수속을 한 후 비아레일 승객을 위한 라운지를 이용하면 된다. 흥겨운 라이브 음악과 함께 간단한 요깃거리를 즐기다 보면 어느새 기차에 탑승할 시간. 구간별로 배정된 서비스 직원들이 마중을 나오는데 자기소개를 하면서 캐리어를 옮겨주는 그들의 친절함에 절로 미소가 나온다.

침대칸에 들어가면 침대는 안 보이고 의자만 덩그러니 놓여 있어 놀랄 수 있지만 잠시 후 직원이 의자를 치우고 벽에 붙어 있던 침대를 내려서 시트와 베개 커버까지 완벽하게 세팅해준다. 무료로 제공되는 샴푸, 비누, 생수, 초콜릿은 기차 여행을 더욱 편안하게 만들어주며 룸 안에는 화장실과 샤워실까지 마련되어 있어 긴긴밤 밖으로 들락거릴 필요가 없으니 더욱 좋다.

그렇게 하룻밤을 기차에서 보내고 나면 아침식사를 하라는 직원의 외침이 들린다(행여나 놓치는 승객들을 위해 3차까지 시도하는 치밀함까지). 기차에서 하는 식사는 아침과 점심 이렇게 두 번이다. 메뉴는 3~4가지 중 선택할 수 있으며 추가 비용이 없기 때문에 부담 없이 먹고 싶은 걸 고르면 된다. 식탁에 오르는 모든 재료는 고급스럽고 싱싱한 제철 재료를 사용해 더욱 맛이 좋다. 식사하는 동안 시야가 탁 트인 차창 너머로 캐나다 로키의 아름다운 호수들을 바라볼 수 있어 그야말로 황홀하다. 그 순간만큼은 마치 '천국'에서 만찬을 즐기는 듯 절로 행복해진다. 그렇게 꿈속 같은 두 번의 식사를 마치고 나면 어느새 재스퍼에 도착했다는 방송이 흘러나오고 1박 2일의 황홀한 기차 여행은 이렇게 끝이 난다. 이 기차를 탑승한 후 드는 생각은 단 하나다. '아, 이런 기차라면 이 안에서 열흘이라도 시간을 보낼 수 있겠구나!' 은퇴한 캐나다 사람들이 가장 하고 싶어 하는 게 비아레일을 타고 국토 횡단을 하는 것이라고 하니 현지에서도 그 인기가 어느 정도인지 짐작이 될 것이다.

Sightseeing ★★★

스탠리 공원 Stanley Park

1859년 군사시설이었다가 1888년 시민들에게 개방되면서 그 이름을 얻게 된 스탠리 공원은 밴쿠버를 들르는 관광객에게 최고의 방문지이자 밴쿠버 시민들이 가장 좋아하는 공원이다. 이곳은 북미에서 가장 큰 공원으로 유명하며 그 거대한 규모를 제대로 보려면 며칠이 걸려도 부족할 정도다. 공원 안에는 3개의 호수와 수족관 등 여러 유명한 시설이 있지만 그중 가장 인기 있는 곳은 프로스펙트 포인트Prospect Point, 라이온스 게이트 브리지Lions Gate Bridge, 잉글리시 베이English Bay, 밴쿠버 수족관Vancouver Aquarium 등이다. 자전거로 둘러보다가 피크닉을 즐겨도 좋고 휴양을 즐기기도 좋은 곳이니 반드시 들러보자.

Address V6G 1Z4 British Columbia
Tel 604-681-6728
Web vancouver.ca/parks-recreation-culture/stanley-park.aspx
Open 09:00~17:00
Access 버스 19번 Stanley Park Dr Pipeline Rd역 하차
GPS 49.290779, -123.146542

Sightseeing ★★☆

밴쿠버 아트 갤러리 Vancouver Art Gallery

1931년 개관한 밴쿠버 아트 갤러리는 규모나 내용 면에서 캐나다 서부를 대표하는 최고의 미술관으로 손꼽히고 있다. 캐나다 브리티시컬럼비아 주 빅토리아 태생의 유명 여류 화가인 에밀리 카Emily Carr의 작품 이외에도 샤갈과 고갱 등의 유명 작가 작품이 전시되어 있고 비정기적으로 운영되는 특별 전시회 또한 알차게 진행 중이다. 미술관의 건물 또한 우아하고 기품이 있는데 과거 법원으로 사용하던 건물을 미술관으로 개조한 것이다.

Address 750 Hornby St
Tel 604-662-4700
Web www.vanartgallery.bc.ca
Open 수~월 10:00~17:00, 화 10:00~21:00
Cost 성인 C$24, 65세 이상 C$20, 학생(ID 지참) C$18, 6~12세 C$6.50
Access 스카이트레인 캐나다 라인 Vancouver City Centre역 하차
GPS 49.282982, -123.120458

Sightseeing ★★★
③
롭슨 스트리트 Robson St

밴쿠버의 최대 번화가로 한국 식당은 물론 여러 나라의 문화와 풍경이 섞여 있는 독특한 곳이다. 1년 365일 24시간 언제 가도 붐비는 젊은이들의 약속 장소이며 산책하듯 걸으면서 쇼핑을 즐기고 맛있는 것을 사 먹기도 좋아 늘 인기이다.

Web	www.robsonstreet.ca
Access	스카이트레인 엑스포 라인 Burrard역 하차
GPS	49.286042, -123.127002

Sightseeing ★★☆
④
개스타운 Gastown

밴쿠버의 첫 번째 관광지로 많은 이들이 손꼽는다. 1867년 영국 증기선 선장이었던 존 데이턴이 이곳에 술집을 열었는데 '개시 잭Gassy Jack'이란 별명이 생겼고 지역 이름 또한 여기서 유래되었다. 거리에서 그의 동상을 발견할 수 있으며 또 하나 눈길을 끄는 것은 거리 한 복판에 있는 시계이다. 15분마다 증기를 뿜으며 알람을 울리는데 세계에서 몇 개 안 남은 증기 시계 중 하나라 가치가 있다. 거리는 로맨틱하고 운치가 있어 아름답지만 밤에는 인적이 드물고 치안이 좋지 않으니 조심하자.

Web	gastown.org
Access	스카이트레인 엑스포 · 밀레니엄 · 캐나다 라인 Waterfront역 하차
GPS	49.282999, -123.106787

Sightseeing ★★☆
⑤
캐나다 플레이스 Canada Place

거대한 흰 깃발이 나부끼는 장소로 1986년 캐나다 엑스포 당시 만들어졌다. 현재는 세계무역센터와 국제회의장, 아이맥스 영화관, 카페, 레스토랑, 푸드 코트 등이 밀집해 있는 종합 타운이라 할 수 있다. 바로 앞의 바다에서 수시로 드나드는 거대한 배와 경비행기를 볼 수 있어 상당히 이국적이며 대로변의 길을 걷다 보면 자연스레 개스타운과 연결된다.

Address	999 Canada Place
Tel	604-665-9000
Web	www.canadaplace.ca
Access	스카이트레인 엑스포 · 밀레니엄 · 캐나다 라인 Waterfront역 하차
GPS	49.288700, -123.111192

Sightseeing ★★★

그랜빌 아일랜드 시장 Granville Island Public Market

밴쿠버 시내에서 아쿠아버스Aquabus라는 통통배를 타고 건너가면 도착하는 오래된 전통 시장으로 상당히 매력적이다. 대부분의 상인들이 직접 만든 물건을 파는데 한 끼 식사를 해결하기도 좋고 기념품을 쇼핑하기에도 즐겁다. 정확히 표현하자면 섬은 아니고 반도의 개념이지만 이름에서 느낄 수 있듯 섬으로 불리고 있는 귀여운 공간이다.

Address	1669 Johnston St
Tel	604-666-6655
Web	granvilleisland.com/public-market
Open	09:00~19:00
Close	1월 1일, 1월의 월요일, 크리스마스
Access	버스 50번 EB W 2 Ave NS Anderson St역 하차 혹은 아쿠아버스 이용
GPS	49.272363, -123.135064

Sightseeing ★★☆

브리티시 컬럼비아 대학교
University of British Columbia

캐나다 서부를 대표하는 지성의 상징으로 1915년 개교한 종합대학교이다. 특히 의대와 약대, 경제, 경영학과가 명성이 높은 편이며 넓은 부지의 캠퍼스 안에는 방송국을 비롯해 박물관, 식물원, 도서관, 미술관 등의 부대시설까지 갖추고 있다. 학교 캠퍼스 주변엔 누드 비치가 있어 호기심 가득한 많은 이들의 방문이 언제나 끊이질 않는다.

Address	2329 West Mall
Tel	604-822-2211
Web	www.ubc.ca
Access	버스 84·99번 UBC역 하차
GPS	49.261476, -123.253677

Sightseeing ★★☆

캐필라노 서스펜션 브리지 공원
Capilano Suspension Bridge Park

캐나다의 자연이 얼마나 웅장한지 느낄 수 있는 공간으로 하늘 높이 치솟은 거대한 침엽수림 사이를 연결한 흔들다리가 가장 유명하다. 이 다리는 높이 70m, 길이 1.4km로 한 번 건너는 데 그리 오랜 시간이 걸리진 않지만 발밑으로 펼쳐지는 까마득한 계곡을 내려다보는 일은 분명 스릴 넘친다. 개방 시간은 시기에 따라 달라지므로 웹 사이트를 참조하자.

Address	3735 Capilano Rd
Tel	604-985-7474
Web	www.capbridge.com
Open	10~4월 11:00~21:00, 5~9월 09:00~19:00
Cost	성인 C$59.95, 65세 이상 C$54.95 17세 이상 학생 C$46.95 13~16세 학생 C$31.95 6~12세 C$21.95
Access	버스 236·247번 Capilano Rd 3500 Block역 하차
GPS	49.342885, -123.115037

Sightseeing ★☆☆

그라우스 마운틴 Grouse Mountain

캐필라노 서스펜션 브리지 공원 옆에 위치한 해발 1,100m의 작은 산으로 스카이라이드 Skyride라는 케이블카를 타고 정상에 올라가면 밴쿠버 시내와 바다가 한눈에 보여 상당히 아름답다. 겨울에는 눈썰매와 스키를 타는 곳으로 변신하여 수많은 현지인들이 겨울 스포츠를 즐기기 위해 찾는다.

Address	6400 Nancy Greene Way
Tel	604-980-9311
Web	www.grousemountain.com
Open	09:00~22:00
Cost	성인 C$61, 65세 이상 C$54 5~16세 C$34
Access	버스 232·236·247번 Grouse Mountain Skyride역 하차
GPS	49.372324, -123.099508

때 묻지 않은 자연을 느끼고 싶다면, 파노라마 공원!

캐나다 여행의 묘미를 제대로 느끼기 위해선 가장 '캐나다스러운' 장소를 찾는 것이 최선이다. 밴쿠버 한복판에서 들려오는 한국어를 거부하고 싶을 때, 밴쿠버 시내의 번잡함에 숨이 막힐 때, 비싼 주차료나 교통비를 내면서까지 여행하고 싶지 않을 때. 그럴 때는 주저 말고 '파노라마 공원 Panorama Park'으로 향하자. 상쾌한 공기와 한적한 풍경, 그리고 아름다운 하늘과 바다가 맞닿은 그곳에서 밴쿠버의 진정한 매력을 발견할 수 있다.
티 없이 맑은 구름이 그대로 강물에 비치고, 하늘 끝까지 닿을 듯 쭉 뻗은 침엽수림과 숲 속 여기저기를 날아다니는 새들의 지저귐만 가득해 마치 한 장의 엽서 같다. 강가에는 그림 같은 요트들이 나란히 정박해 있고 공원 내에는 바비큐 시설도 구비되어 있어 가족 여행을 즐기기에도 안성맞춤이다. 살짝 출출해진다면 공원의 입구, 대로변 한복판에 위치해 쉽게 눈에 띄는 허니 HONEY로 가자. 직접 반죽해 만드는 명물 도넛을 맛볼 수 있다. 기름에 튀겨졌지만 느끼하지 않고 쫄깃해 누구든 반하게 된다.

Address	Panorama Dr, North Vancouver
Tel	604-990-2311
Web	www.dnv.org
Access	버스 211번 SB Pnorama Dr NS Naughton Ave역 하차(약 1시간 소요)

Food
1

메디나 카페 Medina Cafe

모로칸 스타일의 브런치가 유명한 곳으로 대기 줄을 보통 1시간 정도는 기다려야 한다(근처의 스타벅스에 있다가 다시 방문하는 방법을 주로 애용함). 높은 천장과 우아한 실내 분위기, 고급스러운 조명 덕분에 분위기가 상당히 좋은 편이다. 다양한 달걀 요리와 와플이 인기이다.

Address	780 Richards St
Tel	604-879-3114
Web	www.medinacafe.com
Open	월~금 08:00~15:00, 토·일 09:00~15:00
Cost	C$20~
Access	스카이트레인 캐나다 라인 Vancouver City Centre역 하차
GPS	49.280549, -123.116829

Food
2

미구 Miku

밴쿠버에는 수많은 일식집이 있지만 그중에서도 질로 승부하는 곳이다. 언제 가도 신선한 재료를 사용하여 믿고 먹을 수 있는데 대표적인 인기 메뉴로는 초밥과 회, 캘리포니아 롤이 있다.

Address	200 Granville St #70
Tel	604-568-3900
Web	mikurestaurant.com
Open	일~목 11:30~22:00, 금·토 11:30~23:00
Cost	C$25~
Access	스카이트레인 엑스포·밀레니엄·캐나다 라인 Waterfront역 하차
GPS	49.287053, -123.112844

Food
3

더 케그 스테이크하우스 + 바
The Keg Steakhouse + Bar

캐나다의 대중적인 스테이크 전문 프랜차이즈로 어느 지점을 가든 높은 천장과 나무로 꾸며진 편안한 실내 인테리어를 만날 수 있다. 친절한 직원들의 서비스가 돋보이며 캐나다를 처음 갔다면 한 번쯤 방문하기 좋은 곳.

Address	1011 Mainland St
Tel	604-633-2534
Web	www.kegsteakhouse.com
Open	일~목 16:00~24:00, 금·토 16:00~01:30
Cost	C$25~
Access	스카이트레인 캐나다 라인 Yaletown-Roundhouse역 하차
GPS	49.276561, -123.119405

Night Life

알리바이 룸 Alibi Room

힙한 분위기에 수제맥주 종류가 많은 바이다. 평일에도 대기가 있을 만큼 현지인들의 사랑을 받고 있다. 기분 좋은 저녁식사를 하면서 맥주 한잔 즐기기에 적합한 곳이다. 직원들도 모두 친절한 편.

Address	157 Alexander St
Tel	604-623-3383
Web	alibi.ca
Open	일~목 16:30-23:00
	금·토 16:30-24:00
Cost	C$30~
Access	버스 23번 Quebec St @ Keefer St역 하차
GPS	49.28419, -123.100540

Cafe

리볼버 Revolver

캐나다를 대표하는 커피 브랜드 중 하나로 자리매김한 곳이다. 전문 바리스타가 직접 커피를 만들며 블라인드 테이스트 또한 가능하다. 대표 메뉴는 브루 플라이트로 하나의 원두를 각기 다른 추출 기구를 이용해 커피를 만들어 주어 다양한 맛을 볼 수 있다.

Address	325 Cambie St
Tel	604-558-4444
Web	revolvercoffee.ca
Open	월~금 07:30-18:00,
	토 09:00-18:00
Close	일요일
Cost	C$5~
Access	버스 95번 EB W Hastings St FS Cambie St역 하차
GPS	49.283197, -123.109454

Cafe

핀치스 티 & 커피 하우스 Finch's Tea & Coffee House

티와 커피, 샌드위치를 즐길 수 있는 곳으로 유명 기타리스트인 지미 헨드릭스 또한 이곳을 다녀간 적이 있다고! 현지인들이 유난히 사랑하는 공간이며 편안하면서도 고풍스러운 실내 분위기와 각종 유기농 커피 및 티를 마시면서 간단한 간식을 즐기기 좋다.

Address	353 W Pender St
Tel	604-899-4040
Web	www.finchteahouse.com
Open	월~금 09:00-17:00,
	토 11:00-16:00
Close	일요일
Cost	C$6~
Access	버스 14·17·19·22번 EB W Pender St at Richards St역 하차
GPS	49.282801, -123.111666

Shopping
①

CF 퍼시픽 센터 CF Pacific Centre

밴쿠버 최대 중심가인 롭슨 스트리트와 그랜빌 아일랜드에 위치하고 있어 방문이 쉽다. 푸드 코트는 작지만 그 외 여러 서비스 시설이 잘 갖추어져 있어 쇼핑이 편리하다. 캐나다 시민들이 사랑하는 중저가 브랜드들 또한 모두 찾아볼 수 있어 원스톱 쇼핑이 가능하다.

Address	701 W Georgia St
Tel	604-688-7235
Web	www.cfshops.com
Open	월·화·목·금 10:00~19:00, 수 10:00~21:00, 토 10:00~20:00, 일 11:00~19:00
Access	스카이트레인 캐나다 라인 Vancouver City Centre역 하차
GPS	49.283187, -123.118434

Shopping

메트로폴리스 Metropolis at Metrotown

밴쿠버 동쪽에 인접한 도시 버나비에 자리한 유명 쇼핑몰로 입점해 있는 매장만 500여 개가 넘는다. T&T 슈퍼마켓, 리얼 캐나디안 슈퍼스토어Real Canadian Superstore 같은 대형 마트도 2곳이나 있어 여러모로 쇼핑이 편리하다.

Address	4700 Kingsway, Burnaby
Tel	604-438-4715
Web	metropolisatmetrotown.com
Open	월~토 10:00~21:00, 일 11:00~19:00
Access	스카이트레인 엑스포 라인 Metrotown역 하차
GPS	49.227486, -122.999986

Shopping

맥아더글렌 밴쿠버 McArthurGlen Vancouver

유럽에 많은 매장을 가지고 있는 맥아더글렌의 야심작으로 북미 최초로 캐나다에 2015년 7월 오픈했다. 현재 100여 개의 브랜드 숍이 입점해 있는데 바나나 리퍼블릭, 갭, 제이 크루, 나이키 등 인기 많은 중저가 브랜드들의 이월 상품이 가득하다. 다운타운에서 대중교통을 이용해 20분 정도 소요된다.

Address	7899 Templeton Station Rd #1000, Richmond
Tel	604-231-5525
Web	www.mcarthurglen.com
Open	월~토 10:00~21:00, 일 10:00~19:00
Access	스카이트레인 캐나다 라인 Templeton역 하차
GPS	49.197358, -123.140531

밴쿠버의 숙소
Vancouver Accommodations

가격대별 다양한 호텔들을 고루 갖추고 있어 선택하기가 쉽다. 다만 가격의 압박이 있다는 게 유일한 단점.

Stay : 호스텔
❶
세임선 백패커스
Samesun Backpackers Vancouver

현재 밴쿠버에서 가장 인기가 많은 도미토리형 숙소로 각 침대에 전용 콘센트와 조명이 설치되어 있고 맛있는 조식이 무료로 제공된다. 캐나다 내 다른 지역에도 지점이 있지만 어디든 인기가 많아 서둘러 마감되니 예약을 서두르자.

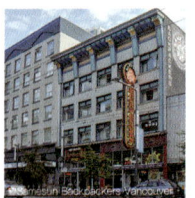

Address	1018 Granville St
Tel	604-682-8226
Web	samesun.com
Cost	C$70~
GPS	49.278974, -123.123248

Stay : 호스텔

하이 밴쿠버 다운타운
Hi Vancouver Downtown

시내 중심가에 위치해 있어 여행하면서 머물기엔 최적의 조건이다. 도미토리형 객실에는 공용 욕실이 있으며 유럽식의 조식도 무료로 제공되어 무엇보다 가성비가 좋다.

Address	1114 Burnaby St
Tel	604-684-4565
Web	hihostels.ca
Cost	C$ 80~
GPS	49.279658, -123.132123

Stay : 3성급

타임스 스퀘어 스위트 호텔
Times Square Suites Hotel

스탠리 공원 주변에 위치한 고풍스러운 호텔로 레지던스 형태로 운영되고 있어 여행이 더욱 편리하다. 그만큼 재방문율이 높은 호텔이기도 하다.

Address	1821 Robson St
Tel	604-684-2223
Web	www.timessquaresuites.com
Cost	C$130~
GPS	49.291828, -123.135598

Stay : 3성급

선셋 인 & 스위트 Sunset Inn & Suites

최근 리모델링을 통해 더욱 현대적인 면모를 갖추었다. 미니 주방 시설이 구비되어 있어 직접 음식을 만들어 먹으며 여행하고자 하는 사람에게 적합하다.

Address	1111 Burnaby St	Tel	604-688-2474
Web	www.sunsetinn.com	Cost	C$110~
GPS	49.280090, -123.132461		

낭만이 가득한 도시, 빅토리아!

밴쿠버와 시애틀의 중간에 위치한 밴쿠버 아일랜드는 캐나다 사람들이 은퇴 후 가장 살고 싶어 하는 곳이자 과거 영국의 풍습을 그대로 유지하고 있는 곳이다. 거리에는 꽃들이 가득하고 애프터눈 티를 즐기는 현지인들을 심심찮게 볼 수 있으며 밤이 되면 거짓말처럼 수많은 별들이 하늘을 뒤덮는데, 이 섬에서 가장 유명한 곳이 바로 빅토리아다.

Web www.tourismvictoria.com/korean
Access Port Angeles Auto and Passenger Ferry Terminal에서 페리로 1시간 30분

중심가인 포트 스트리트Fort St를 기준으로 백화점과 기념품 숍, 레스토랑, 카페, 펍 등이 즐비하게 늘어서 있어 마냥 산책하며 구경하기 좋다. 이곳에 들어서면 가장 먼저 이너 하버Inner Harbour가 방문객들을 반긴다. 빅토리아의 관문으로 언제 가도 수상 비행기와 유람선, 요트들이 가득하다. 하버의 맞은편으로는 페어몬트 엠프러스 호텔이 자리하고 있다. 초록색 담쟁이덩굴로 뒤덮인 외관이 멀리서부터 눈에 띄는데 건물부터 이미 오랜 역사를 자랑한다. 내부와 외부 모두 우아한 빅토리아풍으로 꾸며져 있으며 호텔 1층 라운지의 애프터눈 티가 유명하니 시간이 된다면 창가에 앉아 아름다운 항구를 바라보며 영국식 애프터눈 티를 즐겨보자.

호텔 옆쪽으로 거대한 빅토리아 스타일의 건물이 보일 것이다. 주의사당British Columbia Legislature인 이곳은 브리티시컬럼비아 주 의회의 행정 중심지로 내부는 대리석과 화려한 벽화, 스테인드글라스로 꾸며져 있다. 이곳의 상징인 거대한 돔 지붕은 가까이 가면 사진을 촬영하기 힘들 만큼 거대하고도 아름다운 자태를 뽐낸다. 저녁이 되면 3천 개의 전구가 주의사당을 밝게 비추는데 마치 동화 속 마을에 온 듯 매우 아름답다. 내부를 보고 싶다면 주의사당 가이드 투어에 참여하면 된다.

마지막으로 추천하는 곳은 부차트 가든Butchart Gardens이다. 시내 중심에서 20km 떨어진 곳에 위치했지만 연간 방문객만 100만 명이 넘는 유명 관광지로 1904년 제니 부차트가 정원을 가꾸기 시작해 100년이 넘도록 가족들이 대를 이어 작업을 해왔다. 그 노고를 인정받아 지난 2004년 캐나다의 역사 유적지로 선정이 되기도 했다. 6만 평의 넓은 부지에는 다양한 꽃들이 나라별 콘셉트로 꾸며져 있고 밤이 되면 조명이 켜지면서 낮과는 또 다른 환상적인 분위기가 연출된다. 여름이면 시민을 위한 무료 공연 또한 자주 열리고 주말이면 불꽃놀이가 진행되는 아름다운 곳이다.

03

–

Step to Western USA

쉽고 빠르게 끝내는 여행 준비

Step to Western USA 1
미국 서부 일반 정보

★ 국가 기초 정보
국가명 | 아메리카 합중국(United States of America)
수도 | 워싱턴 D.C.
언어 | 영어
인구 | 3억 4천만 명(세계 3위)
면적 | 9,826,675㎢(세계 3위)
GDP | 210,000억$(세계 1위)

★ 공휴일
1월 1일 새해
1월 세 번째 월요일 마틴 루터 킹의 날
2월 세 번째 월요일 대통령의 날
3월 말~4월 중순 중 부활절
5월 마지막 월요일 현충일
7월 4일 독립기념일
9월 첫 번째 월요일 근로자의 날
10월 두 번째 월요일 콜럼버스의 날
11월 11일 재향군인의 날
11월 네 번째 목요일 추수감사절
12월 25일 크리스마스

★ 간추린 역사 이야기
1. 1492년 콜럼버스는 인도를 찾아 항해를 시작했다가 아메리카 대륙을 발견했다. 아이러니하게도 그는 죽을 때까지 그 땅이 인도라고 믿었다고!
2. 영국의 식민지 건설로 인해 13개의 자치주가 영국의 지배를 받으며 살았으나 과도한 세금으로 인해 전쟁이 일어났고, 이 독립전쟁을 통해 1776년 7월 4일 미국이란 나라로 독립하게 되었다.
3. 이전부터 문제가 되었던 노예 문제가 커지면서 결국 남북전쟁(1861~1865)이 일어났고 링컨 대통령이 소속되어 있던 북쪽 군이 승리하면서 노예 제도가 사라졌다.
4. 제1차 세계대전에서 미국은 독일을 제치고 자본주의의 선구자가 되었다. 그 후 극심한 빈부격차와 늘어나는 실업자로 인해 경제공황을 겪게 되면서 제2차 세계대전이 일어났으나 결과적으로 미국은 이 전쟁을 통해 경제공황에서 벗어나게 되었다.
5. 제2차 세계대전이 끝난 후 사회주의 국가였던 소련과 이념의 갈등이 커졌으나 1991년 소련이 해체되면서 미국은 세계 최강의 나라가 되어 지금의 모습을 갖추게 되었다.

★ 여행 시기 및 기후
한국과 똑같이 사계절이 있지만 미국 서부는 일 년 내내 온화하다. 따뜻한 햇살과 시원한 바람이 있지만 많이 건조하고 밤낮의 기온차도 있으므로 반팔과 긴팔 옷을 같이 챙겨 다니는 게 좋다.

★ 통화
US달러 중 $50, $20, $10 위주로 준비해 가면 편리하다. $100의 경우 현지에서도 큰돈이라 여겨 잘 사용하지 않는 편이다.

★ 환율
1$ = 1,270원(2023년 1월 기준)

★ 비행시간
직항 기준 10~11시간

★ 비자
미국 방문 전 웹 사이트를 통해 ESTA 비자로 입국 허가를 받거나, 한국의 미국 대사관을 방문해 관광 비자를 취득할 수 있다. 둘 중 한 가지가 반드시 있어야 입국이 가능하다.

★ 시차
미국 서부 기준 한국보다 17시간 느리다(서머 타임 실시 때는 16시간 느림).

★ 물가
거리의 피자나 프레첼은 한 조각에 $2~6, 대중교통 1회 요금은 $1.75~2.50이며 레스토랑의 메뉴는 1개당 $20 안팎이다. 여기에 각 주별 세금(8.875~11%)과 팁(15~20%)을 함께 내야 한다. 호텔의 경우 1박 $150~300가 중간 정도 급의 호텔 숙박비다.

★ 팁
통상 음식 값의 15~20%를 주는 것이 관례이며, 호텔에서 캐리어를 옮겨 주었을 때는 $1~2, 택시의 경우 10~15%, 바의 바텐더에게는 10% 정도를 주는 것이 좋다.

★ 전기
110V를 사용. 일명 돼지코가 필요하다.

★ 전화
골목마다 공중전화가 설치되어 있고 동전이나 선불카드를 통해 이용이 가능하다. 기본 통화 비용은 25센트이며 쿼터라 불리는 동전 이용 시 편리하다.

★ 우편
엽서의 경우 $1.50~. 편지의 경우 무게와 도착지에 따라 요금이 달라진다.

★ 인터넷
거리나 공원, 공공기관, 미술관 등은 무료로 와이파이를 제공하지만 호텔은 로비까지만 무료인 경우가 많다. 속도 또한 한국보다 훨씬 느리다.

★ 식수
미국인들은 수돗물을 그대로 마실 만큼 신뢰하지만 개인 기호에 맞춰 생수를 사 마실 수도 있다. 500mL 생수 한 병에 $1~2 정도이고 마트에서 구입할 경우 더욱 저렴하다.

★ 긴급 연락처
◎ **주 로스앤젤레스 총영사관**
Tel 213-385-9300(긴급 213-700-1147)
Web usa-losangeles.mofa.go.kr

◎ **주 샌프란시스코 총영사관**
Tel 415-921-2251(긴급 415-590-4110, 415-652-7593)
Web usa-sanfrancisco.mofa.go.kr

◎ **대한항공**
라스베이거스/로스앤젤레스/샌프란시스코/시애틀 지점
Tel 800-438-5000(수신자 부담), 888-898-5525, 213-484-1900
Open 24시간

◎ **아시아나항공**
로스앤젤레스/샌프란시스코/시애틀 지점
Tel 800-227-4262(수신자 부담), 213-365-4500/2000
Open 24시간

★ 영업시간
- **은행** 월~금 09:00~17:00, 토 09:00~13:00
- **상점** 10:00~20:00
- **백화점** 10:00~20:00
- **레스토랑** 07:00~23:00
- **바** 17:00~02:00

※ 통상적인 기준이며 브랜드나 매장별로 다를 수 있음

Step to Western USA 2

주식과도 같은 항공권 구입

여행 작가가 가장 많이 받는 질문 중 하나는 '어떻게 하면 항공권을 저렴하게 구입할 수 있냐'는 것이다. 그 방법을 안다면 나부터 여행 경비를 많이 줄일 수 있을 텐데 안타깝게도 여행 작가 또한 뾰족한 수는 없다. 그저 열심히 손품을 팔며 아침저녁 항공권의 가격을 조회하다가 적당한 가격이라고 판단했을 때 구입하는 수밖에.

하지만 노력하면 무엇이든 얻어지는 법. 휴대폰에 '스카이스캐너' 혹은 '카약' 애플리케이션을 설치해두자. 특정 키워드를 입력하면 여러 검색 엔진들을 통해 가장 저렴한 항공권부터 찾아 순서대로 보여준다. 수시로 변하는 항공권의 가격 알림 기능을 활용하면 지금 당장 결제하지 않더라도 현재의 항공권 가격 상황을 메일로 받아볼 수 있으며, 여행 일자가 확정되지 않았을 때는 가장 저렴하게 떠났다가 돌아오는 날짜 또한 달력으로 한눈에 표로 보며 구매할 수 있어 편리하다.

여행을 함께 갈 파트너에게 일정을 공유하는 기능도 갖추고 있다. 또한 각종 신용카드 할인 혜택에 따라 구매 금액이 몇십만 원씩 차이가 나는 경우도 있으니 자신이 가지고 있는 신용카드의 혜택을 확인 후 구매할 것. 왕복 구간뿐 아니라 항공권을 추가로 구매해야 하는 다구간 노선과 경유지를 선택해 검색할 수 있어 편리하다.

◎ 추천 항공권 가격 비교 사이트/앱
- 카약 www.kayak.co.kr (웹 사이트/앱)
- 스카이스캐너 www.skyscanner.com (웹 사이트/앱)
- 플레이윙즈 각 항공사별 특가 및 프로모션 알림 (앱)

◎ 미국 국내선 가격 비교 사이트
- 프론티어항공 www.flyfrontier.com/ways-to-save/online-deals
- 칩플라이트닷컴 www.cheapflights.com

Step to Western USA 3

미국 서부 숙소, 그것을 알려주마!

미국 서부의 숙소는 다채롭다. 고급 호텔에서부터 로지, Bed & Breakfast와 도미토리 룸까지 선택의 폭이 넓은 것이 장점이다. 특히 경치가 좋은 바닷가의 경우 아름다운 숙소가 많아 고르기가 힘들어질 정도다.

호텔은 아무래도 세계적인 체인 호텔이 많다. 그중에서도 웨스틴이나 쉐라톤, 메리어트, 베스트 웨스턴, 홀리데이 인 등 미국 계열 회사의 호텔들이 많으며, 고르기도 쉽다. 다만 어딜 가도 똑같은 룸과 서비스라는 것이 장점이자 단점이 될 수 있다.

요즘은 개성 강한 부티크 호텔들도 인기다. 그리 크지 않은 규모에 트렌디하면서도 유니크한 호텔 룸과 시설을 갖춘 호텔들이 대거 늘고 있다. LA의 스탠다드 호텔, 포틀랜드나 팜 스프링스의 에이스 호텔 등이 그런 예이다.

또한 최근 인기인 에어비앤비 혹은 한국인이 운영하는 게스트하우스를 통해 현지인의 집에서 잠시 살아보는 것도 좋은 경험이 될 것이다. 집을 통째로 빌리는 것에서부터 개인 룸이나 도미토리까지 내 예산과 취향에 맞춰 선택이 가능하고, 기본적인 세면도구가 딸려 있는 경우가 많아 편리하다. 부엌 시설도 갖추고 있어 현지인처럼 간단한 요리도 해볼 수 있는 기회가 생기기도 한다. 다만 누군가가 보장해주는 공간이 아닌, 개인 대 개인의 서비스인 경우가 많아 복불복일 때가 많다. 결과적으로 만족도가 극과 극을 오간다는 것. 그러니 이를 방지하기 위해서는 이용 후기를 꼼꼼히 읽어본 후 예약을 체결하는 것이 가장 안전하다.

◎ 호텔 가격 비교
- 트립어드바이저 www.tripadvisor.co.kr
- 호텔스컴바인 www.hotelscombined.co.kr
- 카약 www.kayak.com

◎ 호텔 예약
- 익스피디아 www.expedia.com
- 호텔스닷컴 www.hotels.com
- 프라이스라인 www.priceline.com

◎ 부티크 호텔 예약
- 그레이트스몰호텔 www.greatsmallhotels.com

◎ 호스텔 예약
- 국제유스호스텔연맹 www.hihostels.com
- 호스텔스닷컴 www.hostels.com/ko

◎ 에어비앤비 및 한인민박 예약
- 에어비앤비 www.airbnb.com
- 한인텔 www.hanintel.com

Step to Western USA 4
한국에서 가지고 가면 도움 될 것들

여행하다 보면 한국의 화장품이 우수하다는 걸 많이 느끼는데 그중 미스트 쿠션은 단연 최고다. 선크림과 파운데이션까지 합쳐진 기능으로 자외선을 차단해주고, 내 얼굴에 기미가 끼는 걸 막아주는 고마운 제품이다. 마스크 팩 또한 요긴한데 한국 제품은 저렴하면서도 질이 좋아 미국에서도 인기이다. 여행 중 건조하고 피로해진 피부도 마스크 팩 하나면 생생히 되살아난다. 미국 서부를 언제 방문하든 반드시 필요한 것은 립밤과 수분 크림! 10시간 정도 머물러야 하는 기내에서부터 사용하는 것이 좋다.

스커트를 즐겨 입는다면 고탄력 스타킹을 여러 컬레 챙기자. 미국 스타킹은 우리나라 것만큼 질이 좋지 않고 가격도 비싸다. 양말 또한 마찬가지다. 저렴하긴 해도 면의 질이 우리나라를 따라오려면 한참 멀었다. 한국의 액세서리는 저렴하고 품질도 좋으니 여러 개 준비하여 여행 중 마음껏 멋을 내보자. 부피와 무게가 거의 없어 부담이 없는 데다 현지 친구를 사귀었다면 선물로 선뜻 건네줄 수도 있으니 일석이조다.

누구나 잘 잊어버리는 한 가지! 일명 '돼지코'라 불리는 AC전원플러그 어댑터이다. 미국은 110V, 11자형으로 된 플러그를 사용하니 한국 전자제품을 사용하려면 멀티 어댑터가 필요하다. 휴대폰, 카메라, 보조 배터리 등 충전할 용품이 많고 고장 날 것을 감안해 2~3개 정도 챙기는 것이 좋다.

최근에는 유심 칩을 이용한 휴대폰 사용도 인기이다. 한국에서 사용하던 휴대폰을 그대로 쓰면서 미국 휴대폰 번호가 생기는 개념인데, 데이터 사용과 통화가 자유롭다. 비용도 데이터 로밍보다 저렴하니 일석이조! 본인 휴대폰에 맞춰 통신사와 요금제 옵션, 사용 기간 등을 선택해 구매하자. 미국의 통신사는 AT&T, T-Mobile 등이 있고, 비용은 옵션에 따라 천차만별이다.

보조 배터리 역시 필요하고, USB로 연결하는 미니 전등도 인기이다. 남들 다 자는 시간에 기내에서 해야 할 일이 있다면 내 좌석에 있는 USB 코드에 연결하여 나만의 전등을 켤 수 있다. 또한 여러 명이 함께 쓰는 도미토리 룸에서도 요긴하다. 평상시보다 많이 걸어 다리가 붓는다면 휴족시간도 추천한다. 종아리에 붙이고 자면 다음 날 조금 가벼워진 마음으로 힘을 내 다시 걸을 수 있다. 음악 마니아라면 미니 스피커와 잡음 차단 이어폰도 요긴하게 쓸 수 있다.

Tip 센스있는 선물, 아이돌+카카오 프렌즈 캐릭터 굿즈!
K-POP, K-DRAMA 열풍이 거세다. 해외 어디를 가도 한국의 가수와 드라마, 연예인 이름을 대며 친근함을 표시하는 외국인들 덕분에 절로 어깨가 들썩~ 또한 라이언, 무지 등이 있는 카카오 프렌즈의 캐릭터들은 얼마나 귀여운지 보는 순간 누구나 좋아하게 된다. 그러니 해외의 친구들에게 줄 선물로 추천 온라인/오프라인 매장(서울의 강남역, 홍대, 동대문, 명동/부산 등)에서 구매 가능.

◎ **유심 칩 판매**
- 데이터프리 datafree.kr

★ **여행에 도움이 되는 애플리케이션**
- **Papago** 인공지능 실시간 통·번역 서비스
- **Kayak** 항공권(국제선·국내선), 호텔, 렌터카 가격 비교
- **Google Maps** 여행 중 길 찾기에 가장 유용한 구글 지도
- **WiFi+** 사용자가 직접 공유하는 매장 비밀번호 모음
- **Opentable** 레스토랑 무료 예약
- **Tip N Split** 레스토랑에서 식사 후 지불하는 팁 자동 계산
- **YELP** 미국에서 가장 대중적인 맛집 모음
- **Uber** 또는 **Lyft** 모바일 공유 차량 예약
- **In-N-Out Burger** 미국 서부를 대표하는 버거 브랜드로 위치 찾기 좋음
- **Chipotle** 맛있고 저렴한 멕시칸 패스트푸드 브랜드로 위치 찾기 좋음

★ **준비물 체크리스트**

종류	항목	체크(V)	내용
여권/항공/돈	여권		유효기간 6개월 이상/사본 3장/여권 사진 3장
	비자		ESTA 또는 관광 비자
	항공권		사본 3장
	US달러/한국 돈		분산해서 보관할 것
	신용카드		마그네틱 손상 or 전산장애를 고려해 2장
	호텔/투어/철도/버스/렌터카 예약 바우처		사본 3장
	국제학생증/국제운전면허증		사본 3장
의류/소품	옷(카디건, 티셔츠, 청바지, 레깅스 등)		계절/방문지에 따라 선택
	잠옷/숙소에서 입을 편한 옷		
	정장 한 벌		만찬 or 고급 공연 관람 시 필요
	속옷/양말/모자/스카프		
	신발(구두, 운동화, 단화 등)		계절/방문지에 따라 선택
	여성용품(생리대, 팬티라이너, 템포 등)		한국 제품이 가장 품질이 좋음
세면용품/화장품	샴푸/보디클렌저/비누/보디타월 등 위생용품		숙소/기호에 따라 선택
	화장품(기초+메이크업)/선크림		
	수건		숙소/기호에 따라 선택
기타	한국 기념품		현지인과 친구가 되었을 때 나눠주면 좋을 작은 선물
	카메라/메모리카드		
	AC 전원플러그		
	1회용 렌즈/세척액		
	보조 배터리/유심 칩		휴대폰으로 사진촬영을 많이 하므로 필수
	물티슈/지퍼백(대, 중, 소)		언제 어디서나 유용하니 여유 있게 챙길 것
	수첩+펜		모처럼 감성에 빠져 일기를 쓰고 싶다면
	비상약(지사제, 소화제, 두통약, 밴드 등)		간혹 호텔에 없는 경우를 대비

Step to Western USA 5
달라도 너무 다른 미국의 단위와 화폐

★ 단위

한국과 미국은 사용하는 단위나 계산법이 다른 게 많아 처음에는 많이 당황스럽고 불편할 것이다. 여행을 준비하면서 미국에서 주로 사용하는 단위를 익혀두자. 이동 거리를 구체적으로 알고 싶을 때, 슈퍼마켓에서 물건을 비교할 때, 실외 온도를 체크할 때 특히 유용하다.

	한국	미국	단위 비교
무게	kg(킬로그램)	LB(파운드)	1LB = 0.45kg
	g(그램)	Oz(온스)	1Oz = 28g
부피	l(리터)	G(갤런)	1G = 3.78l
거리	km(킬로미터)	Mile(마일)	1Mile = 1.60km
길이	cm(센티미터)	Ft(피트)	1Ft = 30.48cm
온도	℃(섭씨)	℉(화씨)	32℉ = 0℃ ℉ = (℃×1.8)+32

★ 화폐

미국 동전에는 저마다 각기 고유한 이름이 있다. 25센트는 쿼터Quarter, 10센트는 다임Dime, 5센트는 니켈Nickel이라 부른다. 1센트는 페니Penny! 잔돈을 주고받을 때 많이 쓰는 단어이니 외워두면 편리하다. 특히 25센트짜리 쿼터는 주차장이나 빨래방 등에서 가장 많이 쓰이므로, 여러 개 가지고 다니면 좋다.

지폐인 달러Dollar는 현지에서 벅스Bucks라고도 부른다. 10달러를 '텐 벅스'라고 부르는 식이니 기억해두자. 그중에서도 가장 많이 쓰이는 단위는 1달러, 5달러, 10달러, 20달러, 100달러짜리 지폐는 일상생활에서 잘 쓰이지 않는다. 실제로 상점에서 100달러를 내면 위조지폐가 아닌지 확인하기도 하니 거금을 현금으로 결제할 일이 없다면 들고 가지 않는 것을 추천한다. 한 가지 조심할 것은 새 돈일 경우, 겹쳐 있어서 돈을 잘못 세는 경우가 있다는 것. 실제로 필자는 100달러짜리 새 돈을 여러 장 가지고 있다가 착각해서 다른 사람에게 1장 더 준 적도 있다.

Step to Western USA 6

미국 비자와 입국 심사 및 시내 이동

미국 공항에 도착하면 제일 먼저 입국 심사를 통과해야 한다. 기내에서 미리 받아 작성해둔 서류를 제출하면 되는데 미국 비자 소지자라면 입국신고서와 세관신고서를, ESTA 소지자라면 세관신고서만 제출하면 된다.

★ 말도 많고 탈도 많은 입국 심사

미국 입국 심사야말로 어떤 심사관을 만나느냐에 따라 주관적이다. 관광 비자를 소지한 경우 6개월, ESTA 소지자는 3개월 체류 허가가 일반적이다. 입국할 때 하는 질문으로는 왜 왔는지, 어디서 체류할 건지, 돈은 얼마나 갖고 있는지, 돌아갈 항공권을 보여줄 수 있는지 등인데 이를 감안한 답변과 함께 자신이 체류할 곳의 주소 및 돌아갈 항공권 사본 등을 미리 여권에 끼워 두었다가 보여 주도록 하자. 미혼 여성의 경우 혼자 입국할 때 자칫 불법 체류를 할 수 있다고 의심받을 수 있으니 위에 말한 몇 가지 것들을 사전에 준비해두면 조금 더 수월하다. 최근에는 입국 심사대에 사람 대신 체크하는 머신이 생겨 대기 시간이 조금 짧아졌다. 여권을 스캔하고 비자 여부를 체크한 후 확인이 되면 바로 통과하는 시스템으로, 현지 직원들이 옆에서 도움을 주니 그리 걱정할 필요는 없다. 기계 이용 시 거절이 되는 경우가 자주 발생하는데 이럴 때는 당황하지 말고 다시 줄을 서서 입국 심사관에게 입국 심사를 받으면 된다.

◎ ESTA(전자여행허가제)란?

미국 입국을 위한 사전 허락 제도로, 이 승인이 있어야 90일 이하로 입국이 가능하다. 인터넷으로 신청해 개인 정보 입력 후 $21를 결제하면 되고 유효기간은 2년인데, 가장 중요한 건 미국 입국 72시간 전 비자 신청이 완료되어 있어야 한다는 것!
Web esta.cbp.dhs.gov

★ 미국 내 항공 이동

입국 심사가 끝나고 나면 짐을 찾을 수 있다. 미국 국내선으로 갈아타는 경우에도 일단은 자신의 캐리어를 찾아야 한다. 미국은 무조건 처음 도착하는 도시에서 캐리어를 찾은 다음 국내선 환승 구간 Domestic Transfer으로 이동하기 때문이다. 그러니 미국 내에서 비행기를 갈아탄다고 100mL 이상의 액체류를 구입하지 못해 슬퍼할 필요도 없다. 국내 면세점에서 물건을 사서 가져간 후 국내선 환승 구간으로 갈 때 캐리어에 집어넣으면 된다.

★ 공항에서 시내 이동

입국 심사를 통과한 후 이곳이 최종 목적지라면 그대로 나가 캐리어를 찾으면 된다. 시내로 이동할 땐 2명 이상일 경우 택시를 추천한다. 초행길에 무거운 짐을 끌면서 왔다 갔다 하다 보면 쉽사리 지치게 되는데, 그보다는 빨리 숙소로 이동해서 피로를 푸는 것이 나머지 여정을 위해 좋다. 물론 2명 이상이면 함께 비용을 부담하니 경제적인 효과까지 있다.
그 외에는 버스나 지하철 혹은 셔틀 밴을 이용해 목적지까지 갈 수 있다. 공항에서 안내를 받아 이동하면 되고, 버스나 밴 이용 시 캐리어를 들어주는 분에게 $1~2 정도의 팁을 챙겨 주는 것이 관례이니 참고하자.

★ 미국 입국자에게 필요한 한국 공항에서의 출국 과정

미국 교통보안청(TSA)에 의해 2017년부터 전 세계 항공사에 대한 보안이 강화되어, 공항의 체크인 카운터에서 항공사 직원으로부터 1차 간단 인터뷰가 진행된다. 소요시간은 3분 이내이고 주로 체류 목적과 기간에 대해 묻는다.
2차로 진행되는 인터뷰는 비행기 탑승 게이트 앞에서 이루어지는데 이때 추가 검색이 필요하다고 판단되는 고객에 한해 소지품과 수하물 검사가 다시 진행되므로 추가 시간이 소요될 수 있다. 그러니 다른 나라 출국 시보다 좀 더 일찍 공항에 도착해 이 모든 수속을 끝낼 것을 추천한다.

★ 입국 세관신고서

미국 입국 시 요구되었던 세관신고서는 더 이상 작성하지 않아도 된다. 입국 심사관 또는 세관 검사관의 물음에 성실히 답하고 특이사항이 있거나 랜덤으로 짐 검사를 진행할 수 있다.

Step to Western USA 7

대중교통, 렌터카, 시티 바이크, 우버

미국 서부 대부분의 도시는 대중교통이 잘되어 있는 편이다. 하지만 LA의 경우 도시가 워낙 커 대중교통 이용이 조금 복잡하다는 것이 유일한 단점이고, 나머지 도시들은 대체로 이용이 쉽다. 버스와 지하철, 트램, 그리고 케이블카까지 갖추고 있어 대중교통을 낭만적으로 이용할 수 있는 곳들도 많다. 그러니 가능한 한 대중교통을 이용한 여행을 해보자. 다만 근교로의 이동이나 아웃렛을 많이 방문할 예정이라면 렌터카 여행을 계획하는 것이 편리하다.

미국에서는 렌터카 이용이 상당히 대중적이다. 공항은 물론 시내 여러 곳에서 다양한 렌터카 브랜드의 지점을 찾을 수 있다. 렌터카 이용 시 주의해야 할 것은 보험 가입 여부를 확인해야 한다는 것. 사고가 났을 때 상상 그 이상의 비용이 청구될 수 있으므로 반드시 확인 후 대여 계약서에 사인해야 한다.

최근 LA나 샌디에이고 등의 대도시에는 시티 바이크의 열풍이 불고 있다. 시내 여러 곳에 정류장이 있고 머신을 통해 요금을 지불한 후 원하는 시간만큼 자전거를 빌려 쓰고 다시 목적지 근처의 정류장에 반납하는 시스템이며, 이용이 점차 확산되고 있는 추세이다. 자전거 타기에 자신이 있고 차가 막히는 것을 지독히 싫어한다면 자전거 여행을 추천한다.

또한 여행자들에게 인기를 끌고 있는 교통수단으로 우버Uber가 있다. 우버는 드라이버와 탑승자를 연결해주는 애플리케이션으로, 일반 택시보다 가격이 저렴하고 한번 저장해둔 내 카드 결제 수단을 통해 재결제가 가능하며 언제 어디서나 차를 호출할 수 있다는 장점이 있어 인기다. 추천을 받아 가입하면 추천자와 가입자 모두에게 할인 쿠폰이 생겨 1회 정도는 거의 무료로 탑승할 수도 있다. 다만 미국 현지 전화번호가 있어야 하고(현지 유심 칩을 쓰는 경우 이용 가능). 현지에서 교통사고가 날 경우 처리 및 보상이 어렵다. 그러니 장단점을 확인한 후 이용하도록 하자. 최근에는 대중교통의 한 수단으로 인정받고 있어 관광지나 호텔 등에서 우버 정류장 표지판을 쉽게 찾아볼 수 있을 정도다. 우버의 인기를 뒤따르고 있는 후발 주자로는 리프트Lyft가 있다.

Web 우버 www.uber.com
리프트 www.lyft.com

★ 미국 여행 중 길 익히고 찾는 방법

◎ **미국 길 익히기**
미국은 길이 바둑판처럼 반듯하게 되어 있는 편이라 길 찾기 쉽다. 몇 가지 지명만 익혀두면!
- **가로 방향** Street, St.라 표기하며 남쪽으로 갈수록 숫자가 커짐
- **세로 방향** Avenue, Ave.라 표기하며 서쪽으로 갈수록 숫자가 커짐
- **도로** Boulevard, Blvd., Drive, Dr., Road, Rd. 등으로 표기
- **광장, 사거리** Plaza, Place, Pl. 등으로 표기

◎ **구글 맵스로 길 찾기**
구글 맵스에서 검색한 장소를 기억하고 싶다면 로그인 후 '저장' 버튼을 누르자. 이때 노란별이 나타나는데 인터넷이 연결되지 않은 곳에서도 확인이 가능하니 이를 통해 길을 찾을 수 있어 상당히 유용하다.

◎ **모든 교통 정보를 한 번에, Citymapper**
구글 맵스와 도시에 대한 여행 정보, 그리고 원하는 곳을 찾아가기 위해 가장 최적화된 방법 및 소요시간 등을 제공해 주는 무료 애플리케이션으로 우버까지 연동되어 있어 택시도 탈 수 있다.

Step to Western USA 8

시티 패스 효율적으로 활용하기

관광지의 입장료를 조금이라도 아끼기 위해 수없이 자료를 뒤져 보는 시간은 누구나 갖게 될 것이다. 미국 여행 시 조금이라도 편리하게 여행을 하기 위해 시티 패스를 이용할 수도 있는데 다만 자신이 방문하려고 하는 목적지들이 개별로 입장하는 것보다 이 시티 패스를 활용했을 때가 더욱 저렴한 것인지를 잘 계산한 후 구입하는 것이 좋다. 시티 패스 최고의 장점은 어디를 방문하든 긴 줄을 안 서도 된다는 것!
아래 명시한 가격들은 공식 웹 사이트의 시티 패스 가격(시기에 따라 다름)이고, 소셜 사이트를 찾아보면 더욱 저렴하게 판매하기도 하니 참고하자. 손품을 파는 만큼 여행 비용을 아낄 수 있다.

Web www.citypass.com

★ 남캘리포니아 시티 패스
Southern California CityPASS

미국 서부의 다양한 테마파크를 여러 도시에서 즐기고 싶다면 좋은 선택이 될 것이다. 특히 최고의 장점은 디즈니랜드에서 대기 시간 없이 빠르게 이용할 수 있어 원하는 놀이기구를 거의 모두 즐길 수 있다는 것!

◎ 방문 가능한 곳
1. 디즈니랜드 리조트
2. 유니버설 스튜디오
3. 시 월드 샌디에이고
4. 레고랜드
5. 샌디에이고 동물원 혹은 사파리 파크(추가 금액 지불 시 이용 가능)

Cost 각 테마파크 입장권을 개별로 공원에서 직접 구매 시보다 훨씬 저렴하게 판매 중(가격 및 할인기준은 그때그때 다르므로 홈페이지/앱을 참고)

★ 샌프란시스코 시티 패스
◎ 필수 포함
- 캘리포니아 과학 아카데미
- 블루 & 골드 플리트 베이 크루즈

아래 2곳 선택 가능
- 베이 수족관
- 샌프란시스코 동물원
- 월트 디즈니 가족 박물관
- 샌프란시스코 과학관

Cost 12세 이상 $76, 4~11세 $56

★ 샌디에이고 시티 패스
◎ 필수 포함
- 시 월드 샌디에이고
- 레고랜드

아래 2곳 선택 가능
- 샌디에이고 동물원
- USS 미드웨이 박물관
- 시티 크루즈
- 올드 타운 트롤리 투어

Cost 13세 이상 $149, 3~12세 $129

★ 시애틀 시티 패스
◎ 필수 포함
- 스페이스 니들
- 시애틀 아쿠아리움

아래 2곳 선택 가능
- 아거시 크루즈 하버 투어
- 팝 컬처 뮤지엄
- 우드랜드 파크 동물원
- 치훌리 가든 앤 글라스

Cost 13세 이상 $115, 5~12세 $87

Step to Western USA 9

한국으로 사가기 좋은 선물 아이템

여행을 떠나보면 나 혼자 여행을 즐기는 것으로 끝이 아니라는 걸 알 것이다. 여행을 다녀오면 주변의 기대에 부응할 수 있는 선물을 준비해야 하는데 이게 은근 중압감으로 다가오기도 한다. 아래 목록들은 미국에서 사가면 환영받을 아이템들이니 참고하시라.

★ 한국과 미국의 다른 사이즈

	기준	XS	S	M	L	XL	XXL	XXXL
의류	한국	44	55	66	77	88	99	—
	미국여성	2	4	6	8	10	12	—
	미국남성	14	15	16	16.5	17.5	18.5	—
신발	한국	210	220	230	240	250	260	270
	미국여성	4	5	6	7	8	9	10
	미국남성	3	4	5	6	7	8	9

★ 특별한 사람을 위한 선물

미국에는 미술관과 박물관이 즐비한데 그곳에 모두 기프트 숍이 있다. 소장 작가의 작품으로 만든 기념품이 많으며 이런 선물 또한 근사하다. 다양한 기념품 중에서 디자인이 특이하거나 일상생활에서 요긴하게 쓰일 제품을 고르도록 하자. 유일한 단점은 값이 비싸다는 것이지만 그 어디에도 없고 오직 그 뮤지엄에서만 판매한다는 사실에 후한 점수를 준다면 고민해볼 만하다. 특히 LA의 게티 센터와 샌프란시스코 현대미술관의 기프트 숍 물건들이 종류가 다양하고 멋진 디자인 작품들도 많다.

★ 여자 친구를 위한 선물

요즘 미국 서부에서 뜨고 있는 브랜드 제임스 펄스James Perse를 놓치지 말자. LA의 유명한 패션 거리인 멜로즈 애비뉴의 매장에서 쇼핑을 즐길 수 있는데 이곳을 꼭 방문해야 할 이유는, 한국에 오면 이 브랜드의 제품들이 몇 배 더 비싸기 때문이다. 심플하면서도 베이직한 디자인으로 유행을 크게 타지 않아 더욱 인기다.

속옷이나 보디 제품을 선물하고 싶다면 빅토리아 시크릿Victoria's Secret으로 가면 된다. 우리나라의 속옷 사이즈와 차이가 있을 수 있으니 구매 전 입는 사람의 체형을 고려할 것. 빅토리아 시크릿의 자체 브랜드 핑크PINK는 10대를 타깃으로 한 귀여운 디자인이 많다. 보디 제품과 미스트, 향수 등도 인기가 많은데 상당히 매력적인 향이다. 다만 액체류이다 보니 무게를 고민한 후 구입하는 것이 좋다.

생활용품을 구입하고 싶다면 베드 배스 & 비욘드Bed Bath & Beyond를 방문하자. 다양한 일상용품부터 코스메틱까지 없는 게 없어 구경하는 재미가 쏠쏠하다. 글로벌 컨템퍼러리 브랜드 & 아더 스토리즈& Other Stories 역시 인기인데, 합리적인 가격으로 액세서리, 가방, 주얼리, 의류 및 신발까지 모든 종류를 커버하는 대세 브랜드이다.

좀 더 작고 실용적인 선물을 찾는다면 버츠비Burt's Bees를 추천한다. 드러그 스토어 CVS에서 쉽게 구입할 수 있는데 전 제품 유기농이고 립밤이 특히 유명하다. 천연 원료로 만들어서 어떤 피부 타입도 무난하게 사용할 수 있으며 스크럽, 샴푸, 핸드로션 등도 선물용으로 괜찮다.

★ 남자 친구를 위한 선물
캘빈 클라인의 속옷은 남자들이 언제나 좋아하는 선물이니 기본적으로 구매할 것을 권하며, 허프HUF나 오베이Obey 또한 인기이니 기억해두자. 나이키Nike와 아디다스Adidas, 언더 아머Under Armour, 컨버스CONVERS, 챔피온Champion 등도 한국보다 저렴하게 구매 가능하다.

★ 가족을 위한 선물
미국 거리 곳곳에서 종합영양제 브랜드인 GNC나 비타민 숍Vitamin Shoppe 등을 쉽게 찾을 수 있고, 듀안 리드나 CVS에만 가도 자체 브랜드의 영양제를 판매한다. 영양제는 매장에 따라 특별 할인을 해주거나 1+1 행사를 하는 경우가 많으니 기억해두자.

★ 모두를 위한 최고의 선물은 아웃렛에서!
미국 여행 중 아웃렛에서 쇼핑을 하지 않는 건 크나큰 손해다. 쇼핑을 전혀 하지 않는다 하는 여행자 이외에는 대부분 아웃렛을 들르게 될 것이다. 많게는 몇백 개의 매장을 갖춘 채 각종 이월 상품으로 유혹하는 그들을 어찌 뿌리칠 수 있으랴! 한국에만 오면 대부분 2배 이상으로 가격이 오르니 말이다. 때문에 정신을 바짝 차리고 부지런히 체력을 보충해 놓자. 열심히 돌아다니지 않으면 하루 종일 있어도 원하는 쇼핑을 마치지 못할 수가 있다. 이를 방지하기 위해서는 미리 자신이 방문할 매장들의 위치를 체크하는 것이 필수다.
한국인이 많이 방문하는 매장에는 한국어가 가능한 직원이 근무하기도 하니 부담 없이 쇼핑할 수 있다. 아웃렛마다 조금씩 다르지만 웹 사이트에서 VIP 클럽이나 멤버십 서비스에 가입하면 쿠폰 북을 받을 수 있는 바우처 혹은 추가 할인 쿠폰을 출력할 수 있는 경우도 많은데 쇼핑 시 이를 활용하면 추가 할인을 받을 수 있어 일석이조이다.
매장에서 물건 구입 시에는 도난에 대한 우려 때문에 본인의 신용카드가 아닌 경우 결제가 안 되는 곳도 있으니 본인 명의의 카드를 가져가는 것이 좋다. 또한 어느 아웃렛이든 내부에는 푸드 코트가 있으므로 식사는 그곳에서 간단히 해결할 것!

> **Tip 만인을 위한 선물로 초강추, 시즈 캔디!**
> 1921년 캐나다 이민자에 의해 만들어진 이 브랜드는 미국 전역에 현재 200여 개의 매장을 가지고 있는 인기 캔디 숍으로 초콜릿, 사탕, 캐러멜 등을 판매하는데 한 번 손대면 멈출 수 없는 강한 중독성을 자랑한다. 로스앤젤레스, 샌프란시스코, 시애틀, 포틀랜드, 라스베이거스, 샌디에이고 모든 도시에 매장이 있으며 미국 전역의 공항에서도 발견할 수 있으니 꼭 사올 것을 추천한다. 두고두고 칭찬받는 아이템이 될 것이다.

Step to Western USA 10
음식 주문하고 팁 주는 방법

미국 레스토랑은 한국과 이용법이 조금 다른데 일단 레스토랑을 들어가면 한국에서처럼 자기가 앉고 싶은 자리로 가는 것이 아니라 입구에 서 있는 직원에게 먼저 이야기를 해야 한다. 내 일행은 몇 명이고 식사를 할 것인지 말 것인지의 여부를 알려 주면 테이블에 서빙하는 담당 서버가 와서 나를 데리고 간다. 좌석에 앉으면 먼저 음료와 물을 주문하라고 하는데 물은 수돗물Tap Water 혹은 생수Bottle Water 중에 택해 주문하면 된다. 미국은 수돗물을 쉽게 먹는 편이나 이것 또한 개인의 선택이다. 음료나 주류 중 주문을 하고 나면 메인 식사 주문을 받는다. 애피타이저와 메인, 디저트의 순서 혹은 코스 요리로 크게 구분이 되고, 주문한 음식을 한 번에 받을지 말지도 선택해 이야기하면 된다. 보통은 차가운 음식 → 뜨거운 음식의 순으로 달라고 해서 먹는 편이다. 고기의 굽기나 특별히 요리에서 빼줬으면 하는 것(고수 등)은 주문 시 잊지 말고 이야기하는 것이 좋다. 디테일하게 맞춤 주문이 가능한 곳이 미국이므로 전혀 눈치 볼 필요가 없다.

디저트는 자신이 내키는 대로 주문 여부를 결정하면 된다. 미국인들은 거하게 음식을 먹는 사람이 대부분이므로 디저트를 즐기지만 한국인의 경우 이미 배가 불러서 먹기 힘든 때가 많다. 디저트는 대부분 달달한 케이크나 아이스크림 등의 종류이므로 이 또한 호불호가 갈리니 취향에 맞는 것으로 고르면 된다.

식사가 모두 끝나고 나면 지나가는 아무나가 아니라 내 담당 서버에게 "Check Please."라고 이야기하자. 그간 주문해 먹었던 음식 리스트를 가져다 줄 것이다. 내가 주문한 것이 맞는지 다시 한 번 확인 후 결제 수단을 정한다. 신용카드로 할 경우 내역서에 카드가 보이게 꽂아두면 되고, 현금일 경우에는 지폐를 내역서와 함께 두면 담당 서버가 와서 가져간다. 현금일 경우 잔돈을 가져다주고, 신용카드 결제 시에는 그대로 카드를 돌려주는데 이는 승인을 따기 위해 오픈을 해둔 것이다. 현금의 경우 팁으로 낼 돈을 다시 내역서와 함께 꽂아두면 되고, 카드의 경우 팁을 포함한 금액을 적어 최종 사인을 한 후 내역서를 주면 팁이 포함된 금액이 추후 내 카드로 청구된다. 신용카드로 식사 값을 결제하고, 팁은 현금으로 주고 싶을 경우엔 내역서의 팁 부분에 'Cash'라고 적은 후 신용카드만 내역서와 함께 두자.

복잡한 듯 보이지만 한두 번 해보면 익숙해진다. 그러니 걱정하지 말고 도전해보자!

> **Tip** 복잡하게 계산 NO, 앱으로 한 방에 계산하는 팁 계산기!
>
> 미국에서 서비스를 받는 식사 후 무조건 지불해야 하는 어려운 팁 계산, 앱을 통해 자동으로 처리가 가능하다. 가격, 지불하고자 하는 팁의 비율(15~20%가 통상적), 인원수 등만 입력하면 끝~

Step to Western USA 11

미국 서부 여행 관련 질문 모음

거금을 들여 모처럼 가는 여행인데 얼마나 준비할 것 많고 또 궁금한 것이 많을까? 여러 가지 방법을 통해 필자에게 질문하는 여행자들을 만날 때마다 내가 처음 미국 여행을 했던 그때가 생각난다. 그래서 그간 가장 많이 받았던 질문들을 몇 가지 공유하겠다.

Q. 미국은 주마다 세금이 다르게 붙는다고 하던데 얼마가 붙나요?
A. 미국은 주마다 세금이 다른데 대략 8~11%입니다. 물건이나 음식 값 계산 시 자동으로 영수증에 포함이 되어서 나옵니다. 그러니 영수증을 꼼꼼히 보고 자신이 방문하는 주의 세금을 기억해두는 것이 여러모로 편리합니다.

Q. 필수 준비물이 있다면?
A. 미국의 어댑터는 110V, 11자를 준비하면 됩니다. 1개를 가지고 갔다간 고장이 날 수 있으니 여러 개 준비할 것을 권합니다. 여행 중 수없이 휴대폰으로 길을 찾고 SNS를 접속하고 정보를 검색하니 보조 배터리 또한 준비하면 편리합니다. 마지막 필수 준비물로는 정장 한 벌입니다. 공연을 보러 가거나 고급 레스토랑을 갈 때 여행자의 복장으로 들어가는 것보다는 멋있는 정장을 입고 가면 좀 더 멋진 대우를 받게 될 겁니다.

Q. 팁은 얼마나 주어야 할까요?
A. 가장 어려운 팁 문제! 하지만 미국에서라면 이 또한 익숙해져야 합니다. 보통 서비스 값의 15~20% 정도를 주는 것이 관례입니다. 계산하기 어렵다면 자동으로 계산해주는 스마트 폰의 애플리케이션(Tip N Split)을 추천합니다.

Q. 여권을 가지고 다녀야 할까요?
A. 여행 중 잃어버릴 염려가 있지만 여권을 소지해야만 입장이 가능한 곳(술집, 클럽 등)이 있고, 주류 구매 시에도 필요하며 아웃렛에서 쇼핑을 할 때도 본인 확인을 하는 경우가 있으니 소지하고 다니는 것이 좋습니다.

Q. 날씨를 미리 체크해도 어떤 옷을 가져가야 할지 감이 안 와요.
A. 사실 중요한 건 그날의 기온이 아니라 체감 온도인데 여행 가기 전엔 예측할 수가 없죠. 그런데 미국 서부는 기본적으로 우리나라의 봄·가을 날씨가 일 년 내내 이어진다고 보면 됩니다. 다만 한국보다 몇 배나 강력하게 건조하고 아침저녁의 기온차가 크다는 것! 이 두 가지를 반드시 기억하고 가져갈 옷을 준비하면 됩니다.

Q. 현지에서 신용카드를 쓰는 게 좋을까요, 달러를 쓰는 게 좋을까요?
A. 신용카드를 쓰든 달러를 쓰든 수수료를 내는 건 마찬가지입니다. 자신의 여건상 더 유리한 것으로 쓰는 게 좋겠죠. 미국에서는 작은 매장에 가도 카드 결제는 대부분 가능한 편입니다.

마지막 당부의 말씀! 숙소와 맛집, 루트를 추천해드리는 것만큼 어려운 건 없는 것 같습니다. 저마다 생각하는 가치와 기준, 경비가 다르니 '이거다!'라는 정답은 없어요. 인생과 마찬가지로 말입니다. 그러니 책을 보면서 이런 개개인의 특성을 감안해 자신만의 여행을 만들어 보세요. 더욱 기억에 남을 의미 있는 여행이 될 테니까요-.

Step to Western USA 12

영어 도우미

★ 공항 & 비행기

아시아나 카운터가 어디 있습니까?	Excuse me, Where is the ASIANA counter?
창가 좌석을 주세요.	Please give me a window seat.
저는 앞쪽 좌석에 앉기를 원합니다.	I would like to be seated in the front.
탑승 수속은 몇 시에 합니까?	What is the check-in time for my flight?
비행기가 지연된 이유가 무엇입니까?	What is the reason for the delay?
담요 한 장 주시겠습니까?	May I have a blanket?

★ 호텔

예약 확인 좀 해주세요.	Please check my reservation.
이틀 더 머물겠습니다.	I'd like to stay two days longer.
하루 일찍 떠나겠습니다.	I'd like to leave a day earlier.
체크아웃 타임이 몇 시입니까?	When is the check-out time?
오늘 오후까지 짐을 맡아 주실 수 있나요?	May I have my baggage here until today afternoon?
맡긴 짐을 찾고 싶어요.	May I have my baggage?
에어컨이 작동하지 않아요.	This air conditioner doesn't work.

★ 쇼핑

그냥 구경하는 중입니다.	I'm just looking around.
금액이 얼마인가요?	How much is the fare?
할인해 줄 수 있습니까?	Can you give me a discount?
좀 더 싼 것이 있습니까?	How you anything cheaper?
이것을 사겠습니다.	I think I'll take this one.
환불 부탁드립니다.	I'm sorry but can I get a refund on this?

★ 레스토랑

예약해 주시겠습니까?	Can you make a booking for me?
오늘의 특별 요리는 무엇입니까?	What is today's special?
메뉴 좀 주시겠습니까?	May I have the menu, Please?
저는 완전히 익힌 스테이크를 원합니다.	I want my steak well-done.
계산서를 주세요.	Bill, Please.
남은 음식을 포장해 주시겠어요?	Can I get a doggy bag?

★ 길 찾기

이 도시의 지도를 주시겠어요?	May I have a map of the city?
버스 시간표 한 장 주세요.	Please let me have a bus timetable.
이 근처의 명소를 추천해 주시겠어요?	Can you recommend some places of interest around here?
이 근처의 좋은 식당을 추천해 주시겠어요?	Can you recommend a good restaurant near?
에이스 호텔에 어떻게 가는지 좀 알려 주시겠습니까?	I'm going to the Ace hotel. Can you tell me how to get there?
가장 가까운 지하철역이 어디 있습니까?	Where is the nearest subway station?
에이스 호텔까지는 몇 정류장 남았습니까?	How many stops are there before the Ace hotel?
택시 승차장이 어디 있습니까?	Where is the taxi stand?
호텔 입구에서 세워 주세요.	Stop at the entrance to the hotel.
이 코스를 여행하는 데 시간이 얼마나 걸립니까?	How long does this tour take?

★ 경찰서 & 병원

잃어버린 물건을 어디서 신고합니까?	Where can I report my lost articles?
영수증을 주세요.	Give me a receipt.
이 부근에 병원이 있습니까?	Is there a hospital around here?
약국을 찾고 있습니다.	I'm looking for a pharmacy.
여기가 아픕니다.	I have a pain here.
기침이 나옵니다.	I have a cough.

Step to Western USA 13

코로나19 안전 여행 가이드

미국에서는 비행기, 기차, 버스 등의 대중교통 내 마스크 착용 의무가 해제되었지만, 감염을 예방하는 의미로 실내 마스크 착용을 권고한다.
코로나19 관련 상황이나 증오 범죄 관련 문제 발생 시 '영사콜센터' 앱을 설치하면 무료 통화를 할 수 있다. 코로나 확진 시에는 대한민국 대사관으로 전화하거나 재외국민 응급의료 상담서비스를 이용하자.

◎ **주미국 대한민국 대사관**
Tel 202-939-5653

◎ **재외국민 응급의료 상담서비스**
카카오톡 플러스 친구 추가로 24시간 응급의학전문의의 상담을 받을 수 있다.
Tel +82-44-320-0119
Web www.119.go.kr

★ **미국 입국 시**

미국 질병통제센터(CDC)는 미국으로 여행 오거나 경유하는 모든 사람에게 백신접종증명서와 미국 질병통제센터 요구 서약서, 코로나19 음성확인서를 요구해왔다.
그러나 2022년 6월부터 음성확인서 제출 의무가 폐지되었고 2023년 5월 12일부터는 백신 미접종자를 대상으로 실시해온 입국 제한 조치 또한 철회되었다. 이는 곧 백신 접종 여부와 관계없이 미국 입국이 가능해졌음을 의미하며, 백신접종증명서도 제출하지 않아도 된다. 이에 미국으로 향하는 여행자들의 부담이 줄어들 듯하다.
단 우려스러운 상황 발생 시 변동될 수 있으니 여행을 떠나기 전 한 번 더 체크하자.

★ **한국 귀국 시**

미국 여행을 마치고 한국에 돌아올 때 필요했던 코로나19 음성확인서 제출 의무는 2023년 1월 기준 중단된 상태다. 이는 차후 변경 가능한 사항으로 질병관리청 및 인천공항 홈페이지를 통해 확인하자.

검역정보 사전입력시스템(Q-code)에 접속해 미리 여권 정보, 입국 및 체류 정보 등의 건강 상태 정보를 입력해두면 '건강상태질문서'를 작성할 필요 없이 Q-code 입력 후 받은 QR코드를 검역 관리 직원에게 보여주면 된다. 참고로 검역정보 입력은 항공권 구매 등 여행을 준비하는 시점부터 입력 및 임시저장이 가능하며, QR코드 발급은 항공기 탑승 전까지 완료하자.

2022년 6월 8일부터 예방 접종력 또는 비자 종류 구분 없이 해외 입국자 대상 의무 격리가 해제되었다(확진자만 격리). 만약 검역소를 통과할 때 발열이 있다면 유증상자로 분류된다. 증상을 통해 검사 대상자가 되면 검체 채취 및 결과가 나올 때까지 공항에서 대기해야 한다. 양성 판정 시에는 증상의 경중에 따라 자택 또는 병원이나 생활치료센터로 이송된다.

Web **Q-code** cov19ent.kdca.go.kr/cpassportal/
인천공항 www.airport.kr

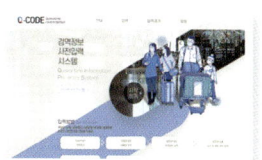

◎ **귀국 후 PCR검사**

국내 입국 후 1일 차에 PCR검사 의무는 중단된 상태다. 입국 후 3일 이내 PCR검사 권고 또한 해제되었다.
이는 차후 변경 가능한 사항이니 질병관리청 및 인천공항 홈페이지를 통해 확인하자.

Index - 가나다순 -

로스앤젤레스	54
85도 베이커리 카페	87
G&B 커피	88
LA 라이브	76
LA 카운티 미술관	105
TCL 차이니즈 극장 (구 맨스 차이니즈 극장)	94
UCLA 대학교	110
갈랜드	130
게티 빌라	124
게티 센터	111
그라운드 워크 커피	90
그랜드 공원	72
그랜드 센트럴 마켓	74
그레이스톤 공원 & 맨션	109
그리피스 천문대	100
글로시에 LA	104
기네스 박물관	96
남가주 대학교	81
너츠 베리 팜	154
다이노스 치킨 앤 버거스	87
다저스 스타디움	69
더 그로브	106
더 루프톱	91
더 브로드	71
더 스트랜드 하우스	125
데저트 힐스 프리미엄 아웃렛	118
도큐먼트 커피 바	89
돌비 극장(구 코닥 극장)	95
디즈니랜드 리조트	148
라구나 비치	127
라라 랜드 기념품 숍	101
라라스 아르헨틴 그릴	113
라스트 북스토어	75
랍스터	121
레돈도 비치	127
레지던스 인 로스앤젤레스	130
로 DTLA	82
로데오 드라이브	108
로드웨이 인	129
로버트슨 블러바드	115
로스앤젤레스 메모리얼 경기장	81
로스앤젤레스 자연사 박물관	80
로스앤젤레스 현대미술관	73
롱 비치	126
리틀 도쿄	68
마담 투소	96
말리부 비치	123
말리부 팜 레스토랑	124
맨해튼 비치	125
멜로즈 애비뉴	103
바나나 방갈로 할리우드 호텔 & 호스텔	128
베니스 비치	122
베벌리 센터	116
베벌리 커넥션	116
베벌리 힐스	107
베벌리 힐스 호텔	107
보테가 루이	86
북창동 순두부	86
브래드버리 빌딩	74
블루 보틀 커피	87
사이드카 도넛	112
샌타모니카 비치	120
샌타바버라	132
선셋 스트립	104
셰이크 쉑	112
솔뱅	131
스텀프타운 커피 로스터스	88
스프링클스 컵케이크	85
시빅 센터 & 시청	72
시타델 아웃렛	117
식스 플래그 매직 마운틴	152
아카데미 영화박물관	110
아트 디스트릭트	70
알프레드 커피	115
애벗 키니	123
앤젤스 플라이트	75
얼스 카페	83
업스테어 바	90
에그슬럿	84
엑스포지션 파크	80
엘 푸에블로 역사 공원	67
엘란 호텔	129
온타리오 밀스	118
우마미 버거	84
워크 오브 페임 호스텔	128
월트 디즈니 콘서트홀	71
위스키 어 고고	115
유니버설 스튜디오	145
유니언 역	66
익스체인지 LA	91
인 앤 아웃 버거	101
인텔리젠시아 커피	122
일본계 미국인 박물관	68
조이 DTLA	84
차이나타운	68
치폴레	85
카마리요 프리미엄 아웃렛	117
카바존 아웃렛	118
캘리포니아 과학 센터	81
코리아타운	77
콜로라도 스트리트 브리지	79
킹 타코	85
투 로데오	108
파더스 오피스	112
파머스 마켓	106
파이 홀	83
팜 스프링스	141
팜스 타이 레스토랑	100
패서디나	138
퍼싱 스퀘어	77
퍼치	91
포고 데 차오	114
필즈 커피	89
핑크스 핫도그	113
할리우드 & 워크 오브 페임	93
할리우드 & 하이랜드	95
할리우드 루즈벨트 호텔	98
할리우드 볼	98
할리우드 사인	99
할리우드 셀러브리티 호텔	129
핫 앤 쥬이시 크로피시	114
헌팅턴 비치	127
현대미술관 별관	73
호텔 노르망디	130
호텔 어윈	130

샌디에이고	156
USA 호스텔 샌디에이고	183
USS 미드웨이 박물관	166
가스램프 쿼터	165
네이버후드	174
더 헤드쿼터 앳 시포트	176
라 푸에르타	172

라 호야	179	가비 커피 & 베이커리	229	얼 오브 샌드위치	225
라스 아메리카스 프리미엄 아웃렛	182	강남 아시안 바비큐 다이닝	228	에그 & 아이	228
레고랜드	187	갤러거 스테이크하우스	222	에그슬럿	225
루프톱 바이 STK	175	골든 너깃 호텔	236	엑스칼리버 호텔 & 카지노	202
리틀 이태리	178	그랜드 커넬 숍스	232	오이스터 바	225
바보이 내추럴 젤라토	181	네온 박물관	236	올드 홈스테드 스테이크하우스	223
반 타이	181	뉴욕 뉴욕 호텔 & 카지노	203	월도프 아스토리아 라스베이거스	206
발보아 공원	168	다운타운 컨테이너 공원	236	윈 라스베이거스	215
사진 박물관	169	더 링크	212	윈 플라자	233
샌디에이고 동물원	170	더 크롬웰 라스베이거스		장 조지 스테이크하우스	223
샌디에이고 미술관	169	호텔 & 카지노	206	주번스 이터널	204
샌디에이고 자연사 박물관	170	더 팔라조	214	줄리안 세라노 타파스	219
샌디에이고 현대미술관	167	라스베이거스 노스		치즈케이크 팩토리	224
솔크 연구소	179	프리미엄 아웃렛	234	컷 바이 볼프강 퍽	223
스패니시 빌리지 아트 센터	168	라스베이거스 사우스		코스모폴리탄	209
시 월드 샌디에이고	185	프리미엄 아웃렛	234	톱 오브 더 월드	224
시포트 빌리지	166	라스베이거스 패션 아웃렛	234	트레저 아일랜드	213
식물원	168	라틀리에 드 조엘 로부숑	219	티-모바일 아레나	212
앨티튜드 스카이라운지	175	레드 록 캐니언	241	팀호완	219
엑스트라오디너리 디저트	181	롤링 스모크 바비큐	228	파리스 라스베이거스	208
엘릭시르 에스프레소 & 와인 바	174	루크스 랍스터	225	패션쇼	232
엠바고 그릴	180	룩소르	200	팻 튜즈데이	230
올드 타운	177	리틀 처치 오브 더 웨스트	202	포럼 숍스	233
옴니 호텔	184	만달레이 베이	201	프리몬트 스트리트	
우주 항공 박물관	170	모모후쿠	221	익스피어리언스	235
인류학 박물관	169	몽 아미 가비	221	플라밍고 라스베이거스	213
카페 222	173	미라지	211	플래닛 할리우드	209
카페 칼라브리아	182	미라클 마일 숍스	233	하이 롤러	212
칼즈배드	188	밸리 오브 파이어 주립공원	243	후버 댐	242
코로나도 비치	178	밸리스 라스베이거스 호텔	206		
크랩 헛	173	베네시안	214	**샌프란시스코**	**244**
티후아나	189	벨라지오 라스베이거스	207	UC 버클리 대학교	307
틴 피시 가스램프	172	볼프강 퍽 바 & 그릴	224	USA 호스텔 샌프란시스코	300
팀켄 미술관	169	부숑	221	골든 게이트 공원	292
파파레초	182	브루클린 볼	230	그레이스 대성당	258
필스 비비큐	180	삼바라테	229	그린 애플 북스	295
하이 샌디에이고 다운타운	183	서커스 서커스	216	그린 토터스 호스텔 샌프란시스코	300
호대드 햄버거	173	셰이크 색	224	금문교	296
호턴 그랜드 호텔	184	숍 앳 크리스털	232	기라델리 스퀘어	278
호텔 델 코로나도	184	스카이 바	230	나파 밸리	310
		스타벅스	229	노스 비치	272
라스베이거스	**190**	스트래토스피어	217	놉 힐	258
MGM 그랜드	203	시저스 팰리스	210	더 스칼렛 헌팅턴	302
SLS 라스베이거스	216	시티 센터	205	더 아르거넛	303
SW 스테이크하우스	223	아리아 리조트 & 카지노	205	더 카바요 포인트	303

더 플라이어 스릴 존	269	스타라이트 룸	262	피셔맨스 워프	276
드 영 박물관	293	스탠퍼드 대학교	306	피어 39	276
라 불랑주리	289	스테이트 버드 프로비전	289	하이 샌프란시스코 다운타운 호스텔	300
러시안 힐	274	시빅 센터	257	호텔 니코	302
레벌리 커피 코	282	시어스 파인 푸드	260	호텔 비탈레	302
레스토랑 안주	260	시티 라이트 북스토어	273	힐튼 샌프란시스코 유니언 스퀘어	301
로스 드레스 포 레스	267	아시아SF	266		
롬바드 스트리트	274	아시안 아트 박물관	257		
리바이스 플라자	273	알라모 스퀘어 & 페인티드 레이디스	284	**시애틀**	**324**
리전 오브 오너	295			그린 토터스 호스텔	352
리추얼 커피	291	알카트라즈 섬	279	껌 벽	338
마린 헤드랜즈	297	엠바카데로 센터	269	더 엘리엇 베이 북 컴퍼니	341
마마스	281	예르바 부에나 가든	264	더 크랩 팟	344
마샬	262	오라클 파크	264	독일마을	359
만달레이	298	오샤	280	딕스	343
매저린 커피	265	온실 식물원	294	라디에이터 위스키	347
메이시스	262	요세미티 국립공원	318	레이니어 산 국립공원	355
메트레온	264	월트 디즈니 가족 박물관	298	루멘 필드	341
뮤어 우즈 국립공원	305	웨스트필드 샌프란시스코 센터	267	모슬	350
미션 돌로레스 공원	283	유니언 스퀘어	255	무어 커피 숍	346
미션 돌로레스 디 아시스	284	인터콘티넨탈 마크 홉킨스	301	무어 호텔	354
바이라이트 크리머리	290	일본 차 정원	294	배스텁 진 & 코	347
밥스 도넛	261	재팬타운	285	벨뷰 스퀘어	348
베이 브리지	271	주니 카페	261	보잉사 투어	358
베이 수족관	278	차이나타운	259	비처스 홈메이드 치즈	343
부댕 베이커리	282	처치 에이트 휠스	284	빅 타임 브루어리 앤 에일하우스	350
부에나 비스타	281	치즈케이크 팩토리	261	섬 랜덤 바	347
브렌다 프렌치 소울 푸드	261	카스트로	285	솔티스	351
블랙 캣	262	캐너리	278	쉐라톤 시애틀 호텔	353
블러바드	280	캘리포니아 과학 아카데미	293	스미스 타워	336
블루 머메이드	281	케이블카 박물관	259	스타벅스 1호점	334
블루 보틀 커피	266	코바 호텔	301	스타벅스 시애틀 리저브	345
사모바르 티 라운지		코이트 타워	272	스토리빌 커피	346
예르바 부에나 가든	266	타르틴 베이커리	290	스페이스 니들	338
사이트글라스	265	타호 호수	315	시애틀 대관람차	342
샌프란시스코 시청사	257	태즈 스테이크하우스	260	시애틀 미술관	337
샌프란시스코 아트 인스티튜트	275	토니스 피자 나폴레타나	280	시애틀 센터	339
샌프란시스코 프리미엄 아웃렛	267	트랜스아메리카 피라미드	271	시애틀 중앙 도서관	337
샌프란시스코 해양 국립역사공원	277	트윈 픽스	285	시애틀 프리미엄 아웃렛	348
샌프란시스코 현대미술관	263	팜하우스 키친 타이 퀴진	260	알카이 비치	351
세일즈포스 환승 센터	263	팰리스 오브 파인 아트 시어터	299	올림픽 국립공원	357
소살리토	304	페리 빌딩	270	올림픽 조각공원	336
소토 마레	265	포 배럴 커피	291	워싱턴 대학교	349
슈퍼 두퍼 버거	265	포그 하버 피시 하우스	282	워터타운 호텔	354
스미트 아이스크림	290	포린 시네마	291	워터프런트	334

웨스트레이크 센터	348
유니버시티 빌리지	350
치훌리 가든 앤 글라스	340
카페 베살루	346
케리 공원	342
키 아레나	339
티-모바일 파크	341
틸리컴 플레이스 카페	344
파이오니어 스퀘어	336
파이크 플레이스 마켓	333
파이크 플레이스 차우더	344
팝 컬처 뮤지엄	340
퍼시픽 사이언스 센터	339
퍼시픽 플레이스	348
포 포인츠 바이 쉐라톤	354
피로시키 피로시키	345
하얏트 하우스 시애틀/다운타운	353
하우 투 쿡 어 울프	345
호스텔링 인터내셔널 시애틀	
앳 더 아메리칸 호텔	352

포틀랜드 360

거버너 톰 맥콜 워터프런트 공원	372
노드스트롬 랙	383
더 코핀 클럽	382
데슈트 브루어리	379
디파처 라운지	382
럭 락	377
레지던스 인 포틀랜드 다운타운	
/펄 디스트릭트	386
레촌	382
리버 플레이스 호텔	386
리틀 티 베이커	376
마더스 비스트로 & 바	378
바리스타	380
부두 도넛	374
생 오노레 불랑주리	375
세인트 컵케이크	377
셰릴의 12번째 생일	375
솔트 & 스트로	376
스크린 도어 이스트사이드	375
스텀프타운 커피 로스터스	380
안디나	376
에어리얼 트램	371
에이스 호텔	385

오리건 역사박물관	373
오리건 와이너리/	
윌래밋 밸리 와이너리	389
장미 정원	373
주피터 호텔	386
캐논 비치	388
캐스케이드 브루잉 배럴 하우스	379
코아바	381
킴프턴 호텔 빈티지	386
테이버 공원	372
티제이 맥스	383
파월 북스	370
파이오니어 코트하우스 스퀘어	369
파이오니어 플레이스	383
퍼블릭 도메인 커피	381
펄 디스트릭트	372
포틀랜드 기어	384
포틀랜드 미술관	371
포틀랜드 시티 그릴	378
포틀랜드 주립대학교	371
프랜시스 메이	384
하이 포틀랜드 노스웨스트 호스텔	385
하트	381
후드 산	387

캘리포니아 1번 도로 390

17마일 드라이브	394
몬터레이	394
몬터레이 베이 수족관	395
빅 서	397
카멜	396
캐너리 로	395
피셔맨스 워프	395

그랜드 서클 398

굴딩스 로지	417
그랜드 캐니언 국립공원	400
노스 림	402
디프 크리크 커피	412
로지 앳 브라이스 캐니언	409
모뉴먼트 밸리	416
베스트 웨스턴 플러스 루비즈 인	409
베스트 웨스턴 플러스	
앳 레이크 파월	414
뷰 호텔	417

브라이스 캐니언 국립공원	407
브라이트 엔젤 레스토랑	405
브라이트 엔젤 로지	406
빅 존스 텍사스 BBQ	414
사우스 림	402
아치스 국립공원	419
앤털로프 캐니언	413
야바파이 로지	406
엘 토바 다이닝 룸	405
엘 토바 호텔	406
웨스트 림	403
이스트 림	403
자이언 국립공원	410
자이언 로지	412
캐니언랜즈 국립공원	418
타이 사파	412
플라자 보니타	405
피에스타 멕시카나	414
호스슈 벤드	415

캐나다 밴쿠버 420

CF 퍼시픽 센터	429
개스타운	424
그라우스 마운틴	426
그랜빌 아일랜드 시장	425
더 케그 스테이크하우스 + 바	427
롭슨 스트리트	424
리볼버	428
맥아더글렌 밴쿠버	429
메디나 카페	427
메트로폴리스	429
미구	427
밴쿠버 아트 갤러리	423
브리티시 컬럼비아 대학교	425
선셋 인 & 스위트	430
세임선 백패커스	430
스탠리 공원	423
알리바이 룸	428
캐나다 플레이스	424
캐필라노 서스펜션 브리지 공원	425
타임스 스퀘어 스위트 호텔	430
핀치스 티 & 커피 하우스	428
하이 밴쿠버 다운타운	430

Travel Note

Travel Note

Travel Note

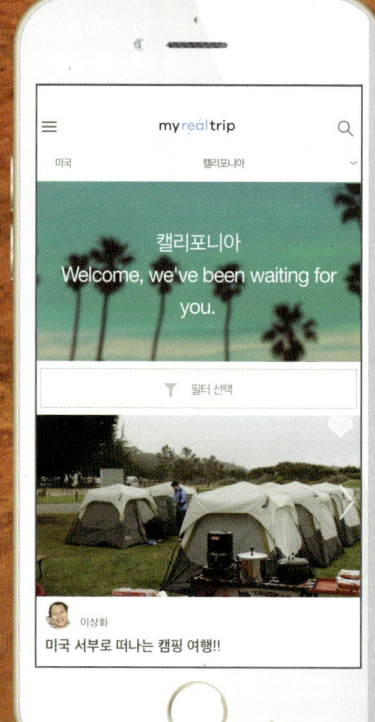